O poder da geografia

Tim Marshall

O poder da geografia
O futuro do nosso mundo em 10 mapas

Tradução:
Berilo Vargas

Copyright © 2021 by Tim Marshall

Grafia atualizada segundo o Acordo Ortográfico da Língua Portuguesa de 1990, que entrou em vigor no Brasil em 2009.

Título original
The Power of Geography: Ten Maps that Reveal the Future of Our World

Capa
Celso Longo + Daniel Trench

Ilustração de capa
Fornecida por NOAA Office of Coast Survey, nauticalcharts.noaa.gov

Preparação
Diogo Henriques

Índice remissivo
Gabriella Russano

Revisão
Clara Diament
Angela das Neves

Dados Internacionais de Catalogação na Publicação (CIP)
(Câmara Brasileira do Livro, SP, Brasil)

Marshall, Tim
    O poder da geografia / Tim Marshall ; tradução Berilo Vargas.
— 1ª ed. — Rio de Janeiro : Zahar, 2022.

    Título original: The Power of Geography : Ten Maps that Reveal
the Future of Our World.
    ISBN 978-65-5979-067-8

    1. Geopolítica 2. Política mundial I. Vargas, Berilo. II. Título.

22-105338 CDD: 320.12

Índice para catálogo sistemático:
1. Geopolítica mundial   320.12

Maria Alice Ferreira – Bibliotecária – CRB-8/7964

[2022]
Todos os direitos desta edição reservados à
EDITORA SCHWARCZ S.A.
Praça Floriano, 19, sala 3001 — Cinelândia
20031-050 — Rio de Janeiro — RJ
Telefone: (21) 3993-7510
www.companhiadasletras.com.br
www.blogdacompanhia.com.br
facebook.com/editorazahar
instagram.com/editorazahar
twitter.com/editorazahar

Para os jovens da Geração Covid
que fizeram a sua parte.
Agora é com vocês!

Sumário

Introdução   9

1. Austrália   17
2. Irã   51
3. Arábia Saudita   87
4. Reino Unido   123
5. Grécia   157
6. Turquia   185
7. O Sahel   217
8. Etiópia   253
9. Espanha   281
10. Espaço   315

Agradecimentos   343
Bibliografia   344
Índice remissivo   352

Introdução

> O falcão já não escuta o falcoeiro;
> As coisas se desmancham; o centro cede.
>
> W. B. Yeats, "A segunda vinda"

No Oriente Médio, a vasta fortaleza do Irã e sua arqui-inimiga, a Arábia Saudita, se encaram através do golfo Pérsico. No Pacífico Sul, a Austrália encontra-se em meio aos dois países mais poderosos da nossa época, os Estados Unidos e a China. No Mediterrâneo, Grécia e Turquia travam uma disputa cujas raízes remontam à Antiguidade, mas que pode explodir em violência a qualquer momento.

Bem-vindos aos anos 2020. Os tempos de Guerra Fria, em que Estados Unidos e União Soviética dominavam o mundo, vão se tornando uma lembrança distante. Entramos numa nova era de rivalidade entre grandes potências, na qual vários protagonistas, mesmo atores menores, lutam para ocupar o centro do palco. O drama geopolítico ultrapassa o nosso domínio terreno, com países estendendo suas reivindicações para além da atmosfera, até a Lua e ainda além.

Quando a ordem estabelecida há várias gerações se torna temporária, é natural ficar apreensivo. Mas isso já aconteceu, está acontecendo e acontecerá de novo. Faz algum tempo que seguimos em direção a um mundo "multipolar". Depois da Segunda Guerra Mundial, vimos uma nova ordem: um bipolarismo tendo de um lado um sistema capitalista encabeçado pelos americanos e de outro um sistema comunista operado pelo que era na verdade o Império Russo e a China. Esse período durou algo entre cinquenta e oitenta anos, dependendo de onde se estabeleçam as linhas. Nos anos 1990, vimos o que alguns analistas chamam de década "unipolar", quando a influência americana era praticamente incontestável. Mas está claro que agora marchamos de volta para o que foi a norma durante quase toda a história humana: rivalidades entre múltiplas potências.

É difícil identificar com precisão quando isso começou; não houve um acontecimento isolado único que deflagrasse uma mudança. Mas há momentos em que se vislumbra alguma coisa, e o mundo opaco da política internacional fica mais claro. Tive uma experiência dessas numa úmida noite de verão em 1999, em Pristina, a dilapidada capital do Kosovo. A dissolução da Iugoslávia em 1991 tinha levado a anos de guerra e carnificina. Naquela altura, bombardeiros da Otan haviam expulsado as forças sérvias do Kosovo, e suas tropas terrestres esperavam para entrar na província pelo sul. Durante o dia ouvíamos boatos de que uma coluna militar russa tinha partido da Bósnia para garantir que a Rússia mantivesse sua tradicional influência nos assuntos sérvios.

Durante uma década, o urso russo esteve fora de jogo, empobrecido, inseguro, uma sombra do que havia sido. Assistiu, impotente, ao "avanço" da Otan rumo a suas fronteiras ocidentais, enquanto, repetidamente, os povos dos países que ele tinha subjugado votavam em governos empenhados em juntar-se à Otan e/ou à União Europeia, e enquanto na América Latina e no Oriente Médio sua influência diminuía. Em 1999, Moscou tomou uma decisão a respeito das potências ocidentais — bastava! Kosovo foi o limite estabelecido. O presidente Iéltsin mandou a coluna russa intervir (embora se acredite que Vladimir Putin, futuro político nacionalista radical, tenha participado da decisão).

Eu estava em Pristina quando a coluna blindada russa rolou pela rua principal nas primeiras horas da manhã, a caminho do aeroporto do Kosovo, nos arredores da cidade. Dizem que o presidente Clinton ficou sabendo de sua chegada antes das tropas da Otan ao ler minha reportagem, "Russos entram na cidade e estão de volta ao palco mundial". Estava longe de ser uma matéria digna de um Pulitzer, mas, como primeiro rascunho da história, dava para o gasto. Os russos agora reivindicavam o direito de desempenhar

Introdução

um papel no maior acontecimento do ano, e anunciaram que enfrentariam a maré da história, que até então corria contra eles. No fim dos anos 1990, os Estados Unidos aparentemente não tinham rival, e o Ocidente parecia vitorioso nos assuntos globais. Mas a reação tinha começado. A Rússia já não era a potência temível que havia sido — apenas uma entre muitas —, mas os russos lutariam para se afirmar onde pudessem. Demonstrariam isso também na Geórgia, na Ucrânia, na Síria e em outros lugares.

Quatro anos depois eu estava na cidade iraquiana de Karbala, um dos lugares santos mais importantes do xiismo. Saddam Hussein tinha sido derrubado pela coalizão encabeçada por americanos e britânicos, mas a insurgência começava. No regime de Saddam (um muçulmano sunita), muitas formas xiitas de culto haviam sido proibidas, inclusive a autoflagelação ritual. Num calor de rachar, vi mais de 1 milhão de xiitas chegarem a Karbala vindos dos quatro cantos do país. Homens açoitavam as próprias costas e cortavam a própria testa até cobrirem o corpo de sangue, que pingava nas ruas, avermelhando a poeira. Eu sabia que, do outro lado da fronteira leste, o Irã, a grande potência xiita, lançaria mão de todos os truques imagináveis para ajudar a formar um governo iraquiano predominantemente xiita e projetar a influência de Teerã com força ainda maior para o oeste através do Oriente Médio, conectando-se a seus aliados na Síria e no Líbano. A geografia e a política tornavam esse movimento quase inevitável. Minha avaliação naquele dia era mais ou menos nesta linha: "A questão parece religiosa mas é política também, e as ondas desse fervor vão se espalhar até o Mediterrâneo". O equilíbrio político tinha mudado, e o alcance cada vez maior da influência iraniana seria um desafio para o domínio americano na região. Karbala fornecia o pano de fundo para que se começasse a pintar o quadro. Infelizmente, uma cor prevaleceria: o vermelho-sangue.

Esses foram apenas dois momentos seminais que ajudaram a dar forma ao mundo complicado em que vivemos, enquanto múltiplas forças empurram, puxam e às vezes se chocam no que, em outros tempos, era chamado de "o grande jogo". Ambos me deram uma ideia da direção que tomávamos. Ela começou a ficar ainda mais clara com os acontecimentos no Egito, na Líbia e na Síria nos anos 2010. O presidente egípcio Mubarak foi deposto num golpe de Estado pelos militares, que usaram um violento teatro de rua para esconder sua jogada; na Líbia, o coronel Gaddafi foi derrubado e depois assassinado; e, na Síria, o presidente Assad agarrou-se ao poder com a ponta dos dedos até que russos e iranianos o socorreram. Nos três casos, os americanos sinalizaram que não salvariam os ditadores com os quais haviam negociado ao longo de décadas. Os Estados Unidos lentamente se retiraram da cena internacional durante os oito anos da presidência de Obama, num recuo que se estendeu pelos quatro anos do governo Trump. Enquanto isso, outros países, como Índia, China e Brasil, começaram a surgir como novas potências mundiais, com economias em rápido crescimento, buscando ampliar sua própria influência global.

Muitos não gostam da ideia dos Estados Unidos como "xerife do mundo" na era pós-Segunda Guerra Mundial. É possível argumentar a favor e contra as ações dos americanos. Mas, de qualquer maneira, na ausência de um xerife, várias facções vão tentar policiar o próprio bairro. E, se entrarem em disputa, o risco de instabilidade aumenta.

Impérios surgem e caem. Alianças se formam e se desfazem. O arranjo pós-guerras napoleônicas na Europa durou mais ou menos sessenta anos; o "Reich de mil anos", apenas uma década. É impossível saber exatamente como o equilíbrio de poder será alterado nos próximos anos. Há sem dúvida gigantes econômicos e geopolíticos que continuam a ter enorme influência nos assuntos mundiais: os Estados Unidos e a China, claro, assim como a Rússia, o coletivo de países da União Europeia e a Índia, cujo poder econômico não para de crescer. Mas os países menores também são importantes. A geopolítica envolve alianças, e, com a ordem mundial em estado fluido, vivemos numa época em que as grandes potências precisam contar com as pequenas, e vice-versa. Isso dá a países como Turquia, Arábia Saudita e Reino Unido uma oportunidade de se posicionar estrategicamente para o poder no futuro. Por ora, o caleidoscópio continua a ser sacudido, e as peças ainda não se acomodaram.

Em 2015, escrevi um livro chamado *Prisioneiros da geografia*, no qual tentei mostrar como a geografia afeta a política global e influencia as decisões que os países e seus líderes podem tomar. Nele escrevi sobre a geo-

Introdução 13

política da Rússia, da China, dos Estados Unidos, do Oriente Médio, da África, da Índia e do Paquistão, do Japão e da Coreia, da América Latina e ainda do Ártico. Optei por me concentrar nos principais jogadores, nos grandes blocos ou regiões geopolíticos, para oferecer um panorama geral. Há mais coisas a dizer, no entanto. Embora os Estados Unidos continuem sendo o único país capaz de projetar forte poderio naval em dois oceanos ao mesmo tempo, embora o Himalaia ainda separe a Índia da China e a Rússia ainda seja vulnerável nas planícies do oeste, novas realidades geopolíticas não param de surgir, e há outros jogadores dignos da nossa atenção, com poder para influenciar o nosso futuro.

Como *Prisioneiros da geografia*, o presente livro também olha para montanhas, rios, mares e concreto a fim de compreender realidades geopolíticas. A geografia é um fator essencial que limita o que a humanidade pode e não pode fazer. Sim, políticos são importantes, mas a geografia é ainda mais. As escolhas que os povos fazem, agora e no futuro, jamais estão separadas do seu contexto físico. O ponto de partida da história de qualquer país é sua localização em relação a vizinhos, rotas marítimas e recursos naturais. Você vive numa ilha varrida pelos ventos na periferia do oceano Atlântico? Então está em boa posição para explorar o vento e as ondas. Vive num país onde o sol brilha 365 dias por ano? Painéis solares são o seu caminho. Vive numa região rica em cobalto? Isso pode ser a sua bênção ou a sua maldição.

Há quem continue a desdenhar desse ponto de partida, tido como determinista. Fala-se num "mundo plano", no qual as transações financeiras e as comunicações através do ciberespaço acabaram com a distância, e a paisagem perdeu o sentido. No entanto, esse mundo é habitado por uma fração minúscula de pessoas, que podem muito bem conversar por videoconferência e depois atravessar montanhas e mares para falar pessoalmente; mas essa não é a experiência da maioria dos 8 bilhões de habitantes da Terra. Os agricultores egípcios ainda dependem da Etiópia para obter água. As montanhas ao norte de Atenas ainda atrapalham seu comércio com a Europa. A geografia não é o destino — os seres humanos têm voz ativa no que acontece —, mas é importante.

Muitos fatores têm contribuído para o que há de ser uma década de incertezas e divisões enquanto avançamos para uma nova era. Globalização, antiglobalização, covid-19, tecnologia e mudanças climáticas tiveram seu impacto, e tudo isso aparece neste livro. *O poder da geografia* examina alguns acontecimentos e conflitos do século XXI com o potencial de produzir profundas consequências num mundo multipolar.

O Irã, por exemplo, está dando forma ao futuro do Oriente Médio. Estado-pária com um programa nuclear, ele precisa manter aberto o seu "corredor" xiita para o Mediterrâneo através de Bagdá, Damasco e Beirute, a fim de preservar sua influência. Seu rival regional, a Arábia Saudita, país construído sobre petróleo e areia, sempre contou com os Estados Unidos como aliado. Mas, à medida que a demanda por petróleo diminui, e os Estados Unidos ficam mais independentes em matéria de energia, os interesses americanos no Oriente Médio lentamente diminuem.

Em outros países é a água e não o petróleo que causa comoção. Na condição de "caixa-d'água da África", a Etiópia conta com uma vantagem decisiva sobre os vizinhos, particularmente o Egito. Esta é uma das principais regiões para as possíveis "guerras por água" que veremos neste século, mas também demonstra o poder da tecnologia, com a Etiópia usando a energia hidrelétrica para mudar seu destino.

Muitas partes da África não têm essa opção, como é o caso do Sahel, a vasta área de savana no extremo sul do Saara, uma região assolada pela guerra que se estende sobre antigas divisões geográficas e culturais, e onde, em certas partes, a Al-Qaeda e o Estado Islâmico agora exercem controle. Muitos de seus habitantes fugirão, alguns para o norte, rumo à Europa. O que já constitui uma grande crise humanitária tende a piorar.

Como ponto de entrada na Europa, a Grécia é um dos primeiros países a sentir os efeitos das novas levas migratórias. Além disso, sua geografia a coloca no coração de um dos barris de pólvora geopolíticos dos próximos anos: o Mediterrâneo oriental, onde reservas de gás natural recém-descobertas estão levando esse país-membro da União Europeia à beira do conflito com uma Turquia cada vez mais agressiva. Mas, embora faça demonstrações de força no Mediterrâneo oriental, a Turquia tem ambições

Introdução

muito mais amplas. Sua agenda "neo-otomana" tem origem em sua história imperial e em sua posição na encruzilhada entre Oriente e Ocidente, e visa a cumprir o destino turco de vir a ser uma grande potência mundial.

Tendo também perdido um império, o Reino Unido, um grupo de ilhas frias no extremo oeste da Grande Planície Europeia, ainda busca um papel. Depois do Brexit, pode ser que se torne uma potência europeia de nível médio forjando laços políticos e econômicos em âmbito mundial. Enfrenta desafios não só externos mas também internos, como a perspectiva de uma Escócia independente.

Ao sul, a Espanha, um dos países mais antigos da Europa, também enfrenta a ameaça de fragmentação representada pelo nacionalismo regional. A União Europeia não pode oferecer apoio à luta catalã pela independência, mas a rejeição de um Estado incipiente poderia abrir a porta para a influência russa ou chinesa dentro da Europa. As lutas da Espanha exemplificam a fragilidade de algumas nações — e de alianças supranacionais — no século XXI.

No entanto, talvez a novidade mais fascinante dos tempos atuais seja que nossas lutas geopolíticas de poder estão se libertando de restrições terrenas para se projetar no espaço. Quem é dono do espaço? Como decidir? Nunca há uma "fronteira final", mas essa é o mais perto que chegamos disso, e fronteiras tendem a ser lugares violentos, sem lei. Acima de certa altura, não há território soberano; se eu quiser colocar meu satélite armado a laser diretamente em cima do seu país, que lei você invocaria para dizer que não posso? Com muitos países disputando a posição de potência predominante no espaço e empresas privadas entrando na briga, está preparado o cenário para uma perigosa corrida armamentista de alta tecnologia, salvo se tivermos aprendido com os erros do passado e aceitemos os muitos benefícios da cooperação internacional.

Mas comecemos aqui embaixo, na Terra, num lugar tido durante séculos como isolado e desconhecido mas que agora, vendo-se de repente espremido entre a China e os Estados Unidos e com o poder de influenciar o que acontece no Indo-Pacífico, é um dos protagonistas mais importantes da nossa história: a ilha-continente, a Austrália.

CAPÍTULO I

AUSTRÁLIA

Jogar duro, até o fim, reduzi-los a pó.
Don Bradman, jogador de críquete

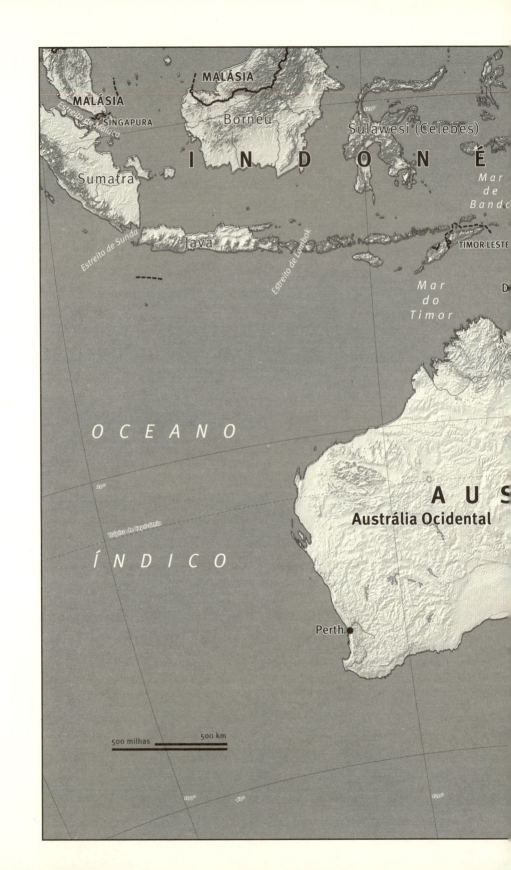

A Austrália ficava no meio do nada, tornou-se um lugar importante e agora está no centro do palco. Como isso aconteceu?

A terra "lá embaixo" é uma ilha, mas uma ilha diferente de todas. É imensa — tão imensa que é também um continente, abrangendo florestas subtropicais, desertos quentíssimos, savanas ondulantes e montanhas cobertas de neve. Viajando de carro de Brisbane para Perth atravessa-se um país, mas uma distância semelhante seria a de Londres a Beirute, passando por França, Bélgica, Alemanha, Áustria, Hungria, Sérvia, Bulgária, Turquia e Síria.

Quanto a estar no meio do nada, bem, seguindo de Brisbane para nordeste através do oceano Pacífico são 11500 quilômetros até os Estados Unidos; a leste fica a América do Sul, a 13 mil quilômetros; e a oeste de Perth, através do oceano Índico, são 8 mil quilômetros até a África. Mesmo a "vizinha" da Austrália, a Nova Zelândia, fica 2 mil quilômetros a sudeste, e de lá para a Antártica são mais 5 mil quilômetros de água. É só olhando para o norte que vemos a verdadeira posição da Austrália num sentido geopolítico. Ali está ela, uma democracia territorialmente imensa, ocidentalizada, avançada, acima da qual se encontra a China, a ditadura mais poderosa do mundo em termos econômicos e militares. Juntando tudo temos um Estado nacional/continente bem no meio do Indo-Pacífico — a locomotiva econômica do século XXI.

A história começa quando os britânicos resolveram deportar seus presidiários, primeiro com o desejo de que ficassem o mais longe possível da Grã-Bretanha, e depois não querendo mais nem saber deles. O que poderia ser melhor para isso do que o fim do mundo, um lugar de onde jamais poderiam voltar? Ali então eles foram trancafiados, e as chaves jogadas fora. Apesar disso, um dia, à medida que o mundo distante mudava, as grades da prisão da geografia cederam, e a Austrália se tornou um protagonista no palco da política mundial. Por muito tempo, foi uma viagem infernalmente difícil.

Na citação que serve de epígrafe a este capítulo, Don Bradman podia estar se referindo a um jogo de críquete contra os ingleses, mas suas palavras têm raiz numa psique australiana forjada pela geografia do país. A imagem popular do espírito australiano igualitário, direto, franco, indomável pode ser um clichê, mas é também uma realidade. Ele nasceu de uma terra vasta, terrivelmente quente, que em boa parte não pode ser habitada e na qual brotou uma sociedade moderna e próspera, que passou de praticamente monocultural para uma das mais multiculturais do mundo.

Agora a Austrália olha em volta para os vizinhos e se pergunta que papel desempenhar, e com quem desempenhá-lo.

Quando se trata de política externa e defesa, o ponto de partida de qualquer país não é o que ele pretende, mas o que é capaz de fazer, e isso costuma ser limitado pela geografia. O tamanho e a localização da Austrália constituem ao mesmo tempo uma força e uma fraqueza. Protegem-na de invasões, mas também retardaram o seu desenvolvimento político. Tornam necessário dispor de amplas ligações comerciais de longa distância, o que, por sua vez, requer uma Marinha forte para manter as rotas marítimas sempre abertas. E a distância isola o país dos seus principais aliados.

A Austrália só se tornou uma ilha há cerca de 35 milhões de anos, depois de se separar da Antártica e seguir para o norte. Está atualmente em rota de colisão com a Indonésia, mas isso não deve preocupar os habitantes de nenhum dos dois países, pois ela se move a sete centímetros por ano, de modo que eles dispõem de centenas de milhões de anos para se preparar para o impacto.

Com uma área de 7,5 milhões de quilômetros quadrados, a Austrália é o sexto maior país do mundo. O grosso da Austrália moderna consiste em seis estados. O maior deles é a Austrália Ocidental, que corresponde a um terço do continente e é maior do que todos os países da Europa Ocidental juntos. Em seguida, em tamanho, vêm Queensland, Austrália Meridional, Nova Gales do Sul, Vitória e a ilha da Tasmânia. Há dois grandes territórios, o Território do Norte e o Território da Capital Australiana, e uma série de territórios menores, incluindo as Ilhas Cocos e a Ilha do Natal.

A vida na Austrália apresenta uma série de desafios. Para começar, entre tornar-se uma ilha e a chegada dos humanos (há cerca de 60 mil anos), houve tempo de sobra para que a singularidade da vida animal da Austrália se desenvolvesse. Levando em conta que uma parte muito grande dela parece querer morder, picar, bicar ou envenenar, é espantoso que em 30 mil anos, desde que apareceram, os seres humanos tenham conseguido se espalhar por todo o continente.

Mais difíceis de evitar são a terra e o clima. Boa parte do terreno australiano consiste em planícies vastas e áridas, e apenas 6% dele se eleva a mais de seiscentos metros. Como continente, está sujeito a uma extrema diversidade em termos de clima e topografia, incluindo de desertos a florestas tropicais e montanhas nevadas. Mas a maior parte da Austrália é tomada pelo que se tornou conhecido como o Outback, que cobre cerca de 70% do país e é quase inteiramente inabitável. As grandes planícies e desertos do interior, onde no verão as temperaturas costumam atingir 38°C e há pouca água disponível, estendem-se por vastas distâncias, sem ninguém que possa ajudá-lo caso você tenha um problema.

Em 1848, uma tentativa de atravessar o continente de leste a oeste, começando em Brisbane e indo até Perth, terminou em fracasso quando o líder da expedição, Ludwig Leichhardt, e seu grupo — sete homens, incluindo dois guias aborígenes, cinquenta bois, vinte mulas, sete cavalos e uma montanha de equipamentos — simplesmente desapareceram. O grande Outback guarda muitos segredos, entre eles que fim teve Leichhardt. Até hoje ainda o procuram.

Durante milênios essa geografia ditou onde a atividade humana ocorria. Enquanto os aborígenes faziam suas jornadas rituais no Outback, os colonos europeus preferiam ficar perto do litoral, prática que persiste até hoje. Há um cinturão de áreas habitadas, em forma de crescente, partindo de Brisbane até metade da costa leste; ele se enrola perto da costa,

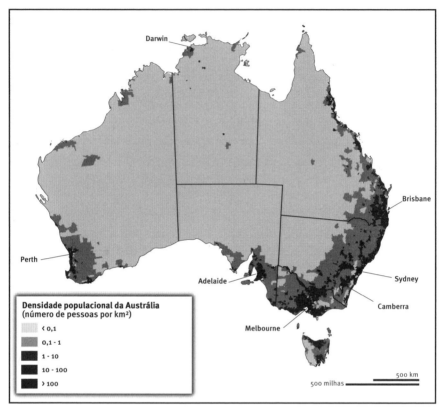

Boa parte do Outback australiano é inabitável; a maioria da população da Austrália está localizada no sudeste do país, ao longo do litoral.

passando por Sydney, Camberra e Melbourne até Adelaide, na costa meridional. Ao longo do crescente, em direção a oeste, ficam os subúrbios e as cidades-satélites, que avançam cerca de 320 quilômetros para o interior antes de escassearem, já perto das montanhas e rumo às regiões extremas mais remotas. Do lado oposto, na costa oeste, fica Perth, e bem ao norte encontra-se Darwin, mas também ali a população se concentra nas áreas costeiras. É provável que continue assim.

Um século atrás, o expoente da geografia na Universidade de Sydney, Griffith Taylor, provocou indignação ao afirmar que, devido à topografia da Austrália, sua população ficaria restrita a cerca de 20 milhões de pessoas por volta do ano 2000. Ele ousou declarar que o deserto australiano era "quase imprestável" para colonização permanente, um sentimento tido como antipatriótico. "Agourento!", uivou a imprensa. "Determinismo ambiental!", resmungaram os políticos, que preferiam uma narrativa americana de expansão contínua. Mas Taylor estava certo, e os outros errados: cem anos depois, a população da Austrália é de apenas 26 milhões. Ainda hoje é possível sobrevoar os 3200 quilômetros de Sydney a Darwin, ou a Perth, sem ver uma única cidade. Quase 50% das pessoas vivem em apenas três cidades — Sydney, Melbourne e Brisbane. Não por acaso: esta é a região da bacia hidrográfica do Murray-Darling.

A maioria dos rios do país tem fluxo sazonal, motivo pelo qual as ligações fluviais nunca desempenharam grande papel no desenvolvimento

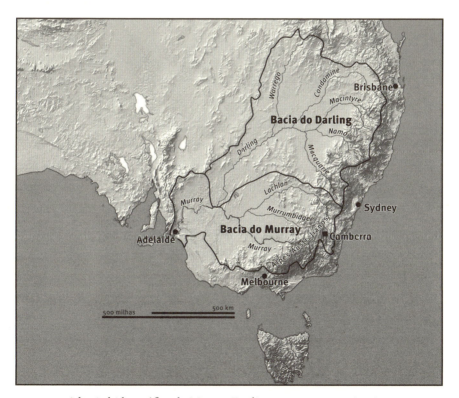

A bacia hidrográfica do Murray-Darling sustentou os primeiros assentamentos europeus no sudeste da Austrália.

da Austrália. A descarga anual de todos os rios de sua porção continental equivale a menos da metade da de um único rio na China, o Yangtzé. Se excluirmos a Tasmânia, os únicos rios perenes australianos estão nas regiões leste e sudoeste. Os dois maiores são o rio Murray e seu afluente, o rio Darling. Alimentado pelo degelo dos Alpes Australianos, o Murray tem volume suficiente para correr sem interrupções por 2500 quilômetros até a costa meridional. Há trechos navegáveis, e ele é a joia da coroa da bacia do Murray-Darling. No entanto, os navios não podem entrar pelo mar, o que limita a sua capacidade de transportar produtos. No século XIX, ele era usado para apoiar o comércio rio acima, mas mesmo embarcações pequenas tinham problemas com a falta de chuva, e algumas ficavam encalhadas em tributários que secavam. Apesar disso, o sistema Murray-Darling abrange as terras férteis que têm alimentado e matado a sede de gerações de australianos. Sem ele, os primeiros colonos mal teriam conseguido sair da praia.

É interessante contrastar a história da Austrália com a de outro experimento colonial: os Estados Unidos. Também eles começaram a crescer em assentamentos numa fértil costa leste, avançando depois continente adentro. Mas, uma vez ultrapassado o conjunto de montanhas dos Apalaches, a incipiente nação alcançou o maior sistema fluvial do globo terrestre, situado em algumas das terras mais férteis do mundo — a bacia hidrográfica do Mississippi. Na Austrália, uma região de tamanho parecido não tinha praticamente nada que desse sustentação a transporte, agricultura e assentamento permanente, e estava muito mais isolada do sistema de comércio internacional do que os Estados Unidos: eram 19 mil quilômetros até o Reino Unido, ao passo que as treze colônias que viriam a constituir os Estados Unidos distavam 5 mil quilômetros da Europa.

É um erro comum supor que o capitão Cook, da Grã-Bretanha, "descobriu" o continente australiano em 1770. Deixando de lado o problemático termo "descobriu", o primeiro desembarque de que há registro aconteceu em 1606, quando Willen Janszoon e a tripulação do veleiro holandês *Duyfken* aportaram no norte da Austrália. Janszoon achou que estivesse na ilha da Nova Guiné e, depois de um encontro hostil com os habitantes locais, logo foi embora. Várias outras expedições europeias chegaram e partiram, mas nenhuma se deu ao trabalho de explorar a terra.

Quando Cook apareceu, estava claro que a lendária *terra australis incognita* tinha sido encontrada. A expressão, que significa "terra meridional/austral desconhecida", vem das ruminações do cartógrafo grego Cláudio Ptolomeu, por volta do ano 150. Ele raciocinou que, se o mundo era esférico e no topo havia a terra da qual ele tinha conhecimento, seguia-se que, para impedir que o mundo virasse, deveria haver terra embaixo. Em parte, ele estava correto. Na Europa, ainda se pensa na Austrália como a terra "lá embaixo".

Os mapas de Cook, é claro, eram mais atualizados que os de Ptolomeu. Ele se tornou o primeiro europeu a avistar terra na costa leste. Desembarcou na baía de Botany, agora parte de Sydney, e lá ficou por sete dias. Na época, os primeiros encontros de sua tripulação com o povo que ali vivia devem ter parecido incidentes menores; com o tempo, passaram a ser vistos como importantíssimos, um presságio do que viria a seguir. Escrevendo em seu *Diário do Honorabilíssimo Sir Joseph Banks durante a primeira viagem do capitão Cook no HMS Endeavour em 1768-71*, o principal oficial científico de Cook ruminou sobre esse choque de civilizações e as diferenças entre elas:

> Assim vive essa gente, que eu quase chamaria de feliz, contente com pouco, a bem dizer quase nada; muito distante das apreensões associadas às riquezas, ou mesmo à posse do que nós europeus chamamos de itens de primeira necessidade [...]. Ela nos dá uma ideia de como são pequenas as verdadeiras necessidades da natureza humana, que nós, europeus, aumentamos a um excesso que sem dúvida pareceria inacreditável a essas pessoas, caso pudessem ser informadas a respeito.

Esse encontro não impediu que Banks mais tarde recomendasse que a baía de Botany fosse o local escolhido pela Grã-Bretanha para estabelecer uma colônia penal; a ideia era aliviar a lamentável superpopulação carcerária britânica e despachar os criminosos para um lugar de onde talvez jamais voltassem. As implicações estratégicas de hastear a bandeira britânica a 17 mil quilômetros do centro do império também foram levadas em conta.

Os navios foram preparados, os condenados reunidos e os suprimentos embarcados. A primeira frota partiu de Portsmouth em 13 de maio de 1787, chegando à baía de Botany em 24 de janeiro de 1788. Os onze navios levavam cerca de 1500 almas, das quais 730 condenados (570 homens e 160 mulheres) e o restante indivíduos livres, na maior parte pessoal da Marinha.

Duas semanas mais tarde, o governador Arthur Phillip, responsável pela missão, concluiu que a baía era totalmente inadequada para um assentamento e transferiu tudo, inclusive os condenados, para o que viria a ser o porto de Sydney, poucos quilômetros ao norte. Na praia desse novo local, na terra agora reivindicada para a Coroa britânica, o governador fez um discurso no qual, segundo registrou George Worgan, um médico da Marinha, "deu ordens rigorosas para que os nativos não fossem de forma alguma ofendidos ou molestados [...] eles deviam ser tratados com amizade". Não foi bem o que aconteceu. Phillip estava lidando com os eora e os darug. Depois do primeiro contato, as interações iniciais basearam-se no comércio, mas o que os nativos não sabiam era que aquelas pessoas novas e estranhas tinham vindo atrás não de comércio, mas da sua terra.

Embora muitas gerações pensassem nos aborígenes como um só povo, havia numerosos grupos e linguagens distintos espalhados pelo país, por exemplo os murri de Queensland, os nunga do sul da Austrália Meridional e os palawa da Tasmânia, todos divididos em subgrupos. Em 1788, acredita-se que essas populações totalizavam de 250 mil a 500 mil pessoas, embora algumas estimativas sejam mais altas. Nas décadas seguintes, calcula-se que pelo menos dezenas de milhares morreram no que se tornara uma guerra por fronteiras, que se prolongou até o século xx.

Essas "Guerras de Fronteira", como esses conflitos acabaram conhecidos, cresceram à medida que os assentamentos nos arredores de Sydney se ampliavam, e outros surgiam em Melbourne, Brisbane e na Tasmânia. Historiadores discordam sobre os níveis de violência, mas calcula-se que cerca de 2 mil colonos e uma quantidade de aborígenes correspondente a muitas vezes esse número foram mortos, os últimos sofrendo vários

Austrália

massacres. É a triste história de um lado vendo o outro como totalmente desprovido de direitos; na verdade, para muitos colonos, os aborígenes não eram sequer humanos.

Já em 1856, a devastação de culturas tinha sido enunciada num artigo severamente crítico de autoria do jornalista Edward Wilson no jornal *Argus*, de Melbourne:

> Em menos de vinte anos nós quase os eliminamos da face da Terra. Atiramos neles como se fossem cães [...] e condenamos tribos inteiras às agonias de uma morte lancinante. Nós os convertemos em bêbados, e os infectamos com doenças que corroeram os ossos de seus adultos, e fizemos da vida das poucas crianças que nascem entre eles uma tristeza e uma tortura desde o instante de seu nascimento. Nós os convertemos em párias em sua própria terra, e estamos rapidamente condenando-os ao extermínio total.

A desolação de sua existência continuou pelos séculos XIX e XX, muito tempo depois do fim da matança. A partir de 1910, crianças aborígenes das nações que restaram foram tiradas de suas famílias e criadas em casas de famílias brancas, ou em instituições do Estado; em ambos os casos, a ideia era forçar a assimilação. A prática só foi interrompida em 1970, quando a "Geração Roubada" já passava dos 100 mil. O direito de voto nas eleições nacionais só foi concedido aos aborígenes em 1962, e eles tiveram que esperar até 1967 para serem reconhecidos formalmente como parte da população australiana. Um referendo mudou a constituição para permitir que fossem contados nos censos e, consequentemente, tivessem mais acesso a recursos do Estado. Como afirmou a ativista de direitos civis Faith Bandler em 1965, "os australianos precisam registrar seus cães e seu gado, mas não sabemos quantos aborígenes existem".

O referendo foi aprovado por uma maioria de 90%, com um comparecimento de 93% dos eleitores. A votação foi vista por muitos como um momento decisivo, ainda que seus efeitos políticos de curto prazo fossem limitados. Ela revelou um desejo de estender a igualdade, embora ainda houvesse um longo caminho a ser percorrido, numa batalha que continua a ser travada. Homens e mulheres aborígenes estão se formando em universidades, entrando na classe média e povoando todos os aspectos da Austrália moderna; no entanto, sua expectativa de vida está abaixo da média nacional e casos de doenças crônicas são mais altos entre eles, assim como as taxas de mortalidade infantil e de encarceramento. O desemprego, o alcoolismo e as doenças afligem algumas comunidades, bem como problemas psicológicos causados especialmente por um senso de alienação, acentuado pela mudança de áreas rurais para as cidades, grandes e pequenas, a partir dos anos 1970.

Houve uma lenta mudança na atitude para com os povos das "primeiras nações", indicada parcialmente por gestos simbólicos. Nos anos 1990, o nome do colossal monolito cor de ferrugem no deserto conhecido como Ayers Rock foi alterado para Ayers Rock/Uluru, em reconhecimento da denominação original na língua do povo anangu, para o qual ele é um lugar sagrado, e em 2002 passou a chamar-se Uluru/Ayers Rock. Em 2008, reconhecendo a responsabilidade por mais de duzentos anos de devastação, repressão e negligência, o primeiro-ministro australiano Kevin Rudd fez um pedido formal de desculpas aos povos aborígenes pelos abusos de que foram vítimas.

Apesar de todas as privações, a população desses povos cresceu durante o século xx: nos anos 1920 ela era estimada em 60 mil, ao passo que agora existem cerca de 800 mil aborígenes e habitantes das ilhotas do estreito de Torres (etnicamente diferentes dos aborígenes), concentrados sobretudo em Queensland, Nova Gales do Sul, na Austrália Ocidental e no Território do Norte. A maioria das centenas de línguas se perdeu, e, das que sobrevivem, há talvez 50 mil pessoas que sabem falar pelo menos uma.

A marcha dos colonos através do continente, que tanta devastação causou, foi lenta mas implacável. À medida que novos carregamentos humanos, na maioria de condenados, chegavam do Reino Unido, a população branca ia aumentando ao ritmo de alguns milhares por ano. Em 1825, os exploradores já tinham rompido uma barreira até então tida como intransponível — as Montanhas Azuis, a oeste de Sydney — e descoberto que para além dela o que havia era o grande Outback. A população era então de 50 mil; em 1851, tinha crescido para cerca de 450 mil; o transporte penal diminuíra consideravelmente, e os novos imigrantes em sua maioria buscavam vida nova num mundo novo.

Eles chegaram a tempo de participar da primeira corrida do ouro australiana, que começou a transformar a sociedade local, com centenas de milhares vindo de fora para tentar a sorte. A maioria era da Grã-Bretanha, mas vinham também pessoas da China, da América do Norte, da Itália, da Alemanha, da Polônia e de meia dúzia de outros países. Graças à "geração do ouro", a população da Austrália não só disparou para 1,7 milhão no começo dos anos 1870, mas também começou a se diversificar, étnica e culturalmente.

A loucura das fases iniciais da corrida do ouro implicou que as primeiras levas de imigrantes que irromperam nas praias de Melbourne fossem formadas por homens jovens solteiros. Isso contribuiu para a criação de uma atmosfera de "Oeste Sem Lei", mas aos poucos a prosperidade levou a uma mudança na natureza da imigração, atraindo artesãos, negociantes e profissionais qualificados, como contadores e advogados, que começaram a chegar com suas famílias.

Todos deram sua contribuição para a formação do caráter australiano, mas há uma teoria segundo a qual os "escavadores", como eram chamados os garimpeiros, forjaram a inventividade, a determinação e a camaradagem pelas quais os australianos são conhecidos no mundo inteiro. Os refinamentos sociais do Velho Mundo não tinham significado algum nas ásperas e lamacentas regiões de exploração, e o espírito independente, mas ao mesmo tempo de coleguismo, dos escavadores contribuiu para a criação de uma identidade com menos respeito pela autoridade colonial britânica do que antes.

Ao aproximar-se o século XX, a Austrália foi se tornando um país moderno, embora composto de colônias que eram quase como países separados; elas mantinham poucas relações formais entre si e estavam mais preocupadas com seus próprios sistemas econômicos e políticos. As distâncias entre os assentamentos representavam um grande desafio. Os rios, como já vimos, não serviam para o comércio nem para o transporte, e, assim, de início, para movimentar coisas por terra geralmente era preciso arrastá-las por trilhas irregulares, uma vez que havia pouca disponibilidade de animais de carga. Nos primeiros sistemas de transporte, cada porto remetia produtos para o interior ou para o Reino Unido. Como cada região era uma colônia separada, conectá-las pelo litoral não era uma prioridade; assim, essas primeiras "estradas" conduziam ao interior, mas não ao longo da costa, pelo menos não por distâncias significativas. Com opções tão limitadas, cada colônia continuava a desenvolver-se de maneira independente.

Na segunda metade do século XIX, um incipiente sistema ferroviário começou a surgir, em parte ligando as cidades costeiras e abrindo caminho para uma economia interconectada. À medida que os sistemas de transporte e comunicação se desenvolviam, cresceu também a ideia de juntar as diferentes regiões numa federação. Um referendo foi realizado e aprovado em 1899, ainda que com significativa oposição, e em 5 de julho de 1900 o Parlamento britânico aprovou a Lei Constitucional da Comunidade da Austrália, assinada pela rainha Vitória quatro dias depois; em 1º de janeiro de 1901, as seis colônias britânicas se uniram para formar a Comunidade da Austrália. Meio milhão de pessoas saiu às ruas de Sydney para comemorar. A Austrália não se tornou um Estado soberano, apenas uma "colônia autônoma" (só em 1986 a independência total foi declarada, com a promulgação da Lei da Austrália), mas um grande salto em matéria de autodeterminação tinha sido dado.

A essa altura, a população tinha ultrapassado a marca dos 3 milhões, e a Austrália começara a se transformar numa sociedade urbana, com Sydney e Melbourne ostentando populações de pouco menos de 500 mil pessoas. A maioria dos imigrantes que chegava ainda era do Reino Unido, mas, de onde quer que viessem, quase todos eram brancos. Uma das primeiras leis aprovadas pelo novo governo foi a Lei de Restrição à Imigração, que ficou conhecida como a política da "Austrália branca". A redação da lei não é explícita, mas sua intenção é claramente racista, negando entrada a "qualquer um que, solicitado por um funcionário, seja incapaz de, na presença dele, escrever e assinar uma passagem ditada de cinquenta palavras numa língua europeia indicada pelo funcionário".

Na improvável situação de conseguir escrever cinquenta palavras ditadas em português, havia sempre a possibilidade de que um candidato a imigrante vindo da China, por exemplo, fosse solicitado a repetir o teste, desta vez, digamos, em flamengo. Como diz o texto da lei, a língua é escolhida pelo funcionário, e a aplicação do teste servia, quase sempre, para imprimir um carimbo legal a uma decisão já tomada. A maioria das pessoas reprovadas era não branca, mas a lei também podia ser usada para deportar imigrantes não naturalizados por terem sido presos por prática de crime violento. Nada disso era compatível com as palavras da canção popular "Advance Australia Fair", tocada na cerimônia de inauguração da nova comunidade e mais tarde convertida em hino nacional:

Temos planícies infinitas para compartilhar;
Unamo-nos todos com coragem
Para levar adiante a justa Austrália.

A opinião política e popular esmagadoramente majoritária era que as planícies infinitas só deveriam ser compartilhadas com pessoas brancas, de preferência britânicas. A nova lei visava, especialmente, chineses, japoneses, indonésios e qualquer indivíduo da vasta vizinhança que quisesse não apenas vir e baixar os salários mas também diluir a "pureza" racial australiana. A política da Austrália Branca continuou até os anos 1970. Durante todo esse tempo, foi vista de forma extremamente negativa por seus vizinhos asiáticos, sobretudo os que emergiam da era colonial.

O período posterior à Segunda Guerra Mundial testemunhou a chegada em massa dos britânicos. O país ainda precisava aumentar sua força de trabalho, e por apenas dez libras os britânicos podiam tomar um navio para começar vida nova na Austrália. O preço normal da passagem era 120 libras, quase seis meses de salário de boa parte da classe trabalhadora, e a oferta era irrecusável para muita gente na aborrecida e classista Grã-Bretanha do pós-guerra. De 1947 a 1982, mais de 1,5 milhão de pessoas partiram para a Austrália, onde havia oportunidades, dias de sol e, de início, quase sempre, dificuldades. Uma tia, um tio e quatro primos meus estiveram entre esses imigrantes. Ann era enfermeira e Denis trabalhava numa loja de sapatos. Partindo das docas de Southampton em 1972, eles trocaram Leeds por Melbourne e (depois de se mudarem de um albergue) salários relativamente baixos por um padrão de vida significativamente mais alto.

Durante esse período, os "brits" ainda eram a principal fonte de mão de obra, mas aos poucos a configuração demográfica do país começou a mudar, à medida que acontecimentos mundiais empurravam europeus em números cada vez maiores para a Austrália, abrindo as comportas e gradualmente relaxando a política da Austrália Branca. Italianos, alemães e gregos chegaram para ingressar nas comunidades estabelecidas no fim do século XX. Em seguida vieram os húngaros, escapando da revolução de 1956, e os tchecos, depois da ocupação soviética de 1968. Lentamente, foram chegando pessoas da América do Sul e do Oriente Médio, muitas fugindo de perseguições. Nos anos 1970, milhares de refugiados que haviam abandonado o Vietnã em pequenos barcos foram admitidos, e nos anos 1990 vieram os refugiados da Guerra Civil Iugoslava.

Isso levou a uma acentuada transformação cultural: de uma sociedade essencialmente britânica, talvez anglo-celta, para um país multicultural. Foi uma conversão notavelmente rápida para o que vemos hoje na Austrália — um país de pessoas cuja linhagem remonta a 190 países. No censo de 2016, a proporção de nascidos no exterior era de 26% da população, mas seus países de origem mostram as mudanças em política, atitude e economia global ocorridas desde o começo do século XX. Dos nascidos no exterior, os britânicos ainda são os mais numerosos, mas entre os dez primeiros estão neozelandeses (8,4%), chineses (8,3%), indianos (7,4%), filipinos (3,8%) e vietnamitas (3,6%); cinco das nacionalidades de maior presença são asiáticas.

É um longo caminho percorrido desde 1901, mais longo ainda desde 1788, e não só em termos de tempo. Como em todo e qualquer país, racismo e desigualdade persistem, mas a mudança foi resumida num discurso de Kevin Rudd em 2019: "Nossa definição de identidade nacional deve estar fundamentada nos ideais, nas instituições e nas convenções da nossa sociedade democrática, não em sua composição racial".

Austrália

A Austrália continua sendo um destino sedutor para gente de fora, inclusive trabalhadores migrantes e refugiados. É tão popular, e as pessoas estão de tal modo desesperadas para chegar lá, seja como for, que sucessivos governos neste século têm promulgado duras leis contra quem tenta entrar ilegalmente.

Em 2001, a Marinha australiana começou a interceptar carregamentos de refugiados e de migrantes. Os navios são obrigados a dar meia-volta ou seguir para um terceiro país; em outros casos, as pessoas a bordo são transferidas para as remotas ilhas de Nauru e Manus. Essa política foi suspensa em 2008, mas retomada em 2012. Depois disso, mais de 3 mil pessoas foram detidas. Algumas voltaram para seus países, e centenas receberam status de refugiado nos Estados Unidos. Em 2020, cerca de 290 continuavam no que a Austrália chama de "centros de processamento" nas ilhas, onde têm sofrido violentos ataques dos moradores.

A política tem sido denunciada como desumana e ilegal por ativistas dos direitos humanos, mas ainda é suficientemente popular entre os eleitores australianos para continuar em vigor. O número de barcos que aparecem diminuiu, e o de pessoas que chegam por via aérea, e pedem asilo, aumentou.

Elas vêm porque, até certo ponto, a Austrália continua sendo o "país da sorte". A expressão vem de um livro de Donald Horne, *The Lucky Country*, publicado em 1964, e foi usada um tanto sarcasticamente, mas pegou como caracterização positiva, e por boas razões. A terra "lá embaixo" é uma das mais ricas do mundo, e parece destinada a permanecer assim. Possui abundantes recursos naturais, muitos deles perfeitamente vendáveis no mundo inteiro, e suas indústrias de lã, carne, carneiro, trigo e vinho estão entre as melhores do planeta. Além disso, o país é dono de um quarto das reservas mundiais de urânio e dos maiores depósitos de zinco e chumbo, é grande produtor de tungstênio e ouro, tem saudáveis depósitos de prata e continua sendo um grande produtor de carvão. E aí vemos que o país se acha entre duas alternativas difíceis.

A Austrália tem perfeita consciência de que os combustíveis fósseis são os grandes responsáveis pelas mudanças climáticas. O aquecimento global foi um fator significativo nos incêndios devastadores de 2019-20, exacerbados por temperaturas inéditas e pela escassez de água. As vítimas humanas somaram dezenas, mas milhares de coalas, um dos símbolos do país, foram mortos, além de centenas de milhares de outras criaturas. As chamas não atingiram áreas urbanas, mas nuvens de fumaça tóxica pairaram sobre Camberra, levando a qualidade do ar na capital a cair, temporariamente, para um dos níveis mais baixos do mundo. Flocos de cinza branca deslocaram-se pelo país como neve quente, chegando até a Nova Zelândia. Em 4 de janeiro de 2020, Sydney era um dos lugares mais quentes do planeta — com a temperatura chegando a 48,9°C.

Quem consegue viver nessas condições? No momento, a resposta é 26 milhões de pessoas, mas, se a previsão de crescimento médio do Instituto Australiano de Estatística estiver correta, em 2060 a resposta será cerca de 40 milhões.

Se o modelo de mudança climática estiver correto, a Austrália continuará a sofrer ondas de calor, secas e incêndios florestais inéditos, criando uma paisagem calcinada e inabitável. Quanto mais os subúrbios das grandes cidades avançam para o interior, maior o número de pessoas em situação de risco. Isso significa que os australianos muito provavelmente continuarão presos ao litoral, em áreas urbanas cada vez mais densamente povoadas, apesar da ameaça de elevação do nível do mar. O país pode vir a precisar de uma lenta retirada de algumas áreas, e de um plano de longo prazo para construção em locais designados como de baixo risco.

A Austrália tem em abundância uma fonte potencial de energia, a luz solar, mas carece de outra — a água. A geração de energia hidrelétrica é reduzida, não só por conta da topografia predominantemente plana das regiões por onde os rios passam, mas também em razão do seu volume de água variável. A exceção é a Tasmânia, onde o terreno e o clima já permitiram o desenvolvimento de uma indústria hidrelétrica. A escassez de água, que já é um problema, pode tornar-se uma questão altamente prioritária, e o país precisará de uma discussão franca sobre sustentabilidade.

Isso inclui falar sobre carvão. Levando em conta que todos os estados têm minas de carvão, e que a indústria de 69,6 bilhões de dólares austra-

Austrália   37

lianos emprega dezenas de milhares de pessoas, não vai ser fácil. Antes de se tornar primeiro-ministro, Scott Morrison causou furor no Parlamento ao segurar um grande pedaço de carvão e dizer à Câmara: "Não tenham medo, não se apavorem, não vai machucar vocês. É só carvão". A Austrália poderia fechar sua indústria amanhã sem que isso reduzisse significativamente a poluição global — ela é parte de um problema que não será resolvido sem que cada país se empenhe em reduzir sua pegada de carbono —, mas tal fechamento teria profundos efeitos na economia australiana. Assim, é provável que o carvão continue a reinar durante anos, enquanto o país busca fontes alternativas de energia.

O acesso à energia é uma grande preocupação da Austrália — e, devido à geografia e à localização do país, está inevitavelmente relacionado a questões de segurança.

Economicamente, a Austrália moderna está cada vez mais presa à sua localização. Seus políticos declaram que o país faz parte da Comunidade Ásia-Pacífico, mas tendem a evitar o debate sobre se a comunidade considera a Austrália parte dela. Em seu "exterior próximo", essa ex-colônia e aliada do Ocidente é a principal potência, respeitada, mas não amada; na região mais ampla, é uma das várias grandes potências, e, como tal, pode vir a ser tanto aliada como inimiga.

Estrategicamente, a Austrália dá atenção especial ao norte e ao leste. Como primeira linha de defesa, olha para a área do mar do Sul da China, logo abaixo vê as Filipinas e o arquipélago indonésio, e em seguida os mares entre a Indonésia e Papua-Nova Guiné. A leste, concentra-se nas ilhas do Pacífico Sul, como Fiji e Vanuatu.

Existem algumas vantagens: invadir a Austrália seria difícil — não impossível, mas difícil. A maior parte de qualquer força de invasão teria que realizar assaltos anfíbios, e, por conta das ilhas no leste e no norte, as prováveis linhas de ataque são estreitas. Uma vez em terra, seria inviável ocupar todo o continente, e locais valiosos seriam ferozmente disputados. Desembarcando no Território do Norte, as tropas inimigas ainda estariam a 3200 quilômetros de Sydney, as linhas de suprimento seriam um pesadelo, e chegar lá seria difícil.

O país, no entanto, é vulnerável a bloqueios. A maioria de suas importações e exportações atravessa uma série de passagens estreitas ao norte, muitas das quais poderiam ser fechadas num conflito. Essas passagens incluem os estreitos de Malaca, Sunda e Lombok. O estreito de Malaca é a rota mais curta do oceano Índico para o Pacífico. Só por ele passam 80 mil navios por ano, transportando cerca de um terço dos produtos comercializados do mundo, inclusive 80% do petróleo que vai para o Nordeste da Ásia. Se esses estreitos fossem fechados, seria preciso buscar rotas alternativas; os petroleiros que alimentam o Japão, por exemplo, poderiam tentar um caminho mais ao sul, navegar pelo norte da Austrália, passar por Papua-Nova Guiné e sair no oceano Pacífico. Isso aumentaria imensamente os custos de transporte, mas manteria o Japão e a Austrália em funcionamento.

No caso de um bloqueio bem-sucedido, a Austrália rapidamente mergulharia numa crise energética. Em suas reservas estratégicas em terra firme, o país guarda suprimentos de petróleo que dão para dois meses, e a qualquer momento petroleiros podem levar o suficiente para mais três semanas. Camberra aproveitou a queda dos preços do petróleo em 2020 para acrescentar mais alguns dias de suprimento às suas reservas, mas armazenou o petróleo extra nos depósitos da Reserva Estratégica de Petróleo dos Estados Unidos, e talvez não tenha acesso a ele.

A estratégia australiana de defesa concentra-se parcialmente nessa hipótese. O país dispõe de navios e submarinos que poderiam ser utilizados para proteger comboios, e aeronaves capazes de fazer patrulhas marítimas de longo alcance. Além disso, mantém seis bases da força aérea ao norte do paralelo 26, três com todo o pessoal de prontidão e três inativas, para emergências. O paralelo 26 é a linha que divide o norte e o sul do continente. Começa cerca de cem quilômetros ao norte de Brisbane e atravessa o continente até a baía dos Tubarões, no oceano Índico. Apenas 10% da população australiana vive acima da linha, e há teorias, jamais reconhecidas, de que, em caso de invasão pelo norte, esses australianos seriam abandonados para que os militares possam se concentrar na defesa dos principais centros populacionais. Mas essa é uma hipótese extrema, que o

Austrália 39

governo procura evitar mantendo o que acredita ser uma robusta postura de "defesa avançada" composto de bases aéreas e da Marinha.

No entanto, devido a seu tamanho, sua população e sua mediana riqueza, a Austrália não pode operar uma Marinha capaz de proteger todos os acessos marítimos à sua costa. A simples patrulha dos mares já é um desafio. O continente tem 35 mil quilômetros de litoral, e as ilhas somam mais 24 mil quilômetros de costa para vigiar.

A fim de evitar que qualquer uma das hipóteses acima ocorra, além de investir muito em sua Marinha a Austrália se concentra na diplomacia, selecionando cuidadosamente seus aliados. Camberra sempre prestou muita atenção à potência marítima dominante. Quando era a Grã-Bretanha, a velha potência imperial era o aliado mais importante, mas, quando passou a ser os Estados Unidos, não houve dúvida sobre quem deveria ser escolhido como a nova prioridade política, militar e estratégica número um.

Quando a Primeira Guerra Mundial começou, os australianos se juntaram em grandes números para defender a causa. Mas a Segunda Guerra Mundial marcou o ponto decisivo nas relações militares entre a Austrália e o Reino Unido. Era evidente que os britânicos seriam incapazes de defender o país, e, quando a maré da guerra virou, não havia mais dúvida sobre quem seria a potência mundial dominante a partir de então.

Já em dezembro de 1941, na esteira de Pearl Harbor, o primeiro-ministro australiano John Curtin explicou francamente num artigo intitulado "A tarefa à nossa frente":

> O governo australiano, portanto, vê a luta no Pacífico como basicamente uma disputa na qual os Estados Unidos e a Austrália precisam ter voz ativa na direção do plano de luta das democracias. Sem qualquer constrangimento, deixo claro que a Austrália se volta para os Estados Unidos, livre de qualquer escrúpulo quanto a nossos vínculos tradicionais ou a nosso parentesco com o Reino Unido.

Com a característica franqueza australiana, Curtin expôs os imperativos políticos da mensagem: "Sabemos também que a Austrália pode sair e a Grã-Bretanha ainda assim resistir".

O momento marcou um divisor de águas: os ianques estavam chegando. Os grupos precursores já se achavam no país, e em meados de 1943 havia 150 mil militares americanos na Austrália, a maior parte em Queensland, onde o general Douglas MacArthur sediou seu quartel-general. Navios da Marinha americana ancoravam em Sydney e Perth, e produtos "fabricados nos Estados Unidos" tomaram conta do país. Coca-Cola, hambúrguer, pizza, cachorro-quente, filmes de Hollywood e bens de consumo americanos começaram a substituir as importações mais conservadoras, basicamente britânicas, das décadas anteriores.

A guerra também chegou à Austrália. Em 19 de fevereiro de 1942, a força aérea japonesa desencadeou um ataque arrasador no porto militar aliado de Darwin, usando o mesmo grupo de porta-aviões que atacara Pearl Harbor dez semanas antes. Um mês mais cedo, os japoneses já tinham lançado uma invasão da Nova Guiné (agora Papua-Nova Guiné/ parte da Indonésia), e rapidamente tomaram o norte da imensa ilha, que fica diretamente acima da Austrália e é a segunda maior do mundo. Se a ilha tivesse caído por inteiro, poderia ser usada como plataforma de lançamento de uma invasão da Austrália, ou para o bloqueio do país. No entanto, um planejado desembarque anfíbio em Port Moresby foi frustrado pela Batalha do Mar de Coral. O plano dos japoneses se voltou contra eles, e a Nova Guiné foi usada como trampolim para a retomada das Filipinas pelo general MacArthur, como parte da campanha nas ilhas que resultaria na derrota do Japão.

Desde então as relações da Austrália com os Estados Unidos têm sido iguais às que o país manteve com os britânicos. A Austrália contribui com parte de suas Forças Armadas (especialmente as bem treinadas Forças Especiais); já a Marinha dos Estados Unidos mantém abertas as rotas marítimas internacionais e segura um guarda-chuva nuclear sobre a cabeça dos australianos. Camberra enviou tropas para lutar na Guerra da Coreia (1950-3), na Guerra do Vietnã (1955-75), na Primeira Guerra do Golfo (1990-1) e na invasão do Iraque (2003), assim como havia feito durante as duas guerras mundiais. Enquanto isso, os americanos continuam firmes na determinação de se manter como a maior potência marítima do mundo.

Estabeleceram uma base importante em Darwin, que abriga 2500 fuzileiros navais, não o bastante para tirar o sono das Forças Armadas chinesas, talvez, porém mais do que suficientes para sinalizar que os americanos estão presentes, e prontos para defender seus aliados na Oceania. Por enquanto...

E aí está o dilema da Austrália. Com a ascensão da China, os Estados Unidos precisam fazer escolhas na região do Pacífico Ocidental. Eles podem resistir ao avanço chinês para controlar o que Beijing considera seu quintal, tentar forjar um acordo entre as esferas regionais de influência ou empreender uma longa e lenta retirada, recuando até a Califórnia. Afinal, entre a Califórnia e a costa chinesa são 11 mil quilômetros de oceano. Os militares e diplomatas americanos garantem à Austrália que a aliança entre os países é sólida como uma rocha, mas Donald Trump deixou os australianos nervosos ao dar a impressão de que preferia déspotas de ditaduras insignificantes como a Coreia do Norte a aliados democráticos consistentes. A troca na presidência americana trouxe uma mudança de tom. A vitória de Joe Biden em novembro de 2020 foi seguida, um mês depois, por uma séria advertência dos comandantes da Marinha, do Corpo de Fuzileiros Navais e da Guarda Costeira dos Estados Unidos. Para eles, de todas as potências mundiais, é a China quem representa a ameaça mais "abrangente, de longo prazo" para os interesses americanos e de seus aliados. Outros alarmes soaram no começo de 2020, quando os chineses começaram a investigar a ilha de Daru, na Nova Guiné, depois de firmarem um acordo para construir ali um imenso complexo pesqueiro. A ilha fica a apenas duzentos quilômetros do continente australiano, e, embora os mares em volta não sejam conhecidos por seu potencial para a pesca comercial, os arrastões chineses são conhecidos por servir como navios de espionagem. Talvez este seja apenas um empreendimento comercial; mas pode ser também que o porto venha a ser construído para acomodar navios de guerra chineses. Esse é um exemplo da vigilância constante que a Austrália precisa manter quando se trata das atividades da China na região, e uma das razões para estar constantemente avaliando o compromisso dos Estados Unidos com a segurança conjunta.

A Austrália sabe que provavelmente na metade do século os Estados Unidos não gastarão mais em defesa do que a China. A diferença entre a

Guerra Fria e agora é absoluta: a União Soviética em declínio ficou irremediavelmente para trás dos Estados Unidos em termos econômicos e acabou sendo incapaz de competir na corrida armamentista. A China é uma potência em ascensão que deve ultrapassar o PIB americano em meados do século, talvez antes. As decisões dos Estados Unidos nessas questões terão impacto numa "escolha chinesa" por parte da Austrália.

Tendemos a pensar na China e na Austrália como países relativamente próximos, e isso ocorre talvez por duas razões. A Austrália fica tão longe de outras massas de terra a leste, oeste ou sul que nossa tendência é olhar para o norte do mapa, ver a China e mentalmente associar os dois países. Mas o mapa clássico que a maioria de nós utiliza, a projeção de Mercator, distorce nossa visão, pois retrata uma distância curva numa superfície plana. Para se ter ideia do quanto a projeção de Mercator influencia nossa ideia de onde as coisas estão, bastar olhar para os mapas de Waterman, aos quais precisamos nos acostumar um pouco, e que nos oferecem outra perspectiva. Nunca pensamos na China como geograficamente perto da Polônia, mas Beijing está tão perto de Varsóvia como de Camberra. É por isso que a China está constantemente atenta a todo o seu redor, enquanto a Austrália olha sobretudo para o norte. Simplificando, ela tem mais escolhas do que a Austrália.

No que diz respeito à China, a Austrália precisa fazer um difícil malabarismo entre interesses econômicos, estratégia de defesa e diplomacia. Os chineses são de longe seu maior parceiro comercial, embora os níveis de investimento por vezes flutuem, em consonância com os de aproximação diplomática. Nos últimos anos, cerca de 1,4 milhão de chineses chegaram anualmente para passar férias na Austrália, e os estudantes chineses representam 30% dos estrangeiros que estudam no país. A China compra quase um terço das exportações agropecuárias da Austrália, inclusive 18% de suas exportações de carne bovina e metade das de cevada. É também um grande mercado para o minério de ferro, gás, carvão e ouro australianos. Mas os interesses mais amplos de Beijing na região, suas tentativas de expandir reivindicações territoriais e influência, nem sempre coincidem com os da Austrália.

Austrália

A região ao largo do litoral chinês é um lugar complicado. A China reivindica direitos geográficos e históricos sobre mais de 80% do mar do Sul da China. Uma rápida olhada no mapa sugere que isso talvez não seja inteiramente justo, como Vietnã, Filipinas, Taiwan, Malásia e Brunei estão prontos a destacar. Esses países têm diferentes visões geográficas e históricas para explicar suas reivindicações territoriais, que com frequência se justapõem. Mas Beijing continua despejando concreto em pequenas rochas que despontam na água a mais de 1600 quilômetros do continente, chamando-as de ilhas, e nelas construindo pistas e instalando radares e baterias de mísseis.

Boa parte do rápido progresso militar demonstrado pelo Exército de Libertação Popular da China sugere uma ambição a médio prazo de ampliar o alcance de sua "capacidade de negação de área" — isto é, a capacidade de impedir que forças inimigas penetrem, ocupem ou sequer atravessem determinada área geográfica. Nos últimos anos, isso tem significado desenvolver armas capazes de, em caso de guerra, expulsar os americanos, ou quaisquer outros, dos mares do Sul e do Leste da China, e mantê-los para além da Primeira Cadeia de Ilhas, a série de ilhas que se estendem do Japão às Filipinas. A Austrália agora teme que a China deseje, em última análise, projetar a região de "negação de área" para ainda mais longe — o sul da Indonésia e as Filipinas. Isso a estenderia até o mar de Banda e as praias de Papua-Nova Guiné. Na Austrália, as lembranças da invasão japonesa da Nova Guiné continuam vivas. Há preocupações menores com a remota possibilidade de os islâmicos tomarem o poder na Indonésia, mas o que mais tira o sono dos estrategistas militares australianos é um possível avanço chinês em sua direção.

A fim de impedir isso, uma possibilidade é movimentar rapidamente as forças australianas. Mas onde basear a maior parte delas? Estacioná-las no norte do país significa que qualquer movimento mais para o norte atravessará vários pontos de estrangulamento, onde o inimigo pode preparar emboscadas. Estacioná-las no sul implica levar mais tempo para transportá-las, embora elas possam seguir por mar aberto.

A expansão da China para o sul pode ser considerada um exemplo de alargamento de soberania territorial até o ponto de ruptura; exatamente onde essa elasticidade se partiria é assunto para juristas internacionais, mas sem dúvida seria ao norte do mar de Coral. Ali a China não pode reivindicar territórios nem construir ilhas e instalações militares sem provocar conflitos. O que os chineses podem fazer, no entanto, é usar seu peso econômico para tentar conseguir um ponto de apoio, e é aí que eles se deparam com a única grande potência da região. Para pôr a questão em termos realistas, a Austrália não tem como impedir que os chineses dominem o mar do Sul da China, mas pode tentar limitar a influência de Beijing no que diz respeito ao Pacífico Sul.

A batalha já começou. A Austrália é a maior doadora das ilhas do Pacífico, mas a China tem aumentado seu volume de ajuda e empréstimos financeiros, e, como fez em outros lugares, agiu com rapidez quando o vírus da covid-19 atacou. Em abril de 2020, um avião da Real Força Aérea australiana levando ajuda para a ilha de Vanuatu aproximava-se do aeroporto de Port Vila quando avistou na pista única um avião chinês que chegara com EPIS e outros equipamentos relacionados à covid-19. Apesar de ter permissão para aterrissar, a aeronave deu meia-volta e voou os 2 mil quilômetros de volta para casa. Ainda se discute se era ou não era seguro pousar, mas a questão persiste — os chineses estavam em terra.

O que eles ganham com isso? Influência significa acesso, e a China deseja ter acesso a zonas pesqueiras, portos para suas frotas e possível mineração do fundo do oceano, além de algo que costuma ser ignorado: votos nas Nações Unidas e em outros organismos internacionais. Os chineses têm tido êxito em convencer países africanos a não reconhecerem Taiwan, e estão tentando o mesmo no Pacífico. Em 2019, apesar de intenso lobby americano e australiano, Kiribati e as Ilhas Salomão romperam laços com Taiwan, estabelecendo relações diplomáticas com a China.

Camberra tem investido na política de "avançar no Pacífico", mas tomando precauções. Os ilhéus do Pacífico estão muito cientes da história colonial da Austrália e desaprovam qualquer coisa que tenha cheiro de paternalismo. É importante chamar lugares como Vanuatu não de "peque-

Austrália

nos países insulares", mas de "grandes Estados oceânicos", como as ilhas agora preferem, por conta de suas vastas e exclusivas zonas marítimas. Dependendo de como se define a região, as ilhas, incluindo suas zonas marítimas, constituem 15% da superfície terrestre.

Em 2018, a Austrália venceu uma disputa com a China para financiar a principal base militar de Fiji, assinou um tratado de segurança bilateral com Vanuatu e doou 21 novos barcos de patrulha militar a várias ilhas. Ela também usou seu orçamento de ajuda para construir uma rede de comunicação subaquática de alta velocidade, o "sistema de cabos do mar de Coral", que liga Austrália, Ilhas Salomão e Papua-Nova Guiné. Apesar disso, e de muitas outras iniciativas, a China avança especialmente em Fiji, nas Ilhas Cook e em Tonga; mas, devido a problemas internos, costuma insistir em materiais chineses para projetos de infraestrutura e, como na África, levar seus próprios operários para executar os trabalhos, o que tem provocado ressentimentos entre os habitantes locais. Até agora a Austrália é o principal protagonista, mas vai ter que se concentrar muito para manter essa posição.

A tecnologia e o poder da China superam os da Austrália. O alcance dos mísseis balísticos de Beijing tornou o fosso de água em torno da Austrália menos útil, assim como suas armas cibernéticas, pois já não é necessário despachar grandes pedaços de metal para alvos a fim de explodi-los. Qualquer país pode ser terrivelmente afetado por um ataque cibernético a sua infraestrutura vital — rede elétrica, água, cadeias de distribuição de alimentos, sistema de transportes etc. A Austrália ainda está muito longe de qualquer um que possa socorrê-la fisicamente, mas em termos de tecnologia o mundo está bem mais próximo.

A covid-19 conscientizou a Austrália das limitações do sistema econômico *just in time* e, como muitos países, ela endureceu sua atitude no tocante à dependência dos chineses e à permissão para a participação da China em projetos vitais de infraestrutura, o que levou à exclusão da Huawei da rede 5G australiana — uma decisão ousada. As relações podem ser frágeis. No verão de 2020, quando o primeiro-ministro Morrison pediu uma investigação internacional das origens do vírus da covid-19,

Beijing interpretou o pedido como um ataque à China. Em poucos dias, autoridades alfandegárias chinesas detectaram "problemas" com os rótulos de alguns produtos australianos de origem bovina e interromperam as compras. Como Camberra se manteve firme, Beijing começou a resmungar sobre importações de cevada e ferro e fez uma ameaça mal disfarçada através do *Global Times*, seu porta-voz em língua inglesa, ao afirmar que as medidas econômicas "não representam necessariamente um castigo econômico da China para a Austrália, embora possam servir como sinal de alerta para que a Austrália reflita sobre suas ligações econômicas com a China". A expressão diplomática "não representam necessariamente", quando traduzida para a linguagem comum, parecia significar "representam". No começo de 2021, os números das importações chinesas dos concentrados de cobre australianos foram divulgados: haviam caído de 100 mil toneladas em dezembro de 2019 para zero em dezembro de 2020.

Seis meses antes, a Austrália tinha sofrido um ataque cibernético sustentado contra sites do governo nas áreas de educação, saúde e outras áreas críticas de infraestrutura. O primeiro-ministro Morrison não identificou os atacantes, mas afirmou: "Não há muitos atores ligados ao Estado capazes de exercer esse tipo de atividade". O significado de suas palavras era claro.

Administrar essas relações vai ser difícil: cometer um erro implica o risco de se envolver numa Guerra Fria no Indo-Pacífico, enquanto mostrar-se fraco demais é o primeiro passo para permitir uma base do Exército de Libertação Popular em seu quintal. A crise da covid-19 intensificou e acelerou tendências preexistentes. Indianos, japoneses, malaios, australianos e outros povos viram suas apreensões em relação à China ganharem mais clareza. Enquanto eles combatiam a covid-19, a China tomou uma série de medidas provocativas, entre as quais enviar sua frota de porta-aviões para navegar em círculo em torno de Taiwan. O momento foi curioso: uma das frotas de porta-aviões americanos normalmente na área estava ancorada para reparos, e a outra paralisada com centenas de tripulantes contaminados pelo vírus. Um barco de pesca vietnamita foi abalroado e afundado pela guarda-costeira chinesa, e um navio malaio de perfuração

Austrália 47

de petróleo foi intimidado. A postura cada vez mais audaciosa de Beijing em Hong Kong também fez as pessoas encararem a realidade.

Por ora, a Austrália tem se mantido firme junto a seus melhores amigos. Diplomatas australianos fazem hora extra em Capitol Hill, no Pentágono e na sede da CIA em Langley para preservar vínculos construídos ao longo de mais de oitenta anos. A Austrália é também um membro entusiástico daquela que é provavelmente a mais competente rede de inteligência do mundo — a Aliança Cinco Olhos —, juntamente com Estados Unidos, Reino Unido, Nova Zelândia e Canadá. Ela sedia ainda a base militar de Pine Gap, perto de Alice Springs, uma das mais importantes instalações de inteligência dos Estados Unidos, sendo a estação terrestre de satélites da CIA responsáveis por coletar comunicações. Ela fornece dados de inteligência para tropas americanas operando em lugares como o Afeganistão, detecta lançamentos de mísseis balísticos, dá apoio aos sistemas americano e japonês de defesa contra mísseis e desempenha um papel cada vez mais importante no recém-formado Comando Espacial dos Estados Unidos. Não é um pedaço de terra que os americanos pretendam abandonar, e está entre as moedas de troca de que Camberra dispõe, uma vez que serve para avaliar o compromisso dos Estados Unidos com o Pacífico.

O mundo hoje é muito diferente de quando a Aliança Cinco Olhos e outras estruturas de defesa foram criadas. Na época, o compromisso dos Estados Unidos era considerado extremamente sólido, o Japão tinha sido derrotado e a China era incapaz de organizar uma ameaça. O centro da Guerra Fria estava a meio mundo de distância e a postura de defesa da Austrália pressupunha um horizonte de dez anos para se prevenir contra uma ameaça regional. Agora o aviso prévio de um conflito provável foi reduzido, e a China é um competidor importante. Assim, enquanto investe pesadamente em suas relações com Washington, Camberra também faz algumas apostas colaterais, embora não muito substantivas, e em alguns casos apenas prudentes.

A Austrália e o Japão estão desenvolvendo uma relação militar, que inclui exercícios conjuntos de combate aéreo e marítimo e um Acordo de Forças Visitantes. Ambos estão perfeitamente cientes da falta de autossuficiência em energia e dos consequentes perigos de um bloqueio das rotas de suprimento. O Japão importa 85% de seu petróleo bruto do Oriente Médio e a Coreia do Sul importa mais de 60% da mesma fonte. Ambos possuem avançadas indústrias de refinamento e vendem para a Austrália quase metade do petróleo refinado que ela importa. Como vimos, se as rotas do Oriente Médio para os mares do Sul e do Leste da China e para o Japão forem bloqueadas, em poucas semanas a Austrália ficará sem energia e paralisada.

Todos os países da região do Indo-Pacífico concordam que as rotas marítimas internacionais devem permanecer abertas. Isso significa resistir toda vez que a China reivindicar o mar do Sul da China como parte do seu território soberano ou afirmar que as ilhas que constrói na área pertencem ao país da mesma forma que Sichuan. Beijing não para de comprar amigos e influenciar pessoas, e a única maneira de os outros grandes protagonistas (fora os Estados Unidos) competirem é mantendo-se unidos.

Tanto o Japão como a Austrália cooperam com a Marinha indiana dentro do Diálogo de Segurança Quadrilateral, o Quad, que inclui os Estados Unidos e procura impedir que esse cenário se concretize. O Quad é menos uma aliança do que um suporte estratégico para que as Marinhas dos quatro países possam colaborar no Pacífico. A intenção, nunca abertamente declarada, é que todos trabalhem juntos para que as rotas marítimas permaneçam abertas e a influência chinesa seja contida. O Quad recebeu um grande impulso em 2020, durante a crise da covid-19, quando os países ficaram mais preocupados com a beligerância chinesa, e depois da brutal luta corpo a corpo entre soldados chineses e indianos na fronteira entre os dois países. À medida que estende o seu poderio naval, a Índia começa a aceitar a ideia de que o Indo-Pacífico precisa ser entendido como um espaço no qual a Austrália desempenha um papel fundamental. Já se fala num "Quad Plus" ampliado para incluir a Nova Zelândia, a Coreia do Sul e o Vietnã, embora os dois últimos se movam com o máximo cuidado, em razão da proximidade com a China.

Os australianos nunca esperaram ajuda e sempre se esforçaram para ter Forças Armadas capazes de pelo menos defender o solo do país, de

Austrália

preferência tão longe quanto possível de sua costa. Em termos realistas, isso significa assegurar-se de que as ilhas ao norte e ao leste não sejam agressivas, ou dominadas por uma potência superior.

A Austrália será obrigada a fazer escolhas difíceis, um cuidadoso malabarismo no qual um pequeno deslize pode ter consequências sérias e duradouras numa região agora tida como a mais importante do mundo economicamente. Para alguns analistas, o Indo-Pacífico se estende da costa leste da África até a costa oeste dos Estados Unidos. É uma visão antiquada, que está voltando à moda conforme o mundo passa por transformações. Um de seus primeiros defensores na era moderna foi o ex-primeiro-ministro do Japão, Shinzo Abe, que em 2007 citou um livro escrito pelo príncipe mogol Dara Shikoh intitulado *A confluência dos dois mares* (1655). Em seu discurso no Parlamento indiano, Abe afirmou que "os oceanos Pacífico e Índico agora formam um casal dinâmico, como oceanos de liberdade e prosperidade", e em seguida falou sobre garantir que sejam "abertos e transparentes para todos".

Entre as duas massas de água está localizada a Austrália, que tem o oceano Índico a oeste, o Pacífico a leste e a China ao norte. Por ora, de olho na economia, Camberra tenta forjar um diálogo construtivo com Beijing, ao mesmo tempo que mantém laços com os Estados Unidos na defesa e em outras áreas. Ela promete "jogar duro, até o fim".

CAPÍTULO 2

Irã

O islã é político, ou não é nada.

Aiatolá Khomeini, ex-líder supremo
da República Islâmica do Irã

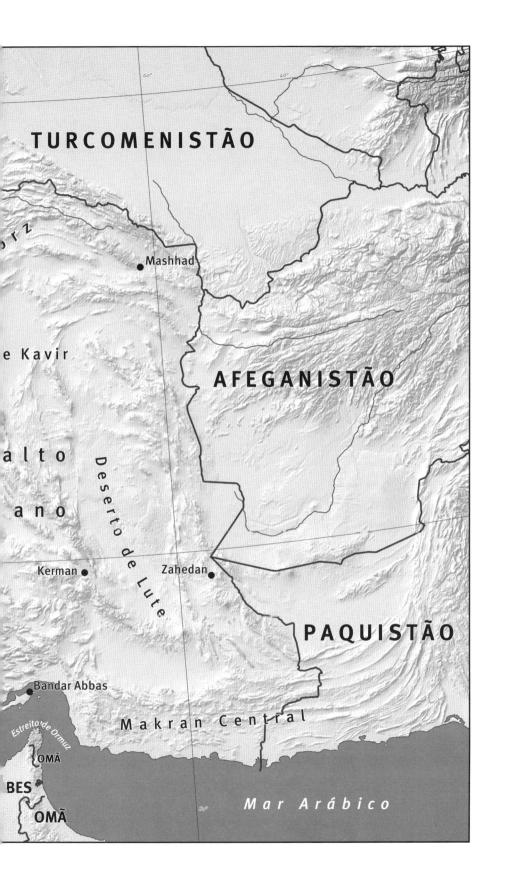

OS IRANIANOS FAZEM UMA GRANDE VARIEDADE de pães maravilhosos; um dos mais conhecidos, o *nan-e barbari*, crocante, à base de trigo, feito com sal marinho, é salpicado de sementes de gergelim e papoula e servido no café da manhã. Costuma apresentar uma forma alongada, mais ou menos oval, com uma crosta e algumas linhas paralelas internas que atravessam a parte de cima. Sem querer, sua aparência lembra o país onde é feito.

O Irã é definido por duas características geográficas: as montanhas, que formam um anel de crosta em quase toda a fronteira, e os desertos de sal, geralmente planos, do interior, ao longo dos quais se estendem montes de menor altitude mais ou menos paralelos. As montanhas fazem do Irã uma fortaleza. Entrando em seu território por praticamente qualquer ponto, logo nos deparamos com um terreno que se eleva e, em muitos lugares, se torna intransponível. As montanhas circundam as desoladas terras ermas interioranas dos desertos de Kavir e de Lute.

O Kavir é conhecido como o Grande Deserto de Sal. Tem cerca de oitocentos quilômetros de comprimento e 320 de largura   mais ou menos do tamanho da Holanda e da Bélgica juntas. Viajei de carro por algumas partes; não há muita coisa para ver além de vegetação desértica arbustiva plana. Mas não é necessariamente uma boa ideia tentar descobrir alguma coisa ali para se ver. Em alguns pontos, camadas de sal na superfície escondem uma lama profunda o suficiente para afogar uma pessoa — e afogar-se no deserto parece uma forma particularmente idiota de morrer. Já o deserto de Lute pode parecer mais atraente, até sabermos que é conhecido como a "Planície da Desolação".

É por isso que, mesmo se você tiver temperamento beligerante, não há de querer invadir o Irã, sobretudo na era moderna, de grandes exércitos profissionais controlados por Estados fortes. O país raramente desaparece do noticiário: é uma potência fundamental do Oriente Médio; um regime repressivo ligado ao terror e à carnificina em toda a região; um possível Estado nuclear em uma tensa guerra de nervos com Israel; e uma nação que vez por outra parece disposta a ir às vias de fato com os Estados Unidos. E apesar disso os americanos — e todo o resto do mundo — relutam em enviar tropas ao local. No começo do século XXI, alguns dos membros mais aguerridos do governo Bush pressionaram o presidente a atacar o Irã; cabeças mais sensatas prevaleceram. O secretário de Estado, Colin Powell, ex-chefe do Estado-Maior Conjunto, afirmou que o poderio aéreo, por si só, teria pouco êxito, e a guerra subsequente poderia exigir "botas no chão"; e recorreu ao velho ditado: "Nos desertos, tudo bem; nas montanhas, não". Os Estados Unidos e o Irã têm história, mas a iraniana está cheia de soldados estrangeiros morrendo em grande número nas montanhas do país.

Pela maior parte dessa história o Irã foi conhecido como Pérsia. Só passou a chamar-se Irã em 1935, numa tentativa de representar as minorias não persas do país, que compõem cerca de 40% da população. Suas fronteiras mudaram ao longo dos séculos, mas a forma do *nan-e barbari* é a moldura geográfica básica.

Para perceber isso, é importante seguir o mapa no sentido horário a partir da cordilheira de Zagros, com seus 1500 quilômetros, começando na costa ao longo do estreito de Ormuz. As montanhas se estendem para o norte através das partes do Irã viradas para o Qatar e a Arábia Saudita, do outro lado do golfo, depois continuam na direção norte ao longo do canal do Shatt al-Arab, até as fronteiras terrestres com o Iraque e a Turquia, antes de virarem para nordeste na fronteira com a Armênia. Esta é a muralha que qualquer inimigo a oeste do Irã enfrenta quase imediatamente depois de cruzar a fronteira. A exceção é o canal do Shatt al-Arab, onde, no lado iraquiano da fronteira, os rios Tigre e Eufrates se encontram. Mas nem mesmo este é necessariamente um ponto fraco do Irã. Trata-se da principal porta de saída do país, conduzindo a qualquer lugar que seus líderes

Irã

valorizem. Uma porta pode abrir para dentro ou para fora, e por isso os persas sempre buscaram avançar até o lado de fora, fechar a porta ou criar uma zona de segurança entre ela e possíveis inimigos. No lado iraniano da fronteira, boa parte do terreno é alagadiça, dando ao defensor uma vantagem natural; e, ainda que conseguisse atravessar o terreno mole e baixo, o agressor não demoraria a se deparar com a cordilheira de Zagros, poucos quilômetros terra adentro.

Onde termina a cordilheira de Zagros começa a cordilheira de Alborz. Aqui também, seguindo no sentido dos ponteiros do relógio, as montanhas se estendem brevemente ao longo da fronteira armênia antes de virarem de maneira brusca para o sul, onde se debruçam sobre o mar Cáspio. A orla marítima tem 650 quilômetros de extensão, e as montanhas de 3 mil metros de altura nunca se afastam dela mais do que 115 quilômetros, quase sempre bem menos. Como no oeste do país, qualquer força hostil invasora logo vai se deparar com a muralha natural. Então as montanhas fazem outra curva, seguindo ao longo das fronteiras do Turcomenistão e do Afeganistão. Serras mais baixas vão diminuindo de volume até perto do mar Arábico, antes de se encontrarem com a cordilheira do Makran Central, que nos leva de volta ao estreito de Ormuz. Isso significa que, se alguém quiser invadir e ocupar o Irã, vai ter de combater em pântanos, montanhas e desertos, mesmo que realize um desembarque anfíbio.

No geral, esse tipo de terreno é um obstáculo colossal para um candidato a invasor e ocupante; o preço para atravessar a muralha de montanhas é considerável, e o ocupante acaba indo embora. No entanto, essa geografia não foi capaz de deter todas as forças hostis durante a longa história da Pérsia/Irã. Alexandre, o Grande, conseguiu avançar, mas poucos anos depois da sua morte em 323 a.C. a Pérsia voltou a assumir as rédeas dos próprios negócios. Nos séculos XIII e XIV os mongóis, e Tamerlão, chegaram pela vasta Estepe Euroasiática, destruíram tudo e massacraram centenas de milhares de pessoas, mas não permaneceram tempo o bastante para influenciar de maneira significativa a cultura persa. Os otomanos se aventuraram até Zagros várias vezes a partir do século XVI, mas se limitaram a tangenciar a periferia do país. Os russos fizeram o mesmo, depois os britânicos, que chegaram e decidiram que a melhor solução seria cooptar alguns grupos minoritários e pagar para ter uma posição de influência.

Em sentido contrário, a geografia do país também limita o poder iraniano. O Império Persa desceu das montanhas e avançou, mas, pela maior parte de sua história, foi contido dentro do território já descrito. Em raras ocasiões dominou as planícies a oeste, que quase sempre estiveram sob a influência dominante de outras potências — gregos, romanos, bizantinos, otomanos, britânicos e, mais recentemente, americanos —, algumas das quais utilizaram o território para tentar manipular o que acontece dentro do Irã. Essa é uma das razões pelas quais Teerã está sempre alerta contra interferências externas.

Internamente, a paisagem desolada e impiedosa explica por que quase todos os iranianos vivem nas montanhas. Sendo difíceis de atravessar, as regiões montanhosas habitadas tendem a desenvolver culturas distintas. Os grupos étnicos são ciosos de sua identidade e resistem à assimilação, tornando mais difícil para o Estado moderno fomentar um senso de integridade nacional. Por causa das montanhas, os principais centros populacionais do Irã são bastante dispersos e, até recentemente, mal conectados. Ainda hoje, só metade das estradas do país é asfaltada. Assim, apesar de iranianos, os habitantes pertencem a variados grupos étnicos.

O persa (pársi) é a primeira língua para cerca de 60% dos iranianos e o idioma oficial da República Islâmica. No entanto, curdos, balúchis, turcomenos, azerbaijanos (azeris) e armênios utilizam línguas próprias, bem como uma multidão de grupos menores, como árabes, circassianos e as tribos seminômades dos luros. Há até aldeias em que o georgiano é falado. A minúscula comunidade judaica (de cerca de 8 mil pessoas) remonta ao exílio babilônico no século VI a.C.

Essa diversidade, especialmente entre os grupos maiores, como os curdos e azeris, significa que os governantes do país sempre tentaram estabelecer governos fortes, centralizados, com frequência repressivos, para manter as minorias sob controle e impedir qualquer região de se separar ou se aliar a potências de fora. Isso é verdadeiro tanto no que diz respeito aos aiatolás como aos seus antecessores.

Irã

Os curdos são um dos melhores exemplos de povo das montanhas que preservaram sua cultura em face de agressivas políticas de assimilação do Estado. Os números exatos dessa população são difíceis de apurar, pois o governo prefere não revelar estatísticas relativas à etnicidade; mas a maior parte das fontes sugere que os curdos representam cerca de 10% da população — talvez 8,5 milhões de pessoas —, sendo a segunda minoria mais numerosa, depois dos azeris (16%). A maior parte deles vive na cordilheira de Zagros, em contiguidade com os curdos do Iraque e da Turquia, com os quais muitos compartilham o sonho de um Estado curdo independente. Sua etnicidade, sua língua, seu espírito independente e o fato de serem na maioria muçulmanos sunitas num país de predomínio xiita os colocam há séculos em conflito com as autoridades centrais. No clima de confusão do fim da Segunda Guerra Mundial, uma pequena região curda declarou independência, que durou menos de um ano depois que o governo central estabilizou o país. Sua revolta mais recente, que se seguiu à Revolução Islâmica de 1979, levou três anos para ser esmagada pelas Forças Armadas iranianas.

Os azeris estão concentrados nas regiões fronteiriças do norte perto do Azerbaijão e da Armênia; os turcomenos vivem perto da fronteira turca, e os árabes, que totalizam cerca de 1,6 milhão, aglomeram-se junto ao canal do Shatt al-Arab, de frente para o Iraque e em pequenas ilhas do golfo.

A maioria dos iranianos vive em áreas urbanas, muitas das quais construídas nas encostas das montanhas e concentradas em apenas um terço do país. Se traçarmos uma linha a partir do mar Cáspio, seguindo para o leste através de Teerã até o Shatt al-Arab, a maioria das pessoas vive do lado esquerdo. De resto, os centros urbanos são raros e distantes uns dos outros. Teerã fica no sopé da cordilheira de Alborz. Uma das características das cidades iranianas é que, devido à escassez de água, muitas se situam no sopé de morros, obtendo sua água de túneis cavados nas encostas, os quais engrossam pequenos canais que correm para as áreas urbanas. Certa vez, perseguido pela polícia de Teerã, caí dentro de um desses canais — história que contarei mais adiante.

Essa carência de água é um dos muitos fatores que têm impedido o Irã de avançar economicamente. Cerca de um décimo da terra do país é cultivado, e somente um terço desse total conta com irrigação. Existem apenas três grandes rios, mas só o Karun é navegável e apto ao transporte de cargas. As ligações aéreas têm fortalecido o comércio interno e externo, e agora existem aeroportos internacionais em Teerã, Bandar Abbas, Shiraz, Abadan e Isfahan. Num país maior do que o Reino Unido, a França e a Alemanha juntos, as viagens aéreas são a única maneira de fazer a conexão rápida entre as áreas urbanas dispersas.

Dono da quarta maior reserva de petróleo e da segunda maior reserva de gás do mundo, o Irã deveria ser um país rico; mas, ao longo da guerra com o Iraque (1980-8), as refinarias de Abadan foram destruídas, e só recentemente a produção voltou aos níveis de antes do conflito. A indústria nacional de combustíveis fósseis é notoriamente ineficiente, situação exacerbada pelas sanções internacionais, que dificultam o acesso a equipamentos modernos. A quantidade de especialistas internacionais dispostos a trabalhar no Irã é limitada, assim como o número de países dispostos a comprar combustível iraniano.

A energia é a exportação mais importante do Irã. Seus campos petrolíferos ficam nas regiões voltadas para a Arábia Saudita, o Kuwait e o Iraque, com um campo menor no interior, perto de Qom. Os campos de gás localizam-se principalmente na cordilheira de Alborz e no golfo Pérsico. Uma das principais rotas de exportação é pelo golfo de Omã, passando pelo estreito de Ormuz. Essa é a única saída do Irã para as rotas oceânicas, e no seu ponto mais estreito tem apenas 54 quilômetros de largura. A faixa da rota navegável nas duas direções tem apenas três quilômetros, com uma zona de segurança de três quilômetros no meio para evitar acidentes. Para o Irã, é uma faca de dois gumes. Uma das razões de o país nunca ter sido uma potência marítima é o fato de ser bastante fácil impedir seu acesso ao oceano. No entanto, a pequena largura do estreito significa que Teerã pode facilmente ameaçar fechá-lo para qualquer outro país. Como um quinto do suprimento de petróleo do mundo passa por ele, seu fechamento resultaria em desespero. O Irã também seria prejudicado, e isso provavelmente provocaria uma guerra; mas é uma carta que o país tem na manga, e o regime vem explorando maneiras de transformá-la num trunfo.

As forças iranianas costumam praticar exercícios de "concentração" contra grandes navios usando dezenas de barcos de ataque rápido, alguns armados com mísseis antinavio. No caso de um conflito sério, o Irã também pode empregar grupos de combate suicidas, como fez durante a guerra com o Iraque. Suas forças navais convencionais, que incluem alguns submarinos, provavelmente seriam encontradas com rapidez e desmanteladas com facilidade, mas uma combinação de mísseis terra-navio e operações de forças especiais para minar petroleiros e táticas de concentração poderia conseguir fechar temporariamente o estreito e desidratar o inimigo a ponto de forçar uma retirada. Além disso, afetaria imensamente o transporte de petróleo e gás do Iraque, do Kuwait, da Arábia Saudita e dos Emirados Árabes Unidos, provocando uma disparada nos preços do combustível e possivelmente uma recessão global. Teerã, quando se sente sob pressão, sobretudo se suas exportações de petróleo são ameaçadas, usa uma variação do alerta de 2018: "Forçaremos o inimigo a entender que ou todos usam o estreito de Ormuz, ou ninguém usa".

Não se sabe se o regime iria tão longe, mas essa é a natureza do jogo nesse nível. Por precaução, os americanos conceberam planos para tentar eliminar ao máximo as capacidades ofensivas do Irã em questão de horas, em caso de um grande conflito, e os países do golfo vêm construindo oleodutos para transportar petróleo e gás até o mar Vermelho, de onde petroleiros podem chegar ao oceano Índico — ao que se espera sem serem atingidos pelos mísseis que os iranianos forneceram para seus aliados houthis no Iêmen.

O Irã moderno é um país complicado, mas com uma história importante. O Império Persa foi uma das principais civilizações do mundo antigo. A história iraniana tem um alcance tão glorioso, magnífico e sanguinário quanto a grega, por isso não é de surpreender que as duas tenham entrado em choque, nem que a Pérsia tenha lutado também contra Roma. Antes, porém, houve uma pequena "dificuldade local".

As origens persas remontam a 4 mil anos, com a migração das tribos da Ásia Central. Elas se fixaram no sul da cordilheira de Zagros, em contiguidade com os medos, com quem compartilhavam raízes étnicas.

É muito mais fácil descer das montanhas e atacar a planície do que subir da planície para atacar as montanhas, e em 550 a.C. o líder persa Ciro II tomou o reino medo, fundiu-o com o dele próprio e anunciou a chegada no cenário mundial do Império Persa aquemênida.

Ciro deu forma ao maior império já visto pelo mundo, um império que se estendeu pela Mesopotâmia (hoje Iraque e Síria) até a Grécia antes de chegar a um estranho fim em 529 a.C. nas mãos de Tômiris, uma espécie de Xena, a princesa guerreira. Tômiris era a rainha de uma região na Ásia Central cobiçada por Ciro, e ficou muito irritada quando ele capturou seu filho. Mandou-lhe um recado: "Devolva meu filho e vá embora. [...] Caso se negue, juro pelo Sol [...] que lhe darei um banho de sangue". Na batalha que se seguiu, a maior parte do exército de Ciro foi morta, e ele passou pela humilhação não apenas de ser morto mas de ter a cabeça enfiada num odre de sangue humano. Bem que ela tinha avisado.

Ciro foi sucedido pelo filho, que subjugou o Egito e partes do que hoje é a Líbia, antes que Dario I assumisse, em 522 a.C., e empurrasse as fronteiras do império até regiões que incluem hoje o Paquistão e o norte da Índia, além do vale do Danúbio, na Europa. Dario autorizou os judeus em Israel a reconstruírem o Templo de Jerusalém e estimulou a crença religiosa no zoroastrismo. Além disso, estabeleceu o primeiro serviço postal do mundo, com um sistema de revezamento de cavalos, e iniciou um imenso projeto de obras, incluindo milhares de quilômetros de estradas pavimentadas.

Nem tudo, porém, saiu como ele gostaria. Irritado com alguns reinos gregos que não demonstravam respeito suficiente (ou não lhe pagavam por proteção), o imperador persa decidiu invadir a Grécia continental. As coisas não deram muito certo durante a Batalha de Maratona, em 490 a.C., uma vitória rápida para os gregos. Dario morreu quatro anos depois e foi sucedido pelo filho Xerxes, que também foi derrotado pelos gregos, momento que assinalou o começo do fim do Império Persa, 180 anos depois. Tanto Ciro como Dario se autoqualificavam "o Grande", mas seu império foi destruído por um nome ainda maior na história — Alexandre, o Grande, da Macedônia. Em 331 a.C., ele esmagou o Exército persa e incendiou sua capital, Persépolis.

Irã 63

Quase cem anos se passaram antes que o próximo Império Persa aparecesse. Os partas lutaram contra o Império Romano para controlar a Mesopotâmia e impedir que os romanos entrassem na Pérsia pelo norte, onde hoje ficam a Turquia e a Armênia. Isso culminou numa vitória — e num fim horrível para uma carreira tornada famosa por Laurence Olivier. No filme *Spartacus* (1960), o general Crasso, do Império Romano, indaga qual dos homens no exército derrotado é Espártaco. Em seguida, crucifica todos eles. O que vai volta. Em 53 a.C., Crasso combateu os partas e perdeu, e os persas, que o achavam ganancioso, decidiram derramar ouro derretido em sua garganta.

Cerca de quinhentos anos depois, os partas foram derrotados numa guerra interna pelos sassânidas. Eles continuaram lutando contra Roma, e depois contra o Império Bizantino, o que os deixou exaustos e vulneráveis ao próximo desafio vindo do oeste — os árabes, e o islã. A derrota dos sassânidas no século VII foi resultado de uma fraqueza política sem precedentes sendo vencida por um inimigo com a luz de Deus no olhar. A Pérsia perdeu sua zona de segurança na Mesopotâmia, e depois a maior parte de suas terras centrais. Os árabes, porém, levaram vinte anos para capturar as áreas urbanas; jamais controlaram totalmente as montanhas, e as revoltas eram frequentes.

Por fim, os árabes perderam, mas o islã venceu. O zoroastrismo foi suprimido, seus sacerdotes, assassinados e o islã passou a ser a religião dominante. A Pérsia foi incorporada ao califado, mas, devido ao tamanho do país e à força de suas culturas, o povo nunca foi assimilado, e sempre pensou em termos das diferenças entre ele e os de fora. Essa situação seria amplificada séculos depois, quando a Pérsia se converteu ao xiismo.

Antes disso, vemos ondas migratórias de guerreiros turcos e mongóis. Mais uma vez, a invasão veio depois que o governo central entrou em colapso, e a Pérsia foi dividida em pequenos reinos. Só quando os safávidas (1501-1722) unificaram o país é que ele recobrou forças para governar a si próprio e defender suas fronteiras.

Os safávidas marcam um momento decisivo na história. Em 1501, o rei Ismail anunciou que o islã xiita era a religião oficial. As origens do cisma sunita-xiita dentro do islã remontam à disputa sobre quem deveria suceder o profeta Maomé depois de sua morte, em 632, e da Batalha de Karbala, em 680. Muitos historiadores sustentam que a motivação de Ismail foi sobretudo política. Assim como Henrique VIII precisava definir seu reinado em oposição a Roma e fundou a Igreja anglicana, como veremos no capítulo sobre o Reino Unido, Ismail precisava que os safávidas se definissem em oposição ao arquirrival — o sunita Império Otomano.

A conversão dos safávidas ao xiismo criou uma profunda hostilidade contra a Pérsia, o que ajudou a formar uma identidade nacional, um forte governo central e uma desconfiança das minorias que foram passando de geração em geração através dos séculos. A hostilidade também ajudou a fazer do Irã o país que ele é hoje, contribui para a tensão no Líbano, as guerras no Iêmen e na Síria, e tem sido um dos fatores do conflito entre o Irã e a Arábia Saudita desde a Revolução Iraniana de 1979. Isso não quer dizer que rivalidades políticas entre Estados não devam ser levadas em conta, mas a divisão religiosa foi fundamental para formar identidades, e a identidade religiosa iraniana remonta aos safávidas.

Talvez vocês já tenham visto imagens de procissões de homens muçulmanos sem camisa batendo no peito e açoitando as costas até sangrar. Isso ocorre no festival da Ashura, durante o qual eles sentem a dor do martirizado Hussein, neto do profeta Maomé, morto na Batalha de Karbala. A memória da Batalha de Karbala é profunda na cultura iraniana; aparece na poesia, na música e no teatro, e está no povo e na bandeira do país: em seu centro vê-se uma tulipa vermelha — símbolo do martírio. Consta que, quando Hussein foi morto, uma tulipa brotou do seu sangue.

Os safávidas foram derrubados em 1722 por clérigos que argumentavam que só um religioso erudito deveria governar, e estes por sua vez foram removidos por um chefe militar afegão que disse que a religião podia controlar a religião, mas que "políticos" tinham o poder de cobrar impostos e legislar. Essa divisão de poder entre instituições seculares e religiosas continua sendo uma questão no Irã moderno; muitos são da opinião de que os clérigos voltaram a ter poder demais na arena política.

Irã 65

Nos dois séculos que se seguiram à perda de poder pelos safávidas, o ciclo de debilidade interna e ameaças externas voltou a se repetir. A declaração de neutralidade da Pérsia na Primeira Guerra Mundial não impediu que forças britânicas, alemãs, russas e turcas a usassem como campo de batalha. Na sequência da guerra, os russos passaram a se preocupar com a sua própria revolução e os alemães e os otomanos estavam derrotados; sobraram os britânicos.

Com a descoberta do petróleo persa antes da Primeira Guerra Mundial, os britânicos tinham tomado providências para garantir direitos exclusivos de extração e venda. Como escreveu Winston Churchill mais tarde: "A sorte nos trouxe do mundo da fantasia um prêmio além de qualquer coisa que pudéssemos imaginar". A Companhia Petrolífera Anglo-Persa (depois BP) tinha sido formada em 1909, e os britânicos adquiriram seu controle acionário. Depois da guerra, Londres estava disposta a tornar a Pérsia um protetorado, mas um oficial da Brigada de Cossacos Persas tinha outros planos. Em 1921, Reza Khan marchou sobre Teerã à frente de 1200 soldados e para todos os efeitos assumiu o poder. Em 1925, o Majlis, o Parlamento iraniano, votou pela deposição do xá reinante, e Reza Khan foi nomeado xá Reza Pahlavi.

O país estava de joelhos. Séculos de desgoverno o haviam deixado a um passo da desintegração. Assim, quando esse militar chegou à capital falando em restaurar o poderio persa, as pessoas lhe deram ouvidos. Em 1935, ele mudou o nome do país para Irã, de modo a refletir sua multiplicidade étnica. Sua missão era trazê-lo para o século XX, e ele deu início a um programa de obras que incluía a construção de uma malha ferroviária que cruzasse o território nacional, ligando algumas das cidades mais importantes. O xá, no entanto, falhou em assumir o controle da Companhia Petrolífera Anglo-Persa; e, enquanto os britânicos a controlassem, exerceriam grande influência sobre os assuntos do Irã. Os britânicos haviam construído a maior refinaria do mundo no porto de Abadan, e dela escorria petróleo barato para todo o Império Britânico.

Durante a Segunda Guerra Mundial, o Irã mais uma vez tentou manter sua neutralidade, mas novamente se tornou vítima de potências estrangeiras. Sob o pretexto de que o xá nutria sentimentos pró-nazistas, britânicos e soviéticos invadiram o país e, depois de o obrigarem a abdicar, atingiram o objetivo de garantir o controle dos campos de petróleo, construindo uma linha de suprimento para a Rússia. O xá havia construído o sistema ferroviário; britânicos e soviéticos queriam se divertir com ele.

Reza Pahlavi foi substituído por seu filho de 21 anos, xá Mohammad Reza Pahlavi. Em 1946, com as tropas estrangeiras fora do país, o jovem deu prosseguimento às reformas econômicas, mas em termos de política externa associou-se a britânicos e americanos para fazer do Irã um aliado na Guerra Fria em curso.

Mas os tempos eram outros. Os ventos do anticolonialismo sopravam e se transformaram numa tempestade sobre a agora chamada Companhia Petrolífera Anglo-Iraniana. Intensificaram-se as demandas para que ela fosse nacionalizada, e em 1951 um defensor veemente da nacionalização, Mohammad Mossadegh, tornou-se primeiro-ministro. Um projeto de lei logo foi aprovado como resultado da promessa de que o dinheiro do petróleo iraniano passaria a ir inteiramente para o Irã.

A reação foi rápida. Ativos iranianos nos bancos britânicos foram congelados, bens destinados ao Irã foram retidos e técnicos da refinaria de Abadan foram chamados de volta. De nada adiantou: os iranianos mantiveram-se firmes. Em 1953, Londres e Washington enviaram o MI6 e a CIA para ajudar a organizar um golpe militar no país, cujo estopim veio quando Mossadegh dissolveu o Parlamento, pretendendo governar por decreto e efetivamente tirando todo o poder do xá. Costuma-se dizer que britânicos e americanos derrubaram a democracia iraniana; seria mais justo afirmar, porém, que ajudaram facções iranianas a derrubarem um governo democraticamente eleito. Os americanos eram motivados pelo medo de que o caos no Irã levasse a uma tomada do poder pelos comunistas; os lucros britânicos com o petróleo iraniano não estavam no alto da sua lista de prioridades. O xá, que tinha fugido para a Itália, voltou, e estava tudo bem de novo. Só que não estava.

Para alguns, o golpe parecia ter dado certo, mas ele projetou uma longa sombra. A emergente democracia do Irã teve sua marcha interrompida,

Irã 67

enquanto o xá mergulhou numa espiral de medidas cada vez mais repressivas. Logo estava enfrentando oposição de todos os lados. Grupos religiosos conservadores ficaram furiosos quando ele concedeu a não muçulmanos o direito ao voto; comunistas patrocinados por Moscou trabalhavam para enfraquecê-lo; a intelligentsia liberal queria democracia; e os nacionalistas se sentiam humilhados. O golpe tinha recordado o povo do que acontecia quando o país era submetido à influência estrangeira. A nacionalização do petróleo aumentava as receitas do Estado, mas pouca coisa respingava nas massas. O golpe representou uma bifurcação na estrada da história iraniana, e o país acelerou rumo à revolução de 1979.

O regime atual gosta de contar a história de que multidões fervorosamente religiosas saíram às ruas desesperadas por uma nova era em que os aiatolás governassem o país. Não foi bem assim. As manifestações que culminaram na derrubada do xá tiveram a participação de grupos seculares, dos comunistas, de sindicatos e do establishment religioso em torno do aiatolá Khomeini. Os últimos rapidamente mataram milhares dos primeiros, e com isso puderam contar sua história.

Khomeini era uma figura conhecida. Em 1964 tinha acusado o xá de reduzir "o povo iraniano a um nível mais baixo que o de um cão americano". Pelos problemas que criou, acabou sendo banido, vivendo primeiro no Iraque e depois na França. Em 1978, houve manifestações gigantescas em todo o país. O xá reagiu com brutalidade, e a Savak (polícia secreta) tornou-se sinônimo de tortura e assassinato. Perto do fim do ano, depois que centenas de manifestantes foram mortos, foi imposta a lei marcial. Os manifestantes continuaram protestando, e em janeiro de 1979 Reza Pahlavi fugiu do país. Foi o último dos xás, e o último líder iraniano influenciado pelos americanos. Eles rapidamente passaram a apoiar o Iraque.

Khomeini tinha sido muito ativo durante o exílio. Transmissões pelo Serviço Persa da bbc tornaram sua voz conhecida por muitos, e milhares de fitas cassete tinham sido contrabandeadas para o Irã a fim de serem ouvidas em mesquitas. Duas semanas após a fuga do xá, o aiatolá chegou e foi recebido com delirante entusiasmo por mais de 1 milhão de pessoas que saíram às ruas para saudá-lo. O que muitos não sabiam é que tinham trocado a coroa pelo turbante.

Os que não compreendiam o islã revolucionário achavam que o idoso aiatolá seria um altivo líder moral que ajudaria a guiar o país rumo a um futuro menos repressivo. Logo descobriram a verdade. Sayyid Qutb, intelectual radical egípcio executado no Cairo em 1966, pode ter sido um muçulmano sunita, mas seus escritos influenciaram os revolucionários xiitas do Irã. Sua obra fundamental, *Normas no caminho do islã*, tinha sido traduzida para o pársi e reforçado a ideia de que a resposta para os problemas do mundo muçulmano era o islã. Qutb tinha mais influência nos países árabes, onde os sistemas de monarquia, nacionalismo, socialismo e ditadura secular haviam sido incapazes de melhorar a vida do povo, mas quando Khomeini declarou que "o islã é político, ou não é nada" estava dizendo o que os seguidores de Qutb na Irmandade Muçulmana vinham proclamando havia mais de uma década. Qutb acreditava na jihad violenta para derrotar "cruzados e sionistas"; isso, fundido aos traços de martírio na cultura xiita iraniana, foi essencial para o fanatismo que tomou conta das massas religiosas durante e após a revolução.

Os intelectuais seculares, deslumbrados com a figura solenemente carismática de Khomeini, deixaram de lado seu desdém pelo establishment religioso e juntaram forças para derrubar o xá. Como costuma ocorrer nas revoluções, os liberais não entenderam que os sectários realmente acreditavam no que estavam dizendo. No dia de seu desembarque em Teerã, o aiatolá informou ao povo: "A partir de agora quem nomeia o governo sou eu". Antes mesmo que alguém pudesse perguntar "Quem votou no senhor?", o terror começou.

Dez dias depois que as multidões deram as boas-vindas a Khomeini, os militares declararam neutralidade. O primeiro-ministro se escondeu antes de seguir para a França, onde foi assassinado em 1991. Os grupos religiosos menores e os comunistas foram varridos em meio a ondas de tortura, execuções e desaparecimentos. Para evitar a possibilidade de uma contrarrevolução, Khomeini estabeleceu o Exército dos Guardiães da Revolução Islâmica, popularmente conhecido como Guarda Revolucionária

Irã   69

Islâmica. Essa milícia brutal é excepcionalmente eficiente na intimidação de adversários. Tornou-se a força militar mais poderosa do país, e seus oficiais superiores enriqueceram depois que ela enveredou pelos ramos da construção civil e de outros negócios.

No desespero de reverter as liberdades das mulheres, o novo regime proibiu escolas coeducacionais, as proteções dentro do casamento foram reduzidas e gangues de "Komitehs" passaram a andar pelas ruas impondo o uso do hijab. As liberdades religiosas de minorias como judeus e cristãos foram mantidas na lei mas desapareceram no espírito, e os seguidores do bahaísmo foram submetidos a uma perseguição particularmente implacável.

Aqueles que faziam parte da classe média liberal e tinham condições de deixar o país foram embora às pressas, seguidos por centenas de milhares, numa colossal fuga de cérebros. Entre esses havia cerca de 60 mil judeus, depois que a República se tornou o crítico mais virulento — e quase sempre profundamente antissemita — de Israel.

Os novos líderes não faziam a menor questão de conquistar amigos, mas conseguiram levar as pessoas a verem o Irã como um Estado pária. Além da repressão interna havia ataques terroristas no exterior, e uma infame *fatwa* foi decretada contra o autor britânico Salman Rushdie, por causa do seu livro *Os versos satânicos*.

A justificativa estava no conceito de Khomeini de *Velayat-e faqih* — a tutela do jurista religioso. A ideia, incrustada na crença xiita, é que o religioso mais erudito exerça controle político e religioso. Assim, Khomeini se tornou o Líder Supremo, posição consagrada na Constituição. Os líderes subsequentes seriam selecionados por uma Assembleia de Especialistas formada por clérigos seniores. Em certo sentido, esse sistema de escolha não difere muito da eleição do papa na Igreja Católica Romana, mas o papa não se torna comandante-chefe das Forças Armadas de um país, nem tem o poder de declarar guerra — função que o aiatolá teve que exercer um ano depois de chegar ao poder.

No Iraque, a ditadura secular de Saddam Hussein viu na criação de uma república islâmica xiita no país ao lado tanto uma ameaça quanto uma oportunidade. Saddam estava assustado com a convocação de Khomeini para revoluções islâmicas nos países árabes e passou a reprimir com violência a já encurralada minoria xiita. Tentou então invadir o Irã — o que, como vimos no começo do capítulo, não é boa ideia.

Saddam pensava em aproveitar o caos da revolução para se apossar de terras da margem leste do canal do Shatt al-Arab, bem como da província petrolífera e etnicamente árabe do Cuzistão. O que ele não desejava era um banho de sangue de oito anos que terminasse com cada lado exatamente onde havia começado. Registros oficiais de conversas de Saddam e seus conselheiros às vésperas da guerra mostram que ele achava que conseguiria se safar com um conflito de curta duração e que esperava que os iranianos "não fossem além do que desejamos, arrastando-nos para uma situação que nem eles nem nós queremos". Saddam desejava "bombardear alvos militares, torcer o braço deles até que aceitem os fatos legais [...]. No entanto, se virar uma guerra total, então vamos entrar onde for preciso".

Foi uma carnificina. Saddam contava com uma vitória rápida, um erro de cálculo desastroso que resultou em mais de 1 milhão de mortes. O Exército iraquiano avançou num front de 644 quilômetros de extensão e obteve ganhos iniciais, inclusive a cidade de Khorramshahr, onde usou gás mostarda contra os defensores. Mas não conseguiu capturar o porto petrolífero de Abadan, e o assalto foi contido em poucas semanas. Em parte alguma os iraquianos conseguiram avançar mais de cem quilômetros sem se deparar com a cordilheira de Zagros e perder o ânimo. Em poucos meses, uma contraofensiva obrigou as forças iraquianas a cruzarem a fronteira de volta. Ambas as capitais foram atingidas por ataques aéreos, enquanto os iranianos avançavam Iraque adentro num esforço para capturar redutos xiitas como Karbala. Em 1988, contraofensivas iraquianas anularam os ganhos iranianos, e Khomeini, percebendo que o país estava exausto, aceitou um cessar-fogo nos termos mediados pela ONU. Os dois lados se retiraram para a posição que tinham antes da guerra.

O Líder Supremo morreu no ano seguinte, e foi substituído pelo aiatolá Ali Khamenei. Durante seu governo houve limitado progresso econômico, mas os clérigos mantiveram o controle férreo da sociedade, decidindo levar a revolução a todos os aspectos da vida das pessoas comuns. O sistema político foi manipulado. Para concorrer ao Majlis, o Parlamento, é preciso ser aprovado pelo Conselho de Guardiães, constituído por doze membros, metade dos quais escolhida pelo Líder Supremo. Uma lista de alguns dos partidos representados no Majlis dá uma ideia de como entrar no jogo — eles incluem a Associação dos Clérigos Combatentes e a Sociedade dos Seguidores da Revolução Islâmica. Com toda essa oposição, podemos perceber com clareza que a Grande Coalizão de Reformistas teria problemas para avançar. Toda lei que sai do Majlis precisa ser aprovada pela maioria do Conselho.

Assim, em 1997, os linhas-duras ficaram chocados quando um erudito religioso relativamente moderado, Mohammad Khatami, foi eleito presidente com uma vitória esmagadora. Durante seu mandato, os clérigos vetaram mais de um terço dos projetos de lei propostos, a maioria envolvendo medidas liberais que Khatami e seus partidários tinham sido eleitos para introduzir. Os ultraconservadores também prosseguiram com sua campanha de terror para acabar com os "contrarrevolucionários". Empresas jornalísticas liberais foram fechadas e jornalistas, presos. Intelectuais reformistas foram assassinados e estudantes que protestavam eram espancados nas ruas, perseguidos até seus dormitórios e espancados novamente.

Na década seguinte, a economia permaneceu em apuros, as gangues religiosas continuaram impondo suas crenças à sociedade e a atitude iraniana de confronto no âmbito internacional consolidou seu isolamento. Em 2005, Khatami perdeu o cargo para um ex-membro da Guarda Revolucionária, Mahmoud Ahmadinejad, mas, na campanha eleitoral de 2009, surgiu outro reformista: Mir Hussein Mussavi. Após um comparecimento inédito às urnas, e num clima de preocupação com irregularidades cometidas pelas autoridades na votação, Mussavi tomou a iniciativa e declarou ter sido informado pelo Ministério do Interior de que havia vencido. Quase de imediato houve um anúncio nos canais da mídia estatal desmentindo-o. Ahmadinejad foi declarado vitorioso. As ruas explodiram em violência.

Eu tinha conseguido um raro visto de jornalista para cobrir a eleição, e no dia seguinte estava nas ruas da capital com um colega iraniano. Andando pelas avenidas, notei muita gente sussurrando alguma coisa enquanto passava por nós. "O que é isto?", perguntei. Meu colega explicou que as pessoas estavam dizendo o nome de uma rua, e um horário. Naquela rua, naquele horário, vi dezenas de pessoas chegarem, depois centenas. Ao ganharem confiança, elas começaram a cantar contra o governo, e em poucos minutos milhares de manifestantes chegaram. As tropas de choque da polícia e os brutamontes da milícia Basij também chegaram. Altercações degeneraram em brigas, garrafas e pedras começaram a voar dos dois lados, e as linhas de batalha foram traçadas.

As tropas de choque da polícia vinham adotando a bem-sucedida tática de subirem dois numa moto, o carona munido de um grande porrete na mão. Quando um grupo desses acelerava para cima da turba, as pessoas imediatamente se dispersavam. Enquanto eu telefonava para transmitir ao vivo, eu me vi entre as duas linhas com várias motos prontas para uma nova investida. Subi na calçada, mas uma das motos veio na minha direção. Não havia como escapar. Quando o policial levantou o porrete no ar, ergui a mão em atitude de rendição. Ele já se preparava para me golpear na cabeça, mas parou de repente — só posso imaginar que tenha visto diante de si um estrangeiro talvez apanhado no meio do caos. Nunca me senti tão feliz por ter sardas. A moto passou voando, o policial espancando outras pessoas menos sortudas, com menos sardas, antes de voltar, rugindo, para as linhas policiais.

Misturei-me na multidão, para me proteger, quando as pessoas começaram a atacar símbolos do regime, como um prédio do Banco do Irã, que teve as janelas despedaçadas. Mais uma vez me vi na frente da multidão quando teve início uma nova investida policial. Ao virar-me para correr, uma pedra grande, jogada pelas forças de segurança, me atingiu nas costas com tanta força que me lançou, aos tropeços, num dos estreitos canais de água que passam pela cidade, onde esfolei uma perna ao cair. Um grupo de manifestantes me puxou para fora e saí cambaleando por uma rua lateral antes de decidir que, por ora, bastava de cobertura ao vivo. "É a última vez que dou as costas para um policial", pensei. Cinco anos depois, no Cairo, sofri ferimentos leves ao ser alvejado nas costas por uma arma de chumbinho disparada por um policial. Mas essa é outra história.

Irã

As manifestações se estenderam por vários dias, durante os quais dezenas de pessoas foram mortas; mas o controle do regime era forte o suficiente para que Ahmadinejad cumprisse um segundo mandato. No entanto, as linhas divisórias não desapareceram; na verdade, iam se aprofundando a cada ano, à medida que a população rejuvenescia e um número suficiente de jovens crescia querendo mudanças. Isso se refletiu na eleição de 2013, quando um clérigo moderado, Hassan Rouhani, chegou ao poder com uma margem que o establishment percebeu que era grande demais para manipular.

Não é que todos quisessem um Irã liberal, embora isso fosse um fator importante. O lema "É a economia, estúpido" se traduz em muitas línguas, entre elas o pársi, e a eleição de 2013 foi também uma censura aos anos perdidos sob Ahmadinejad, que tinham aumentado o isolamento internacional do país e visto a economia encolher ainda mais.

Rouhani voltou a ganhar em 2017, mas então, para a eleição de 2020, arranjos foram feitos meses antes da votação. O Conselho de Guardiães fez uma demonstração de força e desqualificou quase 7 mil candidatos, entre os quais noventa membros do Majlis. Milhões de iranianos se perguntaram "De que serve isso?" e no dia da eleição ficaram em casa. O menor comparecimento desde 1979 resultou numa vitória esmagadora dos conservadores linha-dura. A mensagem era clara: de um jeito ou de outro, os aiatolás e a Guarda Revolucionária continuam no comando.

O que nos traz ao momento atual. Os líderes do Irã o veem como um país isolado, cercado de inimigos. Não estão errados. Alguns ideólogos falam de um "círculo sunita" cercando o Irã, com países como a Arábia Saudita, incentivados pelos americanos, trabalhando ativamente para enfraquecer a República Islâmica de dentro para fora e de fora para dentro. Isso também tem um fundo de verdade, razão pela qual os aiatolás e a Guarda Revolucionária mal puderam acreditar na própria sorte quando os americanos inadvertidamente realizaram o histórico sonho persa e protegeram o seu flanco ocidental invadindo o Iraque em 2003.

Os Estados Unidos removeram o regime sunita que tinha invadido o Irã, e as terras planas da Mesopotâmia voltaram a ser uma zona de segurança diante do país, contendo forças potencialmente hostis e servindo como um espaço de eventual projeção de força. A ingênua convicção do governo Bush de que a democracia poderia florescer levou os líderes da população majoritariamente xiita do Iraque a manipularem o sistema para garantir que eles agora dominassem o país. Nisso, foram ajudados do começo ao fim pelo Irã, que expulsou forças estrangeiras apoiando diversas milícias xiitas na guerra civil que se seguiu à invasão. As bombas de beira de estrada que mataram uma enorme quantidade de soldados americanos e britânicos eram com frequência fabricadas no Irã, e as milícias eram financiadas e treinadas por Teerã. O Iraque não é um fantoche iraniano, mas agora seus líderes costumam olhar com simpatia para o vizinho do leste.

Foi um passo importante na batalha iraniana em curso com muitos dos Estados árabes. As idas e vindas da história deixaram muitos países árabes com expressivas minorias xiitas, notadamente a Arábia Saudita, o Líbano e o Iêmen, embora haja comunidades de tamanho considerável na Síria, no Kuwait e nos Emirados Árabes Unidos. Com frequência elas vivem em pior situação do que as populações sunitas, e muitas se sentem discriminadas. O Irã tem explorado isso para ganhar influência em toda a região. Na Guerra Civil do Iêmen, por exemplo, ficou do lado da facção xiita dos houthis contra as forças sunitas apoiadas pelos sauditas. Além disso, Teerã passou vinte anos criando e mantendo um corredor para o Mediterrâneo, que lhe dá acesso ao mar e permite abastecer seu representante — o Hezbollah. Em Bagdá, o governo é agora dominado por xiitas; em Damasco, o presidente Assad pertence à minoria alauita, um braço do islã xiita. O Irã o socorreu durante a guerra civil na Síria para manter o corredor aberto. De lá é um pulo para a capital libanesa, Beirute, onde a força militar mais poderosa não é o Exército libanês, mas a milícia Hezbollah financiada pelo Irã. O Hezbollah controla o vale do Beca, o sul de Beirute e a maior parte do Líbano meridional até a fronteira israelense. Essa foi a maneira que a República Islâmica encontrou para projetar sua força na Mesopotâmia e no Levante, assim como o fizeram seus antecessores, séculos antes.

Irã

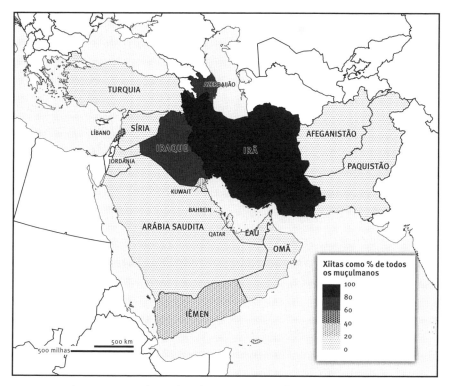

A maior parte dos países de maioria muçulmana que cercam o Irã é predominantemente sunita; no entanto, o Irã por vezes consegue aliados nesses países entre as minorias xiitas.

Apesar de seus conflitos com as nações comandadas por sunitas, o país que o Irã mais despreza é Israel. Antes da revolução de 1979, o Irã mantinha relações cordiais com os israelenses e não era conhecido pelo antissemitismo. Depois disso, envolveu-se numa campanha de quarenta anos de ódio não apenas contra o Estado de Israel, mas contra os judeus em geral. Existe no país um fluxo contínuo de retórica antissemita na qual a mão dos "sionistas" é vista em toda parte, e a mídia iraniana com frequência publica charges com as caricaturas estereotípicas usadas pela Alemanha nazista. Líderes mundiais costumam ser retratados com uma estrela de davi na manga da camisa, sugerindo que trabalham a favor de seus senhores judeus. Teerã enviou esquadrões da morte a países como

Argentina, Bulgária, Tailândia, Índia, Quênia e muitos outros para matar judeus, sendo o pior ataque o assassinato de 87 argentinos num centro comunitário judaico em 1994.

É vantajoso para os líderes da República Islâmica culparem Israel e os judeus pelos males do mundo, a fim de acobertarem seus próprios defeitos, mas é provável que seu ódio vá além da política. Já no começo dos anos 1960, o aiatolá Khomeini demonizava os judeus, chamando-os de "criaturas impuras" e dizendo que "têm rostos que manifestam aviltamento, pobreza, indigência, mendicância, fome e miséria [...]. Isso não é nada mais do que o reflexo de sua pobreza interior e sua degradação espiritual". Ele gostava também de sugerir ao povo iraniano que o xá era judeu. Seu sucessor como Líder Supremo, o aiatolá Khamenei, afirmou: "Israel é uma glândula cancerosa maligna que precisa ser extirpada". Essas investidas retóricas sugerem um desdém patológico, com raízes na religião, e são perigosas não só por serem feitas por pessoas que estão no poder mas porque, apesar de liderada por xiitas, a Revolução Iraniana levou pessoas com opiniões parecidas no mundo árabe sunita a acreditarem que elas também podem chegar ao poder através da violência religiosa.

Na cabeça e na voz dos líderes iranianos, os Estados Unidos quase sempre são vinculados aos israelenses, e descritos como fantoches de Israel. Os linhas-duras do Irã acreditam que a função dos americanos na região é manter sua bota satânica decadente no coração do mundo muçulmano a fim de roubar sua riqueza e proteger os perversos sionistas, que estariam por trás de toda conspiração covarde contra eles. É verdade que por vezes os dois países se confundem um pouco, uma vez que os Estados Unidos são conhecidos como "Grande Satã" e Israel como "Pequeno Satã". Em 2001, o presidente George Bush decidiu criar seu próprio rótulo, descrevendo o Irã como parte de um "eixo do mal" e afirmando que as instalações de energia nuclear do país eram um disfarce para a construção de um arsenal nuclear. Teerã já tinha mísseis capazes de atingir alvos a mais de 5 mil quilômetros de distância, por isso a ideia de que pudessem ter ogivas nucleares apavorou todos aqueles que se achavam dentro do seu raio de alcance.

Irã

Em 2002, um grupo dissidente iraniano revelou que Teerã estava construindo um complexo para enriquecimento de urânio e uma instalação de água pesada, ambos os quais podem ser usados para a fabricação de armas nucleares. O governo sustentava que sua atividade nuclear tinha objetivos meramente pacíficos. Pouca gente na comunidade internacional acreditou, sobretudo depois que um relatório da Agência Internacional de Energia Atômica afirmou que o processo de enriquecimento sugeria que o Irã estava buscando material de tipo e qualidade utilizáveis na fabricação de armas. Seguiram-se sanções da ONU, da União Europeia e dos Estados Unidos, limitando a capacidade iraniana de produzir e vender petróleo ou gás.

Rouhani esforçou-se para estabelecer um acordo internacional sobre o programa nuclear do Irã, levando a uma negociação com líderes globais em 2015. Chegou a entrar em contato com o presidente Obama — a primeira conversa direta entre líderes políticos dos dois países em quase quarenta anos. O diálogo não foi bem recebido pela linha-dura da Revolução Islâmica. As relações diplomáticas entre o Irã e os Estados Unidos, rompidas em 1980, ainda não foram restauradas, em consequência da tomada de reféns na embaixada americana em Teerã, episódio que estabeleceu o rumo das relações entre os dois países. Em novembro de 1979, uma multidão atacou a embaixada e fez 55 reféns americanos. A crise de 444 dias atormentou o presidente Jimmy Carter e ajudou a abrir caminho para a presidência de Ronald Reagan.

A tensão entre o Irã e os Estados Unidos tem sido uma constante, mas houve uma espécie de "cessar-fogo" temporário durante a ascensão do Estado Islâmico no Iraque e na Síria, relacionado ao acordo nuclear de 2015. Teerã percebeu que, quanto mais poderoso o Estado Islâmico se tornasse na região, maior o risco de a influência iraniana ser bloqueada. Se o Estado Islâmico derrotasse o governo xiita do Iraque ou Assad na Síria, o corredor para o Mediterrâneo seria cortado. Os americanos, exauridos por suas perdas, poderiam fazer o Irã incumbir-se de parte da luta contra o Estado Islâmico no Iraque. Teerã estava ciente de que aceitar o acordo nuclear abriria a porta para uma discreta cooperação com os americanos; o presidente Obama desejava desesperadamente um êxito na política externa — algo que o acordo nuclear poderia lhe assegurar. Assim, o Irã concordou em abrir mão de 98% do seu urânio altamente enriquecido. Foi um exemplo de como um casamento de conveniência para resolver um problema de curto prazo pode superar as mais profundas diferenças — ao menos temporariamente.

O Estado Islâmico estava numa situação difícil, mas a tensão rapidamente voltou, sobretudo depois que Donald Trump assumiu a presidência em meio a temores de uma guerra. Ele tirou os Estados Unidos do acordo nuclear, reimpôs sanções e intimidou as empresas europeias, que logo ficaram com receio de negociar com o Irã. Seguiu-se uma série de incidentes que elevaram a temperatura. Dois petroleiros perto do estreito de Ormuz foram bombardeados, e a suspeita logo recaiu sobre Teerã. Não havia provas sólidas sobre a responsabilidade de ninguém, no entanto, e os iranianos contavam com o que os diplomatas chamam de "negação plausível". Ninguém desejava uma competição de tiro no estreito de Ormuz, por isso nenhuma medida foi tomada. O mesmo ocorreu quando mísseis atingiram uma refinaria saudita; os houthis no Iêmen assumiram a autoria dos disparos, mas os indícios sugeriam que os iranianos estavam por trás do atentado. Eles pareciam estar testando o nível de tolerância dos Estados Unidos. Em 2019, quase foram longe demais. Nesse ano, um drone americano de espionagem foi derrubado e a Força Aérea dos Estados Unidos se preparou para lançar ataques aéreos, só cancelados no último minuto. Quando Trump assumiu o cargo, alguns analistas fizeram afirmações curiosas, dizendo que ele jamais havia desejado ser presidente, que renunciaria em poucos meses, que sofreria um processo de impeachment e seria tirado do cargo em dois anos, e que iniciaria guerras. Tudo isso era um tanto exagerado, mas a ideia de que em 2019, faltando um ano para as eleições presidenciais, ele ativamente desejasse uma guerra capaz de deflagrar uma recessão global não fazia o menor sentido.

E não era só isso que tornava a guerra improvável. As perdas dos Estados Unidos no Iraque e no Afeganistão estão entre os fatores que reduzem a tolerância pública a aventuras militares. O Irã sabe disso, e portanto pode se arriscar a repelir, até certo ponto, aquilo que lhe parece uma despropositada agressão americana. Teerã sabe que, se a tensão aumentar, o Irã pode sofrer ataques aéreos, mas os americanos não vão chegar à cordilheira de Zagros a partir do Iraque, nem desembarcar com força total a partir dos seus navios no golfo. As Forças Armadas do Irã podem ser mal equipadas, mas contam com milhões de recrutas e 600 mil militares da ativa, incluindo 190 mil na Guarda Revolucionária.

No entanto, nada disso altera os efeitos das sanções contra o Irã. A economia entrou em queda livre, o desemprego e a inflação subiram, e com a aproximação do inverno, no fim de 2019, o governo iraniano elevou o preço dos combustíveis, deflagrando novas e imensas manifestações em todo o país. As autoridades tinham sido apanhadas de surpresa pelos protestos anteriores; agora estavam chocadas e nervosas.

Sua principal preocupação era que a maior parte dos manifestantes já não eram os estudantes e as classes liberais: agora a classe trabalhadora, a espinha dorsal da revolução de 1979, também se levantava contra o governo. Ouviam-se cânticos de "Morte a Khamenei", e em repúdio à política externa do Irã as multidões gritavam: "Gaza, não. Líbano, não. Minha vida pelo Irã", e "Fora da Síria". As pessoas estavam dizendo que não aguentavam mais ver seus jovens sacrificados em guerras civis árabes. Notava-se também que, quando as autoridades pintavam imensas bandeiras americanas nas ruas e praças, os manifestantes davam voltas para não pisar nelas e desrespeitar os Estados Unidos.

Houve uma trégua no começo de 2020, quando os Estados Unidos assassinaram Qasem Soleimani, comandante da Força Quds, unidade de elite da Guarda Revolucionária, que chegava a Bagdá para um encontro com um líder miliciano. Tratava-se de uma figura de projeção nacional, que orquestrara o envolvimento do Irã na Síria. Poucos dias depois, o Irã se vingou disparando mísseis contra bases militares iraquianas que abrigavam soldados dos Estados Unidos; mas, na mesma noite, durante um alerta máximo contra ataques aéreos americanos, os iranianos derrubaram acidentalmente um jato de passageiros que decolava do aeroporto de Teerã, matando as 117 pessoas a bordo. Após negar envolvimento no caso, o governo acabou por assumir a responsabilidade, provocando uma nova onda de protestos. Qualquer capital político que pudesse ter acumulado ao unir o país em decorrência da morte de Soleimani fora inteiramente desperdiçado.

Então chegou a covid-19, e o respeito pelo governo sofreu um novo golpe. A administração do presidente Rouhani consistentemente minimizou a ameaça do vírus, e, quando ele se espalhou, tentou esconder o número de casos, divulgando comunicados de saúde pública grosseiros. A Guarda Revolucionária não ajudou em nada. Seu comandante anunciou que a Guarda inventara um dispositivo capaz de detectar os sintomas do coronavírus a cem metros de distância. Em meio a explosões de riso em todo o país, a Sociedade de Física do Irã ridicularizou a ideia, classificando-a como um "conto de ficção científica". Os clérigos também fizeram a sua parte. O instruído aiatolá Hashem Bathaei-Golpaygani disse que testara positivo mas fora curado usando um remédio islâmico. Morreu dois dias depois. Outro aiatolá recomendou a seus seguidores que comessem cebolas e escovassem mais os cabelos para repelir o vírus. Existe um grande mercado no Irã para remédios de "medicina islâmica", mas provavelmente um mercado ainda maior para a ideia de que o riso é um ótimo fortificante. Os clérigos foram exaustivamente ridicularizados nas redes sociais, com memes, piadas e charges que se espalharam mais depressa que o próprio vírus.

Isso é um perigo para o regime, porque rir dos revolucionários é em si um ato revolucionário, e um ato que o regime não tem como impedir. No entanto, não significa que a queda do regime seja necessariamente iminente, nem que, quando cair, será seguido de uma democracia esclarecida. Dito isso, como país altamente instruído e sofisticado, com fronteiras que não foram traçadas por europeus, o Irã tem mais chance de tornar-se uma democracia genuína do que a maioria dos países vizinhos, mas provavelmente não num futuro imediato.

Temos que olhar para os desafios internos ao regime, e para o seu poder de encará-los. Economicamente, o país está num buraco que pode ficar ainda mais fundo, mas o governo parece ter funcionários especializados em driblar sanções, e a economia cambaleia ano após ano. O Irã forjou bons laços econômicos com a China, que está disposta, mais do que a maioria dos outros países, a ignorar certas sanções, caso também da

Rússia. Haverá sem dúvida mais manifestações, mas o regime já mostrou que não hesita em matar seu próprio povo, aos milhares, para sufocar a dissidência, e quando já se foi tão longe é difícil recuar.

Os curdos já se rebelaram no passado, mas é improvável que venham a agir enquanto o controle do regime se mantiver firme. No sudoeste, a minoria árabe do Cuzistão está furiosa porque as riquezas petrolíferas do Irã não melhoraram sua vida. Ela está entre os grupos minoritários mais pobres do país, e seu ressentimento resulta em ocasionais ataques a bomba contra alvos do governo. No sudeste, a enorme província do Baluchistão vive inquieta. Sua população de 1,5 milhão é majoritariamente sunita e pobre, e muitos se identificam mais com os balúchis, seus vizinhos no Paquistão, do que com o Irã. O local abriga uma movimentada rota de contrabando de drogas e pessoas do Afeganistão para o Paquistão até a Europa; tem havido ataques a bomba contra a Guarda Revolucionária e contra funcionários do governo, mas nem o Cuzistão nem o Baluchistão chegam a ser um problema existencial para o regime, enquanto ele puder evitar que potências estrangeiras organizem uma revolta.

E o que dizer da classe média, da intelligentsia e das artes? Elas continuam a promover uma campanha de baixa intensidade a fim de preservar uma cultura cívica alternativa no país, e são herdeiras da luta secular para tirar o poder das mãos da monarquia e da religião. A música e o cinema continuam sendo meios de expressão para ideias e comentários sociais, e muitos jovens não estão mais dispostos a tolerar interferências prejudiciais em sua vida, como a quantidade de cabelo que podem deixar à mostra. Durante manifestações recentes contra o governo, ouviu-se um cântico altamente provocativo nas ruas: "Ó xá do Irã, volte para o Irã". Isso não significa que haja um desejo genuíno de volta ao antigo sistema de governo — a luta dos liberais tem sido desde sempre para fugir do controle da monarquia e da religião —, mas é um dos muitos sinais de insatisfação do povo. Esses protestos preocupam o establishment: embora limitados, desgastam sua autoridade. Ver uma jovem em cima de um monumento, acenando com o véu e desafiando a polícia a ir até lá impedi-la, é algo magnífico. Rende vídeos no YouTube e faz diferença — mas não basta para provocar uma contrarrevolução. Um dia haverá uma revolta para substituir o establishment atual, ou este se deteriorará aos poucos, mas no momento as autoridades ainda mandam.

Testemunhei em primeira mão a incrível coragem de jovens iranianos desafiando seus carrascos, e o conceito de martírio que tem profundas raízes em sua cultura; mas há limites para o número de pessoas dispostas a se sacrificar. A dinâmica mudaria se uma porcentagem suficiente de jovens soldados e milicianos se recusasse a abrir fogo contra os manifestantes. Por ora, os sectários, sobretudo na Guarda Revolucionária e na Basij, parecem estar em firme controle da situação. O regime mantém forte vigilância sobre suas Forças Armadas, a polícia secreta encontra-se infiltrada nas agências responsáveis pela imposição da lei e unidades da Guarda Revolucionária acompanham o Exército em seus deslocamentos.

Por fim, temos os reformistas que trabalham internamente. Há vinte anos eles vêm tentando usar as instituições eletivas, estabelecidas para conferir ao país uma aparência democrática, para contrabalançar o poder de fato: o dos clérigos e da Guarda Revolucionária. Seu objetivo é preservar as fortes tradições islâmicas do país e ao mesmo tempo construir uma democracia. Trata-se de um trabalho que continua em suspenso.

Em 2020, versões de uma nova frase começaram a circular. Em vez de fluir da "coroa para o turbante", o poder está escorrendo do "turbante para as botas", isto é, para os militares — especificamente a Guarda Revolucionária. O Majlis está tomado por ex-guardas, assim como os conselhos de administração das grandes empresas. Os diretores-executivos sabem que um guarda no conselho facilita a obtenção de um contrato — afinal, a força de elite não só está repleta de generais influentes, mas é, ela própria, uma empresa. Seu setor de construções é chamado de Khatam al-Anbia, e além de muitos outros projetos foi responsável por parte da construção do metrô de Teerã. É como se os fuzileiros navais britânicos ganhassem dinheiro com a ampliação da Linha Norte do metrô de Londres, ou a 82ª Divisão Aerotransportada dos Estados Unidos entrasse no setor de fabricação de automóveis. Os guardas estão sempre repetindo o discurso revolucionário, mas para eles quem realmente fala mais alto é o dinheiro.

Irã

A Guarda Revolucionária tem até seu próprio setor de mídia, que dirige dezenas de jornais, emissoras de rádio e tv, canais em redes sociais e produtoras de cinema. Nos últimos anos, não por acaso, todos parecem seguir três grandes linhas narrativas: a de que a Guarda Revolucionária e o Líder Supremo são maravilhosos e qualquer um que discorde disso é uma pessoa ruim; a de que qualquer fracasso econômico ou político ou qualquer excesso cometido pelas forças de segurança é culpa das administrações reformistas; e a de que forças externas estão o tempo todo trabalhando para destruir o grande Irã.

Com bastante frequência, reportagens estrangeiras feitas no Irã trazem entrevistas com estudantes universitários apresentados como as vozes da juventude. Mas as coisas são bem mais complicadas do que isso, como demonstra o fato de que muitos jovens ingressam voluntariamente na Basij e na Guarda Revolucionária. As reportagens deveriam ressaltar que, para cada jovem dissidente que encontram, há outros jovens instruídos fazendo fila para preencher vagas de designer gráfico, roteirista, editor de vídeo e produtor cinematográfico em empresas ligadas à Guarda Revolucionária. Elas pagam bem. Se esse lado do Irã não é explicado, fica difícil para espectadores e leitores entenderem por quê, com tanta gente jovem exigindo mudanças, estas não vêm. Isso não quer dizer que as pessoas empregadas pela Guarda Revolucionária necessariamente apoiem o sistema, mas mostra que ele está cooptando todos aqueles que consegue para garantir sua sobrevivência. Parte da geração mais jovem que entende de tecnologia está na linha de frente do projeto iraniano de guerra cibernética, dedicando-se a difundir pelo mundo o ponto de vista do Irã, ou tentando hackear sistemas militares, comerciais e políticos de potências hostis. São muito bons nisso.

É assim que se entra no governo: o setor de mídia da Guarda Revolucionária emprega milhares de pessoas e fica de olho nelas através do seu setor de inteligência; vende seus programas para a emissora estatal a fim de ampliar sua mensagem; conecta sua operação de mídia à da milícia Basij. E um dos seus maiores canais de mídia, o Martyr Avini, é dirigido pelo representante do Líder Supremo na Basij, que é subordinada à Guarda Revolucionária. Belo trabalho, e eles compreendem.

Isso não quer dizer que a Guarda Revolucionária pretenda assumir o controle; é mais divertido fingir que não se participa da política, mas isso é um exemplo de como ela está entrelaçada com o Estado e de como, se os clérigos tiverem que se retirar, ela representa uma alternativa, com canhões. A Guarda Revolucionária poderia "corrigir o curso" da revolução, mas seu nome já diz qual é sua função, e é graças a esse nome e a essa função que o regime não cedeu, apesar de quatro décadas de pressões internas e externas.

Um dos aspectos mais importantes do regime iraniano costuma ser aquele que não é levado tão a sério quanto deveria. O país era, é e continuará a ser uma teocracia revolucionária. Como tal, tem princípios fundamentalistas, e não pode mudá-los sem que se enfraqueça. Imagine um presidente francês declarando que já não é a favor da parte da igualdade no lema nacional *"Liberté, égalité, fraternité"*. Não vai acontecer. Imagine, agora, que os aiatolás, segundo os quais o islã xiita do Irã é a manifestação do plano de Deus para a humanidade, anunciem uma gigantesca concessão ao "Grande Satã" e uma tolerância às liberdades sexuais, à conversão para outras religiões e a um sistema político genuinamente pluralista. Se você acha que está impondo a vontade de Deus na terra, isso também não vai acontecer.

Todos os presidentes americanos desde 1979 tentaram a abordagem de recompensas e punições para conseguir fechar um "grande negócio" com a República Islâmica. Um acordo desse tipo exigiria que cada lado fizesse o que lhe pareceria uma enorme concessão. O Irã teria de permitir uma minuciosa verificação, pela ONU, de que não está desenvolvendo armas nucleares, além de limitar seu programa de mísseis balísticos, deixar de financiar grupos terroristas, mudar aquilo que os Estados Unidos consideram um comportamento desestabilizador no Afeganistão, no Iêmen, no Iraque, no Líbano e na Síria e ainda abandonar sua oposição a um arranjo negociado para o conflito árabe-israelense. Isso seria "pedir muito". O Irã se orgulha de ser revolucionário e sempre procurou exportar seus princípios, para se tornar o líder de movimentos semelhantes. No entanto, poderia desistir desse papel a fim de salvar a revolução internamente. Em troca, os

Irã   85

Estados Unidos deveriam garantir que não estão tentando uma mudança de regime no Irã, suspender sanções unilaterais e, após o restabelecimento de relações diplomáticas, trabalhar com o Irã economicamente, a fim de modernizar sua indústria energética, e diplomaticamente, a fim de assegurar a estabilidade na região.

Isso parece ótimo, mas gestos no sentido de chegar a uma base comum de trabalho para alcançar esses objetivos são consistentemente minados pela linha-dura dos dois lados e pela desconfiança mútua. Barack Obama abriu algumas portas em sua presidência, mas é acusado de permitir que os iranianos continuem a desenvolver uma bomba nuclear, devido a supostas brechas do acordo de 2015. O presidente Rouhani passou por algumas dessas portas, mas foi duramente atacado pelos extremistas em Teerã.

Sob o presidente Joe Biden, os americanos (e outros) desistiram de uma "mudança de regime", preferindo simplesmente buscar uma "mudança de comportamento do regime". Os aiatolás podem continuar agarrados à "Fortaleza do Irã", contanto que abandonem a ideia de um Estado com armas nucleares e se retirem do mundo árabe. Os governos árabes talvez nunca se aproximem de Teerã, mas, se o país deixar de interferir na Arábia Saudita, no Iêmen, na Síria, no Iraque e no Bahrein, podem fazer as pazes com ele. Inversamente, se o Irã parecer estar perto de ter armas nucleares, os Estados árabes cerrarão fileiras contra ele, tentarão aproximar-se ainda mais dos Estados Unidos, e, caso isso não funcione, se abrigarão sob uma futura Arábia Saudita dotada de armas nucleares.

A República Islâmica, em sua configuração atual, está num beco sem saída. Não pode se liberalizar, uma vez que isso enfraqueceria os alicerces da legitimidade que acaso ainda possa ter para os milhões de pessoas que continuam a apoiá-la. Mas, se não o fizer, ano após ano uma população cada vez mais jovem se irritará com um sistema mais afinado com o século XVI que com o século XXI.

Os revolucionários de 1979 sabem que o tempo e as realidades demográficas não estão jogando a seu favor, mas têm muitas cartas na manga. A questão nuclear continua viva, e o estreito de Ormuz continua estreito. Eles contam com representantes na região, nos mundos da política e do terrorismo, a quem podem convocar a qualquer momento. Para combater a subversão organizada, interna e externa, dispõem de serviços de segurança temíveis e brutais. E, além disso, estão difundindo a obra de Deus. Assim, ceder é pecaminoso, resistir é divino. Os revolucionários religiosos não têm a menor intenção de desistir de sua revolução.

CAPÍTULO 3

ARÁBIA SAUDITA

Se você continuar andando, eles vão ter que segui-lo.

PRINCESA REEMA BINT BANDAR AL-SAUD, primeira
mulher a ocupar o cargo de embaixadora saudita

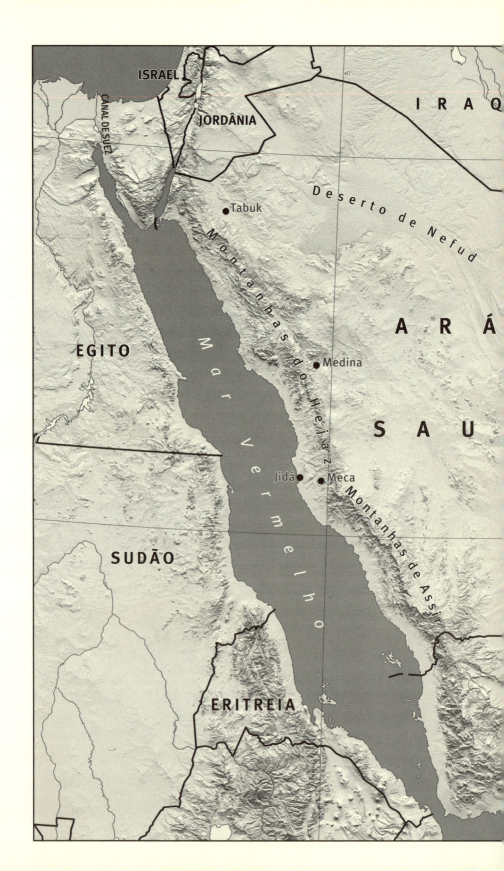

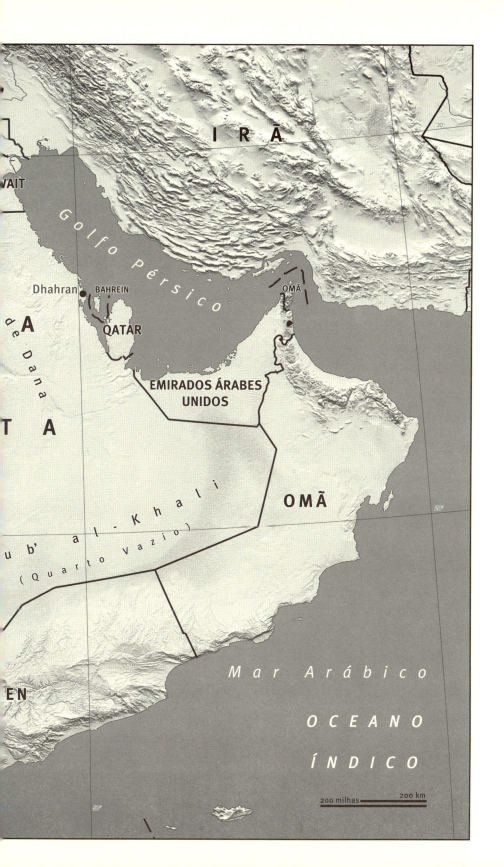

PARA RESOLVER OU ADMINISTRAR UM PROBLEMA, o primeiro passo é defini-
-lo. Na Arábia Saudita, o problema é definido em duas palavras: Arábia e
Saudita.

Em 1740, partes da região do Najd na Arábia Central eram controladas por um emir chamado Muhammad ibn Saud. Por volta de 1930, um
de seus descendentes diretos havia ampliado vastamente esse território,
dando-lhe o novo nome de Arábia Saudita. Se uma família dá a um país o
próprio nome, o que dizer de quem não pertence a essa família? Todos os
cidadãos do Brasil são parte da "família" brasileira e iguais perante a lei,
mas nem todos os cidadãos sauditas pertencem à Casa de Saud, tampouco
são iguais. Se eu tomasse o Reino Unido e passasse a chamá-lo de Reino dos
Pântanos, alguns talvez aceitassem que o novo nome reflete o clima, mas
eu não teria grande confiança na lealdade dessas pessoas ao país — com o
que eu estaria me referindo a mim mesmo. (Apresso-me a assegurar a Sua
Majestade, a rainha Elizabeth II, que não acalento ambições de traição.)

Essa identificação de si mesmo com o Estado cria dificuldades, porque
historicamente até há argumentos razoáveis para os Saud darem seu nome
a partes do Najd, mas e quanto ao resto da Arábia? Nem tanto. Grande
parte da população do país atualmente está sob controle saudita há menos
de um século. Se 120 anos atrás alguém dissesse à tribo de Xamar que o
emirado de Xamar logo se tornaria uma mera província do reino dos Saud,
isso para eles não faria o menor sentido. Os xiitas, a maioria dos quais vive
em províncias de frente para o golfo, também teriam questionado a ideia
de serem governados por fundamentalistas sauditas sunitas wahabitas,
com os quais vinham se confrontando ao longo dos séculos.

Isso não quer dizer que o reino moderno não possa sobreviver, mas explica a tensão que existe sob sua superfície. O centro precisa ser capaz de segurar a periferia, se a família dominante quiser manter o controle do poder.

Um século atrás, a população do que hoje é um Estado com 34 milhões de habitantes era de cerca de 2 milhões, na maioria nômades. Cobrindo a maior parte da península Arábica, o país é quase todo deserto. Ainda não há muita coisa ali, além de petróleo e areia. Foram as reservas de energia fóssil que lançaram a Arábia Saudita no século xx e fizeram dela um competidor importante. O petróleo também é a base das relações do país com seu principal aliado e protetor, os Estados Unidos, e lhe trouxe vasta riqueza, e, num mundo sedento de petróleo, essa riqueza lhe permitiu sobreviver apesar de elementos dentro da estrutura de poder exportarem uma violenta interpretação da sua variante radical de fundamentalismo islâmico. O saudita mais famoso dos últimos tempos não é um rei nem um multibilionário do petróleo, mas um terrorista: Osama bin Laden.

Há um problema, porém: o mundo está lentamente reduzindo a sua dependência do petróleo. Numa terra desértica que só dispõe de areia e petróleo, o que a família governante pode fazer, com uma população inquieta, com sua legitimidade sendo contestada e ainda cercada por inimigos dentro e fora do país? É imperativo que ela se modernize e use a tecnologia para explorar energias renováveis e adaptar-se ao século xxi. Não será uma saída fácil, e seu êxito ou fracasso afetará todo o Oriente Médio, além de outras regiões.

A Arábia Saudita foi criada no século xx usando tecnologia de transporte e comunicação, mas, por conta da geografia, suas regiões apresentam claras diferenças, muitas das quais ainda persistem. Até recentemente, havia imensas áreas inabitáveis. Trata-se, afinal, do maior país do mundo sem um rio, e seu interior é dominado por dois vastos desertos. No norte está o deserto de Nefud, ligado ao Quarto Vazio por um corredor de areia estreito e menor. O nome oficial do Quarto Vazio é Rub' al-Khali, embora para os poucos beduínos nômades que ali vivem seja simplesmente Al--Ramlah — "a Areia". Trata-se da maior área arenosa contínua do mundo, cobrindo uma região maior que a França, com dunas de até 250 metros de altura, e se estendendo até os Emirados Árabes Unidos, Omã e Iêmen. Ali as temperaturas no verão costumam ultrapassar 50°C à sombra, sendo sombra algo que, a bem da verdade, não é abundante no local. Por outro lado, quem já esteve no deserto numa noite de inverno sabe o que é o frio enregelante. Mesmo hoje poucos se aventuram na região, e boa parte dela continua inexplorada. Sabe-se que debaixo da areia existem grandes quantidades de petróleo e gás, mas os baixos preços do petróleo nos últimos tempos significam que investir nessa exploração fica caro demais.

A Arábia Saudita possui fronteiras terrestres com oito países. Ao norte estão Jordânia, Iraque e Kuwait. O litoral leste saudita se estende para o sul até Bahrein, Qatar e Emirados Árabes Unidos, que também são virados para o golfo. Ao sul ficam Omã e Iêmen; a fronteira com este último é a mais longa e instável da Arábia Saudita. O Quarto Vazio funciona como uma zona de segurança, protegendo o país de ameaças por terra ao sul, mas ao mesmo tempo dificultando o comércio com seus vizinhos meridionais. Atravessá-lo era comparado, em dificuldade, a atravessar o Polo Sul, e a primeira expedição no local de que se tem registro aconteceu menos de um século atrás. Em dezembro de 1931, o explorador britânico Bertram Thomas partiu da costa de Omã, acompanhado por beduínos, e apareceu a 1300 quilômetros de distância, no Qatar, várias semanas depois. Em 2018, uma viagem parecida ficou um tanto mais fácil com a inauguração da primeira estrada a cruzar o deserto, ligando Omã a Riad, a capital saudita. Se quiser atravessá-la de carro, você não vai precisar ter o mesmo espírito de aventura de Thomas e seus amigos, mas lembre-se de que não existem postos para abastecer no caminho.

O clima e as antigas rotas de comércio determinadas pela geografia explicam a existência da maioria dos centros populacionais de hoje. Todas as terras altas na Arábia Saudita ficam em sua metade ocidental. As planícies costeiras do mar Vermelho são relativamente estreitas, e uma sequência de morros e montanhas estende-se no interior, paralelamente a quase toda a costa. Jidá fica na planície, mas Meca, seiscentos quilômetros terra adentro, encontra-se 277 metros acima do nível do mar, e a altitude dos morros atrás dela chega a 1879 metros. Há uma passagem nas terras altas que leva a Medina, e, como as antigas caravanas eram incapazes de atravessar o Quarto Vazio, o comércio entre a África, o mar Vermelho, a Pérsia e a Índia era todo canalizado para as três cidades.

No sul, algumas das montanhas mais altas do país localizam-se perto do mar, quase na fronteira com o Iêmen. O clima mais fresco nessa área sempre atraiu assentamentos. É por isso que os sauditas vivem no lado ocidental do país, muitos deles em Meca, Medina, Jidá e arredores, mas a fronteira montanhosa com o Iêmen é a parte mais densamente povoada.

Para leste, uma vez ultrapassadas cadeias de montanha como a do Hejaz, a noroeste, a terra se estende sempre plana até o golfo Pérsico. A Arábia Saudita é predominantemente muçulmana sunita, mas com uma substancial minoria xiita. A maior parte vive na Província Oriental e pertence à tribo baharna. Trata-se da região mais vulnerável à infiltração de potências hostis e a sabotagens, devido às centenas de oleodutos e gasodutos que passam por ali. A província é ligada ao Bahrein, de maioria xiita, por uma estrada elevada de 25 quilômetros de extensão construída pelos sauditas em 1986. Oficialmente, ela serve para facilitar as viagens de casa para o trabalho, o turismo e o comércio; extraoficialmente, serve também para que os tanques sauditas cheguem sem demora caso protestos contra os líderes sunitas fujam do controle. Grandes concentrações de muçulmanos xiitas também vivem ao longo da fronteira com o Iêmen, e Meca e Medina abrigam populações significativas.

No centro do país estão Riad e a região do Najd. Embora seja a maior cidade e o centro político da Arábia Saudita, a capital fica isolada de outros centros populacionais, o que ajuda a explicar por que os habitantes praticam uma forma de islã que a maioria da população considera demasiado radical. Ainda que a chegada dos camelos, os "navios do deserto", tenha permitido aos mercadores alcançar pequenas cidades-oásis, como Meca e Medina, o Najd, onde os Saud moravam, continuou isolado pelos três desertos que o circundam e pelas montanhas que o separam do Hejaz. O Najd era o interior do interior. Havia poucos motivos para ir até lá, a menos que se quisesse chegar a Meca pelo leste, mas havia rotas menos árduas para isso, e assim durante séculos o mundo simplesmente o ignorou.

Arábia Saudita

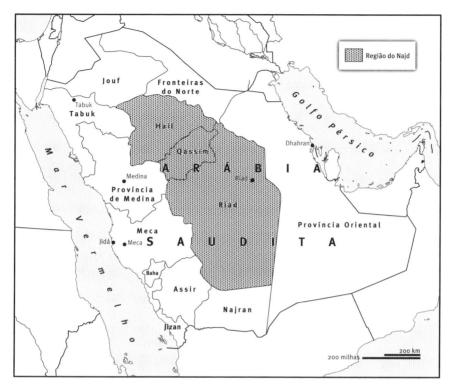

As regiões modernas da Arábia Saudita e a região histórica do Najd.

A sorte do Najd começou a mudar em meados do século XVIII, quando centenas de indivíduos de um pequeno e ambicioso clã, os Al-Saud, tomaram conta de alguns bosques de tâmara em volta de um oásis em Daria. O emir local, Muhammad ibn Saud, transformou a área numa próspera cidade de comércio e no centro político da região. Estando em Riad, sempre vale a pena fazer a viagem de 25 quilômetros através do deserto para se ter uma ideia de como e onde nasceu o Estado saudita. As muralhas de tijolo de barro do sítio declarado Patrimônio Mundial da Unesco abrangem prédios semiarruinados, mas também casas de tijolo de barro reconstruídas e palácios de quatro andares, em meio ao labirinto de becos.

À medida que se tornava importante, a família ia forjando uma relação estratégica com o clã Wahab, que continua a existir. Em 1774, um erudito religioso, Muhammad ibn Abd al-Wahab, fez um *bayah*, ou juramento de lealdade, a Ibn Saud. Ele achava que os muçulmanos deviam lealdade cega a seu líder, que em troca governaria segundo rigorosos princípios islâmicos. O islã não tem nada que se compare com a tradicional caracterização de política e religião do cristianismo. Pelo acordo, os Saud se encarregariam da política, enquanto os aspectos religiosos da política e da sociedade ficariam por conta dos wahabitas. Tem sido mais ou menos assim desde sempre, embora, de vez em quando, cada um desses pilares da Arábia Saudita tente impor ao outro a sua vontade. Majoritariamente sunitas, nem todos os sauditas, porém, seguem o wahabismo. Nas partes setentrionais do Najd, por exemplo, nas terras outrora governadas pela tribo de Xamar, maior rival dos Saud, é praticada uma versão menos austera do sunismo. Isso também acontece nas regiões costeiras do mar Vermelho, que se consideram, pelos padrões sauditas, mais cosmopolitas e voltadas para o exterior do que o interior wahabita. A criação de uma das sociedades mais cerceadas do mundo moderno foi feita sem a anuência de toda a população.

Para consolidar a aliança Saud-Wahab, o filho mais velho de Ibn Saud se casou com a filha de al-Wahab. Al-Saud publicamente adotou o wahabismo, Wahab adotou os Saud, e juntos eles partiram para conquistar a Arábia. Em 1765, já controlavam o Najd e se expandiam em todas as direções, inclusive Meca e Medina, onde destruíram santuários, visando particularmente aqueles usados pela minoria xiita. Os wahabitas se referiam aos xiitas como "rafida", ou "negadores", insulto ainda utilizado no século XXI.

Essa expansão de poder é conhecida como o Primeiro Estado Saudita. Ele chegou a ocupar a maior parte do território que hoje forma a Arábia Saudita, assim como partes do norte de Omã, Qatar, Bahrein e Emirados Árabes Unidos. Caiu em 1818, depois que os otomanos despacharam um exército do Egito para recapturar o Hejaz, seguiram para o Najd, tomaram Daria e arrasaram a maior parte da cidade. O rei Abd Allah al-Saud foi preso e enviado a Istambul para ser decapitado publicamente.

O reino foi destruído, mas dois anos depois os otomanos retiraram a maior parte de suas forças, e um sobrevivente da carnificina, Turki ibn Abdullah al-Saud, começou a reconstruir o império e a família. Em 1824,

Riad foi recuperada, assinalando o começo do Segundo Estado Saudita, que durou até 1891, sendo constantemente assediado pelos otomanos e os raxidis, vizinhos dos Saud na região das montanhas de Xamar.

A dinastia raxidi governava o emirado de Xamar, no norte do Najd. Os Saud e os raxidis lutaram entre si durante décadas pelo controle do interior da Arábia, e esses combates culminaram numa derrota avassaladora dos Saud em 1890, quando perderam Riad e fugiram para o Kuwait no ano seguinte.

E eles ali permaneceram, no exílio, em pobreza e furiosos. E ali poderiam ter desaparecido da história, não fosse um homem de nome longuíssimo, cujo sobrenome viria batizar um Estado-nação — Abdul Aziz bin Abdul Rahman bin Faisal bin Turki bin Abdullah bin Mohammed Al-Saud.

Ibn Saud, como é conhecido, tinha quinze anos quando a família fugiu para o Kuwait; passou a adolescência na pobreza. Em 1901, já com vinte e poucos anos, sucedeu ao pai como líder da dinastia Saud, assumindo o título de "Sultão do Najd". Havia apenas um problema: o Najd era governado pelos raxidis, e ele estava no Kuwait.

Mas Ibn Saud não era o tipo de homem que deixaria um detalhe insignificante como esse interferir num sultanato. Em 1902, seguiu para o Najd à frente de um grupo de apenas vinte guerreiros e, numa noite sem lua de janeiro, pulou os muros de Riad e matou o governador raxidi. O jovem agora era sultão de toda a cidade, que tinha cerca de um quilômetro quadrado.

Era uma boa base para dar início à reconquista. Em 1914, quando teve início a Primeira Guerra Mundial, Ibn Saud já controlava uma parte suficiente da região para ser chamado de "Sultão do Najd", e já traçava planos para as regiões onde hoje ficam a Síria e a Jordânia, o reino do Hejaz (que incluía Meca e Medina) e trechos da costa do golfo que ainda não controlava. No entanto, tudo isso poderia gerar conflitos com os britânicos e os otomanos, motivo pelo qual Ibn Saud voltou sua atenção primeiro para os raxidis. Como estes eram aliados dos otomanos, ele naturalmente se aliou aos britânicos, que lhe forneceram dinheiro e armas para enfrentá-los. "Muito obrigado", disse o sultão, que embolsou o dinheiro, separou as armas para formar um arsenal, esperou que os estrangeiros parassem de lutar uns com os outros e só então retomou sua campanha contra Ibn Raxidi. Ele confiava, basicamente, nos Ikhwan, uma tropa de choque de cerca de 100 mil ultra-wahabitas que buscavam ativamente uma oportunidade para lutar contra muçulmanos de outras orientações. Isso lhes dava muita liberdade de ação, tanto que mais tarde Ibn Saud precisou suprimi-los à força.

Em 1920 suas forças, muito bem armadas, marcharam contra os raxidis, e dentro de dois anos os venceram, dobrando de tamanho o reino de Ibn Saud. Ele então se voltou contra outro inimigo tradicional, os hachemitas, governantes do reino do Hejaz. Meca e Medina caíram em 1925, obrigando a família reinante a fugir para o Iraque e a Jordânia. Em 1927, Ibn Saud negociou um tratado com os britânicos; em troca do reconhecimento como rei do Najd e do Hejaz, ele concordava em transferir partes do norte do Hejaz para a Jordânia e desistir de reivindicar partes do leste do país. Ibn Saud também assumiu a responsabilidade como Khadim al-Haramayn al-Sharifayn (guardião das duas mesquitas sagradas) em Medina e Meca, respectivamente a cidade mais sagrada do islã e terra natal do profeta Maomé.

Ibn Saud era agora o único líder árabe independente, e ninguém estava em posição de disputar com ele esse título. Os acordos com os britânicos os tiravam do seu encalço e permitiam que a Casa de Saud consolidasse seu controle sobre a maior parte da península. Em 1932, Saud mais uma vez mudou de título, e dessa vez o nome do país: agora era rei da Arábia Saudita.

Ibn Saud tinha unificado a Arábia pela força das armas; para preservar a união, casou-se com filhas de cada uma das tribos derrotadas e das principais famílias religiosas. Teve cerca de vinte mulheres, mas, de acordo com a lei religiosa, nunca mais de quatro ao mesmo tempo. O resultado foram mais de cem filhos e a criação de um complexo familiar que domina o Estado.

A narrativa oficial é que Ibn Saud unificou a Arábia restabelecendo os Estados sauditas de décadas anteriores para o bem de todas as tribos, sob o argumento de que estava apenas restaurando autoridade sobre suas terras. Essa versão da história não pode ser contestada dentro do reino. Se outras versões circulam lá dentro é algo difícil de avaliar, pois trata-se de um assunto sobre o qual os moradores jamais se arriscariam a falar com um estrangeiro — sei disso muito bem, porque tentei. A professora saudita Madawi Al-Rasheed, escrevendo fora do país, oferece uma visão alternativa, afirmando que o nascimento da Arábia Saudita assinala "a emergência de um Estado imposto ao povo sem uma memória histórica de unidade ou herança nacional que justificasse sua inclusão numa entidade única".

O debate é importante, porque o controle da Casa de Saud depende de níveis de concordância sobre sua legitimidade. Nas últimas décadas, essa legitimidade tem sido fortalecida por esforços para melhorar a vida dos sauditas comuns por meio da formidável riqueza oriunda das abundantes reservas de petróleo do país.

Nas décadas anteriores a 1932, houvera descobertas de petróleo no Irã, no Bahrein e no Iraque, e as companhias petrolíferas suspeitavam que também poderia haver reservas na Arábia Saudita. Assim, bateram à porta de Ibn Saud, oferecendo-se para explorar a região da Província Oriental. O rei desconfiava das empresas britânicas, temendo que o governo do Reino Unido fosse incapaz de resistir a suas tendências colonialistas e tentasse exercer influência política excessiva na região. Em 1933, portanto, assinou contrato com a Standard Oil Company of California (Socal). Os sauditas sabiam que os americanos iam se meter em seus assuntos, mas não com a mentalidade colonialista de Londres.

As perfurações começaram em 1935, e o petróleo foi encontrado em 1938. No mesmo ano, o Dammam ("Poço da Prosperidade") n. 7 começou a bombear a matéria negra, e tiveram início as mudanças. A Socal construiu um porto, fez perfurações para garantir o suprimento de água, ergueu hospitais e prédios de escritórios e importou trabalhadores estrangeiros, visto que poucos sauditas eram capazes de operar os equipamentos mecânicos. A capital do novo reino tinha uma população de cerca de 40 mil; em setenta anos, ela cresceu para 6 milhões.

O petróleo e o dinheiro escorreram, de início quase só para a Socal, mas com o passar dos anos Riad conseguiu arrancar mais concessões e aos poucos adquiriu o controle acionário da companhia, que passou a se chamar Aramco.

Durante a Segunda Guerra Mundial, a Arábia Saudita permaneceu neutra, mas simpática aos Aliados. O conflito demonstrou que o mundo moderno dependia exclusivamente do petróleo não só para a indústria e para a prosperidade, mas também para travar guerras. Uma única divisão mecanizada americana (cerca de 250 tanques) consumia 25 mil galões de combustível para viajar apenas 160 quilômetros. Ibn Saud sabia disso, o presidente Roosevelt também. Era hora de ambos se encontrarem.

Os dois eram homens pragmáticos. Em fevereiro de 1945, tiveram um encontro a bordo de um navio de guerra dos Estados Unidos no canal de Suez. Tinham mais ou menos a mesma idade, eram ambos chefes de Estado, cada qual lutava com uma enfermidade, e aparentemente se entenderam. Os ferimentos que Ibn Saud sofrera nas batalhas que havia combatido agora lhe cobravam um preço, e ele tinha dificuldade para andar, enquanto Roosevelt estava preso a uma cadeira de rodas e só viveria mais algumas semanas. Eles combinaram que os americanos teriam acesso ao petróleo saudita, que os sauditas permaneceriam dentro de suas fronteiras e que a segurança da Arábia Saudita seria garantida pelos americanos. Ibn Saud tinha muitos inimigos, entre os quais os hachemitas, que agora governavam o Iraque e a Jordânia. Fazia apenas vinte anos que ele os expulsara de Meca e Medina; se estivessem suficientemente fortalecidos, e alguém lhes fizesse uma boa oferta, talvez tentassem retomar o Hejaz, e esse seria o fim da Arábia Saudita e de Ibn Saud. Melhor ter o país mais poderoso do mundo como melhor amigo do que vê-lo aproximar-se dos inimigos, especialmente levando em conta que os britânicos respaldavam os hachemitas — agora Londres não teria a audácia de apoiar uma apropriação territorial por parte deles.

Ibn Saud sabia jogar com o tempo. Roosevelt voltou para casa e poucos dias depois a Arábia Saudita declarou guerra à Alemanha e ao Japão, com isso conquistando um assento na recém-formada Organização das Nações Unidas. Os sauditas agora eram atores no palco do mundo, o petróleo os tornara importantes, e os americanos lhes davam segurança.

Ibn Saud morreu em 1953, aos 78 anos, tendo transformado completamente o destino de sua família. Foi sucedido por um de seus muitos filhos, o príncipe herdeiro Saud, cujos gastos extravagantes, a maioria consigo mesmo, desfalcaram os cofres do governo e deixaram pouco dinheiro para projetos de educação e saúde. Ibn Saud tinha construído seu primeiro palácio com os mesmos tijolos de barro usados pela gente comum; já o novo governante era um tipo de homem bem diferente. A inquietação pública cresceu.

Nos primeiros anos de seu governo, Saud conseguiu desentender-se com praticamente todo mundo, dentro e fora do país. Em 1964, seus muitos irmãos não aguentaram mais e procuraram os clérigos de maior autoridade, que, também insatisfeitos com a extravagância de Saud, baixaram uma *fatwa* — um pronunciamento legal — sugerindo-lhe que era hora de se afastar e ser substituído pelo meio-irmão Faisal. Saud foi embora para a Grécia; Faisal ocupou o palácio real.

Durante o reinado do novo monarca, as receitas do petróleo subiram mais de 1600%, possibilitando a construção de uma rede de comunicações e transportes e um generoso sistema de bem-estar social. A escravidão finalmente foi abolida por lei, embora uma versão moderna ainda persista no tratamento dado a muitos trabalhadores estrangeiros.

Faisal enviou uma força simbólica para a Jordânia durante a Guerra Árabe-Israelense de 1967, mas manteve-se fora da luta e limitou o envolvimento direto do reino na guerra seguinte, de 1973. No entanto, com os Estados Unidos abastecendo Israel, Faisal concordou com a insistência da Liga Árabe num boicote petrolífero para tentar diminuir o apoio americano aos israelenses. Os poços da Aramco pararam de funcionar, e os preços mundiais do petróleo triplicaram. O presidente Nixon então sugeriu, sem grande alarde, que tropas americanas aparecessem na Arábia Saudita. Isso fez com que as pessoas encarassem a realidade: Faisal, secretamente, passou a fornecer petróleo para a Marinha americana, e no ano seguinte desistiu do embargo acordado com a Liga Árabe. Os sauditas tinham ultrapassado um limite, e a realidade da "parceria" com os americanos ficou clara.

Internamente, a introdução da televisão em 1965 lançou as sementes da violenta queda de Faisal e deu mais um empurrão no país na direção do extremismo religioso. Temendo que o novo dispositivo desencaminhasse o povo, conservadores religiosos fizeram uma grande manifestação antes da primeira transmissão de TV em 1965, embora se tratasse apenas da leitura do Alcorão. Um dos sobrinhos do rei comandou um ataque aos estúdios da TV e mais tarde foi morto num tiroteio com as forças de segurança. Não houve acusação formal contra a polícia, o que enfureceu as autoridades religiosas. Para apaziguá-las, Faisal permitiu que extremistas religiosos fugindo dos regimes seculares do Egito e da Síria viessem para o reino e entrassem no sistema educacional. A Arábia Saudita já tinha a sua cota de figuras religiosas xenófobas; Faisal inadvertidamente lhes deu força. Muitos jihadistas sauditas do século XXI aprenderam sentados aos pés dessa geração de eruditos extremistas.

Em 1975, Faisal pagou caro por uma ação cometida no passado. Foi morto a tiros pelo sobrinho que era irmão do que morrera durante as manifestações contra a TV uma década antes. Supõe-se que tenha sido um ato de vingança, embora as autoridades alegassem que o assassino tinha problemas mentais. O próximo da lista foi o meio-irmão de Faisal, o príncipe Khalid. O quarto rei da Arábia Saudita teve que lidar com um dos acontecimentos mais chocantes da história do país.

Em 20 de novembro de 1979, centenas de dissidentes armados invadiram a Grande Mesquita em Meca. Os insurgentes puseram caixões no meio do pátio, prática normal para aqueles que buscam as bênçãos para seus mortos, mas o que havia dentro deles eram fuzis, que foram rapidamente distribuídos. O lugar é tão sagrado para o islã que não é permitido a quem não é muçulmano entrar na cidade, que dirá na mesquita. Há placas nos limites da cidade avisando a não muçulmanos que não passem dali. É proibido derramar sangue no complexo, e a pena para transgressores é a crucificação. A insurreição foi encabeçada por Juhayman al-Otaybi, um descendente dos Ikhwan, os guerreiros wahabitas que haviam lutado pelos Saud nos anos 1920. Seu avô cavalgara ao lado de Ibn Saud, e sua família era uma das mais importantes da região do Najd.

Os líderes do país estavam estupefatos. Os insurgentes não só tinham profanado o lugar santo como estavam usando os alto-falantes da mesquita para denunciar a Casa de Saud por ser corrupta e permitir que estrangeiros entrassem na Arábia Saudita e influenciassem a população com seus costumes decadentes. A família real tirou todos os civis da cidade, depois procurou o líder religioso para obter uma *fatwa* autorizando o uso da força para a retomada da mesquita.

Após quase uma semana de luta, com muitas baixas de ambos os lados, as autoridades procuraram os franceses, que ao longo dos anos tinham construído uma sólida relação de compartilhamento de inteligência com os sauditas, para quem vendiam armas. Num clima de grande sigilo, o presidente Valéry Giscard d'Estaing despachou três membros do Groupe d'Intervention de la Gendarmerie Nationale, uma unidade de elite da gendarmaria francesa, para treinar as Forças Especiais sauditas. Duas semanas depois do começo da invasão, o confronto chegou ao fim. Os 63 sobreviventes foram publicamente decapitados nas praças públicas de várias cidades em todo o país.

A repercussão foi imensa. O líder revolucionário do Irã, o aiatolá Khomeini, acusou o criminoso imperialismo americano e o sionismo internacional pela invasão, provocando revoltas em vários países e o incêndio de embaixadas americanas na Líbia e no Paquistão. Foi um ato reflexo rotineiro do Líder Supremo: ele sabia que suas palavras seriam bem aceitas por pessoas ingênuas o bastante para acreditar que muçulmanos jamais atacariam a mesquita e que, portanto, a culpa só podia ser das "mãos invisíveis" de sempre, provavelmente com a cumplicidade do governo saudita.

O efeito de longo prazo foi que, apavorados, os líderes da Arábia Saudita reagiram sufocando qualquer ideia de modernização do país na esfera social. O rei Khalid tinha perfeito conhecimento de que muitos insurgentes eram de tribos que forneciam a maioria dos soldados da Guarda Nacional. Sua solução para o problema? Mais religião.

Fotografias de mulheres desapareceram dos jornais, apresentadoras de TV sumiram das telas, religiosos conservadores receberam fundos extras, cinemas fecharam e mais horas de educação religiosa foram acrescentadas ao currículo nacional. A polícia religiosa deitou e rolou nas quatro décadas seguintes. As escolas e universidades recrutaram números cada vez maiores de clérigos para ensinar aos jovens que só o wahabismo representava o islã verdadeiro. Era natural, portanto, que na década seguinte dezenas de milhares de jovens sauditas fossem ao Afeganistão para combater os invasores soviéticos, que além de comunistas eram ateus.

E não era de surpreender que, ao voltar para casa, ainda desejassem usar suas aptidões militares na causa da jihad internacional. Entre eles havia um homem chamado Osama bin Laden.

Mais uma década se passaria antes que a família Bin Laden se tornasse conhecida. Nesse período, Khalid morreu e seu meio-irmão Fahd assumiu. Em 1980 o Iraque invadiu o Kuwait, e tudo indicava que o próximo alvo de Saddam Hussein seriam os campos de petróleo sauditas. Bin Laden, pouco conhecido fora do reino, ofereceu os serviços de seus mujahidin treinados no Afeganistão para defender o país. Não foi levado a sério, e Fahd recorreu aos americanos.

Em outras palavras, o guardião das duas mesquitas sagradas colocou centenas de milhares de soldados "infiéis" dentro do reino, e, como se isso não bastasse, havia até mulheres nas tropas! Ele precisava de uma *fatwa* das autoridades religiosas para justificar o ato. Conseguiu, mas o que a Arábia Saudita recebeu foi mais do que imaginava.

Os americanos vieram e venceram, na medida em que sua coalizão, que incluía forças sauditas, expulsou do Kuwait o exército de Saddam. Mas decidiram permanecer na Arábia Saudita. Era demais para aqueles que pensavam como Bin Laden. Muita gente se perguntava por que um governo que gastara uma fortuna em sistemas de defesa de ponta precisava da ajuda de americanos infiéis. A presença dos Estados Unidos também estimulou reformistas, e com isso a família reinante passou a enfrentar oposição em duas frentes. A mais ameaçadora era, de longe, a dos islâmicos. Os reis da Arábia Saudita baseiam parcialmente seu direito de governar em credenciais religiosas, mas "rei" e "reino" não são termos islâmicos, e os governantes não são teólogos. Apesar disso, eles dizem governar de acordo com os princípios da charia, e portanto o surgimento de uma oposição islâmica aturdiu todo o establishment.

Em 1995, uma explosão na sede de um centro americano de treinamento da Guarda Nacional saudita matou cinco americanos e dois indianos. Quatro jovens sauditas foram presos e executados depois de confessarem na televisão que tinham sido influenciados por Osama bin Laden. Em 1996, houve outra explosão visando um prédio de apartamentos que abrigava militares americanos, matando dezenove. Seguiram-se novos ataques, mas os serviços de inteligência conseguiram desbaratar vários grupos insurgentes e varrer o problema para debaixo do tapete. Em 2001, Bin Laden levantou o tapete e bateu nele com tanta força que os americanos foram à guerra e a Casa de Saud balançou.

Dos dezenove executantes do Onze de Setembro, quinze eram sauditas, assim como Bin Laden, seu arquiteto. As autoridades da Arábia Saudita reconheciam, em conversas privadas, que as falhas que haviam cometido no combate ao radicalismo eram parte da razão do progresso da Al-Qaeda, mas dificilmente admitiriam em público sua corresponsabilidade pelo terrorismo internacional. O mundo exterior sabe que Riad gastou centenas de milhões de dólares na construção de mesquitas wahabitas em lugares como a Bósnia e o Paquistão, mas o wahabismo, por si só, não é terrorismo, e o dinheiro fala mais alto, ainda que algumas das mesquitas tenham um histórico duvidoso no combate ao tipo de retórica religiosa que conduz à violência. O público saudita ficou dividido com relação à subsequente guerra dos Estados Unidos no Afeganistão, mas o governo discretamente permitiu o uso de suas bases aéreas para operações americanas de comando e controle. Durante a mais longa guerra travada pelos Estados Unidos, a mídia saudita não informou ao público que, em termos proporcionais, combatentes sauditas capturados no Afeganistão constituíam o maior contingente de prisioneiros enviados para a baía da Guantánamo.

Alguns combatentes sauditas na Al-Qaeda queriam também levar a luta para dentro do país. Os Saud tinham recusado a ajuda de Bin Laden e ajudado seus inimigos. Agora, Bin Laden e outros não estavam indo atrás apenas de soldados americanos no reino; estavam indo atrás do próprio reino. A Casa de Saud vinha cavalgando o tigre do wahabismo há muito tempo — mas foi preciso que o Onze de Setembro lhe mostrasse que elementos dentro do próprio país também queriam mordê-la.

Em 2003, os americanos anunciaram que iam embora. Tinham expulsado os talibãs de Cabul e chegado a Bagdá. Sabiam que sua presença aumentava a tensão regional, e com a "vitória" no Afeganistão e no Iraque podiam se dar ao luxo de sair. Mas Bin Laden não se deu por vencido.

Em maio daquele ano, três alojamentos de operários estrangeiros em Riad foram invadidos por homens armados que iam de casa em casa procurando "adoradores da cruz e da vaca" — cristãos e hindus. Trinta e nove pessoas foram mortas e mais de cem feridas. Seguiram-se vários ataques: o consulado dos Estados Unidos em Jidá foi bombardeado, mais alojamentos foram atingidos e um americano, Paul Johnson, foi sequestrado e decapitado, com as imagens divulgadas na internet. Mais de cem estrangeiros foram mortos, entre eles o cinegrafista Simon Cumbers, da BBC.

Simon era um tipo boa-praça, sempre sorridente, sempre disposto a ajudar, um irlandês generoso e efusivo de 36 anos. Poucos dias antes de sua morte, tínhamos conversado numa festa em Londres; estávamos ambos de saída para a Arábia Saudita e trocamos dicas sobre o trabalho em campo por lá. Ele morreu no mesmo incidente em que o correspondente da BBC Frank Gardner foi baleado e gravemente ferido, quando homens armados apareceram na rua onde estavam filmando. Poucas semanas depois, passei rapidamente pela mesma rua, para transmitir informações sobre a Al-Qaeda e a morte de Simon. Pedimos a uma viatura da polícia que nos seguisse, mas, quando entramos no bairro, ela desapareceu. Passamos quatro minutos fora do carro, filmamos um pouco e fomos embora. Nosso motorista era o mesmo cujos serviços Simon havia utilizado. Ele estava de licença, porque tinha ficado muito abalado, mas consegui localizá-lo depois de alguns telefonemas e ele ofereceu ajuda. Contou-nos sua história aos prantos, com a câmera desligada, e, apesar de nervoso, insistia em ajudar. Queria mostrar a face real da hospitalidade árabe a forasteiros, segundo a qual é uma honra prestar assistência. Menos de 40% dos sauditas são wahabitas, e mesmo entre estes a maioria rejeita a brutalidade dos jihadistas da geração atual.

Nessa mesma viagem, a estratégia da Al-Qaeda ficou evidente: semear o caos e colher os benefícios. Por meio de fontes no Reino Unido e nos Estados Unidos, ficamos sabendo que cerca de 20% dos trabalhadores estrangeiros altamente qualificados que atuavam na Arábia Saudita tinham fugido. Poucos meses depois outros saíram, e a British Airways suspendeu os voos para o país. Se a tendência continuasse, a certa altura as indústrias de alta tecnologia, principalmente no setor de energia, iam parar. Sem as receitas que sustentam os padrões de vida subsidiados, a oposição ao governo aumentaria; teoricamente, isso poderia destruir o Estado, permitindo a tomada do poder pela Al-Qaeda. As autoridades começaram a trabalhar com maior afinco, a repressão ultrapassou a de meados dos anos 1990, e mais uma vez os serviços de inteligência controlaram a situação.

O reino sobreviveu, mas os líderes atuais sabem que os desafios não desapareceram; na verdade, com o surgimento de um novo líder, vieram novos desafios. Em 2017, o rei Salman designou príncipe herdeiro o filho de 31 anos, Mohammed bin Salman. Ele já o nomeara ministro da Defesa, apesar de sua parca experiência militar, e para muitos sauditas, sobretudo dentro da família real, a promoção a futuro rei foi vista como um exagero, precipitada demais. Reza a tradição que a subida ao trono deve levar em conta a precedência, tanto em linhagem como em idade. Estima-se que a família real englobe mais de 15 mil pessoas, das quais pelo menos 2 mil são membros graduados que detêm a maior parte da riqueza e do poder. Nos corredores dos palácios reais, há muitas maneiras de enfraquecer um príncipe herdeiro. Ele é vulnerável.

Para o bem ou para o mal, no entanto, ele é o futuro líder designado, e muitas alavancas do poder já estão nas suas mãos. Olhando à sua volta no reino, Bin Salman vê problemas em todas as direções e tem agido.

Para entender a política externa sob Bin Salman, é importante atentar às políticas que ele herdou, especialmente a Guerra Fria regional com o Irã que degenerou em guerras por procuração no século XXI. O caos desencadeado pelos americanos no Iraque produziu um governo dominado por xiitas e ligado ao Irã, que fornece armas para numerosas milícias xiitas iraquianas. Riad recusou-se a reconhecer o governo e financiou milícias sunitas para rivalizar com os xiitas. A política não deu muito resultado, e em 2015 foi suspensa; as relações diplomáticas entre o Iraque e a Arábia Saudita foram restauradas, e, numa tentativa de minar a influência iraniana, houve um fortalecimento dos laços comerciais entre os dois países. O que os Saud desejam é a supremacia nacional e regional, de preferência numa atmosfera tão estável quanto possível.

As Revoltas Árabes de 2011 aumentaram os riscos no confronto com o Irã. Os sauditas enviaram tropas para ajudar a sufocar os protestos no Bahrein, segundo eles estimulados por Teerã. Então, em 2012, quando a revolta síria degenerou numa guerra civil sectária, Riad juntou-se aos esforços para derrubar o presidente Assad, que contava com o respaldo do Irã, e enviou dinheiro e armas para algumas unidades mais moderadas do grupo rebelde Exército Livre da Síria. Os sauditas viam a Síria como uma faixa de terra iraniana fazendo a ponte entre Teerã, via Bagdá e Damasco, e a milícia xiita do Hezbollah em Beirute, financiada pelos iranianos. Segundo esse raciocínio, derrubar Assad correspondia a quebrar essa ponte. No entanto, com os americanos desempenhando um papel secundário e a Rússia e o Irã apoiando o regime de Assad, a ponte continua intacta. O reino saudita não teme apenas que o Irã obtenha armas nucleares; teme sua capacidade de projetar influência e violência em toda a região. Se o Irã se tornar um Estado com armas nucleares, a Arábia Saudita vai querer fazer o mesmo.

Como ministro da Defesa, Bin Salman estava na linha de frente. Em 2015, um bloqueio econômico foi imposto contra o Qatar em meio a acusações de que o país estava não só tomando o partido do Irã, mas também apoiando grupos islâmicos como a Irmandade Muçulmana e o Hamas. O Qatar, com uma população de 3 milhões, sabe que, no seu caso, tamanho não é documento, por conta da riqueza representada por suas reservas de gás, e, como outros Estados do golfo, aspira à condição de líder regional. Os dois países se estranham desde meados dos anos 1990, especialmente depois que o Qatar estabeleceu a rede de televisão Al Jazeera, vista pelos sauditas como hostil. As gélidas relações muito contribuem para aquilo que é, para todos os efeitos, uma Guerra Fria no Oriente Médio. Os qatarianos responderam ao bloqueio aproximando-se ainda mais do Irã e de outro rival da Arábia Saudita, a Turquia. Os sauditas há muito tempo se opõem à Irmandade Muçulmana, que procura derrubar dinastias monárquicas. Em 2013, Riad apoiou o golpe militar no Egito, que depôs o líder eleito Mohamed Morsi, da Irmandade Muçulmana, e o substituiu pelo general Sisi.

Além disso, os sauditas apoiaram o Exército Nacional Líbio contra o Governo de União Nacional durante a Guerra Civil Líbia. A Arábia Saudita e os Emirados Árabes Unidos acreditam que o Governo de União Nacional é dominado por islâmicos influenciados pela Irmandade Muçulmana, e que o presidente da Turquia, Recep Tayyip Erdoğan, também é ligado a ela. Dessa maneira, assim como apoiou o golpe no Egito que derrubou o governo da Irmandade, Riad está tentando bloquear um governo da Irmandade na Líbia. Dinheiro saudita é usado para financiar o Exército Nacional Líbio, enquanto dinheiro e forças da Turquia têm impedido que este capture Trípoli.

Bin Salman também sancionou uma intervenção militar no Iêmen por meio de uma coalizão formada sobretudo por países do golfo, na chamada "Operação Tempestade Decisiva". A coalizão lutava contra os houthis, uma força rebelde xiita apoiada pelo Irã. Os sauditas não querem os houthis controlando o Iêmen, não só por suas ligações com Teerã, mas porque travaram uma guerra com o país em 1934 durante a qual tomaram várias regiões fronteiriças. Parte do território é habitada por xiitas, e alguns iemenitas a querem de volta.

Em 2019, a operação não conseguira alcançar seus objetivos, mas provocou uma tempestade de protestos no mundo inteiro, à medida que aumentavam as baixas entre civis numa incessante campanha de bombardeios, muitas vezes em áreas urbanas. Os houthis também lançavam drones e mísseis de longo alcance na Arábia Saudita, atingindo instalações petrolíferas, aeroportos e áreas civis. No fim do ano, duas grandes instalações de processamento de petróleo foram alvejadas, interrompendo por algum tempo metade da produção do país. Os houthis assumiram a responsabilidade pelo ataque, mas, segundo os americanos, os mísseis vieram do Irã, e os sauditas não os desmentiram.

A intensificação do conflito com o Irã era uma alternativa, mas o governo de Donald Trump deixou claro que os Estados Unidos não estavam dispostos a ir à guerra por esse motivo, e os sauditas sabiam que não tinham condições de lutar sozinhos, ainda que quisessem. Assim, deixaram o incêndio apagar e, em 2020, tentavam discretamente sair do confronto em que Bin Salman os metera. Convenceram os houthis a romper relações com o Irã e, em troca disso, receber dinheiro saudita para reconstruir o que hoje é um Estado falido.

A política externa de Bin Salman tem sido vista como impetuosa e aguerrida. Um exemplo disso foi o surreal incidente no fim de 2017 quando o então primeiro-ministro do Líbano Saad al-Hariri "preferiu" anunciar sua renúncia durante uma visita a Riad. Ele pensava que ia acampar com Bin Salman, mas foi separado de seus guarda-costas e privado do telefone. Funcionários da segurança o enfiaram numa sala e lhe entregaram o discurso de renúncia. Ao aparecer na televisão para ler o texto, ele pareceu culpar o Hezbollah e o Irã por sua decisão, mas àquela altura os desajeitados estratagemas do príncipe herdeiro se tornaram evidentes.

Suspeita-se que Bin Salman tenha pensado que a renúncia de Hariri provocaria o colapso da coalizão do governo libanês, enfraquecendo o poder do Hezbollah. Riad não deseja ver um movimento xiita dominar o Líbano, principalmente se for controlado pelo Irã. Existem até sugestões, menos plausíveis mas não impossíveis, de que Hariri tenha sido instruído a dizer à milícia nos campos de refugiados palestinos no Líbano que ela deveria lutar contra o Hezbollah. Levando em conta que o Hezbollah é mais forte até do que o Exército libanês, essa ação teria consequências negativas.

Nos dias seguintes, autoridades libanesas fizeram ligações telefônicas cada vez mais histéricas para suas contrapartes nos Estados Unidos, no Egito, na França e em outros países, sugerindo que seu primeiro-ministro estava detido. De acordo com o *New York Times*, vários embaixadores ocidentais pressionaram para vê-lo, mas só tiveram acesso a ele na presença de dois guardas sauditas. Depois de vários dias, e de furiosas intervenções de governos estrangeiros, Hariri pôde voar de volta para casa, onde imediatamente anunciou que não renunciaria de forma alguma.

A Arábia Saudita tem influência no que diz respeito tanto ao Líbano como a Hariri. Os negócios da família de Hariri devem muito ao respaldo saudita, e o país acolhe cerca de 250 mil trabalhadores libaneses; mandá-los todos para casa afetaria severamente a economia do Líbano, que enfrenta dificuldades. Autoridades saudidas negam que Hariri tenha sido coagido, mas não conseguem explicar por que ele renunciou e logo em seguida revogou a decisão.

O opróbrio a que ficou exposto o príncipe herdeiro nos círculos diplomáticos em razão desse incidente não foi nada se comparado à reação ao assassinato do jornalista saudita Jamal Khashoggi no consulado saudita em Istambul. Em 2018, Khashoggi tinha caído em desgraça com o regime por causa da conduta do príncipe herdeiro. Em 2 de outubro, foi visto entrando no consulado, do qual nunca saiu, e no mesmo dia sua noiva anunciou que ele estava desaparecido.

Os saudidas insistiam em afirmar que ele tinha saído, mas não forneceram provas, nem mesmo das câmeras do circuito fechado de tv que cobrem todas as saídas. Rapidamente correu a notícia de que Khashoggi tinha sido morto dentro do prédio, e seu corpo desmembrado. O governo turco declarou à mídia que o assassinato só poderia ter sido sancionado "nos mais altos níveis". Descobriu-se que quinze saudidas haviam chegado a Istambul naquela manhã e partido no fim da noite.

Só em 19 de outubro o governo saudita admitiu que Khashoggi tinha sido morto dentro do consulado, e nesse meio-tempo a tv estatal informara que os quinze saudidas vistos chegando e saindo eram turistas. As autoridades saudidas alegaram então que Khashoggi morrera por causa de uma briga, mas que ninguém tivera a intenção de matá-lo. Por fim, mudaram a história mais uma vez, dizendo que o jornalista fora vítima de uma "operação clandestina", que estavam surpresas que uma coisa dessas pudesse acontecer e que o príncipe herdeiro Mohammed Bin Salman não tinha qualquer conhecimento da operação.

A ideia de que agentes de um país rigidamente hierarquizado assassinem uma figura importante no exterior sem a sanção de seus superiores desafia a credibilidade. Qualquer que seja a verdade, estava claro para Riad que alguém tinha que pagar pelo crime — desde que não fosse alguém importante. Prisões foram feitas, mas a família de Khashoggi, ainda na Arábia Saudita, "perdoou" cinco suspeitos, poupando-os da condenação à morte. No fim de 2020, um tribunal saudita condenou oito acusados a penas de prisão de sete a vinte anos. Acusações contra figuras de mais alto nível foram rejeitadas, mas o governo declarou que aquele fora "um ato terrível, um crime terrível".

O príncipe herdeiro de início fora visto como um reformista, mas o incidente destruiu essa imagem. Muitos países têm mantido distância dele no âmbito pessoal, mas, no que diz respeito ao Estado... nesse caso, praticamente nada mudou. Numa reunião de cúpula do G20 poucas semanas após o assassinato, alguns líderes mundiais pareciam evitá-lo, mas ele foi abraçado pelo presidente Putin, da Rússia. Em fevereiro, teve recepção calorosa no Paquistão e na Índia, e fechou um acordo econômico de 20 bilhões de dólares com a China. Nem mesmo a Turquia, rival dos sauditas na região e o país onde funcionários de Bin Salman haviam assassinado um jornalista, tentou aplicar sanções econômicas ao reino; o comércio entre os dois países caiu apenas marginalmente nos dois anos seguintes ao assassinato. Petróleo é dinheiro, e o dinheiro fala mais alto; enquanto o mundo desejar o que a Arábia Saudita tem, o país terá peso diplomático nos conselhos do mundo. A situação, porém, não vai durar para sempre.

As ações do príncipe herdeiro no front interno também geraram manchetes no mundo todo. Na mesma semana em que o primeiro-ministro do Líbano foi "convidado" a esticar uma visita ao reino, reservas estavam sendo feitas para alguns dos membros mais altos da casa real no Ritz Carlton em Riad. É um hotel fabuloso — chamá-lo de opulento é pouco; se você tiver 8 mil libras esterlinas para pagar pela diária, eu lhe recomendaria a suíte real, que é linda de morrer. Infelizmente, alguns dos hóspedes naquela semana talvez tenham achado que "morrer" estava incluído no serviço. As reservas foram feitas pelos serviços de inteligência, e muitos convidados de nada sabiam até serem levados a seus quartos. O expurgo havia começado. Onze príncipes e dezenas de membros da elite política, militar e empresarial saudita foram levados para o hotel, entre eles o prín-

Arábia Saudita

cipe Miteb bin Abdullah, primo de Bin Salman e comandante da Guarda Nacional, que tem o mesmo contingente do exército regular.

Fontes sugerem que Bin Salman temia que a lealdade numa família de 15 mil talvez não fosse muito forte. Havia muitos na elite que não o queriam como governante de fato, e achavam que talvez houvesse tempo de derrubá-lo antes que ele se tornasse rei. Todos os presos foram acusados de corrupção, coisa fácil de se provar na Arábia Saudita se os que mandam assim desejam — e, caso contrário, quase impossível.

Várias semanas se passaram, mas muitos dos detidos, diante de provas de corrupção, fizeram declarações do tipo: "Que coisa, não sei como isso aconteceu, mas milhões de dólares sumiram das contas do meu governo! Deixem-me pagar esse valor ao Estado imediatamente". O príncipe Miteb foi um dos primeiros a descobrir os chocantes erros de contabilidade, e pagou cerca de 1 bilhão de dólares para resolver o assunto. O governo insiste em afirmar que as prisões estão relacionadas exclusivamente à sua campanha anticorrupção.

No front interno, Bin Salman não enfrenta apenas problemas de família, mas também de Estado, como os ressentimentos latentes de sua minoria mais numerosa, os xiitas. A maior parte dos xiitas comuns não deseja a queda do Estado saudita, mas, nos últimos anos, por causa da incapacidade dos "notáveis" de melhorar seu padrão de vida, muitos dos mais jovens estão sendo radicalizados por pregadores islâmicos extremistas, que afirmam que a mudança só pode ser alcançada com a insurreição. Em 2011, um levante na Província Oriental foi sufocado com grande brutalidade, incluindo o bombardeio da cidade de Al-Awamiyah e mais tarde a demolição de dezenas de casas de moradores. A tensão entre o Estado e os xiitas só será aliviada se eles forem tratados como iguais em termos econômicos, sociais e religiosos. Os termos religiosos são um problema particular para a população wahabita, que vê os xiitas como apóstatas, alguns dizendo até que eles não são muçulmanos. É um preconceito muito antigo. Mesmo neste século, clérigos veteranos têm denunciado os xiitas como descrentes e aprovado seu assassinato.

No entanto, apesar de todas as acusações de despotismo — ou ainda pior — feitas ao príncipe herdeiro Mohammed Bin Salman, ele é genuinamente um reformista. Cercou-se de jovens conselheiros, muitos dos quais parecem igualmente impetuosos; o mais importante porém é que, talvez devido à idade, são mais abertos a mudanças. Bin Salman concedeu às mulheres o direito de dirigir, reabriu cinemas, modernizou preceitos religiosos e está reestruturando a economia. Talvez isso se deva ao fato de ele ser um feminista, um entusiasta das artes, um religioso liberal e um partidário da economia de mercado; mas talvez reflita sua crença de que, sem mudanças, a economia irá a pique, a espiral de agitação fugirá do controle, o Estado entrará em colapso e ele perderá o emprego e, quem sabe, a vida.

Entre 2014 e 2020, os preços do petróleo foram reduzidos pela metade, e as reservas internacionais da Arábia Saudita caíram de 737 bilhões para 475 bilhões de dólares, enquanto o Estado tentava tapar os buracos. A queda dos preços dos combustíveis e o futuro limitado das energias fósseis tornam as mudanças absolutamente necessárias. Nesse contexto, faz sentido tentar expurgar o Estado da corrupção, ainda que a medida seja apenas paliativa, para afastar rivais e devolver grandes quantidades de dinheiro aos cofres do governo. Isso requer também um plano de longo prazo: a chamada Visão 2030.

A Visão 2030 reconhece que a economia precisa ser diversificada, com foco na tecnologia e no setor de serviços. Projeções orçamentárias para os próximos anos prenunciam uma drenagem constante de reservas estrangeiras e do fundo de riqueza soberana da Arábia Saudita. O Estado financia um sistema de bem-estar social excepcionalmente generoso. A receita em queda livre do petróleo e do gás significa que isso é insustentável; mas, sem o bem-estar social, e com altos índices de desemprego, a agitação é praticamente certa. Para fortalecer os cofres durante a mudança, o governo está preparado para vender cerca de 5% da joia da família — a Saudi Aramco. O governo avalia a empresa em cerca de 2 trilhões de dólares; o mercado de petróleo sugere pouco mais da metade desse valor. Fatores de mercado afetam as avaliações, mas fora do país pouca gente concorda com o preço original dos sauditas.

O corte de gastos com a Visão 2030 já começou, mesmo enquanto a grande iniciativa avança lentamente, e alguns de seus projetos menores estão sendo reduzidos. A "saudificação" da força de trabalho ganha velocidade, numa medida relacionada à concessão de carteiras de motorista para mulheres. Muitas famílias não permitem que as mulheres saiam de casa sem um guardião, e costumam viajar em táxis ou carros dirigidos por trabalhadores estrangeiros que mandam dinheiro para fora do país. Permitir que as mulheres dirijam significa economizar o dinheiro gasto com motoristas, aumentando a renda disponível e incluindo mais mulheres na força de trabalho para substituir trabalhadores estrangeiros.

O número exato de estrangeiros no país é pouco claro, mas projeções de embaixadas sugerem que, entre os 34 milhões de habitantes da Arábia Saudita, há mais de 12 milhões de estrangeiros, entre os quais 2 milhões de bengaleses, 1,5 milhão de filipinos e 1 milhão de egípcios. O crescimento dessa população, a presença de estrangeiros e a urbanização no país ocorreram mais ou menos recentemente e num ritmo desconhecido em qualquer outro lugar do mundo. Numa viagem a Jidá, estive no porto e conversei com pescadores; são majoritariamente bengaleses, e não encontrei um saudita sequer, nem consegui imaginar um homem saudita querendo reaprender as antigas práticas de seus antepassados. O desemprego entre os menores de 24 anos chega a cerca de 28%, mas isso não significa que os jovens estejam dispostos a trabalhar nas docas de Jidá remendando redes.

Substituir esses trabalhadores por sauditas, e o petróleo pela tecnologia, é uma jogada arriscada, um passo rápido em direção a um futuro que os conservadores do país não desejam; uma aposta que cancela identidades religiosas e tribais. O plano também se arrisca a exacerbar tensões regionais. Os investimentos já parecem estar sendo direcionados para duas das treze regiões administrativas do país — aquelas onde ficam Riad e Jidá. Se essa tendência prosseguir, regiões como a Província Oriental, dominada por xiitas, e a zona fronteiriça do Iêmen vão se perguntar "Alguma coisa nessa visão é para nós?" e se identificar menos ainda com o poder central.

Os megaprojetos já estão atrasados. Com grande estardalhaço, Bin Salman anunciou a construção de Neom — uma cidade de 500 bilhões de dólares à beira do mar Vermelho, onde todos os veículos serão autônomos, robôs vão executar a maior parte dos serviços de rotina, tudo será movido a energia sustentável e homens e mulheres poderão se misturar livremente. Isso parece ótimo, mas há pouca chance de a cidade ficar pronta a tempo, fato que se tornará cada vez mais constrangedor à medida que nos aproximamos de 2030.

A covid-19 postergou o orçamento. Em 2020, poucos cidadãos sauditas tiveram permissão para fazer o *hadj*, a peregrinação a Meca, e estima-se que a proibição de peregrinos estrangeiros tenha custado à economia 12 bilhões de dólares em receita.

Mas nem tudo é ruína e tristeza no front econômico. Mesmo um aumento temporário na demanda por petróleo num boom industrial global se traduziria em aumento de preços, e a médio prazo a Arábia Saudita estaria bem posicionada para manter a supremacia nos mercados de energia. Isso compensaria algumas perdas atuais, enquanto o país busca se tornar independente dessa fonte de energia.

Mesmo com o mundo lentamente dando as costas ao petróleo, o consumo nacional mantém uma tendência de alta. O país queima cerca de um quarto do petróleo que produz, e isso consome uma parte imensa das receitas do governo. O petróleo e a eletricidade são fornecidos aos sauditas por uma fração até mesmo dos preços mais baixos dos países mais desenvolvidos. Para os que têm menos consciência ecológica, isso significa que não há problemas em acelerar seu enorme utilitário esportivo pela estrada para chegar em casa, onde deixou o ar-condicionado ligado mesmo enquanto passava o fim de semana fora. A Arábia Saudita é o sexto maior consumidor de petróleo do planeta, e os aparelhos de ar-condicionado consomem 70% da eletricidade do país. (Aqui vai uma dica: se for à Arábia Saudita no auge do verão, leve um agasalho — os hotéis são gelados.)

A curto prazo, os sauditas têm que queimar petróleo não só para manter as luzes (e condicionadores de ar) ligadas, mas para poderem beber água. O reino tem a maior operação de dessalinização do mundo, que atende com sucesso à maior parte das necessidades domésticas. Mas há um problema. As colossais instalações de dessalinização exigem muita eletricidade, que vem do petróleo. Numa terra sem rios, elas talvez sejam a única alternativa, apesar de dispendiosas e ainda poluidoras.

De início, em busca de uma solução que não passasse pela dessalinização, os sauditas se voltaram para os especialistas da Saudi Aramco. A gigante do petróleo usou sua expertise para acessar alguns dos gigantescos reservatórios subterrâneos de água doce debaixo das areias do norte e do leste do país. No século anterior havia água suficiente para encher o lago Erie, mas intensas práticas agrícolas reduziram inexoravelmente os depósitos, que, devido à falta de chuvas, não estão sendo realimentados. As terras de irrigação servem para o plantio e para a criação de gado visando os mercados interno e externo, a preços somente possíveis porque o governo subsidia o custo da água. Os agricultores não são conhecidos pelo uso cuidadoso do mais precioso dos líquidos. Para eles é um recurso barato, mas para o Estado sai caro. Os especialistas temem que quatro quintos da água subterrânea já tenham sido usados, e pode ser que ela acabe nos anos 2030. O petróleo financia os subsídios, mas, se restar pouca água, não haverá mais produtos agrícolas baratos, nem mercado estrangeiro. O que haverá, em vez disso, será uma profusão de sauditas reclamando do preço dos alimentos. O governo pretende reduzir severamente a quantidade de trigo cultivado, por se tratar de uma cultura que consome muita água, e parte do fundo de riqueza soberana está sendo gasta em adquirir terras e cultivar produtos agrícolas em outros países.

Com esses subsídios ao público, quanto mais energia o povo consome, maior o preço que ela tem para o governo. A fim de escapar dessa espiral, o governo está investindo em energia renovável. A diversificação já começou. A Arábia Saudita, por exemplo, é dona de 5% da Tesla, e investe pesadamente no programa de desenvolvimento de carros elétricos da General Motors, assim como em dezenas de outros projetos no mundo inteiro. Internamente, Riad espera poder criar 750 mil empregos na indústria e garantir que pelo menos 7% da eletricidade venha de fontes renováveis, sobretudo da energia solar, até 2030. Os sauditas possuem as fábricas para construir painéis solares, o espaço onde colocá-los e a luz solar para alimentá-los. Dispõem do tipo "certo" de luz, pois os níveis de radiação solar no reino estão entre os mais altos do mundo. O governo tem aventado a ideia de que, até 2032, a energia fotovoltaica já represente 20% da matriz nacional. No jargão empresarial, é uma "meta agressiva".

Ao anunciar planos solares, o governo adora falar em "momentos históricos" e estabelecer metas que têm se revelado ambiciosas demais. Altercações burocráticas e dificuldades técnicas já provocaram o colapso de alguns projetos e a paralisação de outros, mas as autoridades estão muito cientes da necessidade de agir. Não há tempo a perder.

No âmbito da economia, há outro ato de malabarismo a ser executado: diversificar para não depender apenas do petróleo, mas equilibrar as contas sem causar transtornos econômicos para a população ao retirar bruscamente os subsídios que o petróleo financia. Energias renováveis, investimentos no exterior, turismo e o desenvolvimento bem-sucedido de infraestruturas como os portos do mar Vermelho — tudo isso vai ajudar. Mas fazer o petroleiro dar meia-volta é um desafio e tanto.

Estrategicamente, não há dúvida de que a Arábia Saudita ainda precisará ficar com os Estados Unidos por muitos anos, supondo-se, é claro, que os americanos fiquem com os sauditas. Sem uma garantia de segurança dos Estados Unidos as fronteiras marítimas do país são inseguras, porque o golfo Pérsico e o mar Vermelho são estreitos, e cada qual tem seus pontos de estrangulamento. Na falta de uma Marinha saudita poderosa, uma potência hostil poderia bloquear as exportações do país, impedindo-as de chegarem ao oceano Índico ou ao canal de Suez.

No entanto, apesar da relação de segurança com os Estados Unidos, os laços econômicos com a China serão fortalecidos. A China vendeu ao reino mísseis balísticos de alcance intermediário, suas importações de petróleo tiveram rápido crescimento nos últimos anos e a Arábia Saudita assinou um dos doze contratos de 5G que a Huawei conseguiu na região. Diferentemente dos Estados Unidos, a China não tem interesse em promover direitos humanos nos países com os quais negocia. Uma das principais analistas políticas do Oriente Médio, Mina Al-Oraibi, me disse o seguinte:

> O modelo chinês de "capitalismo de Estado" tem grande apelo para a maioria dos políticos árabes. "Liberalismo" econômico separado de liberalismo po-

Arábia Saudita

lítico é um modelo que a maioria dos governos da região busca, e, nas duas últimas décadas, o modelo chinês é louvado como um sucesso.

Ultimamente, e mais uma vez lendo o futuro, os ataques verbais a Israel vêm diminuindo, e contatos comerciais têm sido discretamente forjados para uma potencial normalização das relações entre os dois Estados. Essa atitude já não depende da criação de um Estado palestino; o príncipe herdeiro Bin Salman foi um dos primeiros líderes árabes a perder a paciência com a aparente recusa dos palestinos a fazer concessões a Israel. Mas não teve problema algum em terceirizar a negociação a outros. Bin Salman tem uma relação muito estreita com o governante de fato dos Emirados Árabes Unidos, o príncipe herdeiro Mohammed bin Zayed, que em 2020 normalizou vínculos com Israel, a exemplo do Bahrein. O rei Salman foi contra a decisão, mas consta que o príncipe acredita que a maior parte dos jovens sauditas não dá ao assunto tanta importância como a geração mais velha. Israel tem uma capacidade e uma tecnologia de defesa que interessam aos países do golfo, e está preparado para fazer negócios. Seu sistema de defesa de mísseis Domo de Ferro é cobiçado, especialmente em vista da convicção de que o Irã representa uma ameaça, e a tecnologia israelense de "fazer o deserto florescer" pode beneficiar as indústrias agrícolas. Essa reaproximação de Israel com vários países árabes é vista como uma mudança drástica na política, e mostra que os especialistas em Oriente Médio que diziam que os países árabes jamais fariam as pazes com Israel sem a criação de um Estado palestino estavam enganados. Enquanto eles mantinham os olhos presos a um minúsculo pedaço de terra, o resto do mundo seguia em frente. O presidente dos Estados Unidos não vai mudar a situação; pode ser que Joe Biden adote uma política inflexível em relação aos assentamentos na Cisjordânia palestina, mas não há razão para supor que deseje reverter a nova realidade.

O acordo entre os Emirados Árabes Unidos e Israel foi preparado com pleno conhecimento do príncipe herdeiro Bin Salman (embora o pai de nada soubesse). Ele o aprovou porque tinha um olho nas maquinações políticas diárias para se manter no poder, e o outro no futuro.

A Arábia Saudita tem a mesma atitude realista, pragmática, em relação ao nacionalismo pan-arabista. A ideia de um único Estado árabe estendendo-se por toda a região jamais atraiu os sauditas. Durante os anos 1960 e 1970, enquanto intelectuais e políticos no Egito, na Síria e em outros lugares defendiam a ideia, a classe dominante saudita incentivava a lealdade à monarquia. Ela também não tem muita paciência com a democracia — afinal, o povo pode escolher os líderes errados —, estando mais interessada na criação de fóruns econômicos não muito rígidos em toda a região. Assim, em 1981, a Arábia Saudita foi o principal fundador do Conselho de Cooperação do Golfo, organização de seis países cujo objetivo é simplificar o comércio.

Tudo isso forma um quadro um tanto confuso, quando nos voltamos para a visão do príncipe herdeiro para o país em 2030. Internamente, ele anda numa corda bamba entre reforma e conservadorismo, liberalismo relativo e repressão. A classe dominante não pode permitir que o regionalismo fique muito forte, e apesar disso sabe que existe algo chamado identidade regional, e que essa identidade quer ter voz ativa na condução dos assuntos. Ela não pode deixar que o separatismo xiita ganhe um ponto de apoio nas periferias da Província Oriental e na fronteira do Iêmen, pois a instabilidade não só causaria danos econômicos como poderia se espalhar pela região. A insatisfação está contida, e há o perigo permanente de que incidentes voltem a deflagrar a violência.

Bin Salman está propondo ao povo um novo contrato social. Os sauditas terão um país menos burocrático, com níveis reduzidos de corrupção e uma economia capaz de sobreviver ao lento declínio da era do petróleo; um país no qual serão livres para desfrutar alguns prazeres que no resto do mundo nem se discutem. Em troca, terão que trabalhar e se conformar com o fim de alguns subsídios. Os conservadores religiosos precisam aceitar que serão livres para praticar a religião como acharem melhor, mas que sua influência sobre a sociedade será menor, se o país quiser se modernizar para sobreviver. A exportação do wahabismo talvez também tenha que ser menos agressiva. Se os sauditas forem menos importantes para a economia global, o resto do mundo será menos tolerante com uma ideologia que, em parte, produziu tipos como Bin Laden e, em última análise, o Estado Islâmico.

Isso significa romper o princípio basilar da aliança Saud-Wahab forjada quase trezentos anos atrás. O contrato oferecido pelo avô de Bin Salman, Ibn Saud, era que o povo obedeceria e em troca o dinheiro do petróleo lhe daria uma boa vida. Bin Salman oferece uma nova versão desse modelo para o século XXI, na qual o papel desempenhado pelo dinheiro do petróleo será cada vez menor.

Se as reformas não forem implementadas e o mundo abandonar o petróleo, o que a Arábia Saudita terá para oferecer a esse novo mundo? Areia?

Os líderes sauditas têm que construir uma nova sociedade, uma nova economia e Forças Armadas capazes de desempenhar suas funções. Por ora, os americanos continuarão a lutar pela Arábia Saudita, de modo que a matéria negra continue fluindo para lubrificar as engrenagens da economia mundial, mas nos aproximamos de uma nova era, em que os americanos de maneira alguma combaterão para defender os painéis solares da Arábia Saudita.

CAPÍTULO 4

REINO UNIDO

Os britânicos estão chegando! Os britânicos
estão chegando!
Frase atribuída a PAUL REVERE

OCEANO
Ilhas de Shetland
Órcades
Hébridas Exteriores
ESCÓCIA
SPEY
Faslane
Glasgow
CLYDE
Edimburgo
TWEED
Mar do Norte
60°
10°
0°
60°

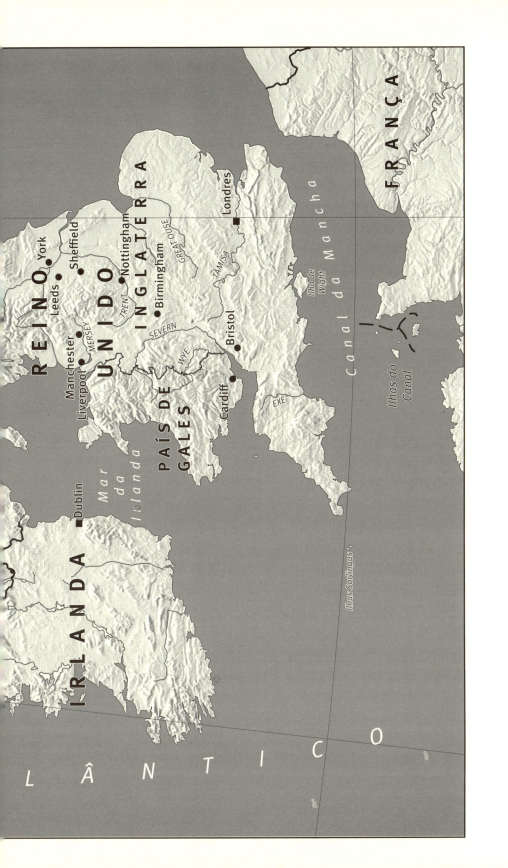

"Os britânicos estão chegando" é uma frase que deve ter sido pronunciada em boa parte do mundo ao longo dos séculos, durante os quais eles construíram um império que chegou a controlar um quarto do globo. Agora, pode voltar a ser ouvida, mas com um novo sentido. Depois da votação do Brexit em 2016, em que decidiram pela saída da União Europeia, os britânicos estão à procura de alianças — mas na verdade buscam um papel global desde meados do século xx. O Reino Unido perdeu muita coisa na mudança dos mapas ocorrida durante o impulso de descolonização; agora, precisa sobreviver em um novo mundo no qual o império se torna uma lembrança cada vez mais distante.

Por isso os britânicos talvez não saibam muito bem aonde estão chegando, ou para onde estão indo — mas os novos tempos ainda serão influenciados pelo fato de serem uma ilha no extremo oeste da Grande Planície Europeia. A Grã-Bretanha é um lugar que, pela maior parte de sua história, foi frio, ventoso e atrasado, e apesar disso tornou-se o centro de um dos maiores impérios do mundo. Conseguiu esse feito em parte devido à sua geografia — notadamente seu acesso aos oceanos.

As águas que cercam o Reino Unido continuam a desempenhar um papel central em sua cultura e na psicologia nacional. Nos últimos séculos, elas o protegeram dos excessos da política e da guerra no continente europeu. Isso explica parcialmente por que o senso de pertencimento a uma casa europeia comum não é forte na ilha como em muitos países da União Europeia. A carnificina de duas imensas guerras mundiais não abalou o Reino Unido da mesma forma que abalou a Europa continental. A psicologia de separação teve uma influência na votação do Brexit, ainda que inquantificável.

Nos últimos anos, o Reino Unido tem sido uma ponte no Atlântico entre a Europa e os Estados Unidos. Continuará a ser, porém menos utilizada à medida que o tempo passa e os interesses nacionais mudam. No entanto, apesar da incerteza atual, o Reino Unido ainda tem um imenso mercado consumidor em potencial na Europa, acesso direto às rotas marítimas dos oceanos e uma longa história de inovação, educação de qualidade e habilidade comercial que seguem lhe garantindo um lugar entre as dez maiores economias do mundo. Permanecer nesse grupo exige que os britânicos tomem as melhores decisões possíveis para o futuro num mundo em que as mudanças se aceleraram. Talvez exija unidade também.

O poder econômico e militar da Grã-Bretanha cresceu rapidamente depois que o Tratado de União de 1707 uniu a Escócia e a Inglaterra numa só entidade. Pela primeira vez em sua história, uma autoridade única controlava a ilha. Não só os ingleses não precisavam mais temer uma marcha dos exércitos escoceses para o sul, como a porta dos fundos foi fechada contra invasões de uma potência europeia. Três séculos depois, a votação do Brexit pôs em risco a União, e, embora já não tenha medo de uma invasão pela França, Londres está profundamente preocupada com os efeitos econômicos e militares de uma Escócia independente.

A união política de 1707 foi precedida por uma união natural ocorrida mais de 400 milhões de anos antes. A Inglaterra era parte de um pequeno continente chamado Avalônia, que se deslocava no oceano em direção ao norte. Ao mesmo tempo, a milhares de quilômetros de distância, a Escócia se deslocava para o sul como parte do continente chamado Laurência. Houve então um choque de continentes, em câmera lenta, mais ou menos ao longo da linha por onde, algum tempo depois, no ano de 122, o imperador Adriano construiria uma muralha. Essa colisão no sentido norte-sul não foi suficiente para criar montanhas, mas resultou nos montes Cheviot, que se estendem ao longo da fronteira anglo-escocesa. Se dermos um salto no tempo, deixando para trás florestas tropicais, dinossauros e mamutes, veremos por fim o surgimento dos humanos, há cerca de 800 mil anos. Depois voltou a esfriar, por isso os humanos foram embora, e retornaram,

Reino Unido

e foram embora, e repetiram o processo até que o clima esquentasse o suficiente e eles pudessem permanecer.

Mais ou menos em 10 000 a.C., a Irlanda foi separada da Grã-Bretanha pela elevação dos níveis do mar, que também inundou a terra entre o que agora é a Grã-Bretanha e a Europa continental, fazendo da Grã-Bretanha uma ilha. Para ser mais preciso, a Grã-Bretanha é formada por ilhas — milhares delas, se levarmos em conta o tamanho e o que fica acima da água na maré alta; mas, desse total, apenas umas duzentas são habitadas. O Reino Unido da Grã-Bretanha e Irlanda do Norte inclui as Hébridas, as Órcades e o arquipélago de Shetland no extremo norte, as Ilhas Sorlingas e a Ilha de Wight, mil quilômetros ao sul, e a Ilha de Anglesey, ao largo da costa galesa, a oeste. Possui acesso direto ao canal da Mancha, ao mar do Norte, ao mar da Irlanda e ao Atlântico. No ponto mais largo, tem apenas quinhentos quilômetros, e devido à irregularidade da costa nenhuma parte fica a menos de 120 quilômetros do mar.

O primeiro registro de sua existência é de aproximadamente 330 a.C., quando um explorador grego chamado Píteas fez uma espantosa viagem ao norte, chegando possivelmente à Islândia, e no caminho circum-navegou o que hoje sabemos ser a Grã-Bretanha. Ninguém acreditou em seu relato, mas isso porque voltou contando também histórias de ursos-brancos sentados em placas de gelo e do sol brilhando à meia-noite.

As águas revoltas e gélidas do mar do Norte não são para mim; por isso, anos atrás, ao resolver explorar a maior ilha da Europa, preferi fazê-lo sobre duas rodas, pedalando toda a extensão de uma rota entre as aldeias de Land's End e John O'Groats. Tem 1600 quilômetros, e costuma ser percorrida do sul para o norte, sentido em que é maior a chance de ter o vento às costas. Foram doze dias, cada um deles uma dolorosa alegria. O que mais me impressionou foi o quanto, ao fim de cada dia, os sotaques, os dialetos e os tipos de topônimo tinham mudado. Mesmo em pouco mais de cinquenta quilômetros há diferenças acentuadas. Isso se deve tanto à geografia como à história. As regiões se desenvolveram em relativo isolamento, tendo sido influenciadas pela chegada de romanos, anglo-saxões, vikings e normandos. Os escandinavos, por exemplo, se estabeleceram na região hoje conhecida como Ânglia Oriental; acredita-se que o sufixo "-by" venha da palavra dinamarquesa para "cidade", o que explica a ocorrência de nomes como Whitby e Grimsby na costa leste da Inglaterra. Até hoje, em Yorkshire, são de uso diário palavras que uma pessoa do sul talvez nem entenda — *"bairn"*, para criança, e *"beck"*, para riacho, por exemplo. Quase todos os países têm diferenças regionais, mas poucas são tão pronunciadas em áreas tão pequenas como no Reino Unido.

A principal divisão geográfica do país não é entre o norte e o sul, como se costuma pensar, mas entre o leste e o oeste, e é definida por terras altas e terras baixas. Traçando uma linha do rio Tees, no nordeste, até o rio Exe, em Devon, no sudoeste, vê-se claramente a divisão entre as terras altas e as terras baixas da Inglaterra e do País de Gales. A oeste ficam as rochas duras e as áreas elevadas de Lake District, as Montanhas Cambrianas e charnecas como Dartmoor; a leste o terreno é mais plano, e as pedras mais moles, com mais calcário — daí os penhascos brancos de Dover. É por causa dessa divisória que o lado ocidental do Reino Unido é mais quente que o oriental, e tem mais chuva. As águas da corrente do Golfo, que se originam no Caribe, atravessam o Atlântico e chegam à costa oeste do Reino Unido. Os ventos sobre a corrente do Golfo acumulam umidade, atingem as terras altas e despejam a água. No geral, isso significa que o Reino Unido, embora não seja um paraíso tropical, tem mais clima temperado do que muitos lugares em latitude semelhante (por exemplo, a Rússia e o Canadá), o que é bom para a agricultura.

Existe também uma divisão entre norte e sul. As montanhas estão, de fato, principalmente na metade ocidental da ilha maior, porém quanto mais se viaja para o norte na Inglaterra, maior a altitude. Na Escócia, também, a maior parte das Terras Altas fica no noroeste. Por ser mais fácil construir em terreno plano, essa divisória contribuiu para uma diferença no desenvolvimento da infraestrutura. O noroeste, Yorkshire e o nordeste da Inglaterra incluem lugares que a Revolução Industrial tornou famosos, como Leeds, Sheffield, Manchester, Liverpool e Newcastle. O declínio da manufatura de algodão, da mineração de carvão e da indústria pesada atingiu com força essas regiões. O clima mais ameno do sul, rios mais nivelados, terras propícias à agricultura e a influência da capital são fatores que explicam por que essa parte é mais desenvolvida do que o norte, e por que a Inglaterra, que ocupa pouco mais da metade da massa terrestre do Reino Unido, abriga 84% da população. A maioria dos habitantes da Escócia e de sua indústria está no sul, mais perto da fronteira inglesa, mas no total sua população é bem menor — 5,5 milhões, comparados a 56 milhões na Inglaterra, 3 milhões no País de Gales e pouco menos de 2 milhões na Irlanda do Norte. O sul da Inglaterra é o eixo das viagens ferroviárias e aéreas internacionais e nacionais, por intermédio das grandes estações ferroviárias de Londres e dos aeroportos de Heathrow e Gatwick. Tem também alguns dos portos mais movimentados, e o Eurotúnel. Londres fica no centro do sudeste e no ponto focal do sistema rodoviário da região, que se irradia em todas as direções. A capital abriga o Parlamento do Reino Unido e as sedes de suas maiores empresas, especialmente no setor financeiro. É esse o Estado moderno. Chegar a ele levou muito tempo e custou muito sangue.

Onde começar? O ano de 43 d.C., quando houve a ocupação romana, é uma época tão boa como qualquer outra. Assinala uma ruptura com o que veio antes e claramente influencia o que veio nos séculos seguintes, e sua marca ainda está na terra de muitas formas.

Antes de aparecerem nossos amigos que gostavam de vinho, construíam banheiros e faziam leis do outro lado do canal, a Grã-Bretanha era apenas uma ilha imensa, fria e úmida na periferia de onde a história se passava. E era repleta de tribos selvagens, que não sabiam ler nem escrever e que, em vez de aprenderem alguma coisa, viviam lutando umas contra as outras.

Os romanos tinham uma vaga ideia de quem era aquela gente, que para eles não passava do bando de bárbaros pintados de azul de que Júlio César falara em seus relatos um século antes. Eles sabiam no que estavam se metendo, por isso o imperador Cláudio destacou 40 mil soldados de elite para a invasão. Ia precisar deles. O fictício Asterix, o Gaulês, ficou com todas as manchetes, defendendo um minúsculo pedaço de chão onde agora é a França, mas não se comparava aos bretões celtas.

Décadas se passaram até que a profusão de tribos na metade sul da Inglaterra fosse subjugada; mesmo após vinte anos as legiões de Roma enfrentaram uma formidável rebelião encabeçada por Boadiceia, a rainha dos icenos. Historiadores usam a sintética expressão "Britânia Romana", mas as legiões jamais conquistaram o que hoje é o País de Gales e a Escócia, e isso ajudou a preservar as identidades distintas que ainda existem. As áreas que eles dominaram seguem mais ou menos a divisão entre o leste e o oeste da Inglaterra. Visível também é a disposição de algumas de suas estradas; muitas rodovias da Grã-Bretanha seguem as antigas rotas por eles abertas.

A estrutura da ocupação teve efeitos duradouros — talvez em nenhum outro lugar com tanta força como nas cabeceiras do estuário do rio Tâmisa. Os romanos sabiam que precisavam de um ponto de travessia para ligar os territórios que tomariam ao sul e ao norte. Tinha que ser perto do estuário para comportar seus navios, mas numa seção estreita. Eles descobriram um lugar entre duas pequenas colinas na margem norte, onde o rio se estreitava e havia terra firme dos dois lados. Roma talvez tenha sido construída sobre sete colinas, mas, quando chegaram à Grã-Bretanha pela primeira vez, os romanos só usaram duas, Ludgate Hill e Cornhill, e ao fazê-lo fundaram Londínio — Londres. Eles construíram a primeira "ponte londrina" — uma cabeça de ponte para o que chamavam de "Britânia". A cidade incipiente cresceu; todas as principais estradas romanas se ligavam a ela, e a partir dela bens eram despachados para o império. No fim do primeiro século, a população de Londres era de dezenas de milhares.

Trezentos anos depois, as legiões partiram às pressas para dar atenção a um assunto mais urgente do que uma terra chuvosa: tentar salvar o Império Romano. Com isso, destruíram o sistema econômico que haviam imposto, áreas urbanas foram rapidamente abandonadas e os rudimentos de instrução desapareceram. Apesar do clima, olhos cobiçosos se voltaram para a Grã-Bretanha pós-romana, que logo voltou a se dividir em facções em guerra entre si. Sem a Pax Romana, ela era presa fácil para ondas de invasores. Primeiro vieram os anglos, os saxões e os jutos da Dinamarca e do norte da Germânia. As regiões que eles conquistaram correspondem mais

Reino Unido 133

ou menos às dos romanos: a divisão entre leste e oeste é vista novamente, assim como a feroz resistência das tribos na Escócia, no País de Gales e na Cornualha. O vago contorno das fronteiras da Inglaterra moderna começou a surgir, ao mesmo tempo que um novo nome para a metade sul da ilha: Anglolândia. As línguas celtas desapareciam, substituídas pelo inglês germânico antigo, de onde vem boa parte do inglês moderno.

No ano 600, os anglo-saxões já tinham estabelecido vários reinos, ainda que tribos scotti da Irlanda estivessem invadindo e se fixando no oeste da Escócia, o que explica como o terço norte da Grã-Bretanha recebeu esse nome.

Depois disso... bem, no sul, no começo, foi só um rei atrás do outro. Aparentemente a maioria deles se chamava Eduardo, ou Egberto, ou qualquer outro nome começando com "e", como Etelredo, e todos tiveram dificuldades com vikings invasores. Houve um Alfredo, porém. Ele conseguiu unir os reinos de Wessex e da Mércia, e retomou Londres dos vikings em 886. Então o filho, Eduardo, e a filha, Etelfleda, ampliaram seu território, que passou a abranger a capital dos vikings, York, até a Nortúmbria, e seguiu na direção de Gales. Eduardo era descrito como "rei dos ingleses"; alguns chegavam a dizer "rei da Grã-Bretanha", o que era um tanto exagerado. Na verdade, um exagero de centenas de quilômetros e de anos até que tal coisa se tornasse realidade.

Seguiram-se um Edmundo, um Edredo e até um Eduíno, antes de chegarmos ao rei Edgar, o Pacífico (r. 959-75). Além da atitude, sua contribuição para a história consistiu em estabelecer o sistema de divisão do reino em condados, ou "shires", cujos nomes ainda sobrevivem. Havia, agora, uma Inglaterra reconhecível, com uma cultura distinta e um senso cada vez mais forte de si mesma, enquanto ao norte da fronteira o reino da Escócia também começava a emergir de vários grupos tribais em guerra.

Entram os normandos, e uma data que é, provavelmente, a mais conhecida do Reino Unido: 1606.

Vindo do outro lado do canal, o governante normando Guilherme, o Conquistador, desembarcou na costa meridional, venceu a Batalha de Hastings, marchou para Londres e coroou-se rei. A cidade só se tornaria capital quase um século depois, mas sob Guilherme cresceu rapidamente. Ele construiu a Torre de Londres e estabeleceu a cidade como o canal de comunicação entre os territórios normandos e ingleses.

A invasão foi o momento mais influente da história britânica desde a partida dos romanos. Rompeu os vínculos da Inglaterra com a Escandinávia e a redirecionou para a Europa Ocidental. Palavras francesas começaram a entrar na língua, grandes catedrais foram construídas e castelos apareceram no país todo, com os novos proprietários de terra buscando se proteger da população quase sempre hostil.

A tensão durou décadas, com rebeliões encabeçadas por gente como Edgar, o Atelingo (filho de Eduardo, o Exilado); mas os normandos conseguiram dominar sua nova terra. Guilherme foi seguido pelos Plantageneta, a casa real de origem francesa cujos reis governaram a Inglaterra de 1154 até 1485. Um deles foi o rei João, que, em 1215, numa tentativa de evitar a guerra civil, concordou em reduzir o poder dos monarcas ingleses ao assinar a Magna Carta. A carta é parte da fundação do sistema jurídico moderno. Na época, pouco contribuiu para fortalecer os direitos da gente comum, mas veio a se tornar um documento icônico e símbolo de liberdade ainda invocado no debate político no Reino Unido. Também teve forte influência na Constituição dos Estados Unidos. Lord Denning, um dos juízes mais respeitados da Grã-Bretanha no século xx, descreveu-a como "o maior documento constitucional de todos os tempos".

Ao longo dos séculos seguintes, os ingleses guerrearam contra a Escócia, contra a França e uns contra os outros. Os Plantageneta foram substituídos pelos Tudor em 1485. Seu rei mais conhecido, Henrique viii (r. 1509-47), transformou em lei o que era uma realidade de fato. Os ingleses já controlavam o País de Gales, mas o Tratado de União de Henrique viii declarava que a lei da Inglaterra agora era também a lei do País de Gales e o inglês, a língua das cortes. Como a maior parte das pessoas no País de Gales falava o galês, isso teve vários efeitos: intérpretes passaram a trabalhar com afinco, a língua galesa quase desapareceu nos séculos seguintes, e consolidou-se um legado de ressentimento contra Londres. Foi, apesar disso, mais um passo rumo à criação do Reino Unido.

Reino Unido

A principal razão da fama de Henrique é ele ter tido seis mulheres. Em 1533, seu casamento com Catarina foi anulado, o que lhe permitiu casar com Ana Bolena, com quem teve uma filha chamada Elizabeth. Sua subsequente excomunhão da Igreja católica levou à Reforma inglesa, durante a qual Henrique fundou a Igreja anglicana, fechou oitocentos mosteiros e decidiu que as terras e toda a fortuna deles agora lhe pertenciam.

Sua filha, Elizabeth I (r. 1558-1603), empurrou a Inglaterra com mais firmeza na direção do protestantismo, em meio a muitas intrigas e à oposição de potências católicas na Europa continental e na Escócia. Chegou a executar a rainha escocesa, sua prima Maria, em 1587, por conspirar contra ela. Elizabeth fez a Inglaterra avançar para a grandeza. Foi a era das viagens de descoberta (e pirataria) de Francis Drake e Walter Raleigh, da derrota da Invencível Armada, dos escritos de Shakespeare. Em seguida veio o rei Jaime I da Inglaterra. O problema de Jaime I é que ele também era Jaime VI... da Escócia. Essas Coroas unidas tiveram que padecer a decapitação de um rei (Carlos I), a guerra civil (1642-51), uma ditadura militar (Cromwell) e a restauração da monarquia antes de, finalmente, em 1707, a unificação da Inglaterra e do País de Gales ser alcançada. Essa foi a chave que abriu a porta para o que veio em seguida, porque mudou a geografia da ameaça para os dois países.

Durante séculos, os ingleses entenderam que a Europa continental tinha uma população maior que a sua e podia reunir exércitos capazes de vencê-los. Isso tinha acontecido com os romanos, os vikings e os normandos. A ameaça era mais aguda se uma força dominante pudesse coagir outras a se juntarem a ela, e pior ainda caso se aliasse à Escócia. Isso trazia a possibilidade de um livre desembarque de forças inimigas no extremo norte, ou até mesmo de invasões simultâneas pelo norte e pelo sul.

Disso resultaram múltiplas estratégias. Os ingleses sempre procuraram garantir um equilíbrio de poder na Europa para impedir o surgimento de uma potência dominante, ou, se alguma parecesse prestes a fazê-lo, tomar o partido dos seus adversários. Concomitante ao "equilíbrio externo" havia o desejo de controlar toda a ilha.

O ponto de vista da Escócia era bem diferente. Com uma população pequena e recursos limitados, a Escócia jamais poderia ter esperança de derrotar, ou sequer dominar, a Inglaterra. Em vez disso, para tentar garantir a própria segurança, buscava alianças com inimigos da Inglaterra, notadamente a França.

O primeiro tratado franco-escocês veio já em 1295 e estipulava que, se a Inglaterra invadisse a França, a Escócia invadiria a Inglaterra, abrindo uma guerra em duas frentes. Quando os ingleses souberam disso, imediatamente invadiram a Escócia — o que não deu muito certo. Todos os líderes escoceses e franceses, à exceção de Luís XI, renovaram o acordo, até 1560, quando já era conhecido como a "Velha Aliança" (Auld Alliance). Milhares de soldados escoceses foram despachados para lutar ao lado dos franceses, enquanto a França financiava exércitos escoceses e incentivava incursões à Inglaterra.

Em 1707, no entanto, diversos fatores se juntaram para produzir o Tratado de União. Como as Coroas haviam sido unificadas um século antes, a tensão diminuiu e o comércio entre os dois países cresceu. No século anterior, os ingleses tinham estabelecido colônias e assentamentos na América do Norte, nas Antilhas, na Índia e na África, e já estavam enriquecendo mesmo quando dos primeiros lampejos do que viria a ser a Revolução Industrial. Mas a Escócia não tinha colônias, e durante os anos 1690 sofreu sucessivas frustrações de safras, em consequência das quais milhares de pessoas morreram de fome. Não estava equipada para enfrentar o novo século.

Houve uma tentativa malsucedida de imperialismo escocês. Em 1698, uma frota de cinco navios partiu da Escócia para estabelecer uma colônia no Panamá, financiada por contribuições públicas em meio a uma onda de fervor nacional. No entanto, das centenas de colonos poucos sobreviveram, muitos morrendo de doenças, até que após um cerco da Marinha espanhola, a colônia foi abandonada. Esperava-se que ela trouxesse muita riqueza, possibilitando à Escócia competir com Espanha, Portugal e Inglaterra; em vez disso, trouxe morte e contribuiu para o fim da independência escocesa. Uma referência a esse lamentável episódio pode ser encontrada nos mapas panamenhos atuais: basta procurar Punta Escocés.

Os historiadores divergem quanto aos custos financeiros, mas consta que a Escócia perdeu pelo menos um quinto de sua riqueza nessa catástrofe; alguns dizem que muito mais. Assim, em 1707, uma Escócia empo-

Reino Unido

brecida precisava de acesso aos mercados ultramarinos da Inglaterra em termos favoráveis. A Inglaterra, enquanto isso, ciente de que a população da França era o dobro da sua, precisava de uma garantia estratégica de que a Escócia não procuraria os franceses para renovar a Velha Aliança; no tratado subsequente, a Inglaterra deu à Escócia o dinheiro necessário para pagar suas dívidas, cada parlamento aprovou o Tratado de União, e pela primeira vez na história a ilha tinha um só governo.

Não por acaso os dois séculos seguintes viram a Grã-Bretanha atingir o auge do seu poderio. Enquanto antes os governos da Escócia e da Inglaterra precisavam financiar exércitos permanentes para montar guarda em suas fronteiras, agora o dinheiro podia ser usado para proteger a Grã-Bretanha de invasões a partir da Europa continental e para ampliar o império. Havia uma população maior dentre a qual recrutar militares, e os recursos, a energia e o tempo gastos olhando para dentro poderiam ser direcionados para fora — e fora, para os britânicos, significava o mundo.

O Império Britânico expandiu-se rapidamente, e quanto mais se expandia mais difícil era desafiá-lo. O poderio marítimo era a chave de tudo, e só uma potência rica tinha condições de estruturar uma Marinha com capacidade para controlar as rotas marítimas ou desafiar as Marinhas que o fizessem. A Grã-Bretanha recorreu a suas florestas de carvalho para construir navios capazes de navegar nos oceanos. As árvores forneciam a madeira extremamente dura do tipo exigido quando o inimigo dispunha de balas de canhão, ou quando se assumia o risco de encalhar explorando mundos novos e estranhos que nenhum navio de grande porte alcançara antes. O carvalho também resiste a insetos e à decomposição, e por isso permitia que os navios da Marinha britânica passassem mais tempo no mar que nas docas secas. O HMS *Victory*, de Lord Nelson, e o HMS *Endeavour*, do capitão Cook, eram ambos de carvalho, e a marcha oficial da Marinha Real é intitulada "Heart of Oak", "coração de carvalho". O litoral britânico é muito recortado, o que forma portos de águas profundas e possibilita o comércio oceânico. Para competir com a Grã-Bretanha, qualquer rival precisava de estabilidade e de uma Marinha enorme, além de portos fundos, madeira e tecnologia de ponta.

Os dois principais candidatos, a França e a Espanha, haviam diluído sua riqueza e sua atenção travando contínuas guerras terrestres na Europa. Também se industrializaram mais lentamente do que os britânicos. Já em 1780, havia 20 mil máquinas de fiação de algodão na Grã-Bretanha, e apenas novecentas na França. O tamanho da França e da Espanha, ambas duas vezes maiores do que o Reino Unido, encarecia os custos de transporte. Os britânicos utilizavam o formato estreito da ilha, e seus muitos rios e canais, para movimentar mais facilmente matérias-primas até as cidades, e os produtos finais até os mercados internos e externos. As abundantes reservas carboníferas da Grã-Bretanha ficavam, quase sempre, perto das cidades industriais, e depois que a rede ferroviária começou a se desenvolver, no fim dos anos 1830, o movimento se acelerou.

Em 1801, a Irlanda passou formalmente ao domínio da Grã-Bretanha, nos termos do Tratado de União. A Inglaterra já controlava a Irlanda havia mais de 250 anos, mas a medida criou oficialmente o Reino Unido da Grã-Bretanha e da Irlanda. O Reino Unido tentava não se envolver na maioria das guerras aparentemente intermináveis da Europa, satisfeito em ver seus rivais empenhados em enfraquecer uns aos outros, mas, quando se sentia ameaçado, entrava na briga. O maior desafio veio de Napoleão, que acabaria sendo derrotado graças à política rotineira de aliar-se aos inimigos de qualquer potência continental que se mostrasse mais forte. No caso de Napoleão, era praticamente todo o mundo. Em 1803, ele achou que seria boa ideia usar o dinheiro recebido dos americanos pela venda da Louisiana para financiar uma invasão da Grã-Bretanha. Isso levou a uma mobilização de soldados e civis britânicos em escala jamais vista.

Napoleão era a encarnação do pesadelo britânico. Ele dominava a Europa continental e planejava impor um sistema político, econômico e militar encabeçado pelos franceses, cuja força combinada certamente teria conseguido derrotar a Grã-Bretanha, ou pelo menos impor sua vontade aos britânicos. Mesmo antes da ameaça direta de invasão, Londres via a guerra não como uma escolha, mas uma necessidade.

A geografia tanto do plano de invasão como do plano de defesa tem notável semelhança com a do começo da Segunda Guerra Mundial. Barca-

Reino Unido 139

ças para levar soldados franceses ao outro lado do canal se concentraram ao longo da costa de cada lado de Boulogne. A intenção de Napoleão era desembarcar em Sheerness e Chatham e avançar diretamente para Londres, chegando lá em quatro dias. A maior parte das tropas e da milícia britânicas estava posicionada ao longo do litoral de Kent e Sussex, atrás de uma linha de fortificações recém-construídas; posições de artilharia e fortes ainda podem ser vistos. Mas a invasão foi cancelada, Napoleão teve sua Waterloo, os Exércitos da Europa estavam exaustos, e os britânicos ficaram livres para continuar cuidando do seu império.

A contínua supremacia em poderio naval permitiu o predomínio da força de vontade britânica no mundo inteiro. Cem anos antes, os britânicos tinham capturado Gibraltar, controlando a abertura entre o mar Mediterrâneo e o oceano Atlântico. No século xix, o local era usado como área de concentração na viagem para os portos da costa ocidental da África, com destino final no cabo da Boa Esperança. De lá, bastava subir pela costa leste do continente africano para chegar à joia da coroa — a Índia. Depois disso, a Malásia dava aos britânicos acesso ao estreito de Malaca, a entrada marítima da China. Esse poder geográfico incomparável foi reforçado pela abertura do canal de Suez em 1869; agora os navios britânicos podiam atravessar o canal para chegar à Índia, e o império atingiu seu apogeu.

Era, pelo menos para a Grã-Bretanha, um círculo virtuoso: o acúmulo de riqueza levava ao aumento do poderio militar e político. O Reino Unido driblou a maioria das guerras e revoluções da Europa, mas seu Exército atuava em outros territórios: África do Sul, Birmânia, Crimeia e Índia são alguns dos muitos lugares remotos sobre os quais o público sabia pouco, mas dos quais o país se beneficiava muito. Matérias-primas fluíam para as fábricas britânicas, gerando riqueza para os donos e empregos para os operários.

O poderio marítimo era o que sustentava um império baseado na usual acumulação de poder que é comum a todos os países, mas também os pressupostos racistas do colonialismo. Houve, porém, um ponto brilhante de luz moral no papel da Marinha. Em 1807, tendo desempenhado uma função de destaque no comércio de escravos, a Grã-Bretanha o proibiu. Nas décadas seguintes, a Marinha Real perseguiu incansavelmente traficantes de escravos, libertando cerca de 150 mil pessoas, enquanto o governo pagava subsídios a chefes africanos para convencê-los a desistir da prática. A escravidão continuou sendo "legal" (apesar de nunca ter sido dentro da própria Grã-Bretanha), mas em 1833 foi tornada ilegal em todas as partes do mundo controladas pelo Reino Unido.

Dizia-se que o sol nunca se punha no Império Britânico. Isso, na verdade, ainda é verdadeiro, uma vez que dele ainda restam catorze territórios ultramarinos e há sempre pelo menos um na claridade do dia. Pode ser meia-noite nas Ilhas Cayman, mas ainda é dia nas Ilhas Pitcairn do Pacífico Sul. Apesar disso, todas as coisas boas, e todas as coisas ruins, acabam. O começo do fim para o Império Britânico ocorreu quando duas potências surgiram para confrontá-lo: a Alemanha e os Estados Unidos.

Em 1871, os estados germânicos finalmente se cansaram de lutar uns contra os outros e se unificaram, tornando-se o maior e mais populoso país da Europa Ocidental. Não demorou a ser também o mais dinâmico em termos econômicos, com uma indústria de armamentos à altura e que incluía a construção naval. Pela primeira vez desde Napoleão a Grã-Bretanha viu uma potência capaz de dominar o continente europeu. Enquanto isso, a revolução industrial americana se acelerou, fomentando a produção de bens para competir com os mercados das grandes potências do mundo e o surgimento de uma força marítima de alcance global.

Seguiu-se uma corrida armamentista anglo-alemã, que contribuiu para a montanha de fatores que, olhando em retrospecto, tornaram a Primeira Guerra Mundial inevitável. Foi uma catástrofe para todos os envolvidos. Os livros de história dizem que a Grã-Bretanha ficou do lado vencedor, mas na verdade todos perderam — e de um jeito que levou à Segunda Guerra Mundial. A Grã-Bretanha foi enfraquecida pela guerra, como também uma França vingativa; e a Alemanha continuou a ser o maior país, no qual muita gente se sentia traída tanto por seus líderes na guerra como pelos termos da rendição em 1918.

Vinte e um anos depois, a Europa voltou a balançar à beira do abismo, e nele caiu. Essa guerra superou até mesmo a barbárie da anterior; e também acabou com o poder do Império Britânico.

Em 1940, o Reino Unido estava em posição semelhante à de 1803. Uma potência irresistível tinha forçado as tropas britânicas a uma retirada humilhante em Dunquerque. Em seguida, posicionara suas forças à vista da Inglaterra, com a intenção de invadir. Embora isso nunca tenha acontecido, o plano de ataque e o de defesa oferecem uma ideia fascinante de como a geografia e a economia do Reino Unido estavam entrelaçadas com sua estratégia militar. Na hipótese improvável de uma ameaça parecida hoje, a linha de raciocínio seria mais ou menos a mesma.

Os planos iniciais da Operação Leão-Marinho, da Alemanha, consistiam em partir de Roterdam e Calais e realizar um assalto anfíbio nas costas de Kent e Sussex. Paraquedistas tomariam simultaneamente Brighton e o terreno elevado acima do porto de Dover. Um segundo assalto seria feito a partir de Cherbourg, com desembarque na costa de Dorset/Dover. Com cabeças de ponte estabelecidas, as duas forças se aproximariam de Londres pelo oeste e pelo sudoeste. Um ataque simulado seria lançado para dar a impressão de que a Escócia também seria invadida, atraindo para lá tropas do sul.

Os britânicos não sabiam do plano, mas tinham alguns palpites geográficos bem fundamentados. As linhas de frente eram as praias no sul. Muitos possíveis pontos de desembarque foram minados, casamatas construídas acima deles, e entre esses pontos havia trechos de arame farpado. Atracadouros foram desmantelados e partes do pântano de Romney, inundadas. Era a "crosta litorânea", mas atrás dela ficavam as "linhas de contenção" para proteger a capital, o interior industrial das Midlands e o norte, caso os alemães conseguissem sair de suas cabeças de ponte. Destinavam-se a retardar o inimigo e desviá-lo dos centros industriais. O essencial era deter os tanques alemães, que tinham causado tanta destruição ao longo da Bélgica e da França.

O ponto central da estratégia era a Linha do Quartel-General. Ela se estendia de Bristol até o sul de Londres, dava a volta em torno da capital, seguia para o norte através de Cambridge, das Midlands e das cidades industriais de Yorkshire, como Leeds, e rumava para a Escócia. A linha conectava obstáculos para os tanques, como bosques, rios, canais e aterros de ferrovia. Fios foram instalados nas pontes, para explodi-las se necessário, e aeródromos e postos de gasolina foram preparados para destruição. Centenas de milhares de civis foram evacuados de prováveis zonas de invasão, e, com os que ficaram, formou-se a Guarda Nacional.

Então, o governo britânico mudou de ideia. Em vez disso, o foco seria impedir o desembarque ou um súbito ataque. Naquele verão, a RAF venceu a Batalha da Grã-Bretanha, mantendo o controle dos céus sobre a zona de invasão planejada, e a Marinha Real continuou controlando o mar. Hitler adiou o ataque, e, depois da invasão da Rússia, as Forças Armadas alemãs lutavam em outras partes. Quando um assalto anfíbio veio, quatro anos depois, foi na direção contrária. Os Aliados abriram caminho até a Alemanha, os russos avançaram pelo leste, e mais uma vez uma potência que se mobilizara para dominar a Europa foi derrotada.

Parte do preço que a Grã-Bretanha pagou por isso foi seu império. Não estava de joelhos apenas financeiramente; tinha cedido a maior parte de suas bases para os americanos em troca de navios para lutar. Para Washington, tudo bem; dispunha de muitos navios, e agora de muitas bases. A distribuição de poder tinha chegado ao outro lado do Atlântico e a capacidade de manter um império estava desaparecendo. E agora?

Agora restava encontrar um novo papel. O Plano A jamais funcionaria. Os britânicos talvez achassem que seria possível preservar o império sendo os melhores amigos dos Estados Unidos — mas os americanos não pensavam assim. Jamais morreram de amores pelo Império Britânico, e com uma Guerra Fria para travar não era muito bom que os soviéticos pudessem lembrar aos movimentos revolucionários mundo afora o que era o colonialismo britânico. Assim, o Reino Unido participou de organizações criadas pelos americanos no pós-guerra, como a Otan, mas, quando desembarcou tropas para ocupar o canal de Suez, em 1956, foi bruscamente advertido de que os dias do império haviam acabado. Em meio a uma longa lista de erros de cálculo, eles tinham deixado de contar aos americanos que pretendiam invadir, tomar o canal e anular a decisão do Egito de nacionalizá-lo. O presidente Eisenhower, furioso, providenciou para que eles se retirassem.

Hora do Plano B: continuar sendo os melhores amigos dos Estados Unidos para ter influência, mas agora sem a parte do império. Também não deu muito certo, pelo menos de início. Em 1962, Dean Acheson, conselheiro especial do presidente Kennedy, fez um comentário que ficou famoso: "A Grã-Bretanha perdeu um império, mas ainda não encontrou um papel". Doeu.

O Plano C surgiu das banalidades ditas em seguida no discurso de Acheson:

> A tentativa de desempenhar um papel de potência separada — ou seja, um papel à parte da Europa, um papel baseado numa "relação especial" com os Estados Unidos, um papel baseado na condição de chefe de uma "comunidade" que não tem estrutura política, unidade, ou força [...] esse papel praticamente se esgotou.

Acheson achava que era hora de os britânicos se envolverem com a Europa continental.

O novo papel era meio híbrido — um pé no campo americano, o outro no precursor da União Europeia — e durou mais de quatro décadas. Mesmo quando se decidiu pelo envolvimento com o que viria a ser a União Europeia, a Grã-Bretanha tomou providências para que suas Forças Armadas superassem as de qualquer outro país da Otan, exceto os Estados Unidos. E, o que era igualmente importante, demonstrou a disposição de usá-las caso os americanos fizessem uma visitinha. (O Vietnã foi uma exceção, em virtude da opinião pública britânica e da oposição dentro do Partido Trabalhista, então governante.) Os britânicos também contribuíram com tremendos recursos de inteligência e frequente apoio diplomático aos Estados Unidos. Críticos há muito escarnecem do termo "relação especial" — mas ela existia, sim, e, em grau menor, continua existindo. Isso não significa que os realistas dos dois lados a vissem com sentimentalismo. Qualquer pessoa sensata sabia a) quem, de longe, era o parceiro principal, e b) que os americanos não engoliam a bobagem de que os britânicos eram a Grécia para a Roma deles. Mas era uma relação baseada numa língua, numa história e numa cultura comuns, e, comparada à relação dos Estados Unidos com qualquer outro país europeu, era especial. Assim como era a relação do Reino Unido com a Europa, se bem que de uma forma diferente.

A insegurança dos britânicos quanto a participar da Comunidade Econômica Europeia (CEE) era tão grande quanto a desconfiança dos franceses. Na década de 1960, a França vetou duas vezes a entrada dos britânicos, em ambas as ocasiões sob a liderança do general Charles de Gaulle. Ele queria uma CEE dominada pela França, o que seria mais difícil com a participação do Reino Unido. Também achava que as maneiras dos anglo-saxões eram incompatíveis com "o projeto". Ao vetar o primeiro pedido de adesão da Grã-Bretanha em 1963, afirmou:

> A Inglaterra na verdade é insular, é marítima, está ligada por suas interações, seus mercados e suas linhas de suprimento aos países mais diversos, e com frequência mais distantes; interessa-se essencialmente por atividades industriais e econômicas, e apenas por limitadas atividades agrícolas. Tem, em todas as suas ações, hábitos e tradições muito marcados e muito originais.

De Gaulle achava que mesmo dentro da CEE o Reino Unido continuaria a exercer sua política centenária de formar alianças para contrabalançar uma potência dominante, nesse caso a França. Não queria um país influente dentro do bloco com ideias muito diferentes sobre questões econômicas. A economia britânica era dominada pelas finanças privadas, tendo o Estado um papel secundário; a França era o oposto. De Gaulle também temia que o Reino Unido pudesse servir de cavalo de Troia para que os americanos tivessem olhos e ouvidos dentro da CEE. Estava certo do começo ao fim.

Em 1973 não havia mais De Gaulle, e os britânicos entraram. Mais ou menos. O Reino Unido jamais abraçou o projeto da mesma forma que muitos países-membros. Isso se devia em parte à história antiga, mas também ao passado recente. Apesar de todo o sofrimento e de todas as perdas, o Reino Unido não viveu o horror da Segunda Guerra Mundial como os países continentais, nem possuía fronteiras com esses países. Os mem-

Reino Unido

bros fundadores da CEE acreditavam que essa era a maneira de acabar de uma vez por todas com séculos de guerras, mas a Grã-Bretanha aderiu por um arroubo inicial de medo de perder uma oportunidade econômica, sobretudo nos crescentes mercados da Europa continental. Passou os 43 anos seguintes resistindo à integração plena, evitando adotar várias leis e aliando-se a países menores para contrabalançar o que se tornou a locomotiva franco-alemã da União Europeia. Toda vez que a UE tentava aprofundar vínculos políticos, a Grã-Bretanha apoiava a ampliação dos vínculos econômicos, sempre disposta a ver mais países ingressarem no bloco, para diluir o poder dos maiores. Os britânicos não eram os únicos; vários países-membros desconfiam de uma união mais estreita, e estão satisfeitos com o conceito de um mercado único para trazer prosperidade, mas retendo a soberania fiscal e política que acaso lhes reste.

Para a Grã-Bretanha, o arranjo funcionou por várias décadas, ajudando-a a recuperar a estabilidade econômica sem deixar de se aproximar de Washington. Os americanos se satisfaziam com isso, e o Reino Unido funcionava como nó geopolítico, juntando a Otan, encabeçada pelos americanos, e a União Europeia. No entanto, no século atual, muitos fatores mudaram, e a opinião pública no Reino Unido mudou com eles.

O lançamento do euro foi mais um passo rumo a uma entidade política europeia única. Juntamente com a Suécia e a Dinamarca, a Grã-Bretanha preferiu não adotar a moeda. Os boatos sobre a criação de um Exército europeu sempre causaram inquietação em Londres, ainda que o debate raramente emergisse no discurso público. O que provavelmente teve mais influência na votação do Brexit, em 2016, mais do que a moeda ou o Exército, foi a economia.

A crise financeira de 2008 provocou perguntas sobre os benefícios da globalização e de organizações transnacionais. Para a maioria dos países, além da preservação da paz a vantagem de entrar na União Europeia era trocar soberania por prosperidade. Mas, para muitos britânicos, se a prosperidade não chega, a segunda parte do negócio tem menos valor. Isso causou muita angústia e discórdia no Reino Unido, e o resultado da votação do Brexit continua a dividir a opinião pública de forma virulenta.

As razões do Brexit são mais complicadas do que o esboço apresentado acima, mas a turbulência que se seguiu a 2008 também teve seu papel, juntamente com questões relativas à viabilidade da União Europeia e com o longo histórico da Grã-Bretanha de envolver-se com o continente europeu enquanto, ao mesmo tempo, mantém distância.

Depois do Brexit, estão surgindo novas estratégias, mas elas mudam sempre, porque muitos outros países avançam com cautela à medida que a ordem pós-Segunda Guerra Mundial desaparece.

O movimento instintivo da Grã-Bretanha após 2016 tem sido olhar para os Estados Unidos. Levando em conta que o país ainda mantém seu poder político e econômico, isso faz sentido: mas agora a base lógica para

A visão tradicional do mapa do Reino Unido enfatiza sua separação do resto da Europa, mas um ângulo alternativo oferece uma perspectiva estratégica do Reino Unido em relação aos países europeus mais próximos.

Reino Unido

fazê-lo é diferente da que havia no século xx. Durante a Guerra Fria, firmar grandes acordos comerciais com a Rússia era não apenas politicamente inaceitável, mas de pouco valor econômico. Não é esse o caso com a China do século xxi, que, assim como a União Europeia, é uma das três entidades modernas com colossal poder de compra. Portanto, vai ser necessária uma nova estratégia híbrida, que permita ficar com Washington mas de alguma forma deixar a porta aberta para boas relações políticas e econômicas com Beijing. Será, no eufemismo dos diplomatas do Ministério das Relações Exteriores britânico, "desafiador".

Os Estados Unidos ainda têm interesses significativos numa Europa, num Oriente Médio e numa África estáveis, mas sua virada para o Pacífico é real, e, para atrair a atenção de Washington e garantir acesso a seu mercado consumidor em termos favoráveis, vai ser preciso apoiá-lo nas quatro regiões mencionadas. Os Estados Unidos desejam que todas as nações europeias assumam mais responsabilidade pela defesa da Europa e pela estabilidade das regiões vizinhas, para que eles possam se concentrar no Pacífico. Os custos de manter Forças Armadas capazes de lutar no exterior são imensos, mas farão parte do preço de uma aliança com o país que continua a ser a superpotência global.

O Reino Unido continuará tentando desacelerar, ou de alguma forma até reverter, o longo adeus entre Londres e Washington. Devido às tendências demográficas nos Estados Unidos, a cada ano que passa há menos americanos cujas origens remontam ao Velho Mundo, incluindo a Grã-Bretanha. Os laços emocionais que unem os dois países estão se afrouxando ao mesmo tempo que as prioridades geopolíticas dos Estados Unidos mudam e eles se concentram na região do Pacífico. Houve sinais disso na presidência de Obama. Se quiser continuar significando alguma coisa para os Estados Unidos, o Reino Unido vai precisar desempenhar um papel coadjuvante nas grandiosas estratégias da superpotência, ora em termos econômicos, ora em termos diplomáticos, ora em termos militares. Como vimos no Iraque, isso nem sempre dá muito certo. Para fazer uma analogia com o jogo de xadrez, o rei ainda será os Estados Unidos, e a rainha, a política externa americana, movimentando-se no tabuleiro. A Grã-Bretanha pode ser o cavalo, capaz de movimentos próprios, mas suas grandes decisões terão que levar em conta o rei e a rainha, para ver como elas se encaixam no jogo estratégico dos Estados Unidos. As lições da crise de Suez em 1956 mostraram que Washington está preparado para sacrificar um aliado. No entanto, esse é um acontecimento extremamente raro, e a Grã-Bretanha tem uma vantagem intrínseca para continuar sendo protagonista — a geografia e a política dos últimos três séculos seguem relevantes. O Reino Unido é membro da Aliança Cinco Olhos, a rede de compartilhamento de informações de inteligência que conta ainda com Estados Unidos, Canadá, Austrália e Nova Zelândia. Não há nada parecido em lugar algum, em termos de alcance e capacidades, e ela dá a cada membro acesso sem precedentes a informações essenciais para a tomada de decisões.

Como parte de uma política econômica mais vasta, o Reino Unido gostaria de ampliar a Aliança Cinco Olhos, transformando-a numa parceria comercial pouco rígida e propiciando a condução de negócios em termos favoráveis. Alguns entusiastas britânicos veem nisso uma alternativa à União Europeia. O problema dessa ideia é a distância. Coletivamente, a Aliança Cinco Olhos pode ter uma população maior e uma economia mais dinâmica, mas não fica a 33 quilômetros da costa sul da Grã-Bretanha. Apesar disso, há elementos nessa ideia capazes de atrair todos os envolvidos, como mercados garantidos, compromisso com boas práticas comerciais e negócios com países situados no lado mais limpo do ranking da corrupção.

O Reino Unido agora está livre para buscar acordos individuais de comércio com qualquer país, e lugares como o Japão já mostraram que é possível fazê-lo sozinho. O Reino Unido chegou a um acordo com a União Europeia no fim de 2021 e negocia com ela como um bloco único; além disso, concluiu dezenas de outros acordos, por exemplo com o México e o Canadá. Mas está em desvantagem em relação à China, aos Estados Unidos e à União Europeia. Pode até ser a segunda maior economia da Europa, mas continuará muito menor do que os três gigantes econômicos do século XXI, lutando com eles para arrancar mais concessões econômicas em acordos comerciais sem fazer concessões políticas substanciais em troca. O que vem a seguir são apenas modelos teóricos, mas a UE poderia, por

Reino Unido

exemplo, vincular futuros acordos com o Reino Unido ao seu compromisso de aceitar o status de "associado" num Exército da União, enquanto os Estados Unidos podem insistir para que fique fora. A China, que como se sabe é totalmente contrária à independência tibetana, provavelmente suspenderia um acordo com o Reino Unido se um primeiro-ministro britânico convidasse o Dalai Lama para tomar chá com biscoitos em Downing Street. David Cameron fez exatamente isso em 2012, e no ano seguinte, em abril, enquanto preparava uma visita a Beijing, descobriu que nenhum líder importante teria tempo livre para um encontro com ele. A visita foi cancelada, Downing Street anunciou que tinha "virado a página" em suas relações com o Dalai Lama e — adivinhem — Cameron foi a Beijing em novembro para permitir que a China investisse em usinas nucleares na Grã-Bretanha.

Politicamente, Londres agora tem muito menos influência dentro da União Europeia; isso não quer dizer, porém, que não tenha amigos individuais entre os países. Um deles é provavelmente a Polônia, que parece destinada a "liderar" a Europa Oriental, e compartilha com os britânicos algumas opiniões sobre o valor da União Europeia e da Otan, como as de que a UE deveria ser estruturada para restringir a Alemanha dentro de um bloco comercial bem-sucedido, mas sem se tornar uma entidade única, e a Otan precisa assegurar que os russos não avancem para oeste. Quando o Reino Unido era membro da União, os dois países com frequência votavam a favor ou contra as mesmas políticas; essa visão de mundo compartilhada não mudou só porque um deles não está mais no bloco.

A Polônia não é o único aliado que pode ser uma boa opção para a Grã-Bretanha pós-Brexit. A União Europeia não é a Europa, e a Europa não é a União Europeia. No front militar e político, há um forte argumento a ser apresentado em defesa de relações mais estreitas não só com a Polônia, mas também com a França.

O Reino Unido e a França são, sem sombra de dúvida, as duas principais forças militares da Europa. Ambos se preocupam com as atividades russas em muitos fronts, e estão atentos à instabilidade das regiões do Sahel e do Saara, no Norte da África, e ao efeito dominó do movimento em massa de pessoas para o norte. Já compartilham uma Política Comum de Segurança e Defesa, na qual o Reino Unido está disposto a investir, desde que ela não enfraqueça a Otan. Há muitos exemplos de trabalho militar conjunto da França e do Reino Unido fora dos sistemas da União Europeia e da Otan. Os dois se envolveram na Líbia e continuam ativos na Síria, e recentemente o Reino Unido se mobilizou para apoiar os 6 mil soldados franceses no Sahel.

Existe ainda o bem estabelecido formato E3, no qual Alemanha, França e Reino Unido trabalham juntos diplomaticamente para alcançar objetivos comuns, sendo o exemplo mais notável o acordo nuclear iraniano. Olhando para o norte, é do interesse do Reino Unido, da Noruega, da Dinamarca, da Finlândia, da Islândia e da Suécia cooperarem em muitas questões. Desses seis países, apenas três são da União Europeia — um lembrete de que o Reino Unido pode construir blocos de poder fora da UE. Se países que são membros tanto da União Europeia quanto da Otan não assumirem uma atitude robusta com relação ao que é percebido como uma agressão russa, os países bálticos, a Polônia, a Romênia e, em grau menor, os países nórdicos agradecerão o apoio do Reino Unido. Na última década, o pensamento "pós-atlanticista" surgido em Berlim e em Paris tem deixado muitos vizinhos nervosos. A declaração do presidente Macron de que a Otan tivera "morte cerebral" não ajudou a fortalecer a crença na aliança, e provocou um debate quanto à Europa precisar ou não se dissociar dos Estados Unidos em seu pensamento de defesa e em vez disso investir na formação de Forças Armadas potentes. Devido à relutância da maioria dos países europeus em gastar com defesa, e à sua incapacidade de tomar decisões rápidas, essa conversa preocupa países da União Europeia e da Otan a leste de Berlim.

A Grã-Bretanha fica ao largo da costa da Europa, observando cuidadosamente e avaliando opções. Não é do seu interesse ver a UE se desintegrar. Uma União Europeia forte ajuda a manter um mercado próspero para os bens do Reino Unido e a estabilidade no continente. Desmontar os princípios liberais e jurídicos de países que foram ditaduras na história recente seria um incentivo à volta de tais períodos. Não faz muito tempo,

Grécia, Portugal, Espanha, Polônia, Hungria, Croácia, partes da Alemanha e vários outros países eram governados por ditadores. Se a União Europeia fracassar, a Grã-Bretanha pode tentar forjar o novo equilíbrio de poder que irá surgir. Se a União Europeia der certo, a Grã-Bretanha trabalhará com ela, embora meio de longe. Em 2018, Bruxelas negou ao Reino Unido acesso às partes protegidas do seu sistema de navegação por satélite Galileo, construído para rivalizar com o GPS dos Estados Unidos. Isso obrigou Londres a buscar alternativas para alcançar "autonomia estratégica" no setor de satélites, coisa que ainda não conseguiu.

As oportunidades e os desafios para a Grã-Bretanha vão aparecer, mudando conforme os países se ajustam ao mundo multipolar pós-Guerra Fria, e veremos se a Grã-Bretanha finalmente deixou para trás os tempos do império e se preparou para tirar proveito dessas mudanças.

O Reino Unido continua sendo uma das mais importantes potências do segundo escalão, em termos econômicos, políticos e militares. Mantém seu lugar entre os cinco membros permanentes da ONU e é um parceiro sênior da Otan, do G7 e da Commonwealth. Londres é uma locomotiva financeira global; se fosse um país, seria a vigésima maior economia do mundo, maior do que a Argentina. É a capital de um país que continua a ser líder em poder de persuasão, com uma produção cultural impressionante que atrai as atenções do mundo inteiro.

Isso em parte se deve ao inglês, que é falado como primeira língua por mais de 500 milhões de pessoas no mundo, e como segunda por 1 bilhão, e que continua a ser o principal idioma do comércio e dos contratos jurídicos internacionais. O sistema de educação superior do Reino Unido segue atraindo alguns dos estudantes mais brilhantes (e mais ricos). A Grã-Bretanha tem três das dez melhores universidades do mundo — Oxford, Cambridge e o Imperial College London. Isso contribui para a riqueza do país e para o seu futuro poder de persuasão, pois muitos estrangeiros ali formados assumem altos cargos políticos quando voltam para seus países de origem.

A influência da BBC diminuiu, mas as produções britânicas ainda são vistas e ouvidas no mundo inteiro. Muitos dos velhos grupos de jornalismo impresso do Reino Unido, como *The Economist*, *The Guardian* e *Daily Mail*, agora têm audiência global, com os dois últimos conquistando um grande número de seguidores nos Estados Unidos.

O esporte continua a ser uma fonte de receita, especialmente a Premier League, assim como a indústria musical e, apesar da covid-19, o turismo. As pessoas ainda chegam aos bandos, fascinadas umas pela instituição da monarquia, outras por um trono diferente: um relatório da diretoria de turismo da Irlanda do Norte afirma que, em 2019, 350 mil pessoas visitaram as montanhas de Mourne, Cairncastle e outras locações onde foi filmada boa parte da série *Game of Thrones*.

Esse nível de poder e influência depende, em parte, de uma economia forte, e mantendo-a o Reino Unido continuará a ser uma potência política e militar do segundo escalão. Até que ponto, vai depender de suas escolhas.

O Reino Unido enfrenta muitos desafios. Tem divisões políticas de um tipo ao qual o público não está habituado, e busca um papel diplomático e militar definido com clareza. Dos papéis possíveis, o mais fácil de avaliar é a defesa do reino, muito embora, como veremos, isso possa mudar com a independência escocesa. Nos anos 1720, as vantagens do Tratado de União juntando a Escócia e a Inglaterra começaram a mostrar seus efeitos. Os anos 2020 podem vir a ser uma nova era para a Grã-Bretanha, mas sua geografia não mudou.

Não existe, no momento, nenhuma ameaça militar direta ao Reino Unido. A Rússia talvez não seja amistosa, mas suas tropas não estão prestes a atravessar a Grande Planície Europeia e chegar à costa ocidental da Europa. A Alemanha e a França são aliadas, e provavelmente vão continuar assim no futuro próximo. Na verdade, como vimos, há uma situação hipotética na qual a França se torna o mais forte aliado da Grã-Bretanha na Europa.

Ainda que uma ameaça surja no horizonte, a geografia atual do Reino Unido lhe é, por ora, favorável, como tem sido nos últimos trezentos anos, desde que a Inglaterra e a Escócia se uniram. A lista de países potencialmente hostis capazes de lançar uma invasão em território britânico é curta: a China e, com alguma dificuldade, a Rússia. De resto, se não contar com uma frota de porta-aviões, o inimigo precisaria dispor de bases perto do Reino Unido a fim de garantir superioridade aérea; teria que invadir países vizinhos, ou tomá-los lentamente, ao longo de determinado período. Durante esse período, as defesas do Reino Unido seriam aprimoradas, como aconteceria naturalmente se um país vizinho aos poucos se convertesse em inimigo. De qualquer maneira, para desembarcar forças no Reino Unido seria necessário derrotar duzentas aeronaves de combate, além da Marinha Real.

A Marinha encolheu consideravelmente, mas ainda é uma armada formidável, com dois porta-aviões novos e seis destróieres que estão entre os mais avançados do mundo. Para chegar ao Reino Unido seria preciso primeiro passar por eles. Em sua frota de submarinos há quatro embarcações da classe Vanguard armadas com mísseis nucleares. Pelo menos uma delas está sempre no mar, e muito bem escondida. Num assalto anfíbio, a vantagem geralmente é do defensor, e, mesmo que conseguisse desembarcar, o inimigo ainda precisaria assumir o controle de toda a ilha — coisa que os romanos, os vikings e os normandos jamais conseguiram de fato.

É uma situação que exige monitoramento constante, mas que não chega a tirar o sono dos chefes da Defesa. O que perturba seu sono é a possibilidade de uma ação terrorista de maiores proporções, ameaças nucleares, ameaças cibernéticas — e uma Escócia agitada.

O que acontece se a Escócia se tornar independente? E se ela levar consigo, como levará, sua cota dos caças, dos helicópteros, dos tanques e dos navios do Reino Unido? A coisa pode ficar ainda mais complicada. E se a Escócia insistir, como insistirá, para que a Marinha Real remova da base de Faslane, na costa oeste escocesa, seus submarinos munidos de armas nucleares e feche a base de armazenamento e reparos de Coulport? Faslane é uma base perfeita para submarinos: tem águas profundas e acesso rápido ao Atlântico Norte, de onde é possível subir para o passo de GIUK (Groenlândia, Islândia, Reino Unido), a antiga "zona de combate" da Guerra Fria, na eventualidade de um ataque naval soviético, ou contornar o mar do Norte, descendo diretamente para o canal da Mancha. Mas não se trata apenas de Faslane; as perguntas continuam: e a filiação à Otan? E as bases aéreas no extremo norte? E a Aliança Cinco Olhos? E por aí vai.

A divisão de tanques, navios etc. é relativamente fácil. Seria resolvida levando em conta população, economia e necessidades. Já Faslane é a porta para uma complicação totalmente diferente. A Marinha Real não pode apenas ligar os motores e partir. Para onde iriam os submarinos? De um golpe o Reino Unido perderia seu dissuasor nuclear "em contínua navegação". Replicar a base levaria anos e consumiria bilhões de libras. O Ministério da Defesa britânico planejou situações hipotéticas para essa eventualidade, mas não a sério. Em testemunho ao Parlamento em 2013, o contra-almirante Martin Alabastes afirmou: "Seria muito difícil — na verdade quase 'inconcebível' — recriar as instalações necessárias para montar um dissuasor estratégico, sem o uso de Faslane e Coulport, em qualquer outro lugar do Reino Unido". A perda das bases aéreas de Lossiemouth e Leuchars seria uma dor de cabeça para a RAF. A maior parte das frequentes interceptações de aeronaves russas que voam em direção ao Reino Unido para testar suas defesas ocorre no espaço aéreo do norte da Escócia. Negociações sobre direitos de bases temporárias exigiriam imensas concessões do que restasse do Reino Unido e provocariam muita raiva dos dois lados da fronteira.

O pedido escocês de adesão à Otan levaria anos, e seria dificultado pela atitude do governo de Edimburgo na questão das armas nucleares. A Otan exigiria garantias de que navios movidos a energia nuclear, possivelmente munidos de armas nucleares, tivessem acesso a portos da Escócia. Quanto à Aliança Cinco Olhos, trata-se de uma relação em que todos dão, e uma incipiente operação escocesa de coleta de informações de inteligência não estaria em posição de oferecer muita coisa em troca do que recebesse, sendo pouco provável que viesse a ser convidada a participar. A Escócia teria suas próprias Forças Armadas, claro, e é provável que houvesse certo grau de cooperação com o Reino Unido; mas, independentemente de como fosse cortada, a ilha não contaria mais com os benefícios estratégicos e geopolíticos de ser uma entidade única.

Em suma, o Reino Unido (nome e bandeira a serem escolhidos) perderia 9% de sua população, 32% de sua massa terrestre e mais de 18 mil quilômetros de litoral (números do governo escocês). Sofreria ameaças à sua segurança: sua capacidade militar ficaria reduzida e haveria um intervalo mais curto para seus sistemas de alerta, pois parte deles teria de ser removida da Escócia, que fica mais perto da ameaça potencial de jatos russos vindos pelo mar da Noruega. O dissuasor nuclear do Reino Unido, na forma de submarinos, poderia ficar estacionado nos Estados Unidos enquanto outro porto fosse construído, mas os chefes das Forças Armadas não gostam nem um pouco desse tipo de dor de cabeça logística. Sobre a necessidade de um dissuasor, seus partidários citam a ameaça potencial da Rússia, da Coreia do Norte e do Irã. A perspectiva de mísseis iranianos com ogivas nucleares viajando na direção de Londres parece altamente improvável, mas não é assim que as estratégias de Estado funcionam. Os tempos mudam: em 1932, a República de Weimar na Alemanha estava de joelhos, e suas Forças Armadas restringidas pelo Tratado de Versalhes. Nove anos depois, a Alemanha nazista estava às portas de Moscou.

A independência escocesa pode não ser o fim da fragmentação. Aceleraria na Irlanda do Norte a tendência a pensar na unificação com a República da Irlanda como uma boa ideia, algo que já vem ocorrendo lentamente. A República da Irlanda foi criada em 1922 após uma forte campanha de violência, constituindo um dos primeiros exemplos do rugido de agonia do Império Britânico.

Essas modernas possibilidades de independência estão diretamente ligadas ao Brexit. O referendo sobre a independência escocesa de 2014 teve 55% dos votos a favor da permanência no Reino Unido, mas isso quando o Reino Unido ainda integrava a União Europeia. No referendo do Brexit, o apoio à União Europeia foi consideravelmente mais alto na Escócia e na Irlanda do Norte do que na Inglaterra. Um jeito de permanecer nessa união é sair da outra.

Não se trata de um argumento a favor ou contra a independência escocesa, nem nos interessam agora os argumentos econômicos a favor ou contra; mas é possível argumentar que, se a Escócia se tornar independente, os danos ao prestígio internacional do Reino Unido serão maiores que os causados por sua saída da União Europeia. A Rússia seria o país mais satisfeito com a ruptura, que enfraqueceria militarmente uma das duas principais potências da Europa. Poucos outros países aplaudiriam, mas Paris e Berlim registrariam o reduzido poder econômico do país que tradicionalmente sempre atrapalhou os planos de criação de uma força unificada no continente.

Por ora tudo não passa de especulação, mas são essas algumas das escolhas que o Reino Unido tem diante de si no momento. Não vai ser fácil, e a Grã-Bretanha não deixará de ser desafiada quando, mais uma vez, se lançar nas grandes rotas marítimas do mundo.

Em 1902, o mais famoso analista geopolítico do Reino Unido, Sir Halford Mackinder, escreveu: "Há grandes consequências na simples declaração de que a Grã-Bretanha é um grupo de ilhas, localizado num oceano mas ao largo da costa do grande continente; e de que as costas opostas são muito recortadas".

Há quem não goste dos escritos de Mackinder, um imperialista preocupado com a importância da geografia na estratégia. Mas ele era também um partidário da democracia e da Liga das Nações, para ajudar a reduzir a tensão entre as grandes potências, e ficou horrorizado com o avanço do nazismo, embora, inadvertidamente, tenha influenciado o pensamento de seus líderes. O abuso de suas ideias não significa que a citação acima esteja errada. A realidade de ser uma ilha ao largo da costa de um continente não mudou; o litoral de ambos é muito recortado, propiciando portos de águas profundas que permitem o comércio oceânico. A maneira certa de olhar a obra de Mackinder é aceitar as realidades geográficas sem procurar nelas qualquer coisa que justifique a agressão.

Dois séculos e meio após a Guerra de Independência dos Estados Unidos, os britânicos estão chegando de novo — a todos os lugares que puderem. Pós-império e pós-Brexit, eles tentarão chegar como amigos e iguais. Não será sempre amistoso, nem igual.

CAPÍTULO 5

GRÉCIA

Haja luz! Disse a Liberdade,
E como o sol no mar Atenas surgiu!
PERCY BYSSHE SHELLEY, "Hellas"

Escópia
BULG
MACEDÔNIA
DO NORTE
Montanhas
Tirana
ALBÂNIA
STRUMA
ÁXIO
Macedônia
Tessalônica
Sa
Calcídica
Lemn
Corfu
Cordilheira de Pindo
Ma
Tessália
Ilhas Jônicas
Paxos
Espórades
Ege
GRÉCIA
Es
Lêucade
Mar
Jônico
Cefalônia
Ítaca
Eubeia
Atenas
Zaquintos
Ceos
Citnos
Siro
Peloponeso
Hidra
Cícl
Sérifos
Pa
Sífnos
Milos
Cítera
Anticítera
Mar
100 milhas
100 km
Cr
Mar Medit
Gavdos

Mar Negro

Estreito de Bósforo

Istambul

Mar de
Mármara

TURQUIA

Anatólia

Izmir

Samos

Ilhas do Dodecaneso

Patmos

Leros

Calimnos

Cós

Nisiros

Simi

Tilos

Rodes

Castelorizo

Cárpatos

Casos

râneo

Verão no Mediterrâneo oriental, ou talvez no Egeu? Parece ótimo, mas nos últimos anos ficou quente demais.

Após décadas de relativa calma, a região volta a ser um front de instabilidade geopolítica. A descoberta de campos de gás submarinos fundiu velhos e novos conflitos centrados nas relações entre Grécia e Turquia, dessa vez envolvendo também muitos outros países. Aquelas águas já eram motivo de disputa entre gregos e turcos antes da descoberta de gás, que apenas acrescentou uma nova toxicidade.

A Grécia ocupa um lugar especial no coração de muitos estudantes de geopolítica. É o lugar que deu nascimento ao estudo da disciplina, cujo pai no cânone ocidental é Tucídides (*c.* 460-400 a.C.), autor da *História da Guerra do Peloponeso*, que inspirou estudiosos de relações internacionais ao longo dos séculos. Sua obra ainda hoje é usada quando se discutem tópicos do noticiário internacional (a expressão "armadilha de Tucídides", aplicada de início ao crescente poder ateniense e ao temor causado em Esparta, agora se refere à ascensão da China e às emoções que isso desperta nos Estados Unidos).

Tucídides sabia então o que até hoje é verdadeiro: as montanhas ao norte da Grécia continental tornam o comércio naquela direção muito difícil, mas servem como barreira contra ameaças por terra. No entanto, para se sentir segura e progredir, a Grécia precisa ser uma potência marítima no mar Egeu. Esses dois fatores — montanha e água — são essenciais para a compreensão do passado, do presente e do futuro da Grécia.

A Atenas moderna é a capital de um país que inclui mais de 6 mil ilhas. Nenhum ponto da Grécia está a mais de cem quilômetros da água. A

Grécia fica na ponta sudeste dos Bálcãs; ao norte estão as fronteiras com a Albânia, a Macedônia e a Bulgária, e a nordeste a fronteira com a Turquia. Ao todo, são 1180 quilômetros de fronteira terrestre, mas a maior parte da extensão da fronteira da Grécia é marítima.

Cercando a Grécia continental estão os mares Jônico, Egeu e Mediterrâneo. O Egeu situa-se entre a Grécia continental e a Turquia, levando, através do mar de Mármara, ao estreito de Bósforo, e também ao mar Negro, onde a Rússia é a potência dominante. O Egeu, portanto, é crucial para a segurança grega, mas também para a Turquia, a Otan, os americanos e os russos. Sua maior ilha é Creta, que é grega. É no Egeu também que ficam as ilhas do Dodecaneso, inclusive Rodes, perto da costa turca. É por causa da localização dessas ilhas que o mar é conhecido também como "lago grego". Pelas leis marítimas internacionais, um país possui duzentas milhas náuticas de zona econômica exclusiva a partir de sua costa (compartilhadas se houver outro país num raio de duzentas milhas náuticas). Assim, as águas ao redor de ilhas como Creta, Rodes e Lesbos pertencem à Grécia, o que significa que a maior parte do Egeu é território grego — fato que a Turquia não aceita.

As outras ilhas importantes ficam a noroeste, no mar Jônico, que faz fronteira com a Itália e a Albânia. Incluem Corfu e Paxos. A sudeste de Creta fica o Mediterrâneo oriental, que faz fronteira com Turquia, Síria, Líbano, Israel, Egito e Líbia e abriga também Chipre, república insular com a qual a Grécia tem relações especiais, e que é parcialmente ocupada pela Turquia.

Na Antiguidade, esses mares juntavam todo o mundo conhecido, conectando civilizações e possibilitando ao comércio trazer novas ideias, riquezas e conflitos. Hoje eles obrigam a Grécia a ficar de olho tanto no Oriente Médio e no Norte da África quanto na Europa. Desde os tempos da Grécia Antiga, a geografia restringiu a Grécia e ao mesmo tempo fez dela objeto do jogo das grandes potências. No extremo sudeste da Europa, e de frente para seu maior vizinho e rival, que está do outro lado do Egeu, a Grécia hoje se encontra na encruzilhada da União Europeia, da Rússia, da Otan, da turbulência no Oriente Médio e da crise das migrações.

Grécia

Reza a lenda que o país foi criado quando Deus estava distribuindo terras para o mundo numa peneira, que se presume bem larga. Concluída a obra, ele aproveitou uma sobra de pedras e rochas para construir a Grécia. Esse brilhante trabalho artesanal é visível quando nos aproximamos da Grécia continental praticamente por qualquer lado: à exceção de algumas poucas planícies costeiras, quase sempre as montanhas despontam diretamente da água. Quatro quintos da República Helênica são montanhosos, com picos irregulares e cânions espetacularmente profundos. O núcleo da parte continental é a cordilheira de Pindo, que desce das fronteiras da Albânia e da Macedônia do Norte. No ponto mais largo, de leste a oeste, tem oitenta quilômetros, com algumas partes intransponíveis. Apresenta picos rochosos com declives extremos, onde talvez seja possível ganhar a vida pastoreando cabras, mas não praticando agricultura em larga escala. No lado leste da cordilheira, perto da costa, nas regiões da Macedônia grega e da Tessália, há planícies estreitas e férteis capazes de sustentar agricultura intensiva. Não por acaso o lugar que tem condições de fornecer alimento suficiente para manter uma grande população é a mesma região que produziu o império de Alexandre, o Grande. No entanto, a maior parte do território grego é montanhosa, coberta de florestas, ou tem solo pobre.

Quando se formaram, as cidades-Estados da Grécia Antiga ficaram limitadas pelos montes que tinham atrás de si, que lhes davam pouco espaço para crescer e menos ainda para o tipo de agricultura em larga escala necessário para sustentar grandes populações. Os centros de desenvolvimento da Antiguidade não eram bem conectados, o que atrapalhava o comércio interno, as comunicações e o crescimento populacional, dificultando o controle central. É em parte por isso que até hoje, apesar de unificadas politicamente, as regiões têm características distintas.

Essa limitação de espaço para a agricultura em larga escala explica por que hoje em dia apenas cerca de 4% do PIB do país vêm da agricultura, e será difícil ampliá-la nas planícies estreitas, o que significa que a Grécia importa significativamente mais alimentos do que exporta. Mesmo hoje, construir rodovias e ferrovias entre regiões terrestres é complicado. Há também uma falta de boas rotas fluviais para os Bálcãs e outros países da

União Europeia. O rio Áxio, por exemplo, desce da Macedônia do Norte para a Grécia antes de desaguar no Egeu, mas sua profundidade máxima é de apenas quatro metros, o que não é nada propício ao transporte fluvial. A história se repete com relação ao rio Struma, que corre para o sul a partir da Bulgária.

Por outro lado, como muitos invasores antigos e modernos descobriram, esse mesmo terreno torna a Grécia difícil de penetrar. Trata-se de uma distorção do conceito tradicional de profundidade estratégica. Em termos clássicos, esta diz respeito à distância entre um exército invasor e os principais centros vitais do país, como suas áreas industriais. Quanto maior a distância, maiores as chances de defesa do país. Um dos melhores exemplos é a Rússia: não só uma força invasora precisa percorrer longas distâncias para chegar ao centro vital, como a Rússia é tão profunda que, em casos extremos, as forças de defesa podem recuar por grandes distâncias.

A Grécia não conta com esse luxo, mas sua vantagem especial é que as forças de defesa podem recuar para o terreno elevado e continuar lutando. Isso, é claro, se as forças invasoras conseguirem chegar aos centros de gravidade. Para eliminar essa possibilidade, a Grécia recorre não apenas às suas defesas naturais no norte, mas também ao mar.

Foi o terreno inóspito da península que fez dos gregos marujos habilidosos. O comércio por terra no continente era (e é) difícil, por isso os comerciantes se lançavam à água para vender seus produtos ao longo da costa. Por conta dessa geografia, conforme a Grécia emergiu, dependente do comércio marítimo, as rotas comerciais tiveram que ser defendidas, o que exigiu uma Marinha; ainda exige.

Foi nesse cenário que surgiu a cidade-Estado de Atenas. De todas as cidades-Estados gregas, Atenas é aquela que, para muitos, é sinônimo da Grécia Antiga, que se desenvolveu e se tornou a mais avançada civilização do mundo ocidental. A cidade se estendeu em volta do terreno alto onde hoje fica a Acrópole. O lugar foi escolhido porque era uma posição defensável, com vistas panorâmicas das planícies circundantes que levam ao Egeu, a cerca de seis quilômetros e meio de distância; na verdade, a palavra "acrópole" significa "cidade alta". Foi estabelecida por volta de 4000 a.C.;

Grécia

a parte principal da cidade na Acrópole e em torno dela, incluindo um palácio, foi erguida por volta de 1500 a.C.; e há provas da existência de uma muralha defensiva datada de mais ou menos 1200 a.C.

Terreno elevado, acesso ao mar e a determinação de ser uma potência naval davam a Atenas uma vantagem sobre cidades-Estados parecidas, como Esparta. No século VI a.C., ela era uma potência regional, mas não resistiu ao ataque violento de um inimigo muito superior: a Pérsia.

Em 480 a.C., os persas desembarcaram um imenso exército a 135 quilômetros de Atenas. Dezenas de milhares de soldados avançaram algumas centenas de metros por um estreito caminho costeiro, acreditando que essa era a única maneira de chegar ao interior e conquistar a Grécia. O que veio em seguida, a Batalha das Termópilas, tornou-se um dos confrontos mais famosos da Antiguidade, e saiu dos livros de história para se tornar um megassucesso de Hollywood: o filme *300*.

Soldados gregos de uma aliança encabeçada por Esparta, sob o comando do rei Leônidas, chegaram ao passo para bloquear o avanço persa. Os gregos, em inferioridade numérica, infligiram baixas colossais aos persas, até que os inimigos encontraram uma trilha de pastores, a qual usaram para começar a se infiltrar atrás das linhas gregas. Leônidas ordenou uma retirada antes de organizar a famosa resistência final de trezentos soldados. Na realidade, havia provavelmente cerca de 2 mil defensores, entre os quais trezentos espartanos, mas "cerca de 2 mil" não dá um bom título de filme.

Dessa batalha resultou a ocupação, mas no ano seguinte os persas foram derrotados. Então os atenienses perceberam que seria possível tornar a cidade inexpugnável se estendessem suas muralhas num corredor de duzentos metros de largura até o porto do Pireu, a seis quilômetros e meio de distância. Com isso, e mais uma forte presença naval, Atenas poderia ser abastecida mesmo quando sitiada. A chave de tudo, no entanto, era o poderio marítimo, lição que os gregos jamais esqueceram.

Do fim das Guerras Persas (449 a.C.) até o início das Guerras do Peloponeso (431 a.C.), Atenas foi a principal potência grega, sobretudo em capital intelectual, e produziu ideias e indivíduos cuja influência se mantém há mais de 2500 anos. Foi um momento eletrizante da civilização humana, no qual educação, arquitetura, ciência, debate, artes e experimentos em democracia foram praticados durante uma época de paz e prosperidade. O autor Eric Weiner aponta, em seu livro *Onde nascem os gênios*, que "havia cidades-Estados gregas maiores (Siracusa), mais ricas (Corinto) e mais poderosas (Esparta). [...] Mas Atenas produziu mais mentes brilhantes — de Sócrates a Aristóteles — do que qualquer outro lugar do mundo, antes ou depois".

Os atenienses adoravam se aventurar no exterior para aprender com outras culturas. Como disse o filósofo Platão, numa frase indelicada: "Os gregos aperfeiçoam o que tomam dos estrangeiros". E o que eles aperfeiçoaram nos deu muita coisa, por exemplo Hipódamo, o pai do planejamento urbano; grandes filósofos como Aristóteles; na medicina, Hipócrates; na matemática, Pitágoras; e a primeira mulher matemática de que se tem notícia, Hipátia. Estima-se que 150 mil palavras inglesas derivam do grego, e podemos também agradecer à Antiguidade grega o termo *hippopotomonstrosesquipedalian*, relativo a palavras longas.

As Guerras do Peloponeso, travadas entre Atenas e Esparta ao longo de três décadas, trouxeram sofrimento mas acabaram dando a Atenas o controle de grandes áreas, incluindo parte da costa ocidental da Anatólia, do outro lado do Egeu, no que hoje é a Turquia. Isso se mostraria uma fonte de atritos e conflitos através dos séculos e continua sendo a base da disputa. Um século depois, Atenas estava novamente em guerra com um vizinho, dessa vez Filipe II da Macedônia, que acabou unindo a Grécia sob liderança macedônia. As cidades-Estados viam a Macedônia como uma região atrasada, mas dona de algo que elas não tinham: terras agrícolas banhadas por rios capazes de sustentar uma população local em crescimento, sem depender do comércio marítimo. Filipe, e depois seu filho Alexandre, o Grande, jogou com isso para construir um império.

No entanto, a parte continental ainda não dispunha de terras capazes de produzir alimentos para uma grande população regional, ao passo que do outro lado do mar Jônico surgia uma potência que era alimentada e regada pelos extensos e férteis vales por onde corriam os rios Arno, Tibre e Pó. Roma avançou em direção à Grécia, primeiro capturando Corfu,

Grécia 167

que fica defronte ao calcanhar da bota da Itália. A ilha protege os acessos ocidentais à Grécia continental, e nas mãos de um inimigo poderoso é uma base útil para invasão. Roma capturou Corfu em 299 a.C., utilizando-a exatamente com esse objetivo.

E assim teve fim a Grécia Antiga. Sob o domínio de Roma, as cidades--Estados usufruíram de autonomia substancial; as instituições atenienses tiveram uma forte influência sobre o pensamento romano, e o fato de fazer parte do Império Romano ajudou a língua grega a se espalhar pelo Mediterrâneo, assegurando a transmissão da cultura grega de geração em geração. Mas, no tocante ao poder... esses dias acabaram, e o país ficou parado no tempo, enquanto Estados maiores abriam caminho para as páginas da história. O humorista americano David Sedaris afirmou, fazendo piada, que os gregos "inventaram a democracia, construíram a Acrópole e cruzaram os braços". É uma afirmação um pouco dura demais, levando em conta que, pelos 2 mil anos seguintes, romanos, bizantinos, otomanos, britânicos e russos fizeram o possível e o impossível para impedir que a Grécia assumisse as rédeas do próprio destino e voltasse ao jogo geopolítico. Todos queriam controlar o Egeu e o Mediterrâneo oriental, e uma Grécia enfraquecida convinha a seus objetivos.

No século IV, o Império Romano se dividiu, com a metade oriental sediada em Bizâncio, cidade de fala grega rebatizada Constantinopla, hoje Istambul. A cultura da cidade e da região era helênica, e assim permaneceu durante séculos. Bizâncio foi a capital do Império Bizantino por um milênio, durante o qual a Grécia foi "governada" a partir da cidade, embora o controle de fato fosse das planícies costeiras, das grandes cidades e da maioria das ilhas, enquanto nas montanhas geralmente mandavam as tribos. Nos anos subsequentes houve uma série de acontecimentos infelizes, com partes da Grécia sendo controladas, entre outros, por francos, sérvios e venezianos, mas a constante, até 1453, era Bizâncio.

Foi em 1453 que Constantinopla caiu em poder dos otomanos. Durante a ascensão dessa nova força dominante, a Grécia estava na periferia e lá permaneceu. Foi isolada da Europa cristã, embora a maior parte de sua população praticasse essa fé. Por duzentos anos, os otomanos dominariam

as ilhas, os mares em torno do continente e parte das terras ao norte, assegurando que a Grécia permanecesse periférica. O interior montanhoso do
continente ajudou algumas regiões a jamais caírem sob controle otomano,
porém o mais importante para eles era controlar as ilhas do Egeu. Os otomanos conquistaram os Bálcãs e avançaram para o norte até Viena. Mas, em
1683, sofreram ali uma grande derrota militar, que marcou o início do longo
declínio do império e ajudou a abrir caminho para a independência grega.

Ao longo do século XVIII, os impérios Austro-Húngaro e Russo, em
expansão, expuseram a debilidade do controle otomano nos Bálcãs, e no século XIX rebeliões explodiram na Grécia. Foi o começo de uma longa campanha para criar uma ideia moderna de identidade grega nos territórios
dominados pelas cidades-Estados da Antiguidade. O reconhecimento da
soberania pelas grandes potências veio em 1832, embora, enquanto soberania, deixasse muito a desejar. Os gregos não estavam envolvidos no acordo,
e menos de um terço dos falantes de grego vivia dentro das fronteiras dos
novos Estados. O país passaria os 115 anos seguintes tentando mudar essa
situação através da "Megali Idea" — a Grande Ideia —, o conceito de unir
todos os gregos dentro das fronteiras de um Estado maior demonstrado
no lema "Mais uma vez, por anos e anos, será nosso novamente". Seus
proponentes mais radicais entenderam que a ideia era reviver o Império
Bizantino, incluindo o mar Negro, Constantinopla e a Anatólia central,
territórios essenciais do Império Otomano (e, depois, da Turquia).

"Continuem sonhando", disseram as potências europeias, decretando
que a Grécia seria uma monarquia de proporções limitadas, que o rei seria
um bávaro de dezessete anos, Otão de Wittelsbach, e que seu Exército seria
composto por bávaros. Não deu muito certo. Apesar disso, ele resistiu no
cargo até 1862, quando foi deposto. A resposta a essa comoção foi outro
estrangeiro de dezessete anos, o príncipe Guilherme da Dinamarca (rei
Jorge I dos helenos). Os gregos tinham desejado que fosse um britânico,
na esperança de que a maior potência da Europa pudesse ajudá-los a ampliar seu território; a decepção sofrida quando a rainha Vitória segurou
o filho Alfredo em casa foi atenuada, no entanto, quando ela presenteou
o rei Jorge com as Ilhas Jônicas, àquela altura um protetorado britânico.

Elas incluíam Corfu, a ilha que os romanos tinham usado como base para destruir a Grécia Antiga 2500 anos antes.

Jorge se valeu de suas relações com as famílias reais da Rússia e do Reino Unido para conquistar mais territórios para a Grécia, política que teve algum êxito, como a incorporação da maior parte da região da Tessália. Os Jogos Olímpicos retornaram a Atenas em 1896, após uma interrupção de 1600 anos, e foram vistos como um símbolo do renascimento da soberania. Ajudou muito o fato de a maratona ter sido vencida por um pastor local, Spyridon Louis, com o rei Jorge aplaudindo-o de pé na reta final.

Mesmo depois que se tornou independente dos otomanos a Grécia esteve na mira das outras grandes potências. Em 1841, o ministro britânico para a Grécia, Sir Edmund Lyons, afirmara: "Uma Grécia verdadeiramente independente é um absurdo. A Grécia pode ser inglesa ou russa, e, como não pode ser russa, tem, necessariamente, que ser inglesa". No jogo de xadrez das grandes potências no século XIX, um dos principais objetivos era bloquear o avanço dos russos na bacia do Mediterrâneo. Nos anos 1870, as relações entre os impérios pioraram por causa da briga pelo Afeganistão, com os britânicos temendo que Moscou usasse o país como uma porta de entrada para a joia da coroa imperial — a Índia. Além disso, os britânicos não queriam ver a Rússia em posição de bloquear a entrada do Mediterrâneo para o canal de Suez e, consequentemente, pôr em risco o acesso à Índia. Ao longo desse período, e já no século XX, os britânicos se consideravam "protetores" da nação grega. A verdadeira razão era a proteção não da Grécia, mas do seu próprio império.

No fim do século XIX, o Império Otomano, já conhecido como o "doente da Europa", estava a bem dizer no seu leito de morte. Vários conflitos nacionalistas explodiam em territórios otomanos, e a apropriação de terras resultante desses confrontos teve repercussões que ainda hoje são sentidas nos Bálcãs, na forma de disputa de fronteiras. Para a maioria das pessoas na Europa Ocidental, os anos de 1914 a 1918 delimitam os anos de guerra; para os gregos, esses anos seriam de 1912 a 1922.

Em 1912 teve início a Primeira Guerra dos Bálcãs, com Montenegro indo à luta contra os otomanos e incentivando gregos, sérvios e búlgaros a participarem da refrega. Os gregos tinham passado a primeira década do século xx organizando um exército bem treinado, e dentro de poucas semanas marcharam para o porto de Tessalônica, chegando na frente dos búlgaros por uma questão de horas. Poucos dias depois, o rei Jorge encabeçou um desfile na cidade, que se tornaria a segunda maior da Grécia depois que as grandes potências a reconheceram como parte do país no ano seguinte — quando Jorge já estava morto, depois de ser alvejado nas costas à queima-roupa. A manchete no *Times* de Londres afirmou: "Rei dos helenos assassinado, atingido por um louco em Tessalônica". O assassino, Alexandros Schinas, foi preso e morreu seis semanas depois, quando parece ter enlouquecido o suficiente para cair da janela de uma delegacia de polícia.

A Segunda Guerra dos Bálcãs começou em 1913. Se a primeira fora "todos contra a Turquia", a segunda era "todos contra a Bulgária", que ainda se ressentia de não ter sido a primeira a chegar a Tessalônica. Forças búlgaras atacaram posições gregas e sérvias, mas logo foram rechaçadas. Os romenos entraram na briga, seguidos pelos turcos, e, com o Exército romeno perto de Sófia, os búlgaros, percebendo que tinham entendido tudo horrivelmente errado, propuseram a paz, perdendo território para os quatro adversários.

As duas guerras custaram à Grécia 9500 soldados, mas ampliaram suas terras em 70% e fizeram sua população saltar de 2 milhões para 4,8 milhões. A Megali Idea tornava-se realidade; no entanto, a Primeira Guerra Mundial apresentaria à Grécia um dilema: segurar as cartas e consolidar-se, ou arriscar uma jogada e talvez ganhar parte do prêmio.

A partir de 1914, a Grécia passou três anos fora da guerra, o que provocou forte tensão política interna, com o país dividido sobre se devia ou não participar. Acabou entrando do lado dos Aliados, e despachou um exército inteiro ao front macedônio para lutar junto com forças britânicas, francesas e sérvias, ajudando a romper as defesas búlgaras. Isso lhe valeu um lugar à mesa na Conferência de Paz de Paris, o que usou como trampolim diplomático para novos ganhos territoriais, incluindo a cidade portuária de Esmirna, hoje Izmir, na Turquia. Em 1919, forças gregas desembarcaram em Esmirna, cedida a Atenas como recompensa por aderir à causa aliada.

Grécia 171

Naquela época, havia ali substanciais populações de fala grega, ao longo da costa e no interior. Com tropas aliadas ocupando Constantinopla, os nacionalistas gregos viam Esmirna como um degrau para capturar a capital otomana e restaurar o Império Bizantino.

Em sentido contrário, os nacionalistas turcos viam a chegada de tropas gregas como o primeiro tiro disparado em sua Guerra de Independência; no verão de 1922, os gregos, que tinham avançado bastante para o interior, já se retiravam precipitadamente, perseguidos até a costa pelo Exército turco chefiado por Mustafa Kemal (Atatürk). A guerra terminou quando as forças de Kemal entraram em Esmirna, matando dezenas de milhares e reduzindo a cidade a cinzas, assim como o sonho grego de restauração do Império Bizantino.

Os gregos da Turquia não esperaram que políticos decidissem seu futuro. O massacre de civis e a destruição de aldeias bastaram para convencer milhões deles a fugir meses antes que o Tratado de Lausanne (1923) acordasse uma troca compulsória de populações, depois que Grécia e Turquia declararam não ter como garantir a proteção dessas minorias. No total, cerca de 1,5 milhão de ortodoxos gregos deixaram a Turquia, e 400 mil muçulmanos partiram na direção contrária. Os trágicos acontecimentos das duas primeiras décadas do século xx remontam às fundações da história e continuam a influenciar o antagonismo atual entre Grécia e Turquia.

Para a Grécia, a chegada dessas populações teve profundos efeitos políticos. Tessalônica era a maior cidade judaica dos Bálcãs; mas a disputa crescente por empregos, resultante da vinda dos refugiados, incentivou o antissemitismo, levando ao interesse pelo movimento sionista e à migração para o Mandato Palestino. Muitos recém-chegados foram instalados em péssimas condições no que ficou conhecido como a "Nova Grécia" — as áreas incorporadas na década anterior. Nos anos seguintes, muitos passaram a apoiar o Partido Comunista, contribuindo, em última instância, para a ascensão de golpes militares e de regimes autoritários.

Os anos 1920 e 1930 foram uma história contínua de divisão, instabilidade e governo militar simpatizante do fascismo. A Grécia entrou na Segunda Guerra Mundial sob a liderança do general Ioánnis Metaxás.

Ele tinha esperança de manter a Grécia neutra, mas depois de duas fracassadas invasões italianas rendeu-se aos alemães e sofreu uma ocupação brutal por tropas alemãs, italianas e búlgaras. Graças à geografia do país, as forças de ocupação jamais controlaram inteiramente o interior, e a robusta resistência grega conseguiu tirar proveito do terreno montanhoso para travar uma sustentada guerra de guerrilha. Mas dezenas de milhares de pessoas passaram fome, em consequência do confisco de alimentos, 70 mil foram executadas e centenas de aldeias foram destruídas como punição pelos ataques da resistência. Cerca de 60 mil judeus gregos foram mortos, muitos em Auschwitz; apenas 9% dos judeus de Tessalônica sobreviveram à guerra.

Em outubro de 1944, os alemães foram embora e os britânicos chegaram a Atenas em meio a comemorações efusivas. Mas a alegria e o alívio duraram poucas semanas. Em dezembro, tiros ressoaram nas ruas da capital; era o presságio da Guerra Civil Grega, cujas origens remontavam a pelo menos o começo do século e à divisão da população entre monarquistas e antimonarquistas. Apesar de cooperações eventuais, nenhum dos dois principais grupos de resistência — o comunista EAM-Elas e o centro-direitista Edes — estava preparado para ver o outro controlar a Grécia após a retirada alemã.

Em seguida às eleições de 1946, nas quais os monarquistas obtiveram maioria, os comunistas, que se abstiveram, rejeitaram o resultado. Iniciou-se uma guerra civil total, que os comunistas poderiam muito bem ter vencido, não fosse pela convergência de acontecimentos regionais e globais, com destaque para o pânico, nas capitais do Ocidente, em relação à extensão do poderio soviético até os Bálcãs pelo norte.

Em 1947, os britânicos reconheceram que não podiam mais se envolver na defesa da Grécia e esse papel foi assumido pelos americanos. Os Estados Unidos começaram a abastecer o Exército grego, que então limpou as montanhas de redutos comunistas. Como em séculos anteriores, uma potência estrangeira dirigia os acontecimentos, e, como em séculos anteriores, a ideia básica era bloquear os russos — agora os soviéticos — na bacia do Mediterrâneo.

Grécia 173

O rompimento da Iugoslávia com a União Soviética foi outro golpe desferido contra os rebeldes, pois Belgrado retirou seu apoio e, em 1949, fechou as fronteiras da Iugoslávia às forças comunistas. Em outubro, a maior parte delas migrou para a Albânia, pondo fim à guerra. Estimam--se mais de 50 mil baixas entre os combatentes, e meio milhão de pessoas deslocadas — isso num país de menos de 8 milhões.

Uma Grécia arrasada emergiu nos anos 1950 e 1960, com uma população dividida e uma classe militar que se julgava não só defensora do país, mas também guardiã da cultura política. As consequências da guerra civil, e da subsequente falta de desenvolvimento econômico, fizeram a Grécia ficar atrás do resto da Europa, mas os militares se concentraram em subverter as instituições democráticas justamente quando a população estava mais exposta às culturas da Europa Ocidental. Esperava-se que nas eleições de maio de 1967 vencesse um partido de centro-esquerda empenhado em reduzir a influência dos militares, e, à medida que se aproximava o dia da votação, setores do Exército foram ficando preocupados. Em 21 de abril, de manhã cedo, os moradores de Atenas foram acordados pelo barulho de tanques rolando nas ruas e por tiros ocasionais. A maioria deve ter entendido o que se passava. Com o rádio tocando marchas militares, o anúncio que veio em seguida não foi exatamente uma surpresa: "As Forças Armadas helênicas estão assumindo o governo do país". A única surpresa foi o golpe ter sido dado por oficiais de baixa patente.

"Os coronéis" prenderam os políticos mais importantes e o comandante-chefe do Exército e detiveram os que constavam numa lista de 10 mil nomes preparada antes do golpe, muitos dos quais foram torturados. Apesar de tornar-se uma ditadura, a Grécia continuou na Otan, na qual ingressara em 1952 — prova de que sua localização ainda era estrategicamente importante para as potências estrangeiras.

A democracia foi reintroduzida em 1974, e em 1981 a Grécia aderiu à CEE (mais tarde UE). A adesão ajudou a economia, e, embora a falta de boas rodovias para o comércio permanecesse um problema, as coisas vinham melhorando para a Grécia — até o século XXI, quando a geografia e a política a puseram na linha de frente das duas maiores crises que já afligiram a União Europeia.

Nos anos 2000, o crescimento econômico constante e o bem-sucedido patrocínio das Olimpíadas disfarçaram algumas rachaduras na economia, mas a crise financeira de 2008-9 revelou a quantidade de dinheiro que sucessivos governos tinham tomado emprestado, dourando a pílula para fingir que a situação era sustentável numa economia em que o setor público correspondia a 40% do PIB. Para aderir ao euro, Atenas alterou números de maneira desonesta, e os membros da zona do euro fizeram vista grossa.

A economia entrou em rápido declínio, em meio a protestos, greves e dificuldades sociais que não ocorriam havia décadas. O Fundo Monetário Internacional socorreu com empréstimos, mas insistiu em severas medidas de austeridade. O velho medo grego de ser dominado pelo mundo exterior reapareceu, e o território político de centro foi reduzido, enquanto partidos de extrema direita e de extrema esquerda ganhavam significativo apoio.

As relações com a União Europeia têm sido tensas por causa disso, e também pelo fato de o país estar situado no canto sudeste do bloco. A Grécia se enfurece com uma suposta falta de ajuda da União Europeia e de seus países-membros na questão das ondas de migrantes e refugiados que chegam na esperança de alcançar os países mais ricos pela rota balcânica. Assim como a Itália, a Grécia acha que está tendo que desempenhar o papel de polícia de fronteira da Europa, mas sem contar com financiamento da União Europeia. Os dois países temem ter que ficar com refugiados em acampamentos sórdidos durante anos, sem que seus parceiros da União Europeia aliviem o fardo.

Muitos fazem a perigosa viagem pelo trecho do mar Egeu entre a Turquia e as ilhas gregas, algumas delas visíveis da costa turca. Samos fica a apenas 1,5 quilômetro da costa da Anatólia, e em 2015 tornou-se a meta dos que tentam desesperadamente chegar a um país da União Europeia. Mais de 100 mil migrantes e refugiados chegaram à ilha, que tem apenas treze quilômetros de largura e 44 quilômetros de comprimento. Juntaram-se aos mais de 850 mil que chegaram à Grécia naquele ano. Entre as centenas que morreram no Egeu estava Alan Kurdi, de três anos de idade, cujo corpo foi fotografado após ter vindo dar numa praia — imagem chocante que passou a representar os custos humanos da crise.

Grécia

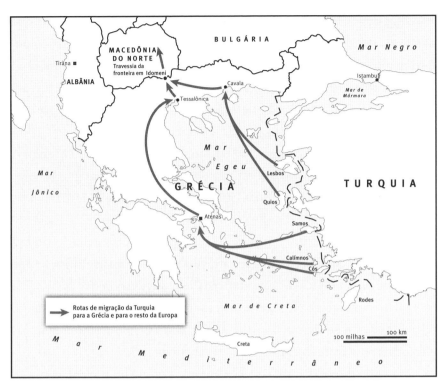

A Grécia é o principal ponto de entrada para muitos migrantes, a maioria proveniente da Turquia.

A Grécia fez o possível para lidar com a situação, simultânea a seu colapso econômico. As ilhas simplesmente não tinham como cuidar de tanta gente, o Estado não era capaz de enfrentar outra crise e o mundo externo não veio ajudar. A situação aliviou um pouco em 2016, quando a União Europeia basicamente subornou a Turquia para que esta aumentasse seus esforços para impedir que migrantes se lancem ao mar e aceitasse de volta os que tinham chegado à Grécia. O custo foi da ordem de bilhões de euros, destinados a financiar a assistência aos refugiados, mais a extinção da necessidade de visto para viagens de cidadãos turcos à União Europeia. O número dos que atravessavam caiu drasticamente, mas dezenas de milhares continuam presos em acampamentos miseráveis nas ilhas, e há sempre gente chegando, aos poucos mas quase todos os dias. É difícil enxergar uma saída. Atitudes mais duras ao norte tornam improvável que a maioria dos países da União Europeia receba grandes números voluntariamente, e muitos anos serão necessários para alterar, se for possível alterar, as condições de conflito, pobreza e aquecimento global que forçam as migrações. Até lá, partes de algumas ilhas gregas parecem destinadas a ser, para todos os efeitos, campos de prisioneiros.

A questão tem gerado grande tensão entre a Grécia e a Turquia. A Grécia acredita que os turcos abrem a fronteira para deixar migrantes e refugiados passarem quando e onde convém a Ancara, só para desestabilizar os gregos. Ancara nega, mas há casos comprovados de autoridades locais escoltando migrantes para fora de áreas urbanas e até a fronteira, levando a cenas violentas quando eles tentam atravessar. Não é possível afirmar que se trata de uma política de governo, mas sem dúvida o poder da Turquia sobre o movimento de pessoas lhe dá um nível distinto de influência junto aos países da União Europeia em geral. Atenas responde destacando forças adicionais para fronteiras terrestres e marítimas.

As muitas disputas entre Grécia e Turquia exacerbam um antagonismo que tem raízes na Antiguidade. Na imaginação popular de alguns turcos, o primeiro grande confronto entre eles ocorreu mais de 3 mil anos atrás, com o cerco de Troia, no qual os gregos apostaram num cavalo e venceram. Se essa batalha de fato existiu e se os troianos eram ou não antepassados dos turcos modernos são temas de debates históricos, mas nesse contexto é menos importante do que a ideia de uma inimizade quase primordial. Pisamos terreno histórico mais firme no leste da Turquia, na Batalha de Manzikert, em 1701, mesmo que o que geralmente se supõe que sejam gregos bizantinos lutando contra turcos seljúcidas envolvesse na verdade um conjunto mais heterogêneo de combatentes. Os "gregos" perderam, lançando o Império Bizantino na rota que resultou na perda de Constantinopla. Na versão grega, a Grécia então padeceu quatrocentos anos sob o jugo da ocupação turca. Na era moderna, a Guerra de Independência da Grécia e a Guerra Greco-Turca de 1919-22 continuam frescas na memória de ambas as partes envolvidas.

Grécia 177

Surfando nisso estava o presidente nacionalista da Turquia, Erdoğan, cuja retórica estimula a xenofobia turca e as apreensões gregas. A TV estatal turca gosta de mostrar mapas sobre o "Pacto Nacional da Turquia", um documento de 1920 identificando as partes do derrotado Império Otomano pelas quais a nova República Turca lutaria. Elas incluem muitas ilhas gregas do Egeu e parte do continente. Numa fotografia oficial tirada durante uma visita à Universidade de Defesa Nacional de Istambul em 2019, Erdoğan apareceu de pé diante de um mapa que mostrava metade do Egeu como parte da Turquia.

Do ponto de vista grego, a defesa nacional está centrada no continente e no controle do Egeu. Sem domínio do mar, a rota de suprimento do continente pode ser interrompida e ele ficaria exposto a invasões. Ioánnis Michaletos, que escreve sobre geopolítica, me descreveu as ilhas egeias como

> porta-aviões insubmergíveis que dão à Grécia capacidade de projetar poder até o interior da Anatólia e o litoral dos países do Mediterrâneo Oriental com a colocação de aeronaves, foguetes e tropas móveis nas ilhas. Sem elas a Grécia é apenas uma áspera península balcânica não facilmente defensável a leste e suscetível a operações de desembarque e bloqueio naval. Em suma: militarmente condenada.

É provável que boa parte da retórica de Erdoğan seja para consumo interno, endereçada à sua base, mas falar de "uma justa necessidade de corrigir o fluxo equivocado da história" mantém insones os responsáveis pelos planos militares em Atenas, além de lhes dar munição para justificar o orçamento anual para a defesa nacional.

Os custos do setor defensivo contribuíram para o pesadelo econômico e social que o país sofre desde o início da crise da dívida em 2010, a qual, por sua vez, obrigou a cortes na defesa. Em 1981, o orçamento militar, como porcentagem do PIB, equivalia a 5,7% — o mais alto entre os aliados europeus da Otan. Em 2000, esse valor caiu para 3,6%, e em 2018 para 2,4%.

A maioria dos 10,5 milhões que compõem a população grega vive no continente e nas penínsulas; na verdade, cerca de um terço de toda a população habita a grande região metropolitana de Atenas, mas há centenas de milhares de cidadãos nas ilhas — por exemplo, Creta tem mais de 600 mil habitantes e Rodes, cerca de 100 mil, assim como Corfu. Um número bem maior vive em pequenas comunidades espalhadas pelo Egeu. Essas comunidades incluem 21 ilhas que comportam de 5 mil a 50 mil residentes, e 32 que abrigam de 750 a 5 mil pessoas. E há 35 ilhas com menos de cem moradores. Cada uma é território soberano e precisa ser defendida.

Só o patrulhamento de 6 mil ilhas já é muito dispendioso e requer uma grande Marinha, mas quando se inclui no cálculo a história entre a Grécia e a Turquia os custos disparam, porque sucessivos governos gregos ao longo das gerações viam a Turquia como ameaça. O resultado é uma Marinha moderna e um grande Exército, sobre o qual voa uma Força Aérea avançada, com pilotos de caça que estão entre os melhores da Europa — e que precisam estar, pois com frequência participam de simulações de combate com pilotos turcos nos céus sobre o Egeu.

Em terra, a prioridade é defender os grandes centros urbanos e controlar o máximo possível o vale do rio Áxio, que leva à Macedônia do Norte, a fim de proteger terras agrícolas e rotas para a Europa. O século XXI viu a Grécia envolvida em um grande número de disputas, além das questões com a Turquia. Temendo reivindicações territoriais em sua província também chamada de Macedônia, ela se recusou a aceitar a existência da vizinha República da Macedônia, que emergiu da fragmentação da Iugoslávia, e, portanto, impôs um embargo econômico. O problema só foi resolvido em 2018, quando os dois lados aceitaram o termo Macedônia do Norte, embora até isso tenha provocado protestos nacionalistas na Grécia, por causa da suposta apropriação do nome. Ainda assim, a decisão abriu caminho para a adesão da Macedônia do Norte à Otan.

O outro grande objetivo defensivo é manter o controle de Corfu, no mar Jônico, mas não existem ameaças à ilha no futuro previsível, e, em contraste com a Antiguidade, a Grécia não tem nenhum desejo de projetar poder militar mais a oeste. Portanto, a concentração é no Egeu, especificamente Rodes e Creta, e, mais a leste no Mediterrâneo, Chipre.

Grécia 179

A ilha de Chipre, da qual a Grécia ainda se julga protetora, fica no meio de um corredor geoestratégico que inclui as principais rotas marítimas do Mediterrâneo oriental e uma série de recém-descobertos campos de gás.

Após três séculos de domínio otomano, os britânicos assumiram a responsabilidade administrativa da ilha em 1878, e em 1914 a anexaram. Como toda grande potência antes dela, a Grã-Bretanha sabia do valor estratégico de Chipre para monitorar movimentos militares e comerciais no Egeu e no Levante. Durante a Guerra Fria, a ilha foi um importantíssimo "posto de escuta" de radar, não só para vigiar o Mediterrâneo, mas também para monitorar testes nucleares soviéticos até mesmo na distante Ásia Central. O Reino Unido ainda mantém ali uma base aérea, guardada por milhares de soldados.

A independência da ilha, em 1960, levou a violência sectária entre a maioria cipriota grega e a minoria cipriota turca, resultando na chegada de uma força de manutenção da paz da ONU para fiscalizar a "linha verde" entre as duas comunidades. O que aconteceu em seguida precisa ser visto no contexto da Guerra Fria. Os soviéticos ainda buscavam influência e um porto no Mediterrâneo, e no começo dos anos 1970 o presidente de Chipre, o arcebispo Makarios, resolveu praticar o arriscado jogo de agradar a Moscou. Em 1974, com o apoio tácito dos Estados Unidos, a junta militar grega o substituiu, num golpe que visava à união entre Grécia e Chipre.

Em vez disso o que houve foi uma invasão turca. Após semanas de acirrados combates, os turcos estabeleceram uma cabeça de ponte nos arredores da cidade portuária de Kyrenia, no norte, e então ligação com a principal região cipriota turca, para controlar 37% da ilha. Diferentemente da Turquia, Chipre não era membro da Otan (ainda não é), e havia pouco espaço para as potências ocidentais intervirem militarmente. A derrocada levou à queda do governo militar grego e inaugurou a era atual de democracia. Em 1983, a região norte declarou-se República Turca de Chipre do Norte. É reconhecida por dois países: ela própria e a Turquia. A ONU a reconhece como território da República de Chipre sob ocupação turca.

A descoberta de reservas potencialmente enormes de gás natural no leste do Mediterrâneo complicou o que já era uma fonte de conflitos entre a Grécia e a Turquia. Campos de gás foram encontrados ao largo da costa do Egito, de Israel, de Chipre e da Grécia. A Turquia, apreensiva por suas águas ainda não terem rendido energia, explora em território cipriota e grego e assinou um acordo com a Líbia para fazer perfurações. O Líbano tem uma disputa marítima com Israel sobre parte de um campo de gás; BP, Total, Eni e Exxon Mobil estão envolvidas; e a Rússia observa apreensiva enquanto sua posição como principal fornecedora de gás natural para a Europa é ameaçada.

Como Estado soberano, Chipre tem direitos de perfuração em torno da sua orla marítima, e por isso os planos turcos de desenvolver uma importante base naval no norte fizeram soar o alarme em Nicósia e Atenas mesmo antes de uma nova crise em torno de fornecimento de energia explodir.

No verão de 2019, navios-sonda turcos apareceram ao largo da costa setentrional, escoltados por um navio de guerra. Ancara disse que eles se achavam em águas soberanas da República de Chipre do Norte e "dentro da plataforma continental da Turquia". Chipre fez um apelo à União Europeia, que determinou que as ações da Turquia eram ilegais e poderiam prejudicar futuras relações entre a UE e Ancara. Chipre, Grécia e Egito, que estão cooperando na exploração de energia no Mediterrâneo, divulgaram uma declaração conjunta afirmando que a Turquia tinha violado o direito internacional.

Em junho de 2020, a Turquia anunciou sua intenção de começar a perfurar ao largo de ilhas, incluindo Rodes e Creta. O embaixador turco em Atenas foi convocado ao Ministério das Relações Exteriores e informado de que a Grécia estava "pronta para responder" ao que considerava uma provocação, se a perfuração fosse adiante. A posição da Turquia baseia-se num acordo espantoso que o país firmou com a Líbia no fim de 2019. O acordo "criou" uma zona econômica exclusiva que se estende por um corredor através do Mediterrâneo da costa sudoeste da Turquia e vai até a extremidade setentrional da Líbia, apesar de passar por parte da zona grega. De um golpe, o documento teoricamente bloqueia a construção de um gasoduto que sai das águas israelenses e cipriotas para Creta, depois sobe pela Grécia continental e segue até a rede de gás da Europa. O acordo

Grécia 181

foi feito com o governo da Líbia, sendo por isso que a Turquia interveio militarmente na Guerra Civil Líbia: se o governo de Trípoli caísse, o acordo também cairia. A Turquia não reconhece os delineamentos da ONU para a zona econômica exclusiva e vale-se de alegações de soberania baseadas em sua plataforma continental, que se estende até o Mediterrâneo. Já a Rússia prefere que os dois projetos fracassem e todos continuem dependendo dos suprimentos russos.

A movimentação da Turquia no Mediterrâneo destina-se a tentar garantir reservas para si própria, além de desestabilizar a Grécia. Os dois países entraram em guerra por motivos menores do que esse jogo de alto risco, e ao que tudo indica a próxima década oferecerá uma série de estopins, que podem fugir ao controle mesmo que nenhum lado deseje um conflito em larga escala.

Militarmente, as duas potências da Otan estão mais ou menos empatadas, embora a Turquia tenha se dedicado a melhorar sua Marinha durante os anos do socorro financeiro grego, na certeza de que Atenas não tinha fundos para responder à altura. A Marinha grega tem uma vantagem clara em matéria de submarinos, mas os turcos vêm investindo em guerra antissubmarina. A Turquia também dispõe de efetivos mais numerosos, sendo por isso que o serviço militar na Grécia continua a ser obrigatório.

O que a Grécia também tem, e a Turquia não, são amigos na vizinhança. Em 2019, ela ajudou a criar o Fórum de Gás do Mediterrâneo Oriental, sediado no Cairo, junto com o Egito, os territórios palestinos, Israel, Chipre, Jordânia e Itália. O foco é energia, mas, curiosamente, há um componente de segurança que resultou na cooperação naval e em exercícios conjuntos. Isso não significa que se a Grécia e a Turquia chegarem às vias de fato os outros membros do Fórum entrarão na briga, mas não há dúvida quanto a quem eles ajudariam de outras formas. Os egípcios e turcos já vivem às turras por outros problemas regionais, como a Líbia.

O potencial de agravamento já foi comprovado repetidas vezes, algumas delas a partir de setores inesperados. Em fevereiro de 2020, quando fragatas turcas navegavam perto dos campos de gás cipriotas, a França despachou seu porta-aviões *Charles de Gaulle* para seguir e observar as forças navais do aliado na Otan. Desde a invasão turca a Chipre em 1974, as relações franco-turcas têm sido na melhor das hipóteses frias, e se tornaram gélidas depois que a França realizou seu primeiro "Dia Nacional de Rememoração do Genocídio Armênio"; a Turquia não aceita a acusação de genocídio.

Em junho de 2020, os franceses alegaram que, durante um confronto com a Marinha turca na costa da Líbia, os turcos miraram seus sistemas de armas numa fragata francesa. Eles tentavam enviar sub-repticiamente outro carregamento ilegal de armas para seus aliados em Trípoli, com os quais, no ano anterior, tinham assinado o acordo sobre a zona econômica exclusiva. Erros acontecem em momentos de alta-tensão como esse; ainda que tiros fossem disparados, isso não significa que uma guerra começaria imediatamente, mas mostra como a situação é tensa entre vários países-membros da Otan e agentes externos. A Otan tem a seguinte cláusula em sua Constituição: "Um ataque a um é um ataque a todos"; jamais imaginou que um ataque a um poderia partir de um colega aliado da Otan.

O presidente Macron usou o incidente como exemplo para enfatizar sua convicção sobre a "morte cerebral" da Otan. Isso é mais uma tentativa de desligar os equipamentos da UTI e construir uma força de combate europeia superior do que uma avaliação da realidade. Macron encabeça a campanha por um Exército da União Europeia, mas tem encontrado resistência devido à hesitação alemã, à saída britânica da União Europeia e pela presença de um atlanticista na Casa Branca, na figura de Joe Biden. No entanto, a verdade é que no momento a Turquia é, na melhor das hipóteses, um membro "meio desconectado" da Otan. Sucessivos governos em Atenas passaram a última década vendo com interesse seu maior rival se distanciar da organização, a tal ponto que a filiação chega a ser posta em dúvida. A Grécia sabe que os americanos estão à procura de um parceiro mais confiável e espera substituir a Turquia como o país-membro mais importante da Otan no Egeu.

Pesquisas de opinião pública na Grécia há décadas sugerem que existe uma frieza em relação aos Estados Unidos, mas recentemente isso começou a mudar, e em níveis de governo já existe um consenso de que a Grécia precisa agarrar-se aos Estados Unidos diplomática e militarmente. Ela já sedia uma base naval americana, estrategicamente localizada na baía de Suda, em Creta, e em 2020 atualizou um acordo de defesa permitindo a forças americanas o acesso a bases militares gregas, para treinamento, reabastecimento e, o que é mais importante, resposta de emergência. O acordo inclui "acesso e uso irrestrito" do porto de Alexandrópolis, ao norte, que fica próximo à entrada do mar de Mármara que conduz ao mar Negro.

A localização do porto serve muito bem à secular estratégia dos britânicos, e nos últimos setenta anos também dos americanos: manter os russos longe da Grécia. A base militar russa de Sebastopol, na Crimeia, fica na costa do mar Negro, que oferece ligação com o estreito de Bósforo, que conduz ao mar de Mármara, ao Egeu e, mais adiante, ao Mediterrâneo. Nem britânicos nem americanos desejam que os russos tenham uma base de poder de onde projetar influência até os Bálcãs pelo sul, coisa que a Rússia vem tentando há séculos. É por essa mesma razão que Chipre tem sido uma ilha tão importante em termos estratégicos, e é um pouco por isso também que o Reino Unido faz questão de manter ali uma base militar. Moscou consistentemente faz lobby para que Chipre fique livre de forças estrangeiras, sabendo que isso reduziria a capacidade da Otan de ligar suas bases de poder no Mediterrâneo oriental aos litorais oeste e norte do Oriente Médio.

A Grécia está se posicionando para se tornar o aliado americano indispensável na região. Os americanos tomam suas precauções: asseguram acesso para suas Forças Armadas ao mesmo tempo que usam esse fato para pressionar a Turquia a voltar a ser um parceiro confiável na Otan e garantir o leasing de sua base aérea em Incirlik, perto da fronteira síria.

Apesar da dor causada pela crise financeira, a Grécia continuará, graças à sua geografia e à sua história, a gastar mais em defesa do que países com economia do mesmo tamanho. Isso é bem-visto em Washington, onde muitas vozes exigem que as potências da Otan paguem mais, para aliviar o fardo financeiro que a Aliança impõe em sangue e dinheiro americanos. Caso as relações turco-ocidentais se deteriorem a ponto de Ancara deixar a Otan, a Grécia passa a ser o flanco meridional da Aliança. Os russos estão tentando jogar dos dois lados, às vezes se aliando à Turquia, mas também cortejando líderes gregos. O presidente Putin sabe que as chances de sucesso são mínimas — mas uma bela base naval russa no Mediterrâneo para complementar a base pequena que tem na Síria seria uma bênção para as ambições estratégicas da Rússia.

A Grécia já não precisa ser inglesa, russa ou mesmo americana: é a Grécia. No entanto, mais uma vez, trata-se de um território importante para as potências estrangeiras. Numa crise, pode servir como posição defensiva secundária, caso uma Marinha russa hostil tente sair do mar Negro; está na linha de frente da crise migratória da Europa, e parece destinada a continuar sendo uma rota marítima importante para os gasodutos provenientes do Mediterrâneo oriental.

As três questões provavelmente ocuparão o pensamento estratégico no futuro próximo. Não há sinais de que a Rússia pretenda buscar uma reaproximação com as potências da Otan, a Grécia continuará encurralando grandes números de migrantes e refugiados por muitos anos e é pouco provável que haja algum progresso na longa relação de hostilidade com a Turquia, o que significa que o potencial para ação militar continuará existindo.

No front nacional, as antigas divisões geográficas permanecem, diferentes regiões ainda desconfiam de Atenas e partes do interior continuam isoladas dos negócios diários do Estado moderno. Todos os gregos ainda vivem num raio de cem quilômetros do mar, e como povo continuam próximos da água em espírito, em iniciativa e em comércio. Em âmbito estratégico, o que os preocupa é mais ou menos o mesmo que os preocupava quando volviam os olhos para Zeus, Apolo e Afrodite nos cimos do monte Olimpo. Os deuses foram embora, impérios vêm e vão, alianças mudam, mas as constantes para os gregos ainda são aquilo que os fez — as montanhas e os mares.

CAPÍTULO 6

TURQUIA

Somos parecidos com nós mesmos.
MUSTAFA KEMAL ATATÜRK

ROMÊNIA

BULGÁRIA

Mar

MARITSA

Estreito de Bósforo

Istambul

Mar de Mármara

Estreito de Dardanelos

Bursa

M o n t e s   K ö r o

KIZIL

Ancara

Mar Egeu

GRÉCIA

İzmir

A n a t ó

Konya

M o n

Antália

CHIPRE

Mar Mediterrâneo

200 milhas   200 km

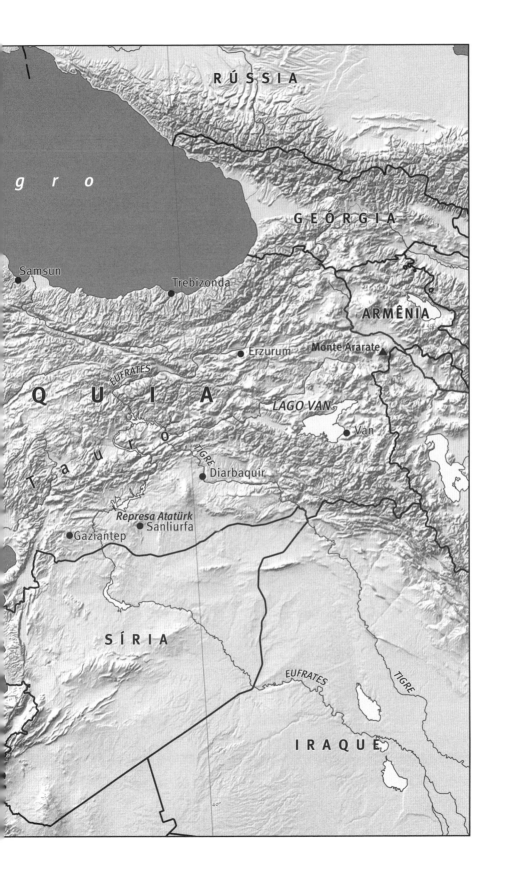

Os TURCOS... são originários da Turquia, certo? Afinal, "Türkiye" significa "terra dos turcos". Mas, não, os turcos originais vieram de longe, do leste da cordilheira de Altai, na Mongólia. Chegar ao que agora é sua terra, e depois assegurar que ela se chamasse Turquia, foi uma viagem e tanto.

Primeiro eles precisaram atravessar o grande planalto da Anatólia para o que, apesar de ficar no extremo ocidental da Turquia, é na verdade seu núcleo: o mar de Mármara e as regiões de terras baixas dos litorais leste e oeste. Elas podem não ter vastas planícies, ou rios longos e planos para o transporte de carga, mas são uma terra fértil, com água doce suficiente para abastecer uma população grande, e o mar é mais um lago que se presta à atividade comercial. Ajuda bastante o fato de que a grande área urbana, Istambul, seja defensável se atacada por água. No extremo ocidental do mar de Mármara fica o estreito de Dardanelos, dando acesso ao mar Egeu, e no extremo leste está o estreito de Bósforo, que em seu ponto mais afunilado tem menos de um quilômetro de largura. Dominar esses dois pontos de estrangulamento é uma imensa vantagem defensiva.

Isso poderia sustentar um pequeno Estado-nação — vamos chamá-lo de "Marmária". O problema é que "Marmária" provavelmente não duraria muito. Terras nobres como essas sempre atraem olhares cobiçosos de potências estrangeiras, sobretudo se o comércio para leste, oeste, norte e sul tem que passar por elas, muito possivelmente envolvendo impostos. Era assim, sem dúvida, que os gregos viam as coisas quando as controlavam, do mesmo modo que os romanos, depois os bizantinos, e na verdade também os turcos, na figura dos otomanos.

Os otomanos usaram essas terras para projetar poder externamente, controlando áreas no Oriente Médio, na África e em boa parte do sudeste da Europa antes de se retraírem e legarem um Estado encolhido a seus sucessores. Mas a Turquia moderna está novamente na encruzilhada do Oriente e do Ocidente, o que determina seu papel no cenário mundial. Ela tem a chave de um dos portões por onde migrantes entram na Europa, uma posição que lhe confere poder. Está cada vez mais envolvida nos conflitos em todo o mundo árabe, inclusive na Síria e na Líbia, onde bate de frente com os interesses de outras potências regionais. Há claros sinais de "neo-otomanismo" nas ambições de ampliar seu controle e sua influência, mais uma vez projetando poder em todas as direções, com repercussões significativas na Europa, no Oriente Médio e na Ásia Central.

De oeste a leste a Turquia tem cerca de 1600 quilômetros, e de norte a sul entre quinhentos e oitocentos. Noventa e sete por cento dessa terra fica na Ásia, e a maior parte consiste na Anatólia. Suas fronteiras terrestres atuais a separam de oito países: Grécia, Bulgária, Geórgia, Armênia, Azerbaijão, Irã, Iraque e Síria. Era essa a vizinhança dos primeiros otomanos quando deram início à construção de um império.

A partir do século IX, mais ou menos, tribos nômades turcas deixaram a Estepe Oriental (Mongólia), atravessaram a cordilheira de Altai, a Estepe Ocidental (Cazaquistão), viraram bruscamente à esquerda pela Ásia Central e chegaram ao mar Cáspio a tempo de encontrar o Império Bizantino. A essa altura, já tinham entrado em contato com o islã na região em torno da Pérsia e abandonado suas crenças pagãs. Apareceram na periferia oriental do império no século XI e começaram a fazer incursões na Anatólia. Em 1037 formou-se o Império Seljúcida turco no que hoje é a Armênia, confinando com território bizantino. Seu sultão se apaixonou em seguida pela Geórgia, que ficava longe demais nas estepes para o imperador bizantino Romano IV Diógenes. Alguma coisa precisava ser feita.

Em 1071 o Exército bizantino entrou em choque com os seljúcidas em Manzikert, perto do lago Van, a 120 quilômetros do que é hoje a fronteira turco-iraniana. Levou uma surra, deixando as portas abertas para várias tribos turcas avançarem pela Anatólia e estabelecerem uma colcha de re-

Turquia 191

talhos de emirados. Em uma década elas estavam próximas de Constantinopla, e deram a seu novo território o nome de "Sultanato de Rum", o que,
considerando que esse era o nome de Roma em sua língua, talvez tenha
sido uma das primeiras formas de trolagem.

Na época, os habitantes da Anatólia falavam principalmente línguas
indo-europeias e, após a conquista de Alexandre, o Grande, tinham adotado costumes gregos, incluindo, durante o período bizantino, o cristianismo. Eles formavam uma mistura de etnias, incluindo armênios, curdos e gregos. Ao longo de vários séculos, muitos foram assimilados pela
cultura turca, com alguns se convertendo ao islã sunita e falando a língua
turca mesmo enquanto os gregos eram assimilados geneticamente pelos
anatólios. Em sua maioria, os turcos modernos são mais estreitamente
relacionados aos armênios e aos gregos do que a povos turcos como os
cazaques, mas estudos mostram que de 9% a 15% da sua mistura genética
é de origem centro-asiática.

Um dos muitos emirados estabelecidos no noroeste da Anatólia no
fim do século XIII foi o de um homem chamado Osman Ghazi (Osman, o
Guerreiro). Ele ampliou seus poderes invadindo territórios bizantinos ao
longo da costa do mar Negro e avançando em direção à Anatólia central.
Em honra do fundador, as pessoas começaram a chamar a si mesmas de
Osmanli, "seguidores de Osman", o que, na Europa Ocidental, resultou
em otomanos. Eles não eram, de forma alguma, a maior das potências
turcas, mas usavam suas conquistas como trampolim para a tomada de
novos territórios dos bizantinos e dos outros emirados turcos.

Em 1326, o emirado tinha assumido o controle de Busa, cerca de 150
quilômetros ao sul de Constantinopla, que agora estava em sua mira. Os
otomanos vinham conquistando a área circundante, e em 1453 o ícone
do que restava do Império Bizantino ficou isolado. As imensas muralhas
de Constantinopla tinham resistido por mil anos, mas durante 53 dias o
Exército otomano investiu contra as defesas, e acabou conseguindo abrir
brechas para os soldados passarem.

Agora eles tinham que enriquecer, ou morrer tentando. Precisavam
garantir que nenhuma força regional poderosa capaz de fazer incursões

pelas ricas terras em torno do mar de Mármara pudesse subir até o planalto da Anatólia, e ao mesmo tempo ter certeza de que conseguiriam bloquear qualquer força importante proveniente do Oriente Médio.

O ponto mais fraco desse território primordial é onde a terra plana se afunila em direção ao istmo que abriga Istambul. Se alguém acumular forças terrestres em volume suficiente e marchar sobre a cidade, todo o núcleo tem um problema sério para resolver. Assim, o essencial para a defesa é em primeiro lugar ter uma Marinha decente capaz de bloquear os pontos de estrangulamento do mar, e depois manter forças terrestres hostis o mais longe possível do núcleo. Para tanto, é preciso alargar esse núcleo.

"Marmária" tinha que ser consolidada e ampliada, e para tanto os turcos começaram garantindo o controle da rota que eles próprios tinham utilizado para conquistar aquele troféu. Eles haviam dominado vastas áreas da Anatólia, mas o lugar não lhes oferecia muita coisa além de profundidade estratégica. Trata-se basicamente de um terreno árido, acidentado e montanhoso, com limitada amplitude para a agricultura. Boa parte do litoral sul da Anatólia é uniforme e tem raros portos bons para o comércio, e, com planícies costeiras estreitas, pouco espaço para a lavoura. Assim, povoar e desenvolver o interior era de pouco interesse para os otomanos. Fora isso, as bases de poder no interior, quase sempre inquietas, exigiam constante atenção, mas tudo que precisavam fazer era subjugá-las. Pela maior parte de sua história, o Império Otomano lutou para sufocar rebeliões na Anatólia, problema que a Turquia moderna herdou na forma dos levantes curdos.

No entanto, usar a Anatólia para a defesa era prioridade. Com a região sob controle, a porta de entrada para uma grande invasão estava praticamente fechada, e de qualquer forma havia agora menos competidores dispostos a se aventurar até ali através do planalto. Imediatamente a noroeste, os otomanos haviam alcançado a cordilheira dos Bálcãs, o que lhes garantia uma barreira contra ameaças nessa direção. Agora podiam consolidar Constantinopla como a capital do império — as muralhas da cidade foram reconstruídas, e áreas urbanas repovoadas com milhares de muçulmanos, cristãos e judeus — e ampliar seus horizontes.

Turquia 193

Os otomanos já tinham território na Europa; no começo do século xiv, fizeram incursões pelos Bálcãs. Depois, nos anos 1480, capturaram portos no mar Negro onde hoje fica a Ucrânia, e, com aptidões navais aperfeiçoadas, foram capazes de manter sob controle o poderio dos russos, que aumentava lentamente. Podiam então concentrar-se no oeste, onde deparavam com as mesmas oportunidades e os mesmos problemas geográficos que os Estados modernos enfrentam na região. Saindo de Istambul pelo oeste, entra-se no vale do rio Maritsa. Então, contornando a cordilheira dos Bálcãs pela direita, chega-se ao segundo rio mais longo da Europa, o Danúbio. Essa parte do rio fica entre a Garganta Bessarábia e a Porta de Ferro.

A Garganta Bessarábia é a terra baixa entre o ponto onde os montes Cárpatos terminam e o mar Negro começa. Os Cárpatos se estendem num arco de 1500 quilômetros até o extremo sul da Polônia, e as rotas em torno deles sempre foram a Grande Planície Europeia, acompanhando o mar Báltico, ou a Garganta Bessarábia, perto do mar Negro. Quem controla a garganta controla a rota leste-oeste no sul.

A Porta de Ferro é onde os Cárpatos dão uma guinada por dentro da Romênia e se encontram com a cordilheira dos Bálcãs na Bulgária. O Danúbio corre num vale estreito através desse ponto de estrangulamento, e, até que uma represa fosse construída, nos anos 1960, havia um temido trecho de corredeiras despencando por quatro estreitos desfiladeiros ao longo de vários quilômetros. As águas estão mais calmas agora, mas a Porta de Ferro continua a ser um ponto de estrangulamento que, para quem o controla, pode ser um ponto fixo de defesa ou a próxima etapa de um avanço. Os otomanos optaram pelo último.

Viena fica acima da Porta de Ferro, na planície da Panônia, entre os Cárpatos e os Alpes. O Danúbio passa por ela em sua descida para o sul antes de chegar à Porta de Ferro e, depois, ao mar Negro. Os otomanos achavam que seu império ao sul da Porta estava seguro, mas, se quisessem ter certeza de tomar e manter a imensa e fértil planície da Panônia, teriam que conquistar Viena também.

Tentaram três vezes, e na terceira tentativa estavam não apenas ao norte da Porta de Ferro — estavam ao norte, ao sul, a leste e a oeste de

"Marmária". No século XVI, os otomanos controlavam a maior parte dos Bálcãs e a região da atual Hungria e tinham feito incursões a noroeste até Viena. Dominavam o mar Negro, no norte, e territórios onde hoje ficam a Síria, o Iraque, a Arábia Saudita, o Egito e a Argélia, no sul e no leste. Era um império multiétnico, multicultural, propenso à selvageria absoluta, e apesar disso nem sempre fazia questão de que seus súditos se convertessem ao islã sunita, embora cristãos e judeus fossem considerados inferiores. Era-lhes concedido o status de *dhimmi*, que costuma ser traduzido como "protegidos", mas isso significava que tinham de pagar um imposto especial, a *jizya*, traduzível, talvez, como "extorsão para proteção". Os muçulmanos árabes nas colônias otomanas tinham uma vida mais fácil, porém todos os povos conquistados logo aprendiam quem era o chefe. Isso explica o forte ressentimento, nos países árabes, pelo fato de a Turquia mais uma vez estar avançando no mundo deles. Na Arábia Saudita, por exemplo, uma das principais artérias de Riad, a rua Sultão Suleiman, o Magnífico, teve seu nome trocado em 2020 depois que a Turquia se envolveu com a Síria e a Líbia.

Para os governantes otomanos, foi um período glorioso que tem sido comparado ao Império Romano. Mas eles tinham atingido o ápice, e a derrota para o Império dos Habsburgo nos portões de Viena em 1483 assinalou o começo de um longo mas contínuo declínio, levando ao colapso do seu império em 1923.

Incapazes de tapar o buraco em Viena, os otomanos acabaram sendo obrigados a recuar para a Porta de Ferro, e depois para mais abaixo. Essas eram as partes mais lucrativas do seu império, e ficavam mais perto de sua capital do que os distantes postos avançados no Norte da África. A ampliação excessiva do império cobrava o seu preço. A ascensão de Estados cada vez mais industrializados na Europa Ocidental tornava os otomanos incapazes de competir em termos tecnológicos ou militares, e essas potências, sobretudo a Grã-Bretanha e a França, começaram a escorraçá-los do Oriente Médio.

A Guerra dos Bálcãs de 1912-3 mostrou como o "doente da Europa" estava mal quando os búlgaros quase capturaram Constantinopla. E, ao

Turquia

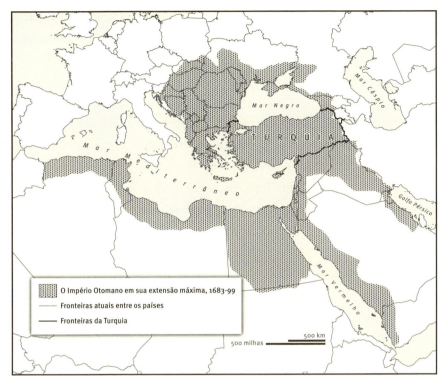

No auge do seu poder, o Império Otomano estendia-se por grandes partes da Europa, da Ásia e do Norte da África.

escolher o lado errado na Primeira Guerra, esse doente assinou a própria sentença de morte. A derrota dos britânicos na Batalha de Galípoli é parte da narrativa de fundação turca, mas não foi suficiente para impedir que perdessem uma guerra e um império. Pelos termos do armistício de 1918, a capital foi ocupada por tropas britânicas, italianas e francesas, o império foi desmembrado e o sultanato, abolido. Alguns povos de fala turca permaneceram fora das novas fronteiras, notadamente na Grécia e na ilha de Chipre, e mais de 1 milhão de gregos se viram dentro da Turquia.

A Guerra Greco-Turca (1919-22) resultou numa vitória decisiva das forças turcas chefiadas pelo general Kemal Atatürk. Seguiu-se uma permuta de populações, mas ainda havia minorias gregas e turcas vivendo nos dois países, fato que resultou em tensão ao longo do último século. Os turcos não aceitavam, e ainda não aceitam, o tratado que então deu à Grécia o controle da maioria das ilhas ao largo da costa turca, e há quem ainda hoje se incomode com a perda de território curdo e árabe na Síria.

Atatürk foi o primeiro presidente da recém-proclamada República da Turquia, estabelecida em 1923. Ancara foi escolhida como capital e Constantinopla teve seu nome trocado oficialmente para Istambul (supõe-se que venha de *eis ten polin* — "à cidade" —, expressão usada pelos falantes de grego para se referir às visitas).

Atatürk ("pai dos turcos") governou por quinze anos, durante os quais transformou o país, introduzindo uma série de reformas radicais para modernizar a Turquia, depois de concluir que modernização significava ocidentalização. Alguns decretos parecem superficiais, mas eram sérias declarações de intenção, sinalizando uma ruptura com o passado que incluía separar o Estado da religião. O uso do fez foi proibido para os homens, as mulheres foram desestimuladas a usar véus, adotou-se o calendário ocidental (gregoriano) e a leitura e a escrita foram trocadas do alfabeto árabe para o alfabeto latino.

Atatürk entendia que língua é cultura. Seu empenho era formar uma nova cultura baseada não no multiétnico e multilinguístico Império Otomano, mas na identidade turca. O turco otomano, usado pelas classes instruídas, era uma mistura de turco, árabe e pársi, enquanto o turco propriamente ficava relegado às classes mais pobres, quase totalmente analfabetas, o que produziu um abismo linguístico enfatizando a divisão social. O presidente tomou a iniciativa de reduzir essa divisão, percorrendo o país e aparecendo em praças de aldeia e em escolas munido de um quadro-negro portátil no qual escrevia a giz o novo alfabeto. Foi uma jogada inteligente, que ajudou a alimentar um culto da personalidade e a libertar as pessoas comuns da influência de eruditos religiosos, que lhes diziam o que aprender.

Parte dessa "turquificação" da Turquia consistia em negar a eliminação das comunidades armênias cristãs entre 1915 e 1923. Muitos turcos se ressentiam do fato de elas se apegarem à sua língua e à sua cultura, vendo-as como um inimigo interno. Pogroms ocorridos principalmente na Anatólia oriental envolveram o massacre de centenas de milhares de homens em idade de combater, e a deportação por marcha forçada de números semelhantes de mulheres, crianças e velhos para o Deserto Sírio, onde eram abandonados sem alimento e sem água. A maior atrocidade da Primeira Guerra Mundial foi varrida da versão da história contada pelo novo Estado, ajudando a construir os mitos de fundação do novo país. A maioria dos historiadores está convencida de que o que aconteceu foi cuidadosamente planejado e equivale a genocídio. Mesmo hoje, Ancara reconhece que atrocidades foram cometidas, mas nega categoricamente um genocídio, afirmando que jamais houve um plano para eliminar a população armênia. A supressão de fatos e a ocidentalização da cultura tinham um objetivo definido quando a Turquia começou a se desenvolver num Estado moderno e a emergir no mundo moderno.

Havia um problema. O mundo tinha mudado. O império dos turcos encolhera — agora incluía apenas a "Marmária" e a Anatólia —, e, apesar de continuar sendo uma ponte terrestre entre a Europa e o Oriente Médio, essa ponte se tornara menos útil durante os dias de ocaso do "doente da Europa". O canal de Suez tinha aberto uma nova rota marinha para o comércio, e a ascensão dos Estados Unidos como sociedade de consumo em massa era um mercado mais atraente para muitos mercadores europeus.

Nos anos 1920, a Turquia ainda era uma sociedade relativamente agrária, apesar de ter começado a industrializar-se sob Atatürk, e de a produção industrial ter aumentado 80% de 1929 a 1938. Mas o crash da bolsa de valores dos Estados Unidos em 1929 desencadeou uma crise econômica na Turquia, que viu os preços de seus produtos agrícolas despencarem. Vendo rebaixado seu status de importante zona de trânsito, com as receitas em queda e tendo que financiar campanhas para sufocar rebeliões dos curdos no leste, a Turquia lutava com dificuldade para se estabelecer como grande potência.

Quando a Segunda Guerra Mundial assomou no horizonte, suas Forças Armadas estavam em má forma, com armamento que havia sobrado da Primeira Guerra. Iniciado o conflito, ambos os lados tentaram atrair a Turquia. Houve tentações, especialmente depois que os nazistas tomaram a Grécia. Uma aliança com a Alemanha poderia resultar na reconquista de território perdido, mas Ancara manteve sua neutralidade até fevereiro de 1945, quando, com os soviéticos se aproximando de Berlim e com a derrota alemã mostrando-se inevitável, declarou guerra contra a Alemanha e o Japão. Foi uma jogada cinicamente esperta, que garantiu aos turcos um lugar nas conferências subsequentes para decidir a ordem mundial do pós-guerra. Eles podem não ter sido um grande participante, mas pelo menos estavam sentados à mesa principal.

Em 1946, os turcos olharam em torno e não gostaram muito do que viram. A Turquia ainda não tinha voltado a ser uma rota comercial importante e seus vizinhos não eram exatamente ricos. Enquanto isso os russos, com quem os turcos lutavam havia séculos, agora tinham tropas nos Bálcãs, como parte da expansão soviética, davam ajuda aos rebeldes curdos para enfraquecer a Turquia e conquistavam influência na Síria e no Iraque. Uma política de "esplêndido isolamento" não era, na verdade, uma opção — dentro de seis anos a Turquia tinha aderido à Otan.

Foi um casamento de conveniência. A Guerra Fria ganhava impulso, e, para a Otan, ter a Turquia a bordo era uma garantia, tanto quanto se podia prever, de que ela não tentasse se proteger de perdas futuras pendendo para o lado de Moscou, enquanto, ao mesmo tempo, guardava o flanco meridional da Aliança. A Grécia entrou em 1952 pelas mesmas razões, e juntos os dois países aumentaram substancialmente as opções e o poder de fogo da Otan, apesar de continuarem brigando entre si. A Marinha da Turquia foi incumbida de manter os soviéticos "engarrafados" no mar Negro, enquanto o Exército continha suas forças terrestres na orla do bloco soviético, a fronteira búlgara. A importância estratégica da Turquia era tamanha que a Aliança fez vista grossa aos golpes militares de 1960, 1971 e 1980. Entre pigarreadas e murmúrios constrangidos sobre "assuntos internos", a posição geográfica da Turquia se sobrepunha à sua condição de ditadura no entendimento das potências ocidentais. Só nos anos 1990 o governo civil começou a ser visto como norma na Turquia.

O fim da Guerra Fria inaugurou uma nova era, mas com os mesmos problemas de sempre. Nos anos 1990, a Turquia já se restabelecera como importante rota comercial depois de construir gasodutos que vinham do

Turquia 199

Iraque e do mar Cáspio e passavam pela Anatólia para abastecer a Europa. Além disso, desenvolvera uma das maiores e mais eficientes Forças Armadas da Otan, o que lhe dava confiança para avaliar a situação do mundo à sua volta. A Guerra Fria tinha tampado ou congelado muitos problemas no planeta, vários deles nas vizinhanças da Turquia. Quando a ordem mundial bipolar, União Soviética e Estados Unidos, se fragmentou numa ordem multipolar, a tampa caiu e o gelo derreteu. Países de pequeno e médio porte tentaram rapidamente estabelecer outras realidades na nova era.

Quando as guerras dos Bálcãs recomeçaram, em 1991, a Turquia já tinha visto, alarmada, a Operação Tempestade no Deserto obrigar centenas de milhares de curdos iraquianos a correrem para suas regiões de fronteira a fim de escapar do exército de Saddam Hussein. Não é que a Turquia se opusesse à intervenção contra Saddam; é que ela ajudara a criar uma região semiautônoma no norte do Iraque (o que, como veremos, era problemático, porque a Turquia tentava suprimir seu próprio nacionalismo curdo). Então outra parte do antigo Império Otomano mergulhou em conflito quando a Iugoslávia se dissolveu, e Bósnia, Croácia, Sérvia, Kosovo e Macedônia sofreram as consequências de tensões étnicas acirradas por cínicos líderes nacionalistas. Ancara queria exportar bens para esses lugares, e não importar reverberações de insegurança e violência. A brutalidade da dissolução ofuscou outro conflito nos antigos territórios otomanos, quando a Armênia e o Azerbaijão entraram em guerra pelo disputado território de Nagorno-Karabakh. Além disso, Ancara começou a ficar apreensiva com a influência russa e iraniana no Cáucaso e na Ásia Central, que buscava impedir a própria influência turca.

Nessa altura a Turquia ainda se voltava para o Ocidente, alimentando sonhos de aderir à União Europeia, mas, na virada do século, já era altamente improvável que Ancara viesse a ser convidada para ingressar no clube. Em termos de economia, não atendia aos critérios de aceitação; seu histórico de respeito aos direitos humanos estava muito aquém do exigido; e havia uma dose difícil de quantificar, mas fácil de identificar, de preconceito contra a Turquia, que não seria suficientemente "europeia". O país foi aos poucos tomando novo rumo sob um novo líder.

Esse rumo consistia em voltar-se para o passado a fim de decidir o futuro, e o líder era um homem que personificava o nacionalismo religioso e o neo-otomanismo: Recep Tayyp Erdoğan. De início como primeiro-ministro e depois como presidente, Erdoğan tentou transformar a Turquia numa potência separada capaz de manipular todos os lados. Ao longo da primeira década do século XXI, Ancara se comportou como se quisesse continuar sendo uma boa aliada da Otan e aspirante à União Europeia. No entanto, havia raízes geográficas, históricas e ideológicas incompatíveis com essa estratégia, raízes que emergiram em acontecimentos subsequentes para determinar uma forma muito diferente de pensar.

Discute-se até que ponto Erdoğan é um islamista que acredita que uma interpretação radical do islã deveria ao mesmo tempo orientar a política e nela envolver-se. Ele certamente era isso quando emergiu de um duro período de formação numa área degradada de Istambul e conseguiu vaga numa universidade. Em 1994 já era prefeito da cidade, representando o Partido do Bem-Estar, islamista, mas em 1999 passou quatro meses na prisão por recitar um poema islamista num país oficialmente secular, incluindo os seguintes versos: "As mesquitas são nossas casernas; as cúpulas, nossos capacetes; os minaretes, nossas baionetas; e os fiéis, nossos soldados".

Ao sair da cadeia formou o Partido da Justiça e do Desenvolvimento, cuja sigla AKP costuma ser abreviada para "AK" em turco, significando branco, ou limpo, termo que sugere oportunamente uma diferença entre ele e outros grupos políticos. Tem raízes no Partido do Bem-Estar e chegou ao poder em 2002. Erdoğan tornou-se primeiro-ministro no ano seguinte. O passado não prova que ele seja islamista — é esperto o suficiente para apelar a qualquer setor da população no qual precise de apoio —, mas quase não há dúvida de que é um nacionalista convicto, cuja falta de respeito pela democracia ficou demonstrada quando disse: "Democracia é como andar de ônibus. Quando chegar na minha parada, eu salto". A ascensão do AKP ao poder representou uma grande mudança na história turca moderna. O país tinha sido construído sobre o secularismo de Atatürk; agora, era comandado por um partido com raízes no islã, com ideólogos sem grande entusiasmo pela Otan e frustrados pela falta de influência no

Turquia   201

antigo Império Otomano. Erdoğan era malandro o bastante para saber que os liberais em Istambul não representavam o país — na verdade, nem mesmo representavam muita coisa em Istambul, especialmente porque nas décadas anteriores tinha havido um êxodo de interioranos conservadores e religiosos à procura de emprego nas grandes cidades.

Uma boa pista para o pensamento de Erdoğan em política externa são a carreira e as palavras do antigo líder do AKP, professor Ahmet Davutoğlu, que serviu como ministro do Exterior e como primeiro-ministro e cujo livro *Profundidade estratégica* (2001) é visto como a estrutura arquitetônica sobre a qual se ergue a política externa da "Nova Turquia" de Erdoğan. Seu argumento fundamental quanto à forma de aumentar a profundidade estratégica da Turquia baseia-se numa "interpretação dinâmica da geografia" e se resume a "acabar com o statu quo e levar vantagem".

Erdoğan, como Davutoğlu, é um "neo-otomano", que acredita que o destino da Turquia é emergir como superpotência global à medida que o Ocidente entra em declínio. Os anos 1990 foram um período de crescimento da influência turca. Com os soviéticos afastados do caminho, não havia ninguém na vizinhança capaz de derrotar as formidáveis e cada vez mais bem equipadas Forças Armadas turcas. Pela primeira vez em setenta anos, o emprego da força militar era uma opção, não uma necessidade existencial.

No entanto, no mundo pós-Onze de Setembro a Turquia precisou seguir com cautela, estando os Estados Unidos no caminho da guerra. A narrativa da política externa do começo dos anos 2000 era "Nada de problemas com os vizinhos", e durante a primeira década do século XXI Ancara manteve relações cordiais com as potências ocidentais, enquanto, ao mesmo tempo, aumentava sua influência nos Bálcãs e no Oriente Médio através do comércio, da persuasão e da diplomacia. Fez tentativas de ajudar na reconciliação entre Bósnia e Sérvia, mediou conversações entre israelenses e sírios, tentou juntar as facções palestinas do Fatah e do Hamas e chegou a entrar em contato com a tradicionalmente hostil Armênia. No entanto, em quase todos os casos seus esforços geraram manchetes, mas não progresso. E, no fim das contas, essa atitude não ia acabar com o statu quo. Não ter problema nenhum exige não se meter nos assuntos de outros países; mas, vendo outras potências influenciarem o que acontece no território dos vizinhos, você dificilmente ficará de braços cruzados.

No início da segunda década deste século, a atitude cuidadosa e paciente já tinha se desgastado. Ficaria ainda mais corroída com o início das Revoltas Árabes em 2011. "Nada de problemas com os vizinhos" soava mais como "Nada de amigos".

A essa altura, as relações da Turquia com Israel tinham azedado, depois de vinte anos de cooperação. Os islamistas e nacionalistas (como Davutoğlu) havia tempos insistiam que ser amigo de Israel era alienar a Turquia do seu povo e do seu passado. As estreitas relações entre os dois países baseavam-se numa preocupação comum com os Estados árabes e o Irã, que de vez em quando se mostravam hostis, mas isso em governos anteriores. A base política do AKP não incluía muita gente que também apoiasse Israel, por isso o conflito de 2008 entre Israel e Gaza serviu de pretexto para um esfriamento. Em poucos anos, exercícios militares conjuntos foram cancelados, líderes do Hamas foram cortejados em Ancara e a televisão turca passou a mostrar filmes anti-israelenses, enquanto Erdoğan fazia pronunciamentos antissemitas.

A Turquia viu as Revoltas Árabes como uma oportunidade para ampliar sua influência até a região outrora governada por seus antecessores, mas apostou consistentemente no cavalo errado. Ancara achou que houvesse espaço para projetar influência no Oriente Médio, mas nem tanto nos Bálcãs, onde os países se sentiam mais tentados pelas atrações da União Europeia do que pelo que a Turquia tinha a oferecer. A Arábia Saudita, os Emirados Árabes Unidos e o Egito viam de outro modo a questão de quanto "espaço" havia. A Arábia Saudita é o "guardião das duas mesquitas sagradas" (Meca e Medina) e considera-se líder espiritual do islã. Juntamente com os Emirados Árabes Unidos, também tem riqueza suficiente para projetar influência na região, e por isso Ancara entrou em rota de colisão com os dois no momento em que decidiu ser protagonista no Oriente Médio. O Egito, que tradicionalmente se vê como a maior potência árabe, também não estava a fim de ver os "neo-otomanos" adquirindo influência.

Turquia 203

O presidente Erdoğan sempre manteve laços estreitos com a Irmandade Muçulmana, movimento islamista transnacional que opera através de uma estrutura de células para criar um califado global guiado pela charia, e que por isso mesmo é desprezado pela maioria dos governos árabes, que têm consciência de estar na mira do movimento por serem ou monarquias, ou demasiadamente moderados em termos religiosos. A Irmandade foi fundada no Egito nos anos 1920, e quando, após anos de opressão brutal, venceu a eleição de 2012, na esteira da queda de Hosni Mubarak durante as Revoltas Árabes, Erdoğan ficou muito satisfeito. Esperava desenvolver uma relação estratégica com novos governos islamistas no Egito, na Líbia e na Tunísia, tendo a Turquia como o parceiro principal. Mas, no ano seguinte, depois de meses de protestos, o governo da Irmandade foi derrubado num golpe militar. Erdoğan fez severas críticas ao golpe, o que o colocou em conflito com o novo líder, o presidente (general) Sisi, que, a exemplo de outros líderes regionais, vê a Turquia como uma ameaça que apoia o terrorismo islamista, não apenas através da Irmandade, mas também por intermédio de suas questionáveis ligações com outros grupos islamistas. Dentro de poucas semanas o embaixador da Turquia no Cairo foi expulso, e as relações ainda não foram realmente restauradas, embora deva-se notar que os dois países são pragmáticos o bastante para manter vínculos comerciais.

Tanto Erdoğan como Sisi são nacionalistas, com opiniões românticas e divergentes sobre a história e o papel regional de seus países. Essas diferenças ideológicas e estratégicas acabariam levando ao confronto entre os dois na Líbia e à competição no Mediterrâneo oriental. Para Sisi, a Líbia é seu quintal e um lugar onde não vai permitir que um governo ligado à Irmandade Muçulmana triunfe. Para Erdoğan, é um lugar onde apoiar um governo ligado à Irmandade Muçulmana, e uma chance de atuar no antigo território otomano.

O Egito e a Síria também estiveram em desacordo durante a Guerra Civil Síria, que começou em 2011. Quando várias organizações islamistas sequestraram boa parte da revolta essencialmente sunita contra o presidente Assad (não sunita), Ancara se apressou a lhes oferecer apoio. Era uma oportunidade de posar como salvador dos muçulmanos sunitas e instalar um governo pró-Turquia em Damasco. Cairo, por sua vez, começou a normalizar relações com Assad a bem dizer no momento em que Sisi assumiu, porque, embora os dois países não compartilhem o mesmo ramo do islã, sua maior prioridade é fazer oposição aos islamistas. Além disso, para Sisi, melhor Assad do que um governo dominado pelos turcos em Damasco. Quando forças turcas invadiram o norte da Síria em 2016, e novamente em 2018 e 2019, deram mais munição à narrativa egípcia de que os árabes enfrentam uma ameaça dos "neo-otomanos".

Do ponto de vista turco, suas incursões na Síria foram necessárias acima de tudo para impedir a formação de uma região curda autônoma que pudesse tentar se juntar às províncias de maioria curda na Turquia. Mas a Turquia também tencionava bloquear a influência russa depois que Moscou prestou assistência militar a Assad em 2016, esperando, além disso, impedir novas ondas de refugiados, tendo recebido mais de 3,3 milhões de pessoas desesperadas. Os turcos se queixam de não receberem crédito por aceitar tantos refugiados, especialmente em comparação com a Europa. No entanto, nos últimos anos, vem crescendo um sentimento antirrefugiados, e Erdoğan tomou medidas para tirar do país o maior número possível deles. Além disso, fez declarações francamente ressentidas quando a Otan despachou tropas extras à Lituânia para conter uma possível agressão russa mas se recusou a ajudar a Turquia no que ela considerava um momento de necessidade, quando foi à Síria prevenir o que, segundo Ancara, era uma ameaça terrorista do Estado Islâmico.

É por isso que um Erdoğan cada vez mais autoritário tem afastado a Turquia da União Europeia e da Otan e procurado agir sozinho. As relações com a UE já eram tensas há algum tempo. Nos anos 2000, a negação turca do genocídio armênio já preocupava líderes europeus, com dezenas de países em consenso, incluindo Alemanha, Canadá, França, Itália, Polônia e Rússia, assim como o Vaticano e o Congresso dos Estados Unidos. É uma acusação que deixa os turcos furiosos e com frequência paira como uma sombra sobre negociações diplomáticas e comerciais. Provavelmente nenhum outro assunto deixa um turco mais furioso. Poucos anos atrás,

Turquia

o presidente Erdoğan declarou que a diáspora armênia tenta instilar ódio contra a Turquia e que, "se examinarmos o que nosso país teve que aguentar nos últimos cem, 150 anos, vamos constatar muito mais sofrimento do que o dos armênios". Não é uma posição com a qual muita gente fora da Turquia concorde.

O distanciamento turco da Otan vem aumentando desde a violenta tentativa de golpe contra Erdoğan em 2016, quando pequenos grupos de militares ocuparam pontes e estações de TV em Istambul. Cerca de trezentas pessoas foram mortas nos confrontos, antes que os legalistas recuperassem o controle. No rescaldo, Erdoğan prendeu dezenas de milhares e expurgou as Forças Armadas, a mídia, a polícia, o serviço público e o sistema de educação de qualquer pessoa suspeita de simpatizar com o golpe. Apesar da falta de provas, sugeriu o que muitos dos seus partidários diziam abertamente: que o golpe foi uma vasta conspiração apoiada pelos americanos.

Em círculos militares turcos, defensores do conceito de "Mavi Vatan", ou "Pátria Azul", costumam ser céticos quanto à adesão do país à Otan, que veem como uma conspiração dos americanos (ajudados pela Grécia) para impedir que a Turquia ascenda ao lugar que lhe é devido no mundo. O presidente Erdoğan talvez concorde. A ideia da Pátria Azul abrange uma visão de mundo na qual a Turquia dominará os três mares à sua volta — o mar Negro, o Egeu e o Mediterrâneo oriental. Isso é declarado abertamente, mas por trás do conceito parece haver uma estratégia de longo prazo para rasgar o Tratado de Lausanne (1923), pelo qual o Império Otomano perdeu território e se tornou a Turquia. A noção tem sido popularizada pelo contra-almirante reformado Cem Gürdeniz, que ajudou a divulgar o termo em 2006 e, após sair da Marinha, o colocou no radar das atenções públicas.

A visão de mundo descrita acima é o conceito mais amplo, mas na linguagem popular Pátria Azul hoje significa a política de Ancara no Egeu e no Mediterrâneo oriental, especificamente em relação à Grécia. Vimos no capítulo sobre os gregos que a descoberta de campos de gás submarinos exacerbou a antiga tensão no Mediterrâneo oriental, área contestada por

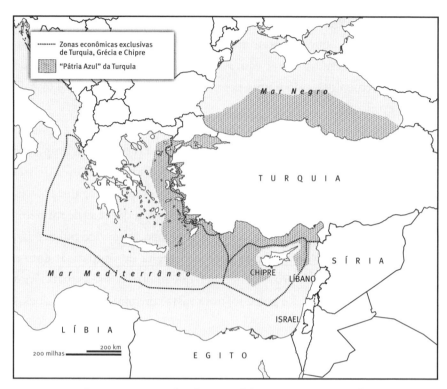

O conceito turco de Pátria Azul daria ao país o controle de grandes partes dos mares circundantes.

Grécia e Turquia depois da invasão turca de Chipre em 1974. Gürdeniz aproveitou essa oportunidade para lançar o conceito de Pátria Azul, que, a acreditarmos nos mapas que trazem esse nome, inclui o controle turco de muitas ilhas gregas. Sua influência pode ser constatada no título tanto do periódico da escola de guerra naval turca quanto dos grandes exercícios militares praticados em 2019: "Mavi Vatan". A posição do almirante é clara e amplamente compartilhada; entre muitas declarações provocativas ele escreveu o seguinte: "Na ausência de força militar a Grécia recorre aos Estados Unidos e à Europa para agirem em seu nome [...]. Eles deviam saber qual é o seu lugar". Erdoğan é apenas um pouquinho mais comedido. Também já criticou o Tratado de Lausanne, que reduziu demais o tamanho da Turquia, e declarou que "a Turquia não pode ignorar seus parentes na

Turquia 207

Trácia Oriental [Grécia], em Chipre, na Crimeia ou em qualquer outro lugar". A posição de Ancara é a de que a Grécia violou o Tratado de Lausanne ao enviar tropas para ilhas supostamente neutras.

No que diz respeito à Crimeia, outrora território otomano, não há muita coisa que Ancara possa fazer. Sua frota no mar Negro é modesta, ao passo que a Rússia passou esses anos todos após a anexação da Crimeia, em 2014, construindo uma grande força. Dessa maneira, a Marinha da Turquia se concentra no Egeu e no Mediterrâneo oriental, que se tornou um dos tabuleiros de xadrez mais complicados do mundo, e onde ela enfrenta oposição significativa dos vizinhos. Tem sido contestada também em outra região onde tradicionalmente exerce influência: o Azerbaijão. O conflito de 2020 entre o Azerbaijão e a Armênia teve um desfecho desconfortável graças à intermediação diplomática russa, seguida pela chegada de forças russas de manutenção da paz para patrulhar áreas onde as tropas turcas só tinham acesso ao centro de observação da força de paz. Os combates se concentravam na região etnicamente armênia de Nagorno-Karabakh, que não queria fazer parte do Azerbaijão. A Turquia tomou o partido dos azeris, que são etnicamente turcos, e o Azerbaijão saiu vencedor, mas foi Moscou que usou sua força e influência para encerrar o conflito. Muito se fala de uma "forte amizade" entre Putin e Erdoğan; a rigor, não existe amizade alguma, apenas um frio entendimento de geopolítica e um respeito pela crueldade um do outro. Os dois lados se conhecem muito bem, e, se puderem evitar esbarrões, evitam, mas ambos sabem que haverá momentos em que é ceder ou enfrentar.

Em 2020 a Turquia tinha se desentendido com Síria, Egito, Arábia Saudita, Emirados Árabes Unidos, Kuwait, Israel, Irã, Armênia, Grécia, Chipre e França, e irritado todos os seus aliados da Otan por comprar o sistema de defesa antiaérea S-400 de um grande rival da Otan: a Rússia. Os americanos ficaram tão furiosos com o que consideraram uma quebra de confiança que em dezembro de 2020 impuseram sanções contra a indústria de defesa turca e ressaltaram que o S-400 tinha sido projetado para derrubar os caças "invisíveis" americanos F-35. O principal conselheiro de Erdoğan respondeu advertindo que soldados americanos baseados na Turquia poderiam receber o mesmo tratamento dado aos gregos em 1922, e que os turcos "ensinariam aos americanos como nadar nas águas do Egeu". No começo de 2021, Ancara iniciou negociações com Moscou para comprar um segundo sistema S-400.

As relações de Ancara com seus vizinhos mais próximos também são afetadas pelos dois maiores desafios que os turcos enfrentam na frente interna: o desenvolvimento da Anatólia e sua "guerra sem fim" contra os curdos.

Mais de 50% dos 85 milhões de habitantes da Turquia vivem na área da grande Istambul, ou ao longo das estreitas planícies costeiras do mar Negro e do Mediterrâneo. O restante está espalhado pelo interior elevado e acidentado, onde há muitas cadeias de montanha com mais de 3 mil metros. O ponto mais alto é o monte Ararate (5137 metros), lugar onde se diz que a Arca de Noé repousou. O desafio tem sido integrar essa região basicamente rural e pobre à área do núcleo em volta do mar de Mármara. Por causa das dificuldades do terreno, ainda é um trabalho em curso; no entanto, o que a Anatólia tem a seu favor, especialmente no leste, é água — muita água.

Cerca de 90% do rio Eufrates e de 45% do Tigre nascem nos planaltos anatolianos. O Eufrates corre para a Síria e para o Iraque, quase paralelamente ao Tigre, antes de os dois se juntarem no sul do Iraque. A terra fértil entre eles deu origem ao nome Mesopotâmia, que significa "entre dois rios". Ambos, mas particularmente o Eufrates, são de importância crucial em termos de água, alimentos e energia para mais de 60 milhões de pessoas, e a Turquia tem a mão na torneira.

No fim dos anos 1960, ela começou a construir represas ao longo dos dois rios, reduzindo o fluxo de água para os dois países rio abaixo e invariavelmente aumentando a tensão, situação que persiste desde essa época. Centenas foram construídas até agora, incluindo a Represa Atatürk, uma das maiores do mundo. Em 1975, Iraque, Síria e Turquia quase entraram em guerra, quando a construção de duas represas coincidiu com um período de seca. Em 1989, caças sírios derrubaram um avião turco de reconhecimento, e no ano seguinte o Iraque ameaçou reagir com um bombardeio quando a Turquia interrompeu temporariamente o fluxo do Eufrates. Pou-

Turquia 209

cos anos depois, respondendo às críticas, o presidente turco Turgut Özal afirmou: "Não dizemos aos árabes o que devem fazer com seu petróleo, por isso não aceitamos qualquer sugestão deles sobre o que devemos fazer com nossa água". Na realidade, as partes envolvidas negociaram tratados que permitem a Ancara desenvolver seus projetos de energia hidrelétrica e à Síria e ao Iraque ter acesso ao fluxo de água, mas o perigo de uma guerra pela água persiste.

É nos acordos sobre água que os dois grandes desafios da Turquia convergem. Construir represas é parte do Projeto Sudeste da Anatólia, destinado a criar empregos, gerar eletricidade e melhorar a irrigação para dar impulso à economia regional. Mas as nascentes dos rios ficam nas partes da Anatólia com maiores populações curdas, as quais de tempos em tempos se levantam contra o Estado turco, que até recentemente insistia em negar-lhes sua etnicidade e oficialmente os classificava como "turcos montanheses". Assim, ao negociar garantias de fluxo de água, Ancara tem frequentemente insistido em cláusulas pelas quais a Síria concorda em reprimir as atividades de grupos curdos armados dentro de suas fronteiras.

Algumas represas ajudaram a restringir a mobilidade de grupos curdos da Anatólia oriental. Vales usados como rotas de trânsito foram inundados, e o norte e o sul das regiões dominadas pelos curdos foram divididos ao meio pelos trabalhos de construção. De sua parte, o principal grupo guerrilheiro curdo, o PKK, tem lançado numerosos ataques contra represas, às vezes colocando explosivos nas estradas, ateando fogo em caminhões e sequestrando operários. Em alguns projetos, os operários precisaram ser escoltados pelo Exército turco.

Os curdos turcos totalizam 15 milhões, o que representa aproximadamente 18% da população do país. A maior parte deles habita as áreas montanhosas do leste da Anatólia, de frente para o Irã, o Iraque e a Turquia, onde vivem outros 15 milhões de curdos, a maioria em regiões fronteiriças. No entanto, os curdos turcos estão entre as levas que começaram a se mudar para as cidades nos anos 1960, e os 2 milhões de curdos de Istambul formam agora o mais numeroso grupo minoritário da cidade.

É costume dizer que os curdos são a maior nação sem Estado. Se levarmos em conta os cerca de 75 milhões de tâmeis da Índia e do Sri Lanka, essa premissa é questionável; mas é certo dizer que o movimento por um Estado curdo independente existe há quase duzentos anos. Nesse período, os curdos anatólios têm entrado em choque com os governantes otomanos, e sustentam uma revolta quase constante contra a República Turca.

Os curdos falam uma língua indo-europeia relacionada ao pársi, mas as regiões curdas da Turquia, do Irã e da Síria têm dialetos tão notavelmente distintos que curdos muitas vezes têm dificuldade de entender uns aos outros. Esse fator ajuda a explicar por que sempre estiveram divididos, ainda que a ideia de uma pátria curda englobando todos eles seja uma constante. Mas é devido à perspectiva de um "Curdistão" que sempre foram oprimidos, em todos aqueles países. Os quatro Estados onde vivem temem não só perder território, mas também a possibilidade de esse território vir a se conectar com as outras três regiões curdas para formar um país capaz de desafiá-los de várias maneiras.

O Estado turco tentou assimilar os curdos à força, suprimindo sua língua e sua cultura, numa campanha para criar uma "nação indivisível". Nos anos 1920, milhares de pessoas foram mortas quando a república esmagou uma rebelião ligada ao nacionalismo curdo. A tensão persistiu ao longo de décadas, com explosões ocasionais de violência, até que um levante geral estourou nos anos 1980. Foi encabeçado pelo PKK (Partido dos Trabalhadores do Curdistão), de inspiração leninista, que de início conquistou muitos adeptos; mas a repressão política que ele próprio usou contra seus oponentes curdos, além de uma série de atos de terrorismo que praticou, acabou afastando grandes segmentos da população curda. Centenas de civis foram mortos em ataques a bomba do PKK, e o partido foi responsável por uma série de assassinatos de políticos e policiais.

Em seus primeiros anos no poder, Erdoğan tentou resolver a questão curda pondo em práticas reformas culturais e investindo mais em áreas curdas. Conseguiu até um cessar-fogo com o PKK, e milhões de curdos, achando que a democracia turca poderia atender a suas demandas por igualdade, começaram a votar no partido de Erdoğan, o AKP. No entanto,

Turquia

o colapso do cessar-fogo desencadeou uma nova onda de violência, e, conforme os curdos da Síria estabeleciam uma região semiautônoma ao longo da fronteira turca, os guerrilheiros do PKK se sentiram mais motivados.

O Exército turco retomou a ofensiva, impondo toques de recolher durante meses em áreas rurais, vasculhando regiões e intimidando civis para que não dessem abrigo a guerrilheiros do PKK. Disparos de tanque, fogo de artilharia e ataques de drone, juntamente com operações de forças especiais, limitaram a mobilidade do PKK, e o grupo sofreu milhares de baixas, enquanto as perdas militares turcas já passaram de mil.

A violência renovada custou a Erdoğan o apoio curdo nas urnas, e para reforçar sua fatia de votos ele começou a agradar aos turcos ultranacionalistas e adotou uma posição francamente hostil contra os partidos políticos curdos. Os ataques do outro lado da fronteira, nas montanhas de Qandil, no Curdistão iraquiano, onde o PKK tem bases, aumentaram, alguns avançando até vinte quilômetros Iraque adentro. Num sinal do quanto os curdos estão divididos, o Governo Regional do Curdistão no Iraque (que tem contratos de energia com Ancara) coopera com os militares turcos.

Em mais um golpe contra o PKK, a Turquia então invadiu o norte da Síria, pretensamente para estabelecer uma zona de segurança entre ela e os terroristas do Estado Islâmico, mas também para se certificar de que a incipiente região semiautônoma pela qual os curdos sírios lutavam não sobreviveria. A ponta de lança da invasão penetrou 29 quilômetros, atravessando pelo meio da região que os curdos chamavam de "Rojava", dividindo-a em duas e providenciando para que os curdos sírios não conseguissem de forma alguma ligar "Rojava" ao Mediterrâneo, o que lhes daria um porto em potencial e, portanto, acesso a outra rota de comércio. Além disso, cortaram a rota que o PKK e os curdos sírios seus aliados, o YPG, usavam para se infiltrar nas montanhas Nur, onde a Turquia e a Síria se encontram no Mediterrâneo. Os turcos tomaram quase trezentas aldeias, seis cidades e uma série de posições estratégicas, todas em território que os otomanos tinham desocupado um século antes. A lira turca é agora a moeda usada nesse território, a rede de eletricidade está ligada à Turquia, Ancara designa funcionários locais e o turco é ensinado nas escolas junto com o árabe. Juridicamente, continua a fazer parte da Síria, mas se o presidente Assad quiser controlá-lo terá que ir lá se impor — levando consigo o Exército sírio.

E essa é a nova posição da república: ainda sobre a ponte entre a Europa e a Ásia, mais uma vez seguindo em frente e criando postos avançados à medida que se expande. Houve uma ruptura com o século passado, uma reconexão mais para trás com os tempos dos otomanos, e simultaneamente uma convocação às armas para que a República garanta o seu futuro.

No mundo multipolar, a Turquia é um ator importante, entre os muitos atores que subverteram a ordem pós-Segunda Guerra Mundial. O momento mais simbólico do papel do país nessa mudança ocorreu em 12 de julho de 2020, quando Erdoğan decretou que o museu da Santa Sofia seria convertido novamente em mesquita, anulando a lei de 1934 de Atatürk. Construída como igreja pelos bizantinos em 537, Santa Sofia tornou-se mesquita em 1453, mas Atatürk achou que haveria benefícios para a república, em termos de relações públicas, se ela fosse transformada em museu, aberto a todos, comemorando sua história religiosa compartilhada. Era uma mensagem para o Ocidente: "As portas estão abertas para todos".

Erdoğan enxerga outro tipo de benefício, e suas contas nas redes sociais narraram a história. Suas contas no Twitter em turco e inglês erguiam cânticos de louvor à integração: a mesquita estaria "escancarada para todos, estrangeiros ou locais, muçulmanos ou não muçulmanos [...] Santa Sofia, patrimônio comum da humanidade, continuará abraçando a todos de um jeito muito mais sincero e original". A versão em árabe do site do Gabinete da Presidência tinha outro tom. Dizia que a medida "pressagia a libertação da mesquita de Al-Aqsa", localizada acima do Muro das Lamentações em Jerusalém. A decisão presidencial era, aparentemente, um novo começo para os muçulmanos no mundo inteiro, e

a melhor resposta aos desprezíveis ataques contra nossos valores e símbolos em todas as regiões islâmicas [...]. Com a ajuda de Alá, o Todo-Poderoso, continuaremos neste caminho abençoado, sem interrupção, sem cansaço ou fadiga, com determinação, sacrifício e persistência, até alcançarmos o desejado destino.

Turquia 213

Num discurso para marcar a ocasião, Erdoğan recordou quatro batalhas essenciais da história turco-otomana: "A ressurreição de Santa Sofia representa nossa memória repleta de dias gloriosos de nossa história, desde Badr até Manzikert, desde Nicópolis a Galípoli".

Será que os dados estão lançados? Será que a Turquia é "caso perdido" como aliado da Otan e como democracia moderna, estimada, confiável? Quase isso.

Foram necessários vinte anos para desmantelar a maior parte dos alicerces do que era uma democracia secular e substituí-los por um sistema autoritário com coloração islamista. A consolidação do poder envolveu a prisão de mais jornalistas do que em qualquer outro país e a erradicação de vozes discordantes do mundo acadêmico e da sociedade civil. Os cargos mais altos das Forças Armadas e do Judiciário estão lotados de apoiadores do novo establishment.

Não há dúvida de que Erdoğan e seu partido AKP têm desfrutado de alta popularidade, mas eles perderam o apoio dos curdos moderados. Nas áreas urbanas, há apreensão com o desgaste de liberdades e com a islamização da República, por isso novos desafios vão surgindo. Até a virada do século, as classes liberais instruídas e mercantis da região de Mármara dominavam a vida política e cultural. No entanto, a inundação das grandes cidades por pessoas da Anatólia, conservadora no âmbito religioso e cultural, somada ao alto crescimento populacional da região, fortaleceu o AKP. Mas, uma geração depois, muitos desses novos moradores das cidades estão adotando atitudes mais liberais, e a batalha pelo corpo e pela alma do país, e por seu papel no mundo, ainda continua.

Na frente diplomática, a Turquia está cada vez mais isolada e menos merecedora de confiança. Acredita ter um trunfo por ser o principal guardião do flanco meridional da Otan, e por sediar a base aérea americana de Incirlik, uma base terrestre da Otan em Izmir e um sistema de radares de alerta precoce em Kürecick, no meio do país. Embora essas sejam de fato cartas fortes, a Otan dispõe de outras, ainda que preferisse não as usar. Se for obrigada a isso, a Otan poderá construir suas instalações na Grécia e na Romênia, para compensar a perda da Turquia no tocante ao Mediterrâneo e ao mar Negro, e persuadir os Emirados Árabes Unidos a sediarem uma base atenuaria o golpe de perder Incirlik. A Turquia também sabe que, embora possa ter força para agir sozinha, as coisas podem mudar, e ela existe num canto violento do mundo. Nos últimos anos, houve conflitos em quatro dos países fronteiriços: Armênia, Azerbaijão, Iraque e Síria. O Irã sempre foi um adversário, assim como a Rússia, apesar da suposta forte amizade entre Erdoğan e Putin. "Aminimigos" talvez seja um termo mais adequado para descrever as relações entre os dois. A Turquia de fato teve algum êxito na Síria e na Líbia, mas a oposição ali dificilmente se compara ao que terá que enfrentar no Mediterrâneo se a estratégia da Pátria Azul vier a provocar uma troca de tiros com a Grécia, que poderia facilmente envolver Chipre, França, Egito e até os Emirados Árabes Unidos.

A Turquia moderna parece enxergar o mundo pós-Guerra Fria e pós--Onze de Setembro como uma selva repleta de concorrentes na qual ela é um dos leões. Tenta ser autossuficiente em armas e tem tido sucesso em construir uma indústria de defesa que, na visão de Ancara, será uma das maiores exportadoras do mundo. Setenta por cento do equipamento militar turco agora é fabricado no próprio país, que se tornou o décimo quarto maior exportador de armas, embora se deva ressaltar que encomendas dos aliados da Otan são esporádicas. Seu projeto mais dispendioso é o TF-X, que pretende ser um caça de última geração para substituir o F-16 até 2030. Poderia estar pronto para voar antes disso, mas depois que a Turquia comprou o sistema antimíssil S-400 da Rússia os americanos convenceram a Rolls-Royce e a BAE Systems a não colaborarem. No entanto, a Turquia está ampliando sua capacidade, e agora produz tanques, veículos blindados, lanchas de desembarque de infantaria, drones, fuzis de alta precisão, submarinos, fragatas, e em 2020 lançou seu primeiro porta-aviões leve, capaz de transportar helicópteros e drones armados. Abriu bases militares no Qatar e na Somália, e despachou tropas para a Síria e a Líbia em seu esforço por se tornar menos dependente do mundo exterior. Nesse sentido, Erdoğan tem tido êxito. Assim como Putin exigiu e conseguiu atenção, Erdoğan assegurou que, em relação a muitos assuntos, como migração, energia e comércio, a Turquia tem que ser ouvida. O presidente Biden as-

Turquia

sumiu afirmando que seu governo será "baseado em valores", sugerindo que ele quer que os aliados da Otan compartilhem esses valores. O maquiavelismo político garantiu que as encarnações anteriores da Turquia como ditadura militar fossem toleradas devido ao seu valor para a Otan, portanto a retórica do presidente americano poderá ser posta à prova se a vocação autoritária de Erdoğan se intensificar.

Atatürk, ciente de que os otomanos tinham ido longe demais, voltou-se para o Ocidente e conduziu a Turquia ao século xx. A Turquia de Erdoğan passou uma década vasculhando um horizonte de 360 graus antes de lentamente concentrar sua atenção mais para o sul e para o leste. Por ora, esse é o rumo da viagem. Mas ainda há eleições, e uma mudança pode ocorrer; ainda existe maquiavelismo, e portanto Ancara enfrentará obstáculos; e sempre haverá a geografia para determinar até onde a Turquia pode ir.

CAPÍTULO 7

O Sahel

Onde dois rios se encontram,
as águas nunca são calmas.
Provérbio do Chade

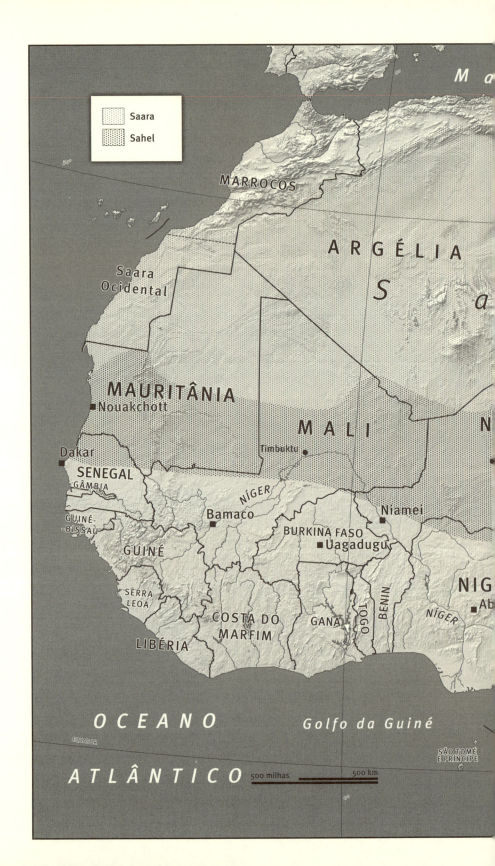

O Sahel é a costa, o Saara o mar. Dessa costa, pessoas saem, em números cada vez maiores, para atravessar o mar de areia e atingir a outra costa: a Europa. Elas deixam para trás um dos lugares mais problemáticos, pobres e ambientalmente deteriorados do planeta — de onde cerca de 3,8 milhões de pessoas foram desalojados nos últimos anos — e marcham em direção a um dos mais ricos.

Em virtude da violência regional, e da intensificação das mudanças climáticas, a situação só tende a piorar. Os abutres da Al-Qaeda e do Estado Islâmico agora se aproveitam do sofrimento de diferentes grupos, numa tentativa de atingir objetivos mais amplos, mesmo com grupos locais tomando de empréstimo essas marcas registradas para se promover. Os conflitos travados em vários países vêm queimando em fogo lento há décadas; agora o fogo pegou e ameaça espalhar-se instantaneamente para longe da costa. O secretário-geral da ONU, António Guterres, advertiu: "Estamos perdendo terreno para a violência". Em 2020, o Sahel foi palco da insurgência de crescimento mais rápido do mundo; a ONU descreveu os níveis de ataques terroristas como "sem precedentes" e "arrasadores".

O que acontece no Sahel não fica no Sahel.

A maioria dos europeus não sabe quase nada sobre a região e seus problemas, ou sobre o impacto que esses problemas poderiam ter em seus próprios países. A Europa já luta com altos níveis de migração; outra grande maré humana chegaria num momento em que os eleitorados europeus estão cada vez menos dispostos a acolher migrantes e refugiados, com alguns defendendo a construção da "Fortaleza Europa". Mas, para estabilizar ambas as regiões, a obra precisa ser construída ao sul, e não ao norte, do Mediterrâneo.

A palavra "Sahel" deriva do termo árabe para praia, ou costa, que é como os viajantes pensavam na área, depois de terem atravessado o maior deserto seco do mundo. Essa costa é formada por savana pedregosa, planícies arenosas de arbustos, capim baixo e árvores atrofiadas. É um lugar sempre em risco de ser varrido por ventos quentes para dentro do deserto, em algumas partes, ou, em tempos mais recentes, de ser varrido para dentro do abismo pelos ventos mais abrasadores dos conflitos. É uma terra inóspita, que moldou seus povos, e onde a expectativa de uma vida confortável é raridade.

O Sahel tem algumas vantagens relativas. Após 1600 quilômetros de implacáveis areias e privações no Saara, há poços, rios e alimento, há os amarelos, brancos e verdes das acácias na estação das chuvas, e até os rosa, violeta e carmins das buganvílias, e há uma variedade de pessoas com quem interagir e fazer negócios. Além disso, ele forma um corredor de 6 mil quilômetros de comprimento através da África, ligando o mar Vermelho ao Atlântico. Nele encontram-se lugares da nossa imaginação romântica, como Timbuktu, e cidades grandes, como Cartum, mas também cidadezinhas poeirentas, infestadas de moscas, no meio do nada, sobrevivendo com dificuldade de mineração destinada aos mercados internacionais. Por ali passam pastores nômades, como os tuaregues e os fulas, usando trilhas forjadas muito antes que o conceito de Estado-nação fosse imposto à África, e cruzando as linhas recém-traçadas de países há numerosos grupos armados, cuja ideologia e violência mais uma vez atraíram exércitos do mundo exterior.

O corredor fica entre as areias do norte e as florestas tropicais do sul. Nas primeiras, se você parar de se mover por muito tempo, vai morrer de sede e insolação, e nas últimas estão os reinos da mosca tsé-tsé, nos quais cavalos, camelos e jumentos não conseguem sobreviver, e nos quais ainda hoje dezenas de milhares de seres humanos morrem todos os anos.

Nos vastos espaços do Sahel há lugares de interação histórica e moderna entre culturas islâmicas, árabes, cristãs, nômades e sedentárias. Em

O Sahel 223

virtude do tamanho da região, não é de surpreender que muitas delas estejam fora do alcance de governos, alguns dos quais não parecem ter o menor interesse em fornecer serviços públicos além dos limites das capitais. Somando-se a isso os efeitos das tensões étnicas, da pobreza, das fronteiras porosas e das hoje violentas ideologias políticas e religiosas, entende-se por que essa terra árdua mergulhou em tempos ainda mais difíceis. A mudança climática exacerba o problema. Quando as chuvas não vêm, as colheitas também falham. Quando os lagos encolhem, o mesmo se dá com o suprimento de comida. E quando isso acontece, as pessoas se movem — e, quando as pessoas se movem, os lugares para onde vão quase nunca estão preparados para recebê-las.

No Sahel, um dos fatores que impulsionam os acontecimentos e conflitos atuais é o jeito peculiar com que geografia, história e a criação dos Estados-nações entraram em choque. Para entender, precisamos recuar muito no tempo.

Por milhares de anos, períodos de clima extremamente seco ou extremamente úmido fizeram vastos espaços do Saara se expandir ou contrair, e isso moldou o Sahel e seus povos — onde vivem, o que fazem e como se comportam.

Há cerca de 10500 anos, o súbito advento de prolongadas chuvas de monção transformou o deserto do Saara numa savana exuberante estendendo-se até o Sahel de hoje. À medida que o deserto encolhia, expandia-se a área onde caçar e coletar. Essa transição, ao longo talvez de vinte gerações, permitiu a colonização gradual da região por pessoas do norte e do sul. Introduziram-se animais domésticos, e métodos rudimentares de agricultura foram aprendidos.

Então houve uma inversão abrupta. Cerca de 5 mil anos atrás, as chuvas cessaram e o deserto voltou, forçando muitos habitantes do que tinha sido o "Saara Verde" a marchar para o norte, em direção à costa líquida do mar Mediterrâneo, ou para o sul, em direção à costa árida do Sahel, e mais para baixo.

Depois da volta do deserto, ficou difícil viajar através das distâncias brutais. Rotas curtas foram abertas, determinadas pela localização dos oásis, até que, assomando no horizonte, apareceu o camelo; foi um momento revolucionário.

A partir de aproximadamente 2 mil anos atrás, pequenas e pioneiras caravanas de camelos permitiram o estabelecimento de rotas comerciais longas. As caravanas cresceram, chegando por vezes a 12 mil animais, vindo a ser o equivalente dos superpetroleiros de hoje, percorrendo tipos bem diferentes de mar. "Um camelo é um cavalo desenhado por um comitê" é uma definição injusta. Pode até ser uma criatura não muito graciosa, mas é magnificamente projetado para fazer o que nenhum outro animal de carga pode fazer, e ao fazê-lo mudou a história. Esses "navios do deserto" eram o único meio de transporte em massa capaz de superar o que durante séculos foi uma barreira terrestre entre a África e o continente eurasiano.

Da família do camelo, o dromedário aguenta quatro vezes a carga levada por um cavalo e ainda viaja cinquenta quilômetros por dia. Faz isso por mais de duas semanas sem uma gota de água, suportando a desidratação de até 25% de todo o seu peso corporal. Na areia, o couro duro entre os cascos ajuda-o a não afundar. Se a areia soprar em sua cara ele é capaz de semicerrar as narinas, piscar suas longas pálpebras e livrar-se de qualquer partícula com uma pálpebra interna que funciona como um limpador de para-brisa. E alimento? O que é que você tem aí? Seja o que for, ele come.

Estive várias vezes sobre um desses animais no Saara e no Neguev, e fui cuspido por muitos no deserto de Areia Vermelha na Arábia Saudita. Percebe-se ao montar que o chão está perigosamente longe, e enquanto se segue balançando vem lá de baixo um ronco regular. Para um novato como eu, não foi uma experiência confortável, e, como opção de transporte, um 4×4 seria preferível. No entanto, mesmo no século XXI é possível que suas chances de atravessar 1600 quilômetros do deserto do Saara sem sofrer uma pane talvez sejam maiores sobre um camelo do que num carro. Para os nômades e mercadores da Antiguidade, a escolha entre um cavalo e um camelo para a viagem brutal, de algumas semanas, era moleza.

Os centros de comércio na costa do Mediterrâneo em pouco tempo estavam ligados a regiões ao longo do rio Senegal, da bacia do lago Chade e da curva do Níger, e novas rotas continuaram a progredir. Os caminhos

O Sahel

usados têm consequências políticas até hoje e agora atravessam espaços redefinidos no século xx como Estados soberanos.

As rotas comerciais aumentaram a prosperidade, que por sua vez ajudou na ascensão dos impérios e reinos do Sahel do século VIII ao XIX; o marfim, o ouro e os escravos que capturavam eram levados para o norte por caravanas de camelo a partir de "portos" comerciais como Timbuktu. Num período de mil anos estima-se que mais de 10 milhões de escravos negros africanos foram levados à força nessa rota e vendidos nos países árabes. Em sentido contrário viajavam produtos de luxo das cidades do norte, como Marraquexe, Túnis e Cairo, destinados à elite dos impérios do sul. Havia também vastas quantidades de sal, uma raridade no Sahel, e até hoje imensas placas de sal fazem essa viagem, transportadas por tuaregues com destino ao Mali. Com o tempo, alguns pontos de partida e de chegada mudaram com as areias e as circunstâncias inconstantes dos impérios, mas as fundações do que vemos hoje na região foram estabelecidas.

No entanto, mesmo com as numerosas rotas comerciais, as difíceis viagens entre essas regiões ainda tornavam a administração um desafio, e os líderes dos impérios tendiam a conceder uma grande dose de autonomia a áreas distantes de suas capitais. Essa tendência ainda existe, uma vez que os Estados modernos são muito grandes e de população rarefeita. Mali é um bom exemplo. A capital, Bamaco, é geográfica, climática e culturalmente muito diferente das cidades e aldeias ao norte, onde o Sahel se funde com o Saara.

Todos os impérios eram limitados na expansão para o sul rumo às regiões dos iorubás e axântis. Ali começam as florestas, e os mercadores não gostavam de levar seus cavalos e camelos para o lar do grande matador de animais de carga: a mosca tsé-tsé.

Nas caravanas de camelo, os comerciantes norte-africanos e árabes não transportavam só produtos mas também ideias, inclusive a de que havia apenas um Deus, que esse Deus era conhecido como Alá e que seu mensageiro na Terra fora Maomé. O islã chegou ao Sahel no começo do século VIII. Os séculos subsequentes assistiram à conversão de poderosos governantes para o islã e à gradual mistura da religião com as diversas crenças das populações africanas.

No século xv, navios comerciais europeus começaram a navegar pela costa do Atlântico, levando muitas mudanças para o Sahel. Os comerciantes de escravos africanos agora tinham uma segunda rota de mercado e comércio, que dava mais valor aos homens do que às mulheres. Os envolvidos na indústria do ouro estavam bem situados para desenvolver seus negócios no que os europeus rapidamente passaram a chamar de Costa do Ouro. As regiões costeiras, e partes do interior, agora tinham acesso direto a produtos europeus.

Na infame conferência de Berlim de 1884-5, as potências europeias dividiram a África traçando linhas arbitrárias. Na época ainda havia regiões aonde nenhum europeu tinha chegado, mas as grandes potências sabiam o que queriam — território e recursos. Conforme comentou o primeiro-ministro britânico Lord Salisbury poucos anos depois: "Temos dado montanhas, rios e lagos uns aos outros, estorvados apenas pela pequena desvantagem de que jamais soubemos exatamente onde ficavam as montanhas, os rios e os lagos".

Sob domínio francês ficou boa parte do Sahel — o que agora equivale em linhas gerais a Mali, Níger, Burkina Faso, Chade, Mauritânia, Senegal, Guiné, Benim e Costa do Marfim, mas então ostentava nomes como Alto Volta e Sudão Francês. O que era conhecido coletivamente como "África Ocidental Francesa" estendia-se até a Argélia, que tinha caído em mãos francesas no começo do século. Não foi nada agradável. Talvez o episódio mais vergonhoso tenha sido a missão Voulet-Chanoine de 1898-9.

Os oficiais do Exército Paul Voulet e Julien Chanoine partiram numa expedição do Senegal para o lago Chade como parte de uma estratégia para unir territórios sob controle francês. A coluna, na época com 3 mil soldados, carregadores e cativos, esbarrou em dificuldades cada vez maiores para encontrar provisões e passou a saquear aldeias e estuprar e assassinar moradores. O governo francês recusou-se a conduzir um inquérito parlamentar e uma investigação interna pelo Ministério das Colônias preferiu ignorar questões de política e as numerosas atrocidades previamente come-

O Sahel

tidas na região. A investigação terminou em menos de um ano, chegando à conclusão de que dois homens tinham sofrido de *soudanite aiguë*, uma espécie de loucura causada pelo calor. A expedição Voulet-Chanoine é praticamente esquecida na França e desconhecida na maior parte do mundo, mas lembrada no Sahel.

Durante esse período, os britânicos, que também não eram santos, consolidavam ou ampliaram sua presença no Egito, no Sudão e na Somalilândia Britânica. Os italianos controlavam a maior parte da Líbia, e os espanhóis estavam no "Saara espanhol", agora Saara Ocidental. Essas novas criações atravessavam linhas comerciais e por vezes as perturbavam, com as potências europeias tentando criar mercados internos. As rotas de comércio tradicionais foram parcialmente corroídas pelos novos terminais ferroviários rudimentares e por trilhas abertas a partir da costa, resultando na diminuição da renda das pessoas ao longo dos velhos caminhos.

No passar das décadas, as esferas de influência assinaladas nos mapas, quase sempre governadas como regiões administrativas, tornaram-se fronteiras de fato. Vieram a ser Estados internacionalmente reconhecidos após a descolonização dos anos 1950 e 1960. Em 1964, os chefes de governo do precursor da União Africana, a Organização da Unidade Africana, relutantemente decidiram que era melhor preservar aquelas fronteiras para garantir estabilidade. Temiam que conflitos estourassem em todo o continente se negociassem permutas territoriais com base nos vínculos éticos pré-coloniais. Esse acordo tem sido basicamente respeitado, com apenas um grande ajuste feito depois que a Eritreia saiu da Etiópia e o Sudão do Sul saiu do Sudão. O primeiro caso ocorreu após um conflito prolongado e o segundo precedeu uma terrível guerra civil no Estado recém-criado, que ainda não se apagou de todo.

Tanto o statu quo como os modelos renegociados têm seus riscos. Nos anos 1960, por exemplo, os líderes nigerianos estavam tão decididos a impedir a fragmentação do país unido que foram à guerra contra a região petrolífera de Biafra, dominada pelos ibos. Tiveram êxito, mas ao custo de 1 milhão de vidas. Ainda hoje muitos ibos sonham com um Estado próprio, e no resto do continente há casos parecidos.

Há exemplos no Sahel de hoje, e, embora na época em que escrevo as fronteiras pareçam estar valendo, essa situação tem sido posta à prova enquanto mudanças climáticas, jihadistas e divisórias pré-coloniais dentro da região se juntam para criar um tempo de conflitos.

O Mali é um boa amostra. Em 1960, suas fronteiras foram criadas a partir da África Ocidental Francesa quase junto com o estado do Alto Volta, que viria a se tornar Burkina Faso. Não houve acordo sobre a demarcação, especialmente no setor oriental, que se acreditava rico em minerais. Houve combates em 1974 e novamente em 1982, antes que o Tribunal Internacional de Justiça dividisse a zona entre os países. Ambos herdaram problemas estruturais deixados pela potência colonial. Tinham um nome, uma bandeira, uma espécie de governo, mas não uma infraestrutura moderna. Havia poucos engenheiros, médicos ou economistas altamente capacitados, e no governo muitos políticos recorreram às estruturas tribais já existentes, para beneficiar seus próprios grupos.

Dentro do Mali há duas regiões geográficas e culturais distintas: o norte e o sul, separados mais ou menos pelo rio Níger. De modo geral, o norte é muito mais seco, especialmente nas áreas perto de onde o Saara começa. É dominado pelos tuaregues, uma subdivisão dos berberes do Norte da África, e tradicionalmente nômades com vínculos com a Argélia, o Níger e a Mauritânia. As maiores cidades são Gao e Timbuktu, ambas à beira do Níger, e nos últimos duzentos anos as duas viram seu status e sua riqueza despencarem à medida que o comércio crescia nas rotas para a Europa. O sul tem mais savana, chuva, agricultura, gente e riqueza. Também tem maior influência política. Abriga a capital, Bamaco, e grupos étnicos do povo bambara, o qual tem ligações com o sul em Burkina Faso, na Costa do Marfim e na Guiné.

Décadas depois da independência, muitas das elites ainda relutam em aceitar os "outros" como "nós". No Mali, ao se livrar dos grilhões coloniais, uma das primeiras coisas que os novos líderes em Bamaco fizeram foi continuar a política francesa de dividir para governar, e dessa forma oprimir as diversas tribos tuaregues de pele mais clara ao norte, vistas como atrasadas, agressivas e racistas. Por sua vez, muitos tuaregues nômades

O Sahel   229

se ressentiram de serem amontoados num Estado que não reconheciam, e agora dominado por uma gente sedentária do sul que nos séculos anteriores vivia com medo dos guerreiros do norte. Em 1962, apenas dois anos depois da independência, ocorreu a primeira rebelião tuaregue, seguida por espasmos periódicos de violência, e em certo sentido a situação atual é um prolongamento disso. Cresce um movimento tuaregue pela criação de um Estado independente chamado Azauade.

De todos os lados há pessoas que trabalham para reduzir as diferenças, e houve até um primeiro-ministro tuaregue. Apesar disso, o financiamento do governo central para as regiões do norte é significativamente menor do que o financiamento para as do sul. Quando sentimos que o governo não nos ajuda, a pergunta se impõe: para que ele serve?

Em 2012, combatentes tuaregues de um grupo chamado Movimento Nacional pela Libertação do Azauade lançaram uma campanha contra o Estado malinês com vastas repercussões em toda a região. Revoltas tuaregues já haviam ocorrido, mas essa foi diferente. Agora eles tinham apoio de grupos terroristas internacionais: como aliados do Ansar Dine e do Movimento para a Unidade e a Jihad na África Ocidental, ambos ligados à Al-Qaeda no Magreb Islâmico (AQMI), estavam mais bem armados do que nunca, graças à Guerra Civil da Argélia nos anos 1990 e à Guerra Civil Líbia que teve início em 2011.

Quando a guerra civil argelina terminou, em 2012, alguns islamistas ultrarradicais, que tinham tentado substituir a junta militar por uma teocracia, se estabeleceram no norte do Mali, ligados a outro grupo cujas fontes de financiamento eram o contrabando de drogas e sequestros. Era o começo da Al-Qaeda no Magreb, e o grupo aproveitou a oportunidade para penetrar nas insurgências locais. Enquanto isso, durante a primeira década deste século, milhares de tuaregues malineses se apresentaram para fazer o serviço militar na Líbia. Um dos sonhos do coronel Gaddafi era usar a riqueza do petróleo para controlar a região, e ele se regozijava ao semear a discórdia no Mali jogando um grupo contra outro e enfraquecendo o país para poder dominá-lo. Do ponto de vista dos tuaregues, se seu próprio Estado, ao qual tinham pouca lealdade, não o ajudava, eles buscariam ajuda onde pudessem. Para silenciar qualquer crítica do governo malinês, Gaddafi pagou pela criação da rede de TV malinesa e pela construção de mesquitas. Quando seu regime veio abaixo, em 2011, seus mercenários voltaram para casa, levando armamento pesado que saquearam nas bases da Legião Islâmica. Em menos de um ano o Mali estava em tumulto; em dois anos, o Sahel também, com a explosão de violência atravessando as fronteiras.

O Mali já era um dos países mais pobres do mundo, com pouco controle em muitas áreas. Assim, estava mal preparado para rechaçar as levas de combatentes bem equipados e altamente motivados que caíram em cima das cidades do norte, incluindo Timbuktu, e capturaram um território maior do que a França.

Em Timbuktu, conhecida como a "cidade dos 333 santos" e lugar de peregrinação e aprendizagem, os islamistas começaram a impor a rigorosa charia à população urbana, que não estava habituada a essas práticas. Mulheres eram obrigadas a cobrir-se, e as que se recusavam eram açoitadas. Era proibido fumar, músicos tiveram instrumentos quebrados, e artefatos antigos foram destruídos. Chegaram até a arrancar o portão da mesquita Sidi Yahya, do século XV, sob o argumento de que a lenda segundo a qual ficaria fechada até o fim do mundo era "idolatria não islâmica". Os combatentes ofereceram ao imã, Alpha Abdoulahi, cerca de noventa dólares para reparos, "mas eu me recusei a aceitar o dinheiro, dizendo que o que tinham feito era irreparável".

Em Bamaco, mil quilômetros ao sul, o governo divulgou uma forte declaração "condenando" a destruição do patrimônio cultural do país, mas não tinha poder para tomar qualquer providência. Seus soldados tinham fugido, e sua limitada máquina governamental fora desmantelada.

No começo de janeiro de 2013, as forças tuaregues e jihadistas passaram dos limites no campo militar e ideológico. Chefes militares dos grupos afiliados à AQMI, e também os tuaregues, ignoraram conselhos de cima e avançaram para o sul. Altos comandantes estrangeiros, que por vezes têm uma visão melhor das consequências mais amplas de certas ações do que os combatentes locais, nesse caso parecem ter tido lá suas reservas quanto a provocar a principal potência estrangeira, a França.

O Sahel

No entanto, embora os tuaregues muitas vezes sejam jihadistas, lutando em nome de uma interpretação rigorosa do islã, para eles, ao contrário da Al-Qaeda, a política local é mais importante do que as visões de dominação global. Como uma fonte da inteligência ocidental que opera na região afirma sobre os muitos combatentes locais que se juntam a grupos liderados por gente de fora: "O califado e a identificação com a Al-Qaeda, o Estado Islâmico etc. são enganosos. Esses caras são muçulmanos, sim, mas a maioria não está lutando por um califado; suas queixas são anteriores ao surgimento do Estado Islâmico, e estão muito mais ligadas a questões locais e regionais".

Assim, embora a Al-Qaeda costumasse adotar uma visão de longo prazo, não houve como segurar homens dispostos a abrir caminho até a capital. Eles atravessaram o rio Níger rumo a Bamaco, e com isso também o Rubicão. Dentro de poucos meses, quando desafiados por uma potência maior, receberam pouco apoio das pessoas que pretendiam governar; a brutal versão da charia que infligiram à população tinha feito muita gente se voltar contra eles.

Talvez os jihadistas locais não estivessem cientes de que Paris não toleraria a possibilidade de um Estado dominado pelo Estado Islâmico às portas da Europa. Como principal potência estrangeira na região, a França não ficaria de braços cruzados se a estabilidade, as taxas de migração e seus interesses econômicos, inclusive na área de energia nuclear, fossem ameaçados. A França sofreu dezenas de ataques terroristas neste século, muitos deles ligados a países onde cidadãos de antigas colônias têm dupla cidadania, o que lhes permite fácil acesso ao território francês. Mais de trezentas pessoas foram assassinadas em ataques na França desde 2000, e centenas foram feridas. Assim, quando os jihadistas se aproximaram de Bamaco, caças franceses e unidades das Forças Especiais decolaram imediatamente. A história colonial teve sua parcela de importância na decisão, mas a ação foi ditada por interesses atuais.

Os franceses sabem que os Estados do Sahel são incapazes de vencer as incontáveis ameaças que enfrentam. Entregues a si mesmos, é possível que Mali e Burkina Faso entrem em colapso, criando um vácuo regional imenso, sem governo, que a Al-Qaeda buscará preencher e depois ampliar. Há milhares de expatriados franceses nos Estados do Sahel, incluindo o Níger, onde existem minas de urânio que ajudam a alimentar a indústria nuclear francesa e a manter as casas francesas iluminadas.

À medida que os ataques aéreos iam penetrando, os jihadistas recuavam para o norte perseguidos pelas Forças Especiais. Na sequência, a pedido do governo malinês, veio a Operação Serval, batizada com o nome de um felino africano que vive na savana. Chegaram 2500 soldados franceses, juntamente com a aprovação internacional e o apoio do Exército malinês. Esmagaram rapidamente a oposição — mas o fizeram matando e dispersando, e não só derrotando.

Os vários grupos militantes se reorganizaram e reapareceram. Um sinal do que viria pela frente foi visto no vizinho Níger em maio de 2013, com um ataque terrorista envolvendo um novo grupo chamado Al-Mulathamun, "Aqueles que Assinam com Sangue", encabeçado por Mokhtar Belmokhtar, um ex-comandante da AQMI. Mais tarde ele fundiu seu próprio grupo com outro para criar o Al-Murabitun, cuja missão aparentemente era "perseguir não muçulmanos do Nilo ao oceano Atlântico" e, numa agenda movimentada, combater "a campanha sionista contra o islã e os muçulmanos".

Em 2014, cerca de 4500 soldados franceses participaram da Operação Serval, que então se transformou em Operação Barkhane, rebatizada em homenagem às dunas em forma de meia-lua das regiões arenosas do Saara. Barkhane é concebida como uma intervenção militar de longo prazo e se estende a Burkina Faso, Chade, Mauritânia e Níger, além do Mali. Esses países formam o G5 Sahel, que contribuiu com 5 mil militares, policiais, gendarmes e oficiais da patrulha de fronteiras num esforço conjunto contra o que eles percebem que se tornou uma ameaça regional. Mas os militares do G5 e os franceses tiveram que se espalhar por uma área de 5 milhões de quilômetros quadrados e não conseguiram impedir que as insurgências formassem uma rede e a violência se espalhasse.

Em 2014 os militantes voltaram a operar no norte do Mali, e em 2015 eram vistos em partes do centro. No ano seguinte, espalharam-se pelo oeste do Níger e pelo norte de Burkina Faso. Em 2018 estavam no leste

O Sahel 233

de Burkina Faso em meio a sinais de crescentes conexões com grupos jihadistas no Norte da África e no Chifre da África, e com o Boko Haram na Nigéria. Temia-se que chegassem cada vez mais ao Benim, à Costa do Marfim, ao Togo e a Gana, na África Ocidental. O sequestro de dois turistas franceses em 2019 no Benim, na fronteira com Burkina Faso, mostrou o aumento gradual do alcance geográfico dos jihadistas.

Os militantes preferem, em geral, não enfrentar diretamente forças locais e internacionais. Satisfazem-se em "ceder o campo de batalha", usando, em vez disso, as clássicas táticas guerrilheiras de ataques rápidos, que incluem dispositivos explosivos improvisados, antes de recuarem para vastos espaços sem governo ou se misturarem à população local. Um especialista em segurança que opera no Mali diz o seguinte: "A milícia consegue estabelecer domínio regional temporário. Despeja reforços em certa área por, digamos, doze horas, depois toma um posto avançado do exército governamental, antes de voltar a desaparecer".

Um dos piores casos ocorreu em dezembro de 2019, quando um ataque a uma base do Exército no Níger resultou na morte de 71 soldados. Em janeiro de 2020, outros 89 foram mortos, e em seguida, no fim de março, quando as atenções mundiais se voltavam para a pandemia do coronavírus, o Boko Haram preparou uma emboscada num acampamento militar de soldados chadianos perto do lago Chade. Numa batalha de sete horas, matou pelo menos 92 homens fortemente armados, no ataque mais mortífero já sofrido pelas Forças Armadas do país. A capacidade do Chade de resistir ao esfacelamento começou a ser questionada. A população de 16 milhões está dividida em mais de duzentos grupos étnicos espalhados numa área maior do que o Reino Unido, com um governo incapaz de proteger o próprio exército, que dirá o povo.

Em toda a região, ataques a alvos militares e civis foram executados ao longo de 2019, e ainda assim, até certo ponto, ainda era uma guerra esquecida. Por isso, o presidente Macron convocou uma reunião de cúpula em janeiro de 2020 para pedir apoio internacional. Sua ideia é que a região deve integrar uma nova política de defesa da União Europeia,

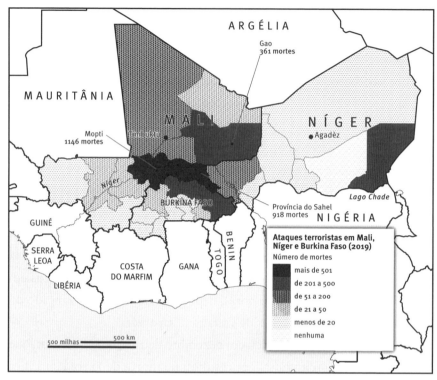

Nos últimos anos houve uma intensificação dos ataques terroristas no Sahel.

para impedir que países ao sul entrem em colapso e enviem milhões de refugiados para o continente. Ele afirmou que, depois de as forças francesas terem sofrido mais de quarenta baixas, era hora de outros países europeus agirem também.

Poucos aceitaram o desafio. O Reino Unido estava desgastado pela experiência no Iraque e envolvido na Síria, e nas últimas décadas outros países europeus, em especial a Alemanha, têm relutado em contribuir com tropas. O Reino Unido já tinha mandado dezenas de militares e três helicópteros para ajudar a transportar tropas francesas. A Dinamarca despachara algumas aeronaves e cerca de setenta militares, e o governo tcheco entrou com sessenta militares. A Estônia destacou um pelotão de infantaria blindada de seu Batalhão de Escoteiros, cerca de cinquenta soldados.

Foi uma resposta acanhada, que levou Macron a enviar mais seiscentos soldados, juntamente com cem veículos blindados, elevando o efetivo de tropas francesas para 5100. Em 2020 a Suécia, que já tinha alguns soldados na região sob comando da ONU, prometeu mandar uma força de reação rápida transportada por helicóptero e cerca de 150 militares das Forças Especiais. A Grã-Bretanha, militarmente o principal país europeu, ao lado da França, prometeu então um reforço significativo — um grupo-tarefa mecanizado de reconhecimento de longo alcance, 250 militares, para "chegar a partes do Mali onde a maioria das Forças Armadas não consegue, a fim de enviar dados de inteligência do local para o quartel-general da missão [da ONU]". Em outras palavras, para ir aonde outros governos preferem não mandar suas tropas. Foi uma decisão de alto risco tomada pelo primeiro-ministro Boris Johnson: a Missão Multidimensional Integrada das Nações Unidas para a Estabilização do Mali (Minusma), estabelecida em 2013, tem a mais alta porcentagem de baixas entre as missões de manutenção de paz no mundo, com mais de duzentos mortos.

O presidente Macron insiste em convencer a Argélia a envolver seu bem equipado Exército Nacional Popular na briga, mas, levando em conta a história colonial, Argel não pretende pôr suas tropas sob o comando de Paris. Os argelinos afirmam que, caso se envolvam, elas deveriam ficar sob o guarda-chuva da União Africana. Além disso, temem mexer num ninho de vespas, uma vez que, na concepção da milícia tuaregue, um Estado independente do Azauade inclui partes da Argélia.

Uma variedade de forças e organizações, locais e internacionais, está envolvida numa luta desesperada para estabilizar a região. A Aliança do Sahel foi formada em 2017 por França, Alemanha, União Europeia, o Programa de Desenvolvimento da ONU, o Banco Mundial e o Banco Africano de Desenvolvimento, e outros se juntaram mais recentemente, como o Reino Unido, a Itália e a Espanha. Em 2018 a aliança se dedicou a direcionar mais de 6 bilhões de euros para projetos de criação de empregos e desenvolvimento de infraestrutura. Arábia Saudita e Emirados Árabes Unidos investiram dinheiro em projetos regionais, em parte para conter o Irã, que vem tentando intensificar seu comércio e sua influência na área, e os Estados Unidos reforçaram seu compromisso de ajuda militar, embora nem tudo tenha se materializado.

A comunidade internacional começou a atuar em todo o Sahel; além da Minusma, há a Missão de Treinamento da União Europeia no Mali e o G5 Sahel, entre outros. As armadilhas de se criar essa sopa de letras foram notadas pelo diretor de Prevenção de Crises Civis no Ministério das Relações Exteriores alemão, Heike Thiele, que observou que a coordenação era importante, mas "não deve se limitar à troca de planilhas de Excel sobre atividades".

É importante também incluir os moradores. Os líderes do G5 Sahel sabem que setores da população são hostis ao que muitos veem como um projeto neocolonialista. Em 2020, pouco antes da reunião de cúpula de Macron, houve uma manifestação anti-França de centenas de malineses em Bamaco, durante a qual a bandeira francesa foi queimada. Macron deixou claro que, a seu ver, a condenação desses atos por líderes regionais foi tímida.

Os governos da região do Sahel ficam numa situação delicada. Precisam mostrar que estão no comando, embora com frequência se submetam à vontade das grandes potências. Além disso, precisam lidar com a tensão étnica que herdaram. No Mali, por exemplo, milícias de autodefesa foram organizadas nas comunidades de Bambara e Dogon, porque sentiam que o governo não podia, ou não queria, protegê-las dos militantes. No entanto, isso as levou a mirarem outros grupos. Houve também acusações de que as forças de segurança do governo em alguns países massacravam civis de determinadas etnias. Em estados como o Mali e o Níger, o Exército costuma ser dominado por pessoas das regiões de savana do sul, não das áreas desertas do norte.

A maioria das ações contra o terrorismo é executada pelas Forças Armadas francesas e americanas. Os franceses se concentram basicamente no Mali e no Sahel oriental, e os americanos, na bacia do lago Chade, mas há uma estreita cooperação e um compartilhamento de informações de inteligência. A classe política e militar americana vê a região pelas lentes da segurança nacional e da estratégia mais ampla. Defensores do envolvimento americano afirmam que eles precisam estar lá para impedir que Estados falidos se tornem viveiros de ataques contra interesses americanos. O argumento mais amplo é que uma retirada americana permitiria o domínio da China na região, e que os Estados Unidos precisam ser vistos apoiando seus aliados europeus, sobretudo porque gigantescos movimentos populacionais para a Europa desestabilizariam o continente. O argumento contrário é que, com um orçamento limitado, seria melhor o Pentágono se concentrar na região do Pacífico e a Europa ser coagida a tomar conta do seu próprio "exterior próximo".

Devido ao tamanho do teatro de operações e ao fato de os lugares serem escassamente povoados, inundar a região de soldados é impraticável, assim como são impraticáveis as patrulhas numerosas em larga escala. Em vez disso, França e Estados Unidos fazem amplo uso de drones, de operações de Forças Especiais e de parcerias com tropas locais para restringir a movimentação de grupos militantes e sua capacidade de enviar armas através das fronteiras.

Os americanos instalaram uma base de drones na cidade nigerina de Agadèz. Antes disso, dividiam um aeroporto com os franceses em Niamey, perto da fronteira de Burkina Faso, mas à medida que a violência se difundia as rotas usadas pelos militantes se estendiam para além do alcance dos drones. Em Agadèz, os Estados Unidos mantêm drones Reaper MQ-9 estacionados. Seu raio de ação é de 1850 quilômetros, e, operando em conjunto com uma base em Dirkau, no nordeste do Níger, eles agora cobrem do Mali ocidental até o Chade, a Líbia e a fronteira nigeriana.

O Níger é de importância estratégica vital tanto para os Estados Unidos como para a França. Localizado exatamente no meio do Sahel, oferece o potencial de vigilância sobre países norte-africanos problemáticos, sobre o Boko Haram na Nigéria e sobre vários grupos islamistas espalhados pelos sete países com que faz fronteira. Tem escapado dos níveis de violência sofridos por seus vizinhos, e de todos os Estados do Sahel parece ser o mais agudamente consciente dos perigos. O Níger é cercado por países assolados pelo terrorismo islamista — Nigéria, Burkina Faso, Mali, Argélia, Líbia e Chade. Esses países abrigam as rotas comerciais seculares já discutidas aqui, uma das quais vai do norte ao sul passando por Agadèz, outra que segue ao longo da fronteira entre Níger e Argélia. Hoje, ambas são utilizadas no tráfico humano, que na última década contrabandeou centenas de milhares de almas desesperadas por esses corredores.

O Níger acolheu as forças ocidentais e é provavelmente o mais ativo dos países do G5 Sahel em termos de cooperação regional. Financia bem seu Exército e sua Polícia e tem empreendido esforços limitados para levar a sério as questões dos grupos étnicos minoritários. Esses grupos incluem os fulas.

Entender a história e a demografia dos fulas é essencial para entender a atual situação, especialmente porque há grandes números de fulas envolvidos nas insurgências. Sua trajetória, sua distribuição geográfica e suas práticas culturais têm tido impacto importante na crise. Os fulas são uma nação sem Estado. Há pelo menos 23 milhões espalhados pelo Sahel, pela costa da África Ocidental, chegando, em direção ao sul, até a República Centro-Africana. Por exemplo, há aproximadamente 17 milhões na Nigéria (cerca de 9% da população), 3 milhões no Mali (16%), 1,6 milhão no Níger (7,6%), 1,2 milhão em Burkina Faso (6,3%) e 600 mil no Chade (4%).

Os fulas tiveram impérios, ainda que as pessoas sejam, na maioria, pastores nômades que sempre viram a região como um lugar onde podiam andar livremente, e não divididas em Estados-nações que exigem pedaços de papel para a locomoção. O fato de outrora terem governado a área está profundamente incrustado em sua memória coletiva; o Império Macina (1818-62) é considerado uma idade de ouro.

O império tinha como centro partes do que hoje é o Mali e estendia-se centenas de quilômetros para o leste e para o oeste. Sua capital era Hamdullahi (do árabe "louvor a Alá"), o que atesta as rigorosas crenças religiosas islâmicas sunitas dos fulas, cujos líderes proibiram a dança, a música, o fumo e o álcool. Os fulas foram dos primeiros africanos a adotarem o islã. Só em Hamdullahi havia uma guarnição de mais de 10 mil soldados, com outros milhares em postos avançados regionais, como Timbuktu.

Antes de Macina, os fulas foram vassalos de outros impérios, fato que ainda não esqueceram. Inversamente, a memória coletiva de muitas

O Sahel

outras comunidades sedentárias é que os fulas são uma gente belicosa que, quando tinha poder, escravizava os seus em números imensos. De fato assim era, especialmente entre populações não muçulmanas. A tensão atual em todo o Sahel pode em parte ser rastreada recuando-se no tempo até essa história: há quem associe a ascensão do jihadismo entre os fulas a uma tentativa deles de restabelecer seu império e converter cristãos à força.

Esses temores são reforçados de muitas maneiras. Depois da ofensiva encabeçada pelos franceses no Mali em 2012, um dos grupos que surgiram foi a Frente de Libertação Macina (FLM), que recebeu esse nome em homenagem à cidade no Mali e era chefiada por um professor religioso de cinquenta e poucos anos chamado Amadou Koufa. Quando jovem, Koufa adotou opiniões religiosas conservadoras, influenciado por pregadores paquistaneses em visita ao país; mas voltou de algumas viagens ao Qatar e ao Afeganistão transbordando de ideologia jihadista takfiri. Takfiri é o muçulmano que declara que outro muçulmano não acredita nos verdadeiros dogmas do islã e portanto não é mais muçulmano. De um ponto de vista jihadista, isso significa uma licença para matá-los. As ideias criaram raízes no Oriente Médio entre os muçulmanos sunitas que se consideram "salafistas", ou seguidores da "mais pura" versão do islã, mas até recentemente era um conceito estranho aos muçulmanos africanos, a maioria dos quais observa as tradições sufistas mais moderadas.

Koufa parece ter caído no colo da AQMI. Documentos encontrados depois da intervenção francesa mostram que os líderes da AQMI disseram a alguns dos grupos de sua franquia que não se identificassem como ligados à Al-Qaeda e fingissem ser um movimento nacional. Os fulas eram perfeitos para isso: tinham uma causa nacional preexistente em defesa de uma pátria e podiam criar um front do outro lado do Sahel graças à sua dispersão geográfica. A FLM parece estar basicamente confinada ao Mali e a regiões fronteiriças, mas executou numerosas atrocidades, com incursões a aldeias, assassinando centenas de civis e soldados malineses, um ataque ao Radisson Blu Hotel em Bamaco, onde matou 22 pessoas, explosões de santuários religiosos e a cartada da "libertação" para justificar suas ações, alegando que isso livraria seus partidários do governo de um Estado malinês. Parece que o objetivo é tomar conta de uma grande área do centro do Mali e estabelecer a República Islâmica Macina. No fim de 2018, as autoridades malinesas afirmaram que Koufa tinha sido morto num ataque aéreo francês. Em março de 2019, ele apareceu num vídeo, dizendo que as notícias de sua morte foram grandemente exageradas.

A fraqueza do Estado e percepções de injustiça agem no recrutamento entre as populações fulas. Os grupos militantes podem até ter tratado mal muita gente no breve período em que ocuparam Timbuktu e outras áreas em 2012, mas a volta de funcionários do governo não significou o restabelecimento do Estado de direito. A prática de extorsão pelos servidores públicos foi retomada e os militares retornaram, infligindo castigos coletivos em alguns lugares. Nesse contexto, numa das regiões mais pobres de um dos países mais pobres do mundo, Koufa e seus altos comandantes estavam na verdade arrombando uma porta aberta. A FLM oferecia educação religiosa gratuita, uma versão própria de justiça, o fim dos subornos e, para recrutas, mais de mil dólares se quisessem ser homens-bomba.

Nos últimos anos, o conflito se espalhou através das fronteiras para as populações fulas de outras regiões do Sahel, como Burkina Faso, Níger e partes da Nigéria. Temas similares aparecem em cada explosão de violência: como a seca torna a terra cada vez mais árida e imprópria para a criação de gado e ovelhas, esses povos nômades se mudam para novas áreas urbanas e rurais, onde são vistos como forasteiros e seus interesses entram em choque com os de outros, como agricultores, levando à violência em todos os lados. Nisso, um dos principais fatores é a mudança climática, e, como o terrorismo, ela não respeita fronteiras.

Vimos que o clima em transformação moldou a região por milhares de anos, às vezes alterando-a drasticamente. Mas a partir de 1950, aproximadamente, o fator humano deu sua contribuição. Devido ao crescimento das populações, mais árvores têm sido derrubadas para servir de lenha. Simultaneamente, um aumento da quantidade de gado significou maior consumo da cobertura forrageira. Isso levou à erosão do solo e à desertificação: a camada superficial do solo na paisagem árida resul-

O Sahel

tante era mais facilmente corroída pela erosão eólica, produzindo vastas tempestades de areia, e a falta de solo superficial tornava o cultivo em grande escala quase impossível numa região onde as temperaturas no verão costumam passar dos 38°C.

Nessas condições, a seca seguinte foi catastrófica — provavelmente a pior em qualquer lugar do mundo na segunda metade do século xx. Em 1968, faltou pouco para destruir todas as plantações numa área imensa. Em 1972, praticamente não caiu uma gota de chuva, e estima-se que 100 mil pessoas tinham morrido até o fim de 1973, além de uma enorme quantidade de gado, com o Saara avançando cem quilômetros para o sul, Sahel adentro. Em meados dos anos 1980, outra seca, outra extrema escassez de alimentos, e mais Saara. O lago Chade também foi vítima. Nas últimas quatro décadas do século xx ele encolheu 90%, causando enorme perda de peixes, empregos e renda para milhões de pessoas no Chade e nos países vizinhos, que dependem de suas águas. Em toda a região, a insegurança alimentar atinge 30 milhões de pessoas, das quais, segundo a FAO, a Organização das Nações Unidas para a Alimentação e a Agricultura, cerca de 10 milhões correm risco extremo de passar fome.

A maioria dos cientistas que estudam o clima concorda que desde o início da Revolução Industrial as temperaturas globais subiram uma média de 1,1°C. A média no Sahel é 50% mais alta. Os cientistas discutem se a precipitação pluviométrica é mais alta ou mais baixa do que antes, mas não têm dúvida de que o padrão mudou. Esse é outro problema, pois as chuvas agora costumam ser torrenciais, causando a erosão do pouco solo superficial que ainda existe; e, devido ao aquecimento da atmosfera, a água no chão evapora mais depressa.

Esse é o quadro geral numa região onde mais de 40% do PIB coletivo depende da agricultura, mas onde, segundo a FAO, mais de 80% da terra está degradada. Some-se a isso a projeção de que as temperaturas devem subir ainda mais e fica evidente que uma ação drástica é necessária.

Um grupo de dezessete países na região planeja investir 400 bilhões de dólares para combater a mudança climática na próxima década, mas a maior parte desse dinheiro vem de ajuda externa, e levando em conta as dificuldades enfrentadas pelo mundo desenvolvido não se sabe ao certo quanto desse dinheiro deve se materializar. Está em andamento também uma gigantesca operação de plantio de árvores, chamada "Grande Muralha Verde". Começou em 2007 como uma tentativa de criar uma barreira de 8 mil quilômetros de extensão e dezesseis quilômetros de largura ao longo da divisa do Sahel com o Saara. Encabeçada pela União Africana e financiada pela ONU, pelo Banco Mundial e pela União Europeia, abrange países do Senegal, no oeste, ao Djibuti, no leste.

Logo surgiram problemas. Nem todo o financiamento foi disponibilizado, e, como a maior parte da muralha proposta ficava em terras não habitadas, não havia ninguém para cuidar das mudas plantadas. A maioria das árvores morreu. Mas o projeto seguiu adiante; o maior problema não era o avanço do Saara para o sul, mas as décadas de mau uso da terra dentro do Sahel. De maneira que agora a ideia da Grande Muralha Verde é tornar toda a região verde. O contra-ataque foi renovado com algum êxito usando-se métodos baratos e eficientes de coleta de água, tentando fazer o capim crescer e cuidando das mudas recém-plantadas.

Mas surgiu outro problema. Os nômades, cujos rebanhos morrem se não houver forragem, não podem esperar que os pastos e as árvores amadureçam, e em certos lugares o ciclo recomeçou, em termos tanto de desertificação como de violência.

Ninguém tem tempo de sobra. A África tem o crescimento demográfico mais acelerado do mundo. De agora até 2050, a população do continente deve dobrar, de cerca de 1,2 bilhão para 2,4 bilhões, e o Sahel não é exceção. Em algumas regiões, os números são ainda mais impressionantes: no Níger, por exemplo, prevê-se que a população cresça de 23,3 milhões para 65,5 milhões no mesmo período.

Educação ajudaria a reduzir essas taxas, mas custa caro, e costuma-se dar prioridade aos meninos sobre as meninas. Em toda a região, muitas mulheres têm pouco ou nenhum acesso a anticoncepcionais, e a maioria é submetida à mutilação genital. Saúde e educação sexual poderiam mudar o quadro, mas a necessidade vai de encontro aos limitados orçamentos de saúde dos governos. Apesar disso, existe dinheiro: não tanto quanto

O Sahel

nos países desenvolvidos, mas poderia ser distribuído de maneira mais equitativa e transparente.

A região mais pobre do mundo na verdade é rica em recursos naturais. Há urânio, petróleo e fosfato no Níger, minério de ferro e de cobre na Mauritânia, petróleo e urânio no Chade, e ouro em Burkina Faso e no Mali. Em todos eles há preocupações sobre governança, corrupção, os modelos econômicos das indústrias e a transparência com o dinheiro. Os países do Sahel em geral não processam suas matérias-primas, e com isso a renda vem da tributação de multinacionais envolvidas na mineração. O problema, nesse caso, é que atrair multinacionais quase sempre significa conceder incentivos fiscais, o que resulta em menos receita para os cofres do governo.

O Níger é o quarto maior produtor de urânio do mundo, mas o governo está amarrado numa relação desigual com a empresa estatal francesa Areva. Ela é dona de duas minas perto da cidade de Arlit, na fronteira argelina, através de suas subsidiárias Somair e Cominak. Documentos obtidos por organizações não governamentais sugerem que o acordo original entre o governo nigerino e a Areva dava à empresa generosos descontos em tributos alfandegários e de renda. Em 2014, o governo tentou renegociar o acordo. A Areva disse que os termos a tornariam não lucrativa e fechou as minas para manutenção. No fim das contas um novo acordo foi assinado, mas as ONGS ainda acham os termos favoráveis à empresa. Como escreveu Danny Fortson, jornalista do *Times*, numa visita a Arlit: "No Ocidente você precisa de uma estante repleta de licenças e certificados. No Níger, para garimpar urânio basta dar a alguém uma pá e dois dólares por dia".

As minas trouxeram empregos e problemas. Arlit fica na região de Agadèz, que abriga a maior parte das 5 milhões de cabeças de gado do Níger. Os vaqueiros se queixam de não poderem usar as rotas tradicionais para os pastos por causa do tráfego de veículos pesados e do despejo de lixo tóxico. A própria cidade está localizada na borda do Saara. Já estive no deserto mais famoso do mundo, até mesmo nos lugares da imaginação popular onde dunas de areia intocadas se estendem a perder de vista. Há ali uma beleza silenciosa simples, mas sublime, especialmente quando amanhece e escurece. E existe Arlit.

A cidade de 120 mil habitantes é um amontoado extremamente pobre, desmazelado e confuso de casas arruinadas e barracos de zinco. Água encanada é uma raridade, mas as minas das redondezas consomem milhões de litros por dia. Durante as tempestades de areia, o vento arrasta partículas dos detritos em volta das minas para dentro da cidade. A indústria é o principal empregador de Arlit, e apesar das preocupações com a saúde um emprego ali tem valor. O Greenpeace e outros grupos fizeram estudos que sugerem altos níveis de radiação na área por causa da propagação de poeira radioativa, provocando doenças relacionadas. A Areva nega essas alegações, dizendo que se baseiam em "desinformação". Os hospitais da cidade pertencem à empresa, e a população — sejam ou não funcionários — dispõe de assistência médica gratuita. O pessoal dos hospitais também trabalha para a empresa, e a direção assegura que não tem havido casos de doenças ligadas à radiação nas minas. O governo francês ressalta que contribuiu com 10 milhões de dólares para um fundo destinado a ajudar países africanos a negociar acordos nas indústrias extrativas.

Uma das duas minas foi alvo do ataque terrorista de 2013 anteriormente mencionado. A segurança foi reforçada depois disso, e, embora ainda corram risco, as minas pelo menos ficam em áreas controladas pelo governo e têm posições defensivas fixas. O mesmo nem sempre ocorre com a indústria de mineração de ouro em Burkina Faso.

Em 2009, o ouro passou a ser o principal produto de exportação de Burkina Faso, superando o algodão e fazendo do país o quarto maior produtor na África de um metal que tem chamado a atenção de grupos islamistas. As minas são um tesouro para terroristas. Contêm explosivos e detonadores, uma força de trabalho potencialmente capaz de ser intimidada ou convencida a ingressar em suas fileiras e um produto que pode ser derretido, contrabandeado e utilizado como moeda.

Existem também muitas minas de ouro ilegais. São proibidas pelo governo, mas a sedução do ouro num país pobre como Burkina Faso é forte demais. Algumas minas não licenciadas ficam em áreas de conservação destinadas a proteger elefantes, mas, como o governo central é fraco e o território, imenso, calcula-se que haja mais de duzentas minas desse tipo em operação.

O Sahel

Os trabalhadores são presa fácil de criminosos e jihadistas, e roubos e sequestros são corriqueiros. Em alguns casos os jihadistas simplesmente assumem a direção das minas. Isso aconteceu em Pama em 2018. Surgidos como que do nada, jihadistas chegaram à mina em picapes 4 × 4 dizendo que iam assumir o comando e que a mineração podia continuar, mas que iriam "cobrar um imposto". Não havia muita opção; como diz o velho provérbio, só há duas certezas na vida, "a morte e os impostos".

Há centenas de exemplos como esse, que juntos somam uma fortuna. Em 2018, funcionários do governo conseguiram visitar 24 locais em áreas onde jihadistas operam. Eles calcularam o valor do ouro garimpado a cada ano em cerca de 34 milhões de dólares. O "imposto" dos jihadistas nessa pequena proporção de minas inspecionada é suficiente para adquirir grandes quantidades de armas e pagar recrutas. Como no islã a extorsão pode ser considerada *haram*, fora da lei, alguns grupos fingem que o dinheiro é para *zakat*, caridade, ou que estão sendo pagos para proteger as minas.

A mineração do ouro, com ou sem licença, tem sido uma indústria muito próspera desde a descoberta em 2012 de um rico veio do metal estendendo-se por Burkina Faso, Mali e Níger. Um informe do Grupo de Crise de 2019 estima que "mais de 2 milhões de indivíduos nesses três países estão diretamente envolvidos na mineração artesanal de ouro: 1 milhão em Burkina Faso, 700 mil no Mali e 300 mil no Níger. O número de pessoas empregadas indiretamente pode ser três vezes maior".

Em países industrializados estáveis, as autoridades controlariam a indústria e uma fatia maior das receitas iria para os cofres governamentais. Mas no Sahel elas combatem em tantos fronts, contra um conjunto tão grande de problemas, que isso está absolutamente fora do seu alcance. Além de serem incapazes de controlar a indústria ilegal, funcionários corruptos ajudam a contrabandear enormes quantidades de ouro através das porosas fronteiras e pelos aeroportos. Os governos até tolerariam que grupos locais assumissem o controle e se tornassem forças policiais extraoficiais, desde que não desafiassem o Estado, mas acusações de suborno, confissões mediante tortura e prisão são comuns.

Outro recurso que pode complicar a situação são os materiais de terras raras. Trata-se de um grupo de dezessete metais sob a superfície da terra que são difíceis de encontrar e extrair, mas valiosos porque têm propriedades únicas de resistência ao calor, magnetismo e fosforescência. Têm nomes com os quais a maioria de nós é pouco familiarizada, como neodímio e itérbio, mas todos nós usamos dispositivos que os contêm — discos rígidos de laptop e laser, mas também celulares, tvs de tela plana, óculos especiais de visão noturna e mísseis, produtos essenciais às indústrias de tecnologia e de defesa em todos os países importantes do mundo.

O Sahel não é conhecido por ter esses metais em abundância, mas supõe-se que tenha esse potencial. O Níger e o Chade têm urânio, do qual podem ser extraídos vestígios de materiais de terras raras, e o Mali tem algum lítio, que, embora não seja um metal de terras raras, é cada vez mais valioso para a tecnologia, alimentando as baterias de carros híbridos e elétricos e ferramentas elétricas sem fio. O Mali também possui depósitos de manganês e bauxita, que são usados pela indústria eletrônica. Supõe-se que a África contenha mais da metade dos carbonatitos do mundo, uma formação rochosa que é a meta primeira de quem procura materiais de terras raras, e portanto a região pode conter novas riquezas.

Onde quer que venham a ser encontradas, aí se abrirá um novo front na batalha geopolítica pelos recursos. A China tentará manter controle sobre a maioria dos depósitos e todos os demais países tentarão impedi-la. A China abriga apenas um pouco mais de 30% dos depósitos de terras raras do mundo e adquire suprimentos extras no exterior. Possui mais instalações de processamento do que qualquer um e pode usar o material para fabricar e vender produtos para outros países. Os americanos, que não dispõem de instalações de processamento suficientes, dependem da China. Prefeririam não depender, especialmente depois que ela ameaçou reduzir a distribuição durante a guerra comercial de baixa intensidade travada entre os dois países em 2019. Se, como está previsto, a demanda na China superar seu suprimento interno, o país tentará comprar ainda mais para si e vender ainda menos para outros, incluindo os Estados Unidos, cujos armamentos de alta tecnologia dependem desse produto.

O Sahel

Esse potencial não é a única razão pela qual os chineses agora são grandes competidores na África. Sua política de "ocultar nossas capacidades" e "esperar o momento certo", em vigor durante décadas, deu lugar a uma marcha firme para restaurar o status de grande potência. As digitais militares de Beijing no Sahel, cada vez mais presentes, são parte desse processo. Em 2015, a China aprovou uma lei permitindo o desdobramento no exterior do Exército de Libertação Popular e de outras forças de segurança. Forças Especiais chinesas estão envolvidas na operação de manutenção de paz da ONU no Mali, e Beijing, tendo convencido Burkina Faso a reverter o reconhecimento de Taiwan, agora desenvolve laços militares na capital Uagadugu. Em 2017, inaugurou sua primeira base naval no exterior — no Djibuti.

Essa atividade integra as políticas econômicas chinesas da iniciativa Um Cinturão, Uma Rota, que buscam construir ou modernizar ligações comerciais globais e, dessa maneira, garantir um fluxo contínuo de produtos da China e para a China. Na África, a maior parte desse fluxo ocorre abaixo do Sahel, mas o porto naval no Djibuti fica próximo ao porto comercial; a China financiou uma linha ferroviária elétrica do Djibuti à Etiópia, e empresas chinesas estão construindo ferrovias conectando portos na Guiné e no Senegal ao Mali, que não tem acesso ao mar. Consta que centenas de milhares de operários chineses estão envolvidos em atividades africanas relacionadas à iniciativa Um Cinturão, Uma Rota.

Há numerosos exemplos de sentimento antichinês no Sahel, incluindo queixas de que as empresas desse país preferem contratar trabalhadores chineses a trabalhadores locais e de que as empresas privadas de segurança vindas da China maltratam as pessoas. David Feith, do *Wall Street Journal*, diz que as empresas estatais da China "não dão a menor importância a bobagens como transparência financeira, degradação ambiental ou direitos humanos", afirmando que "a atitude de Beijing ajudou a impulsionar o crescimento econômico africano [...] mas também ajudou a fortalecer alguns dos governos mais opressores do mundo". Ele tem razão, mas o histórico dos países ocidentais também está longe de ser perfeito, embora, nos últimos anos, mais atenção tenha sido dada a questões de transparência e poluição.

Se o Sahel vier a se tornar fonte de terras raras, será esse um recurso maldito ou bendito? As provas que se tem até agora não são boas. As riquezas da República Democrática do Congo — cobre, diamante, zinco e coltan — ajudaram a trazer a miséria e a guerra para o país, e já vimos que as indústrias do ouro no Mali e em Burkina Faso atraem a corrupção e a violência.

Sem boa governança, segurança e ajuda de fora, o Sahel não resolverá seus incontáveis problemas. O colonialismo, a economia pós-colonial e governos corruptos têm permitido que extremistas nacionais e internacionais explorem as fraquezas, a pobreza e as fissuras sociais generalizadas na região. No Afeganistão, os talibãs tinham um ditado sobre as forças estrangeiras que combatiam: "Vocês têm os relógios, nós temos o tempo". E assim foi: eles esperaram os estrangeiros partirem, e a maioria dos estrangeiros foi embora. Quanto tempo, sangue e dinheiro as forças estrangeiras estão preparadas para gastar no Sahel?

Os americanos querem sair — uma possibilidade que faz funcionários nos círculos militares e diplomáticos franceses perderem o sono. Os Estados Unidos fornecem logística, reconhecimento e inteligência em níveis que os franceses teriam dificuldade para repetir. Paris discretamente lembra a Washington que forças francesas ajudam no Oriente Médio e no Chifre da África, mas todos sabem que os americanos estão mais interessados e preocupados com a competição entre as grandes potências — e não com o que consideram um confronto armado numa posição regional. Eles já perderam militares de Forças Especiais em operação ali e não têm nenhuma vontade de arriscar mais.

Se os Estados Unidos reduzirem suas forças, a França e outros países europeus terão que fazer uma escolha difícil: aumentar seus esforços atuais, manter os recursos atuais ou ir embora. Todas essas opções são ruins. Ir embora é a menos provável, levando em conta o caos que quase certamente se instalaria. Poucos especialistas acreditam que governos regionais disponham de meios para preservar a integridade de seus países, devido às forças centrífugas que tentam desmantelá-los, e, se eles entrarem em colapso, os espaços sem governo se tornarão feudos de grupos terroristas locais e internacionais. Isso levaria a uma explosão de violência, com

O Sahel

ondas de choque na direção sul, para a África Central, e na direção norte, para o Norte da África e a Europa, além de, no mínimo, centenas de milhares de pessoas. Outra opção é manter os níveis atuais de apoio, mas se isso for tentado sem a ajuda americana haverá o risco de perda de terreno. A terceira opção — reforço — significa um aumento de custos tanto em dinheiro como em baixas.

Os países do G5 Sahel querem que as tropas francesas e de outros países permaneçam, assim como os Estados costeiros da África Ocidental, para os quais a violência tem se espalhado. A Costa do Marfim, por exemplo, tem uma economia robusta em parte dependente do turismo, o que faz do país um alvo tentador. Dezesseis pessoas foram mortas a tiro numa praia em Grand-Bassam em 2016, e a AQMI assumiu a responsabilidade. Se os jihadistas chegassem com força, os turistas escolheriam outro país para passar férias e milhares de trabalhadores expatriados franceses iriam embora.

Um prolongado aumento da violência e/ou uma disseminação da violência pelos Estados costeiros exigiriam uma resposta da França e de outros europeus. Do contrário, países do Sahel se sentiriam tentados a buscar ajuda em outras fontes; China e Rússia estão só esperando essas oportunidades. Países como o Mali e o Chade não estão casados ideologicamente com os europeus e os americanos. Durante a Guerra Fria, a maioria dos países africanos em luta pela independência aceitava ajuda de onde ela viesse. Os Estados do Sahel, se acharem que a assistência militar e econômica dos países ocidentais pode acabar, não vão ficar esperando que o vácuo seja criado, e Beijing e Moscou também não, pois ambos estão prontos para contestar o poderio ocidental onde puderem, em termos econômicos, diplomáticos ou militares. Nos últimos anos, vimos que a Rússia aproveitou o caos na Síria para se restabelecer no Oriente Médio, com o presidente Putin capitalizando em cima do nervosismo europeu e da indiferença americana. Uma região em constante mudança como o Sahel poderia oferecer novas oportunidades. Os sauditas e outros países do golfo ainda têm bolso fundo e poderiam preencher muitas lacunas de financiamento, mas suas Forças Armadas não estão em condições de marchar através do mar Vermelho para substituir o poder de fogo francês e americano.

No nível regional, as potências europeias, notadamente a Espanha, a Itália e a França, sabem que suas políticas internas são afetadas pelo que acontece no Sahel. Depois de 2015, quando 1 milhão de refugiados e migrantes chegaram, houve uma polarização política e partidos extremistas avançaram.

Seja qual for a resposta à situação, quem não estiver disposto a enfrentar os problemas que impulsionam o conflito está condenado a fracassar. A frase "Não existe solução militar para esse conflito" costuma ser um clichê; quase sempre há uma solução militar para um conflito. Quando os russos estavam às portas de Berlim, Stálin não telefonou para Hitler e disse: "Adolf, não há solução militar para este conflito". No entanto, no Sahel isso é verdade. Se um grupo de insurgência é esmagado num país, ele reaparece em outro. Ainda que o país seja estabilizado, as fronteiras porosas dos vizinhos vão permitir que seja desestabilizado novamente.

Até hoje, os governos dos países do Sahel foram incapazes, ou, menos caridosamente, não quiseram ouvir as queixas de suas populações, ou lidar judiciosamente com os diferentes grupos étnicos. Considerando isso e a corrupção generalizada em círculos governamentais, não há volume de assistência militar estrangeira que dê jeito na situação e construa Estados-nações estáveis. As elites dominantes no governo ou no mundo empresarial se concentram excessivamente na própria riqueza e no próprio poder, e em garantir que seus próprios grupos étnicos colham os benefícios. A geografia da etnicidade parece ser mais forte do que as fronteiras entre países.

No Mali, os jihadistas e os rebeldes tuaregues, que às vezes se sobrepõem, dizem às pessoas que o governo as traiu, e que só a independência ou um Estado islâmico é capaz de resolver seus problemas. Elas são alertadas a não confiarem nas potências estrangeiras. A Al-Qaeda no Magreb Islâmico diz ter impedido que a França alcance quaisquer dos seus objetivos. Não está errada.

Os franceses têm medo de ser arrastados para um conflito que não possam vencer e do qual não possam escapar — conflito que corre o risco de tornar-se a "guerra interminável" dos franceses. Os britânicos e outros temem que haja uma hora em que seu envolvimento se torne inevitável.

O Sahel

Enquanto isso, milhões de civis em milhares de quilômetros do Atlântico ao mar Vermelho observam, e veem levas e mais levas de violência chegar às suas praias.

Enquanto os conflitos derramam sangue através das fronteiras, as pessoas também sangram, e todos os lados parecem imobilizados. As potências estrangeiras e regionais não podem se desvencilhar do conflito, e, enquanto tiverem forças, os jihadistas lutarão para desmantelar os Estados. O diálogo não está na moda; muitas coisas mudaram o Sahel ao longo dos anos, mas ele continua a ser um lugar que não faz concessões.

CAPÍTULO 8

ETIÓPIA

Lucy lhes dá as boas-vindas.
Placa no Museu Nacional da Etiópia

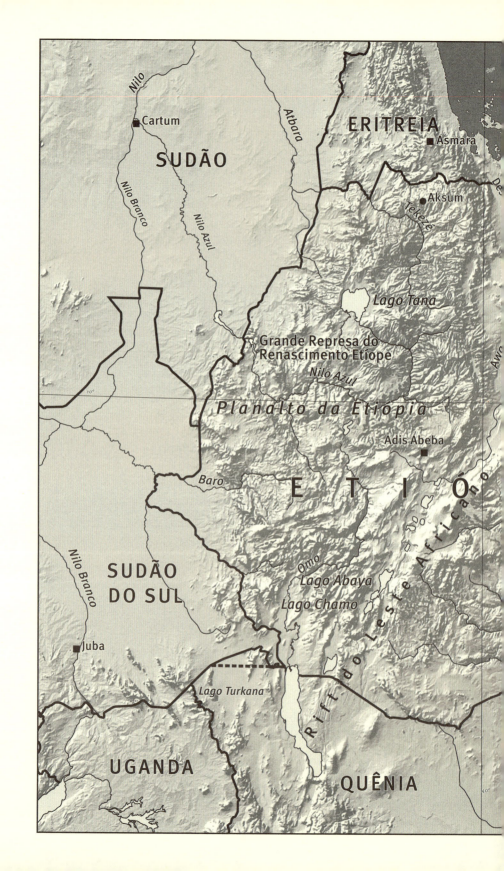

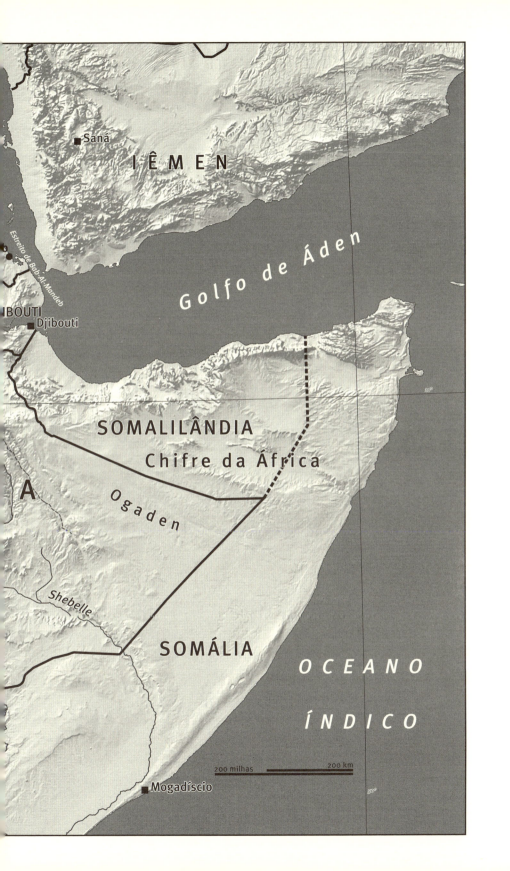

MUITAS COISAS VÊM DA ETIÓPIA — por exemplo, os humanos. Muito tempo atrás, no vale de Awash, viveu uma hominídea. Ela andava sobre duas pernas, mas também se pendurava nas árvores; na verdade, a queda de uma árvore parece ter causado sua morte. Cerca de 3,2 milhões de anos depois, em 1974, um dos seus descendentes, o paleontólogo Donald Johanson, encontrou seu esqueleto, e pesquisas subsequentes sugeriram que aquela talvez seja a região de onde todos nós viemos. Nossa ancestral recebeu o nome de "Lucy", por causa da canção dos Beatles "Lucy in the Sky with Diamonds", que tocava no acampamento de Johanson naquela noite. Sem dúvida esse apelido atiça mais a nossa imaginação do que seu nome científico: AL 288-1.

A placa no Museu Nacional da Etiópia com os dizeres "Lucy lhes dá as boas-vindas" é uma astuta peça de marketing, bem como o lema nacional de turismo "Terra das origens", que ajudou a aumentar o número de visitantes num país que se coloca no mapa de várias maneiras. O turismo responde por quase 10% do PIB etíope, com quase 1 milhão de pessoas se aventurando anualmente por uma paisagem épica de montanhas altas, florestas tropicais, desertos escaldantes, cataratas deslumbrantes e nove lugares que são patrimônio mundial da humanidade, incluindo igrejas de mil anos esculpidas na rocha sólida.

A água define a posição e a importância geopolítica da Etiópia. A água doce é sua maior força, e a água salgada uma de suas fraquezas. Tem doze grandes lagos e nove rios importantes, a maioria dos quais abastece seus vizinhos, dando à Etiópia enorme influência política sobre eles. O que lhe falta, porém, é uma costa e acesso direto ao mar. Apesar disso, sua água doce e sua proximidade e crescente influência sobre o Oriente Médio e o mar Vermelho fazem da Etiópia o principal protagonista local no Chifre da África, uma das regiões do mundo mais castigadas por conflitos: guerra civil, disputa de fronteira, extremismo e pirataria. Mesmo assim, atraiu as atenções da Turquia, da China, dos países do golfo e dos americanos, que veem as vantagens potenciais para comércio, bem como para estratégias militares e econômicas. E, na condição de "caixa-d'água da África", se usasse sua tecnologia e seus recursos com sabedoria a Etiópia poderia transformar não apenas o próprio destino, mas o de toda a região.

Depois da água, talvez o elemento geográfico mais definidor da Etiópia seja o fato de ela ser atravessada por uma fenda — o sistema do Rift do Leste Africano. As montanhas e os vales que ela cria de há muito dividem o país, e seus líderes sempre se esforçaram para construir pontes, tanto literais como simbólicas, para mantê-lo unido. É parte do que se costumava chamar de vale da Grande Fenda, que astronautas dizem ser o detalhe físico mais significativo que se pode ver do espaço. Os vales da região têm cinquenta quilômetros de largura, em média. Começam na Síria e se estendem para o sul até Moçambique, a 6400 quilômetros de distância. Ao atravessar a Etiópia, a Fenda divide os planaltos do país ao meio, com lagos ocupando os vales entre eles, o que dificulta as viagens e as comunicações.

Vistos do alto, com a Fenda no meio, os planaltos montanhosos têm uma forma que lembra os pulmões humanos, com o pulmão esquerdo, ou ocidental, sendo o dominante. Juntos, eles são de fato o que permite ao povo etíope viver e respirar. São a região mais populosa do país, e a principal área de agricultura. A maioria das lavouras de café, a maior fonte de divisas estrangeiras, está situada ali. Nas montanhas quase sempre cobertas de florestas nascem os rios do país, que rolam para as férteis planícies que circundam as terras altas. A maioria não é navegável por longos trechos, devido às gargantas íngremes e às cachoeiras, outra característica que tem atrapalhado o desenvolvimento. Essas terras altas, que incluem a capital, Adis Abeba, são o núcleo do país, e, em combinação com a zona de segurança das planícies em torno, o tornam muito difícil de invadir e ocupar.

Etiópia 259

Os planaltos ocidentais têm montanhas que chegam a 4553 metros de altura e abrigam as nascentes de três rios, incluindo o Nilo Azul, que descem para as várzeas e seguem para o Sudão, a noroeste, e o Sudão do Sul, a oeste. Ao sul está o Quênia. Do outro lado da divisória, os planaltos orientais despencam, mas em seguida ondulam suavemente por centenas de quilômetros, na direção leste, até a fronteira com a Somália, que fica entre a Etiópia e o golfo de Áden, a nordeste. Essa é a fronteira mais longa da Etiópia, com 1600 quilômetros, e, dos seis vizinhos, a Somália é o mais instável. Está mergulhada numa guerra civil há três décadas, com a região da Somalilândia declarando-se independente em 1991. Ao norte estão a Eritreia e o Djibuti, que bloqueia o acesso direto ao mar Vermelho. A fronteira com a Eritreia abriga o ponto geográfico mais baixo da Etiópia, a Depressão de Danakil. Essa vasta planície desértica está mais de cem metros abaixo do nível do mar e é um dos lugares mais quentes do planeta, com temperaturas registradas de 51,6°C. O magma flui não muito distante da superfície, e há um lago de lava dentro do vulcão ativo de Erta Ale. Não admira que a região às vezes seja chamada de "portão do inferno".

A Etiópia já é a principal potência militar na área mais ampla do Chifre da África. Com uma população de 110 milhões, projetada para chegar a 130 milhões até 2030, é o segundo país africano mais populoso e de longe o mais densamente ocupado da região. O Quênia tem aproximadamente 52 milhões de habitantes, Uganda, 45 milhões, o Sudão, 43 milhões, a Somália, 15 milhões, o Sudão do Sul, 11 milhões, a Eritreia, 3 milhões, e o Djibuti, 1 milhão. Juntos, eles correspondem a um quinto da população da África. A liderança regional garante um lugar na mesa principal da política africana.

O país fica no centro de uma das regiões mais problemáticas do mundo. Neste século, Sudão, Sudão do Sul, Somália, Etiópia e Eritreia passaram todos por guerras civis, enquanto o Quênia foi sacudido por confrontos étnicos em larga escala e sofreu vários ataques do grupo Al-Shabab, baseado na Somália. O Djibuti escapou desses horrores, mas, como todos os países aqui mencionados, tem que lidar com o fluxo de refugiados que tentam escapar dos conflitos regionais. Isso, por sua vez, exacerbou a tensão étnica

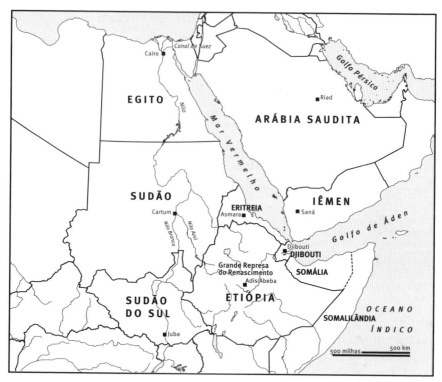

O Chifre da África compreende os países do nordeste da África, mas também está estreitamente ligado aos países do Oriente Médio, do outro lado do mar Vermelho.

no que é praticamente uma cidade-Estado portuária. As relações entre os países também são tensas: a Somália e o Quênia, por exemplo, estão envolvidos numa disputa marítima por uma área de 100 mil quilômetros quadrados rica em atum e que supostamente contém grandes depósitos de gás e petróleo. Há também uma longa história entre o Chifre da África e o Oriente Médio, ligados por um patrimônio cultural antigo e por rotas comerciais; na verdade, é possível defender a visão de que os dois lados do mar Vermelho formam um todo geográfico.

A Etiópia pode ser o centro da estabilidade regional, ajudando seus vizinhos com projetos econômicos e trabalhando para resolver disputas, mas para tanto precisa de fronteiras fortes e paz interna. Não tem nem uma coisa nem outra. Em 2020-1, um grande conflito estourou entre o Estado etíope e

Etiópia 261

a região do Tigré, no norte do país, ameaçando intensificar-se e converter-se numa guerra civil. Para reforçar sua presença militar no front do Tigré, Adis Abeba retirou centenas de soldados experientes da fronteira com a Somália, que é patrulhada a fim de impedir ataques do Al-Shabab. A luta também levou milhares de moradores a fugirem do Tigré para o Sudão.

Embora seja uma força regional, a Etiópia enfrenta muitos problemas. Tem potencial para ser autossuficiente em energia e alimentos; a agricultura é responsável por quase metade do PIB do país. No entanto, secas periódicas, desmatamento, excesso de animais nas pastagens, ditadura militar e infraestrutura deficiente têm atrapalhado o desenvolvimento; e apenas um rio, o Baro, é genuinamente navegável, outro fator que dificulta o comércio interno. A terrível escassez de alimentos de 1984-5 mostrou até que ponto a situação pode se deteriorar, e ainda hoje influencia a visão que alguns estrangeiros têm do país. Mesmo agora, apesar da água abundante, das terras férteis e dos grandes rebanhos, milhões de etíopes precisam de assistência humanitária.

Mas as coisas estão mudando. O fluxo de água é cada vez mais usado para gerar hidreletricidade, com represas e usinas de energia ao longo do Nilo Azul, do Awash, do Omo, do Shebelle e de outros rios. Junto com a Grande Represa do Renascimento Etíope no Nilo Azul (sobre a qual voltaremos a falar), espera-se que atendam à maior parte das necessidades energéticas do país, além de fornecer eletricidade para os vizinhos. Isso, por sua vez, deve reduzir o uso de lenha e carvão nas áreas rurais, que tem provocado desmatamento e erosão do solo.

Essa tecnologia também pode permitir uma divisão mais equitativa das riquezas do país e ajudar a superar a competição entre regiões que marcou a história etíope. Muitos países africanos têm que lidar com a tensão étnica entre comunidades contidas em fronteiras criadas pelas potências coloniais europeias. A Etiópia nunca foi colonizada, mas, tendo construído seu próprio império, enfrenta problemas parecidos dentro de suas fronteiras. Sua população é composta de nove grandes grupos étnicos. Há nove áreas administrativas e duas cidades autônomas, por razão de etnia. Mais de oitenta línguas são faladas, produto de quatro grandes agrupamentos, e todas têm reconhecimento oficial do Estado. Os oromos são o maior grupo, com cerca de 35% da população, seguidos dos amaras (27%) e depois os somalis e os tigrés (cerca de 6% cada um).

O amárico é a língua funcional do governo nacional, para ajudar o Estado a comunicar-se por cima das linhas federais e ligar as administrações regionais à capital. No entanto, muita gente nas regiões fronteiriças compartilha laços étnicos e linguísticos com os vizinhos do outro lado. Por exemplo, os 6% da população que são somalis habitam a região administrativa oriental de mesmo nome, e, linguística e culturalmente, têm muito mais em comum com pessoas do outro lado da fronteira somali do que com o povo tigré no extremo norte da Etiópia. Essa diversidade, juntamente com a geografia do centro do país, sempre frustrou esforços do governo para unir as comunidades heterogêneas.

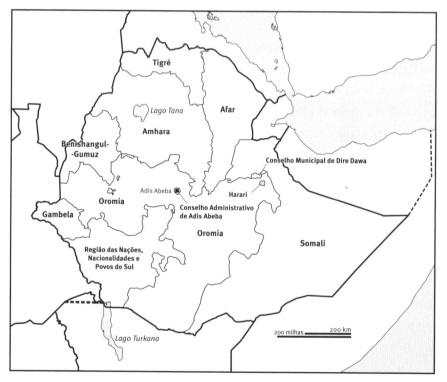

As regiões administrativas da Etiópia.

Etiópia 263

Uma história em particular vem sendo usada há muito tempo como base de um patrimônio cultural comum e de unidade nacional. No folclore etíope, esse intercâmbio cultural através do mar Vermelho está entranhado na história da união entre a rainha de Sabá e o rei Salomão. Conhecida na Etiópia como Makeda, ela é a figura materna que aparece na narrativa da fundação do país.

Há diferentes versões da história, uma das quais inclui pernas cabeludas e tetos de vidro, que podemos dispensar. No século xiv, na epopeia nacional etíope *Kebra Nagast* (A glória dos reis), a rainha, fascinada pela sabedoria de Salomão, resolve lhe fazer uma visita. Ele gosta dela imediatamente, e na última noite consegue levá-la para a cama. O resultado... um filho! Ele recebeu o nome de Menilek e tornou-se o fundador da dinastia real salomônica da Etiópia e de sua tradição judaico-cristã. Anos depois, Menilek foi ver o pai e levou um suvenir — a Arca da Aliança, contendo os Dez Mandamentos, a qual tinha sido feita algum tempo antes por Moisés. A darmos crédito a essa história, a arca reside agora não muito longe na estrada de Aksum, na igreja de Nossa Senhora Maria de Sião. Você até pode dar uma espiada nela, mas, se tentar, os monges ortodoxos virgens que a guardam terão que matá-lo. Isso complica qualquer esforço para atestar a veracidade de sua presença.

Seja como for, todos os imperadores que vieram depois, de Menilek a Hailé Selassié nos anos 1970, diziam ser descendentes diretos daquela última noite em Jerusalém.

Como país de fato, sua história começa mais ou menos em 200 a.C., quando um pequeno reino foi forjado numa cidade Estado no planalto setentrional de Tigré, a cerca de 160 quilômetros da costa do mar Vermelho terra adentro. Centrado na capital, Aksum, expandiu-se em todas as direções e no ano 100 d.C. era a força comercial dominante na região do mar Vermelho, posição que manteve durante séculos. No auge do seu poderio, na era do Império Aksum (100-940), a Etiópia controlava um território que se estendia até o sul do Egito e o Iêmen, do outro lado do mar Vermelho. Tinha um Exército e uma Marinha fortes o suficiente para proteger suas rotas comerciais marítimas e dominar o Chifre da África.

O cristianismo chegou no século IV e rapidamente criou raízes. Em 451, a Igreja etíope passou a seguir as tradições da Igreja copta no Egito, rompendo com os bispos de Roma e de Constantinopla. As relações eclesiásticas só foram restabelecidas em meados do século XX.

Diz a tradição que as relações entre a Etiópia e o islã remontam à fundação da religião e são outro exemplo dos vínculos entre o Chifre da África e o Oriente Médio. Em 615, o profeta Maomé aconselhou um grupo inicial de seguidores a buscar refúgio na corte do rei etíope, para escapar à perseguição em Meca. Comunidades islâmicas na periferia do país cresceram por meio da conversão e dos assentamentos, ajudadas por rotas comerciais ao longo do mar Vermelho. No século XIII, os líderes muçulmanos ampliaram seu território para o interior, deflagrando uma série de guerras com governantes cristãos. Em seguida vieram os otomanos, que nos anos 1500 alcançaram os planaltos centrais, destruindo igrejas e mosteiros, até serem finalmente rechaçados depois que os portugueses ajudaram a treinar e armar as forças etíopes.

Hoje, aproximadamente um terço dos etíopes é muçulmano, a maioria vivendo nas regiões mais afastadas, particularmente nas planícies do leste; mas existem concentrações em várias partes do país. As relações entre as duas principais comunidades religiosas são quase sempre pacíficas, mas nos últimos anos a disseminação do fundamentalismo do Oriente Médio levou muçulmanos etíopes a duvidarem de suas tradições islâmicas sufistas e a adotarem ideias mais radicais, o que contribuiu para criar um clima tenso. Há uma tendência, da parte dos cristãos dos planaltos, a ver o país como "uma ilha de cristianismo num mar de islã".

A Etiópia moderna surgiu em 1855, quando o imperador Teodoro II reunificou, à força, vários reinos, e em seguida tentou modernizar o país. O Exército foi reorganizado e equipado com armas modernas, e artesãos da Europa chegaram trazendo novas tecnologias para revitalizar o comércio. O país rechaçou duas forças imperiais, que rapidamente se deram conta de terem dado um passo maior que as pernas. O Exército egípcio foi derrotado duas vezes na Guerra Egípcio-Etíope (1874-6), e depois, em

1896, os italianos sofreram uma derrota esmagadora, perdendo 6 mil soldados e sendo obrigados a abandonar os planos que tinham para a Etiópia enquanto ocupavam a Eritreia.

Seguiu-se um período de relativa calma, em que a capital foi transferida para Adis Abeba e o país expandiu-se até alcançar seu tamanho atual. No começo do século XX houve um esforço para unificar sua difusa infraestrutura com a construção de pontes sobre muitos rios e de uma linha férrea ligando Adis Abeba ao porto de Djibuti, então colônia francesa, no mar Vermelho. Foram passos relativamente modestos e o país continuava desesperadamente pobre, mas nos anos 1920 a capital já tinha alcançado uma população de mais de 100 mil pessoas e a Etiópia emergia como uma potência independente numa região de colônias europeias. Apesar disso, ainda estava sujeita a pressões dos concorrentes europeus, e mais tarde, durante a Guerra Fria, de mais longe.

Em 1930, Ras Tafari (isto é, príncipe, ou duque, Tafari) tornou-se Hailé Selassié I, Poder da Trindade, marechal de campo do Exército, marechal da Força Aérea e almirante da Marinha imperial etíope. Apesar de esses e muitos outros títulos imponentes pesarem sobre ele, para sua época ele foi um sério progressista. Selassié talvez tivesse pouco mais de um metro e meio de altura, mas se destacava na política africana de modo orgulhoso e confiante, e tinha conhecimento e experiência suficientes para usar a história e a geografia da Etiópia em benefício do país. Supervisionou a modernização da economia, assegurando que empresas estrangeiras formassem parcerias com as empresas locais. Além disso, obteve um considerável êxito diplomático ao colocar a Etiópia na Liga das Nações, a versão pré-Segunda Guerra Mundial da ONU. Uma das condições para o ingresso era a abolição da escravatura, que ainda existia no país; estima-se que havia pelo menos 2 milhões de escravos na Etiópia nos anos 1920 e 1930.

A independência da Etiópia e sua crescente base econômica a puseram novamente na mira dos italianos, que usavam as práticas escravistas etíopes como propaganda para justificar uma guerra. Era a única parte do Chifre da África que a Itália de Mussolini, buscando formar um império próprio, poderia cobiçar sem dar de cara com britânicos ou franceses. Em outubro de 1935, os italianos invadiram, e em maio do ano seguinte já tinham ocupado Adis Abeba, obrigando o imperador a fugir para Londres. Os generais de Mussolini descreviam a oposição como "selvagens", mas só um dos lados usava gás venenoso, e não eram os etíopes.

No entanto, apesar de perder batalhas, a resistência etíope continuou lutando até 1941, quando, com ajuda local, o Exército britânico derrotou as forças italianas e levou consigo o imperador Hailé Selassié.

Em 1945, Hailé Selassié convenceu o presidente dos Estados Unidos, Franklin D. Roosevelt, de que a Eritreia, agora também livre dos colonialistas italianos, era incapaz de manter-se como país independente e deveria, portanto, voltar ao controle de Adis Abeba. Seu principal objetivo era garantir acesso da Etiópia ao mar — o que só foi alcançado em 1952, com aprovação da ONU, e quando aconteceu não foi surpresa para ninguém que o país concedesse aos americanos um posto de escuta da Guerra Fria em Asmara e uma base naval na costa. A Etiópia passou então a desempenhar um papel vital nos esforços dos Estados Unidos para conter a União Soviética na região, e Washington investiu pesadamente em infraestrutura e ajuda militar.

Como líder do país africano que não tinha sido colonizado, Selassié exercia grande influência em todo o continente, e foi um dos arquitetos da estabilização da Organização da Unidade Africana em 1963, que tinha sede em Adis Abeba. A organização cresceu, tornando-se União Africana em 2002, mas manteve a sede na capital etíope. No entanto, apesar de um símbolo de resistência ao colonialismo, a Etiópia continuava pobre, subdesenvolvida e fragmentada.

Selassié sobreviveu a uma tentativa de golpe em 1960, mas a tensão subjacente ao seu governo autocrático e as divisões étnicas do país se agravaram. A independência da Somália do Reino Unido incentivou a região etnicamente somali de Ogaden na Etiópia a rebelar-se contra o governo central. Quando a Somália veio socorrer Ogaden, as forças etíopes rapidamente derrotaram ambas, mas isso jogou a Somália na esfera soviética, e

Etiópia

os dois países se viram usando e sendo usados pelas duas superpotências da Guerra Fria. Nos anos 1960 houve também insurreição na Eritreia, na época ainda parte da Etiópia. De início era só um levante contra a imposição do amárico nas escolas, mas rapidamente evoluiu para um declarado movimento de independência.

Em setembro de 1974, um golpe militar foi dado pelo Comitê de Coordenação das Forças Armadas, da Polícia e do Exército Territorial, que passou a ser conhecido como "Derg", ou "Comitê", encabeçado pelo major Mengistu Hailé Mariam. Uma das primeiras visitas dos soldados foi ao Palácio Imperial. Ali, eles enfrentaram o imperador de 82 anos, que estava mentalmente confuso e parecia incapaz de perceber a magnitude da situação. Quando repreendeu furiosamente os soldados pela impertinência de maltratar o "Eleito de Deus", foi enfiado no banco traseiro de um fusca e levado para fora dos portões do palácio. Ao passar pelas ruas, o homem que tinha entre seus títulos o de "Sua Majestade Imperial o Leão Conquistador da Tribo de Judá" foi vaiado pelas multidões, aos gritos de "Ladrão!".

Um ano depois estava morto. Oficialmente, tinha sofrido "falência respiratória decorrente de complicações de uma operação da próstata". Só a primeira parte da explicação mereceu crédito. Durante anos correu o boato de que ele foi asfixiado com um travesseiro por um oficial do Exército, e em 2006 um tribunal que julgava acusações de assassinatos em massa contra o Derg recebeu provas de que ele tinha sido estrangulado na cama. Após a deposição do Derg, em 1991, encontrou-se o corpo do imperador sepultado em posição vertical abaixo de um vaso sanitário, no terreno do palácio, de onde foi transferido para a catedral da Santíssima Trindade em Adis Abeba.

Em 1977, o major Mengistu "promoveu-se" a tenente-coronel e impôs um regime marxista-leninista, supervisionando anos de má administração econômica e uma campanha de terror. Como é tradição nesse tipo de regime, o governo redistribuiu a riqueza para si mesmo e adotou o princípio de que propriedade era roubo para poder roubar propriedade. Cerca de 100 mil pessoas foram mortas no "terror vermelho" dos dezessete anos de Mengistu no poder, e outros milhares foram presos e torturados. As relações com Washington foram rompidas e a Etiópia se realinhou com a União Soviética, que despejou no país armas e conselheiros militares. Quando o conflito com a Somália voltou a explodir, Moscou retirou o apoio a Mogadíscio e providenciou a chegada de milhares de soldados cubanos, possibilitando outra vitória etíope.

Políticas econômicas marxistas nacionalizaram os meios de produção e tentaram obrigar agricultores acostumados a uma agricultura de subsistência a cultivarem safras extras e venderem produtos vegetais a preços abaixo do mercado para alimentar as cidades e as Forças Armadas. A maioria dos agricultores concluiu que não estava ganhando nada com isso, e a política foi um desastre. No começo dos anos 1980, as chuvas nas planícies cessaram de todo e seguiu-se um período de extrema escassez. Foi uma das mais graves crises humanitárias do século XX, e estima-se que tenha resultado em 1 milhão de mortes. Enquanto isso, as forças eritreias que lutavam pela independência iam levando vantagem sobre as Forças Armadas etíopes, e a insatisfação crescia em todo o país.

No fim dos anos 1980, o cerco se fechava sobre o Derg. Forças eritreias derrotaram seguidamente o Exército etíope, formando uma aliança com milícias da região do Tigré, que reivindicavam autonomia em relação a Adis Abeba. Com Mikhail Gorbatchóv no Kremlin, a assistência militar foi significativamente reduzida e os cubanos voltaram para casa. Gorbatchóv explicou a glasnost e a perestroika ("transparência" e "reestruturação") para Mengistu, mas a ideia de um sistema político e econômico aberto era para ele tão impenetrável quanto a língua russa. Com o fim da guerra civil, a partida terminou para os Estados-clientes que dependiam da União Soviética. Em maio de 1991, Mengistu fugiu para o Zimbábue, levando nas malas toda a riqueza que conseguiu roubar do país.

O novo governo era chefiado por um tigré — Meles Zenawi —, o que causava muita apreensão aos amaras, desde sempre acostumados ao comando. Sob Zenawi, a Constituição foi reescrita, transformando a Etiópia numa federação e devolvendo poderes a estados regionais etnicamente definidos, embora, na realidade, o governo retivesse todo o controle. As

Etiópia 269

regiões mantiveram o direito de buscar a independência, o que, em 1993, levou ao reconhecimento legal da Eritreia como país. Com uma canetada, a Etiópia perdeu toda a sua costa ao longo do mar Vermelho e se tornou o mais populoso país do mundo sem acesso ao mar.

No entanto, apesar dessas mudanças políticas, na frente interna a tensão regional persistia, e mais uma vez houve guerra com a Eritreia. O reconhecimento do novo Estado em 1993 tinha deixado questões de fronteira por resolver, e em 1998 uma série de incidentes na disputada aldeia de Badme desencadeou uma guerra total. Nos dois anos de combate cada lado sofreu dezenas de milhares de baixas, e o conflito terminou sem que ninguém perdesse ou ganhasse território, e com um tratado de paz não completamente respeitado e uma zona de segurança monitorada pela onu para manter os dois lados longe um do outro. A Etiópia também mandou suas tropas de volta à Somália, numa tentativa de influenciar o resultado da guerra civil. Nos anos 2000 houve constante crescimento econômico, mas a repressão interna continuou, com milhares de ativistas e jornalistas encarcerados, geralmente por motivos banais.

O ano de 2018 assistiu a uma mudança, com a entrada em cena de Abiy Ahmed, ex-tenente-coronel de 42 anos que foi eleito primeiro-ministro. A novidade era que Abiy era de Oromia — o pai um muçulmano oromo e a mãe uma cristã amara —, e, apesar de os oromos serem o maior grupo étnico, um oromo nunca tinha chefiado o país. Mas essa não foi a única mudança.

Seus primeiros seis meses no cargo foram um furacão. Milhares de prisioneiros políticos, incluindo jornalistas e figuras da oposição, foram soltos. Abiy então nomeou dez mulheres num gabinete de vinte pessoas, contra as quatro mulheres e 24 homens da administração anterior. Foi outro fato inédito — um gabinete equilibrado em termos de gênero. Além disso, assinou um acordo com um grupo armado que lutava na região somali da Etiópia e dissolveu o governo de coalizão nacional de base étnica, fundindo a maior parte dele num único partido nacional — medida que lançou as sementes da guerra com o Tigré no ano seguinte. A maior parte da elite tigré se recusou a participar.

A mudança mais surpreendente aconteceu tão rápido que causou perplexidade. Semanas depois de assumir, Abiy anunciou que a Etiópia honraria os termos do acordo de 2000 com a Eritreia, que havia posto fim à guerra de dois anos na qual ele mesmo combatera. Um mês depois estava na capital eritreia, onde abraçou o presidente Isaias Afwerki na pista do Aeroporto Internacional de Asmara. Seguiu-se um tratado de paz, encerrando oficialmente vinte anos de estado de guerra e declarando uma nova era de paz e cooperação em comércio e diplomacia. Seus esforços lhe valeram o Prêmio Nobel da Paz, o primeiro do país; no entanto, uma genuína aproximação entre os dois Estados é uma obra ainda em andamento.

Garantir a paz dentro das fronteiras da Etiópia mostrou-se ainda mais difícil. Havia muitos inimigos, alguns furiosos por serem expurgados, outros esperando enriquecer na política, e, mais perigosamente, poderosos etnonacionalistas buscando dominar o país que Abiy estava tentando transformar numa sociedade genuinamente pluralista. Nas primeiras semanas do seu governo, houve enfrentamentos étnicos em várias regiões fronteiriças dos nove estados federais. Em questão de meses centenas de pessoas foram mortas, e quase 3 milhões abandonaram suas casas.

Abiy tinha expurgado parte da velha guarda política nas Forças Armadas, notadamente entre os tigrés, a etnia que havia dominado o país. Agora muitos detratores argumentavam que o desmantelamento do opressivo aparelho autoritário dos governos anteriores estava permitindo que a tensão fugisse de controle e ameaçasse a integridade territorial da Etiópia. O relaxamento das restrições à mídia levou a um aumento brusco das manifestações de preconceitos de uma etnia contra outra nas redes sociais e no rádio. Houve muitos alertas de que a federação da Etiópia poderia seguir o caminho da Iugoslávia e desintegrar-se num banho de sangue étnico; a efusão de ódio de base étnica, seguida da guerra no Tigré, aumentava os temores.

Abiy vem tentando afastar essa possibilidade ao enfrentar o problema que aflige o país há séculos. Tradicionalmente, o poder tem sido controlado por um determinado grupo étnico, com os demais postos à margem do processo decisório. Uma liderança forte no centro é vista com descon-

Etiópia 271

fiança, e o centro tem medo das regiões poderosas. Abiy busca tranquilizar as diferentes bases de poder afirmando que todos serão beneficiados por suas reformas e recomendando que participem do processo político. Num discurso um ano antes de chegar ao poder, ele disse o seguinte: "Só temos uma opção, que é nos unirmos [...]. A outra é nos matarmos uns aos outros".

Certa dose de força sempre foi necessária para controlar as regiões díspares dentro das fronteiras da Etiópia. O desafio consiste em garantir que os grupos étnicos aceitem a ideia de uma nacionalidade etíope, de tal maneira que aqueles que ingressam nas Forças Armadas estejam motivados a defendê-la. Isso diminui o apoio dentro das comunidades a exércitos hostis que venham a cruzar a fronteira — por exemplo, somalis etíopes que se sintam tentados a apoiar a Somália.

Para criar um ambiente no qual as pessoas se sintam em primeiro lugar etíopes, e só depois pertencentes a determinado grupo étnico, o Estado apoia uma política conhecida como "Ethiopiawinet", "etiopianismo", projetando a mensagem de que existe uma identidade comum a todos os etíopes. Líderes religiosos são estimulados a ressaltar a unidade da humanidade e os valores compartilhados pelo cristianismo e pelo islamismo. No entanto, existe uma tensão intrínseca entre o etiopianismo e a autonomia regional. Dividir o país entre grupos étnicos ressalta silenciosamente os sentimentos de desconfiança e medo recíprocos entre esses grupos, enfraquecendo o Estado-nação. Mas não dividir resulta, inevitavelmente, em insurgências contra o Estado da parte daqueles que lutariam por autonomia — enfraquecendo o Estado-nação. Resolver esse dilema quase insolúvel requer um equilíbrio delicado e uma distribuição justa de riqueza.

Apesar das diferenças existe um senso de etiopianismo, conforme demonstrado pela solidariedade em questões como a resistência a invasores e a Grande Represa do Renascimento Etíope no Nilo e em triunfos esportivos como as medalhas de ouro olímpicas conquistadas por Haile Gebrselassie, Tirunesh Dibaba e Tiki Gelana. Sua força aumenta e diminui de acordo com o tempo e o lugar, e o etiopianismo está sempre em risco de colapso — como mostram os acontecimentos da noite de 29 de junho de 2020, uma segunda-feira.

Um dos cantores mais conhecidos do país, Hachalu Hundessa, de 34 anos, saía do seu carro num subúrbio de Adis Abeba quando um homem se aproximou e lhe deu um tiro no peito; levado às pressas para o hospital, ele morreu logo depois. Dentro de poucos dias, centenas de pessoas morreriam em consequência desse tiro.

Hundessa era um superstar para o maior grupo étnico do país — os oromos, por vezes descritos como a "maioria marginalizada". Era um símbolo para eles, alguém que cantava e falava sobre a discriminação política e econômica que eles sentem ter sempre sofrido dentro do Estado etíope. Isso lhe trouxe muitos inimigos em outros grupos, mas ele irritou também alguns líderes oromos por criticar veementemente a luta intergrupal. Horas depois do tiro, houve muita troca de acusações, apelos de vingança da parte de oromos e incitação, na comunidade amara dominante, a ataques contra os oromos. O governo respondeu cortando a internet e tentando conter os protestos e desmandos das multidões.

Na quinta-feira, o caixão de Hundessa começou a viagem televisada da capital para sua cidade natal, Ambo, cem quilômetros a oeste no estado de Oromia. Oromos bloquearam o caminho, insistindo que ele fosse sepultado em Adis Abeba, segundo eles sua capital — questão que tem provocado desentendimentos há mais de um século. Em meio a cenas de violência, o veículo fúnebre deu meia-volta e o corpo acabou sendo levado de helicóptero para Ambo. Dezenas de pessoas já tinham sido mortas pelas forças de segurança durante os protestos, ou em ataques da multidão, mas foi então que a violência explodiu.

As mortes ocorreram basicamente entre amaras e oromos, mas a identidade religiosa também teve seu papel. Os amaras são majoritariamente cristãos, ao passo que entre os oromos predominam os muçulmanos. Multidões de jovens oromos armados de facões e facas invadiram bairros dos amaras e dos oromos cristãos cantando "Esta terra é dos oromos". Alguns levavam listas com nomes e etnias dos moradores. Houve esfaqueamentos,

Etiópia

273

linchamentos e decapitações, e muitos prédios foram destruídos. O lugar mais atingido foi a cidade etnicamente mista de Shashamene, em Oromia, onde os amaras são minoria. Gerente de um dos restaurantes locais mais populares, Munir Ahmed viu suas instalações serem destruídas por baderneiros que atacavam negócios de não oromos: "Choramos, suplicamos que parassem com aquilo", disse. "Para eles, éramos inimigos." Seus empregados fugiram da cidade.

Aqueles dias terríveis do começo de julho mostraram as profundezas não somente da perversão, mas dos desafios culturais, políticos e econômicos que a Etiópia tem pela frente. Em todos os grupos há muita gente que continua trabalhando apenas para que sua própria etnia conquiste poder. Os oromos continuam furiosos por nunca terem tido mais poder do que os demais, apesar de serem o maior grupo étnico; os amaras se lembram de ter dado as cartas pelo mais longo período na história do país; e os tigrés se perguntam se não poderiam voltar a ocupar a posição do passado recente, quando, apesar de representarem apenas 6% da população, estavam no comando. As minorias — os gurages, os afares, os sidamas e outros — continuam apreensivas por serem dominadas pelos grupos maiores.

Manter as fronteiras internas calmas e as fronteiras externas seguras e proporcionar um ambiente sólido para o crescimento econômico são os principais desafios. No entanto, todos os líderes etíopes a partir de 1993 enfrentaram o mesmo problema geográfico: a falta de acesso ao mar. A Etiópia moderna não tem intenção de restaurar o império da era Aksum, mas sabe que para sobreviver e progredir precisa ser capaz de garantir rotas comerciais confiáveis. Quase todas as importações e exportações do país passam pelo território dos vizinhos.

A rota comercial mais importante é a do mar Vermelho, um gargalo de comércio marítimo que inclui o apertado estreito de Bab-al-Mandeb e passa pelo litoral de dez países. Aproximadamente 90% das importações e exportações da Etiópia viajam por mar, e quase todo o transporte de cargas passa pelo porto de águas profundas de Djibuti. O perigo de depender de uma única rota ficou escancarado em 2019, quando Adis Abeba sofreu uma crise de escassez de combustível após o bloqueio da estrada Djibuti-Etiópia por manifestantes. Para contornar essa fraqueza, a Etiópia tem feito o possível para comprar uma cota do porto de Djibuti, adquiriu uma participação de 19% no porto de Berbera, na região separatista da Somalilândia, na Somália, e tem ações no porto Sudão e no porto de Lamu, no Quênia. Além disso, reabriu estradas para os portos da Eritreia.

Mas o Djibuti — e toda a costa do Chifre da África — tornou-se um campo de batalha geopolítico, deixando Adis Abeba parcialmente dependente dos caprichos das grandes potências.

A China é um dos principais participantes. Cerca de 33% das importações e 8% das exportações da Etiópia envolvem esse país. Além disso, os chineses estão financiando grandes projetos de infraestrutura: construíram uma ferrovia inteiramente eletrificada ligando Djibuti a Adis Abeba, a 725 quilômetros de distância, para substituir a linha centenária, em péssimo estado de conservação.

Beijing chamou atenção quando conseguiu sua base militar no Djibuti, mas a China é apenas um dos muitos países envolvidos na briga pela costa do mar Vermelho. Além dela, Estados Unidos, Japão, França e Itália têm bases militares ali, e outros países estão interessados em entrar na disputa — Rússia, Qatar, Emirados Árabes Unidos e Turquia também têm interesses em portos rivais.

Quando a coalizão Arábia Saudita-Emirados Árabes Unidos entrou na guerra do Iêmen, em 2015, os Emirados alugaram parte da cidade portuária de Assab, na Eritreia, e a transformaram numa base aérea para lançar ataques do outro lado do mar Vermelho. Eles também estão envolvidos na construção de um gasoduto ligando Assab a Adis Abeba. Os Emirados esperam não só exercer influência na política do Chifre da África, mas também investir e lucrar no crescente mercado de consumo da África, onde vende combustível, plástico e produtos de origem animal. Mas, para os países do Oriente Médio, o mar Vermelho e o Chifre da África são parte de uma luta regional — um lugar que atrai disputas e rivalidades de longe dali.

Em 2017, a Arábia Saudita e os Emirados Árabes Unidos romperam laços com o Qatar, acusando-o de apoiar o terrorismo e de desestabilizar a região. A Turquia, rival dos sauditas e dos Emirados, tomou o partido do Qatar, e a rixa transbordou para o outro lado do mar Vermelho, envolvendo as acirradas disputas entre Turquia e Emirados e Turquia e Egito. Alguns belicistas do governo do presidente Erdoğan acreditam que os Emirados financiaram o golpe de Estado de 2013 contra o presidente egípcio Morsi, da Irmandade Muçulmana (aliado de Erdoğan), e depois apoiaram a tentativa de golpe contra o próprio Erdoğan em 2016.

Os Emirados Árabes Unidos tinham boas relações com o governo em Mogadíscio, capital da Somália, mas, depois de concluir que ele estava em conluio com o Qatar e a Turquia, passaram a financiar as regiões autônomas da Somalilândia e da Puntlândia, onde estabeleceram uma base militar e dois portos. Outros países perceberam os benefícios de marcar presença na costa da Somália, a mais longa do continente africano. A Turquia vinha investindo ali havia anos, antes de os países do golfo manifestarem interesse, e agora exerce controle acionário em todos os grandes portos aéreos e marítimos sob jurisdição do governo somali. Quando acrescentou uma grande base militar em Mogadíscio, a Turquia atiçou os temores árabes sobre sua intenção de restabelecer presença no território do antigo Império Otomano. É uma acusação que Ancara rejeita, descrevendo sua política externa como "empreendedora e humanitária". Mas não é essa a visão do mundo árabe, e qualquer aumento de tensão entre a Turquia e os países árabes pode espirrar no Chifre da África.

Geograficamente, a Etiópia é parte do confronto Qatar-Turquia/ Arábia Saudita-Emirados Árabes Unidos, mas tenta ficar neutra. Na verdade, procura cooperar com todos os atores regionais, ao mesmo tempo que toma precauções para não ser vista como cliente de qualquer deles.

A Arábia Saudita e os Emirados têm investido nos setores de energia, turismo e indústria da Etiópia, e intensificaram o financiamento agrícola, num esforço para garantir sua própria segurança alimentar. A Turquia também aumentou suas atividades na Etiópia depois de ter sido marginalizada na Eritreia pelos países do golfo; a calculada neutralidade etíope tem permitido aos turcos manter uma significativa presença econômica. No front da persuasão, a Turquia vem construindo escolas e mesquitas, ao mesmo tempo que amplia sua presença econômica, e é agora o segundo maior investidor na Etiópia, atrás apenas da China. Esse movimento é parte da política "Aberta para a África" iniciada por Ancara em 2005. Trata-se, acima de tudo, de uma estratégia econômica, mas na Etiópia ela chega com o acréscimo de potenciais benefícios diplomáticos, porque tanto esse país como a Turquia têm relações muito tensas com o Egito. Essa desconfiança compartilhada será ótima para quando os etíopes precisarem do apoio de aliados em seu maior pomo de discórdia com o Cairo, que é também seu maior projeto de construção: a Grande Represa do Renascimento Etíope, a maior usina hidrelétrica da África.

Quando chega a Cartum, a capital sudanesa, o Nilo Azul se junta ao Nilo Branco para formar o Nilo, que então corre para o Egito. A represa e o reservatório começam a poucos quilômetros da fronteira com o Sudão. A certa altura dos anos 2020 espera-se que o reservatório esteja cheio; então se estenderá cerca de 250 quilômetros em direção aos planaltos etíopes e à fonte de suas águas. No verão de 2020, nove anos depois de iniciada a construção, imagens de satélite do Rift do Leste Africano mostraram que os níveis de água no reservatório atrás da represa subiam muito lentamente, apesar da ausência de um acordo nesse sentido entre Adis Abeba e Cairo. Os etíopes usavam a estação chuvosa para elevar os níveis a ponto de poderem testar as turbinas destinadas a gerar energia para a maior parte do país.

Para os egípcios, a construção da represa é uma questão existencial — esse é um dos exemplos mais claros de um país prisioneiro de sua geografia. O Nilo é o líquido vital do país e do seu povo; se não há Nilo, não há Egito. Oitenta e cinco por cento do fluxo do Nilo que vai para o Egito tem sua origem no Nilo Azul, e agora os etíopes estão com a mão na torneira. Não é que a Etiópia pretenda interromper o fluxo completamente, é só que ela terá o poder de fazê-lo.

As paixões de cada lado são compreensíveis. O Egito é quase todo deserto, e assim 95% da sua população de 104 milhões vive ao longo das margens do rio e do delta. O Cairo teme que a retenção mesmo de 10% da água acabe, em poucos anos, com o emprego de 5 milhões de agricultores, reduza a produção agrícola pela metade e desestabilize ainda mais um país que luta contra a insurgência islamista. Com a quantidade habitual de água do Nilo, as áreas do nordeste do delta, já atingidas pela intromissão da água salgada do Mediterrâneo, correm o risco de maior salinização. O Cairo entra na disputa contando com acordos da era colonial e o Tratado Anglo-Egípcio de 1929, que concedeu ao Egito uma alocação anual de água, mais o poder de veto sobre qualquer tentativa por um país situado rio acima de construir represas no rio.

A Etiópia tem outra opinião e afirma que não está presa por acordos que ela mesma não assinou, e que, como país situado rio acima, tem a geografia do seu lado. Todo o projeto tem sido durante anos uma fonte de orgulho nacional e está no núcleo do futuro do país. A represa criará tanta energia que a Etiópia vai poder fornecer o que sobrar para o Sudão. Adis Abeba diz que muitas regiões rio acima dependem de uma agricultura alimentada pelas chuvas, o que, devido a secas periódicas, deixa milhões de etíopes vulneráveis à escassez de alimentos. Os etíopes não têm a menor simpatia pela posição do Cairo: veem o Egito como uma potência colonial que ajudou o tráfico com seus grandes mercados de escravos, tentou invadir a Etiópia e está buscando atrapalhar seus esforços para fugir da pobreza.

O presidente egípcio Sisi disse que usará de "todos os meios disponíveis" para defender os interesses do Egito. Isso é conversa de quem quer brigar, o que levou muitos analistas a conjecturarem que uma grande "guerra por água" era iminente. A possibilidade existe há mais de cinquenta anos. Em 1970, o governo etíope pediu a uma empresa americana que avaliasse o impacto da construção de uma represa no Nilo. O então presidente egípcio Anwar Sadat ficou tão furioso que ameaçou declarar guerra.

No entanto, muitas coisas seguram as Forças Armadas egípcias. Nesse caso, mais uma vez a geografia é favorável à Etiópia. Como ela não possui acesso ao mar, uma força terrestre egípcia teria que passar pelo Sudão, ou, depois de uma viagem no mar Vermelho, pela Eritreia. Nenhuma das duas opções seria atraente para qualquer exército, menos ainda para um exército sem experiência logística recente de combate. A história das Forças Armadas do Egito não é positiva. Sua desastrosa tentativa de invadir a Etiópia em 1874-6 é um lembrete dos perigos de enfrentar um país forte o suficiente para rechaçar a colonização. Nos anos 1960, 70 mil soldados egípcios atravessaram o mar Vermelho para lutar na guerra civil iemenita, mas só 60 mil voltaram para casa.

A opção de um ataque aéreo à represa foi considerada, e parece ter sido posta de lado. Atingi-la com água dentro do reservatório poderia inundar o Sudão e provocar indignação internacional. Além disso, supõe-se que os F-16s e os jatos Rafael do Egito não teriam capacidade de reabastecer e voltar para casa, ainda que sobrevivessem aos modernos sistemas de defesa antimíssil, fornecidos por Israel, que cercam as grossas paredes do reservatório. As Forças Armadas etíopes não são tão bem armadas como as egípcias, mas têm adquirido armas dos franceses, dos russos, dos israelenses e dos americanos. Além disso, têm tropas com experiência de combate, e estariam lutando em casa. O Estado não conta com nenhum outro aliado militar além de sua geografia, mas esse é um amigo e tanto. O presidente Sisi não parece ser do tipo temerário, e em sua parte do mundo travar uma guerra implica o risco de perder não só no campo de batalha, mas também o cargo, e até mesmo a vida.

Outra influência moderadora é a diplomacia. Os sauditas e os Emirados Árabes Unidos têm investimentos substanciais nos dois países e não querem vê-los prejudicados por um conflito; os chineses, que apoiam a Grande Represa do Renascimento Etíope, pensam igual. Beijing tem influência em Adis Abeba; pode não se preocupar em condicionar ajuda e comércio a bom governo e boas condições de trabalho, mas dá muito valor à estabilidade e recomenda moderação a ambos os lados. Os etíopes têm tentado tranquilizar o Cairo afirmando que vão usar a represa de um jeito que não terá impacto significativo no fluxo abaixo dela, mas o Egito

Etiópia

aos poucos vem tentando mudar parte do seu setor agrícola para produtos menos dependentes de água.

Os governos do Sudão e do Sudão do Sul observam cuidadosamente, mas não estão muito preocupados. A Etiópia prometeu manter a água correndo e exportar o excedente de eletricidade para os vizinhos. Ambos podem tirar proveito de termos favoráveis para exportar petróleo do Sudão e do Sudão do Sul numa permuta. "Ouro negro" em troca de "ouro azul" complementaria a pequena produção da indústria petrolífera etíope.

Água é uma questão de segurança nacional para todos os países que dependem do sistema do rio Nilo. Uganda, Burundi, Congo, Egito, Quênia, Etiópia, Eritreia, Ruanda, Sudão do Sul, Sudão e Tanzânia — todos monitoram o fluxo do rio em suas fronteiras, mas nenhum corre mais risco do que o Egito, e nenhum corre menos risco do que a Etiópia. Os egípcios estão tendo que se habituar à ideia de que, depois de um século na condição de maior potência do Nilo, os tempos mudaram. O historiador grego Heródoto descreveu o Egito como uma dádiva do Nilo — mas o que o Nilo dá, a Grande Represa do Renascimento Etíope pode tirar.

Inversamente, a represa oferece à Etiópia a oportunidade única de romper o ciclo secular de pobreza e violência étnica. A tecnologia lhe permite livrar-se das grades de sua prisão geográfica. Como em muitos outros países africanos, só trechos relativamente pequenos dos seus rios são navegáveis, porque despencam violentamente dos planaltos, sendo, portanto, de limitada serventia para o comércio. As águas sempre deram à Etiópia certo grau de poder político, mas agora a "caixa-d'água" se transforma em poder no sentido energético.

Usada de maneira sábia, isto é, equitativamente, a eletricidade barata e abundante pode transformar a vida de dezenas de milhões de pessoas, o que, por sua vez, reduzirá a tensão entre elas. Isso, somado ao bom governo, traz a possibilidade de a Etiópia tornar-se um país estável e a aceitação do que já é uma realidade: o fato de que o país é uma potência regional.

Apesar disso, a Etiópia tem uma série de desafios pela frente. A mudança climática exacerbou as secas frequentes que atingem as planícies, e o desmatamento está causando erosão do solo e desertificação. O país continua a acolher centenas de milhares de refugiados do Sudão do Sul, da Somália e da Eritreia, e mais de 1 milhão de pessoas forçadas a deixar suas casas internamente. O Chifre da África é um epicentro de grupos extremistas e de pirataria, e não parece provável que isso mude num futuro próximo.

Lidar com esses problemas requer estabilidade, e estabilidade talvez seja o maior desafio de todos. Há um provérbio etíope que diz: "Quando se juntam, as teias de aranha podem amarrar um leão". O adágio não é produto do pensamento político, mas vem ao caso. Se as classes política e econômica puderem administrar a economia com êxito, se os políticos conseguirem trabalhar juntos para unir o país, então a "história de sucesso africano" é uma opção viável; do contrário, os laços que unem talvez não sejam suficientemente fortes para segurar.

CAPÍTULO 9

ESPANHA

Na Espanha, a natureza e o homem se opõem.
GERTRUDE STEIN

Baía de

La Coruña

Montes Cantábric

Meseta

Duero

Sistema Cen

PORTUGAL

Tejo

Toledo

E S P A

Guadiana

Lisboa

Sierra More

Guadalquivir

O C E A N O   A T L Â N T I C O

Sevilha

S i s t e m

Málaga

Cádiz

Gibraltar (Reino Unido)

Estreito de Gibraltar

Ceuta (Espanha)

100 milhas   100 km

MARROCOS

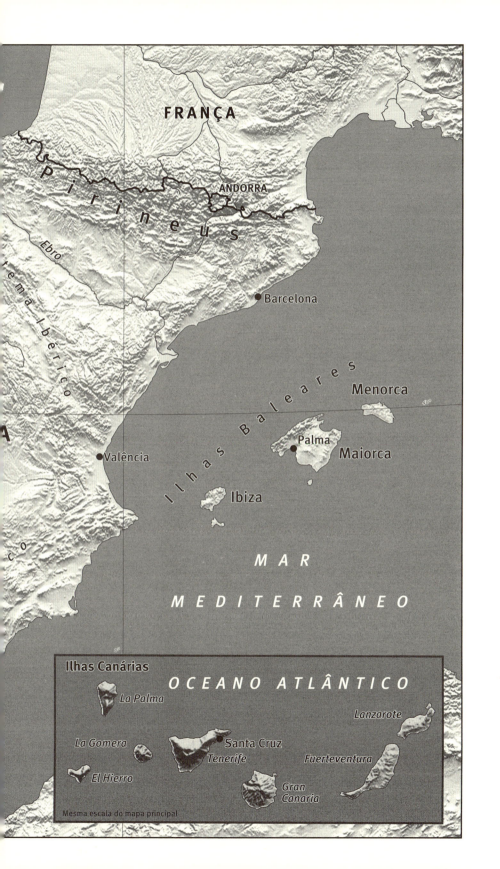

Uma das muitas alegrias de dirigir nas pequenas, empoeiradas e tortuosas estradas de montanha na Espanha é fazer uma curva e avistar uma imensa e majestosa fortaleza no alto de uma massa rochosa aparentemente inexpugnável. Algumas são ruínas, outras são lindamente preservadas; todas são essenciais para compreender a geografia e a história da Espanha.

No início dos tempos medievais, essas estruturas magníficas eram a característica definidora de uma vasta área da Meseta — as extensas planícies da Espanha central —, a tal ponto que o nome da região vem da palavra espanhola *castillo* — Castela, "terra dos castelos".

Seria um bom nome para todo o país. A Espanha é uma vasta fortaleza. Do mar Mediterrâneo ao oceano Atlântico, estreitas planícies costeiras logo colidem com grandes muralhas de montanhas, e toda a região central é um platô com altas cordilheiras e vales profundos. A Meseta faz da Espanha um dos países mais montanhosos da Europa.

No coração da Meseta está Madri. A cidade foi escolhida como capital no século xvi justamente porque fica no meio da Espanha: teoricamente, isso significava exercer um controle mais centralizado sobre o país, com menores distâncias para possíveis centros de poder rivais. No entanto, o terreno montanhoso e o tamanho (a Espanha é duas vezes maior do que o Reino Unido) sempre atrapalharam vínculos comerciais e um controle político forte, e permitiram que regiões diferentes mantivessem fortes identidades culturais e linguísticas. Tão grandes são as complexidades e as paixões dessas diferenças que o hino nacional espanhol não tem letra, porque não se conseguiu chegar a um acordo sobre o que dizer. Essas diferenças persistem — no norte, em tempos modernos, a ponto de o País

Basco presenciar uma campanha de terror, por parte de extremistas dispostos a recorrer à violência para romper com Madri, e a Catalunha, um movimento político com o mesmo objetivo. O domínio absoluto de Madri, assim como a repressão, é coisa do passado, mas o fantasma dos violentos nacionalismos regionais ainda assombra.

Na Europa costumamos pensar em nossos países e nossas identidades nacionais como coisas fixas, em parte porque a ideia do Estado-nação em sua forma moderna desenvolveu-se nesse continente. Também achamos que a democracia liberal é a norma. No entanto, se olharmos para trás na história e para o resto do mundo, ela está longe de ser normal, e a identificação com o Estado é um conceito frágil em países com várias nações, ou povos, dentro de suas fronteiras. A Espanha talvez seja um dos Estados mais antigos da Europa — começou a se formar no século XVI —, mas sempre lutou para manter as regiões unidas em torno do centro. É um membro entusiástico da União Europeia, mas a própria União, como fato, dilui a força das nações e incentiva o separatismo regional, como se vê na Catalunha, onde nacionalistas vislumbram um futuro fora da Espanha mas dentro da União Europeia. Além disso, a Espanha é uma democracia jovem. Seus alicerces parecem sólidos, e há poucas ameaças despontando no horizonte, mas existe também uma longa vertente antidemocrática no país que, sob condições adequadas, poderia reaparecer. Todos esses problemas têm como base a geografia e a história do país.

O Reino da Espanha tem uma densidade populacional menor do que a maioria dos países da Europa Ocidental. À exceção de Madri, a maioria das cidades importantes está situada na costa, como Barcelona, Valência e Bilbao; e o interior, especialmente a Meseta, às vezes é chamado de "La España vaciada", devido ao esvaziamento pela migração para as cidades grandes e pequenas que ganhou força ao longo do século XX. O número de habitantes tem oscilado através dos séculos — reflexo de uma história explosiva e violenta. Atualmente é de cerca de 47 milhões, mas as projeções sugerem que encolherá cerca de 5 milhões nos próximos quarenta anos.

A Espanha é o quarto maior país da Europa continental, atrás da Rússia, da Ucrânia e da França, com a qual faz divisa. Seus outros vizinhos

Espanha

As regiões da Espanha sempre mantiveram identidades fortes, em especial a Catalunha, o País Basco e a Galícia.

são Gibraltar, Andorra e Portugal, esta última a mais longa fronteira ininterrupta na União Europeia. Mas a Espanha tem outra divisa, menos conhecida — com o Marrocos. Isso se deve a seus enclaves costeiros, Ceuta e Melilla. Da Espanha continental, Ceuta pode ser vista na costa norte-africana a apenas treze quilômetros de distância, do outro lado do estreito de Gibraltar. No Mediterrâneo ficam as Ilhas Baleares — todas as 115. Elas formam o maior arquipélago da Europa, mas apenas cinco são habitadas: Maiorca, Minorca, Ibiza, Formentera e Cabrera. Bem mais ao sul estão as Canárias, a apenas 110 quilômetros da costa noroeste da África, mas a 1660 quilômetros de distância da Espanha continental pelo oceano Atlântico. Há oito grandes ilhas, sendo as mais conhecidas Tenerife e Gran Canaria.

Tudo isso se combina para dar à Espanha uma vantagem militar defensiva, o controle potencial da entrada e da saída do Mediterrâneo, e portos e bases para manter vínculos militares e comerciais que ajudaram a construir uma das Forças Armadas mais poderosas da Europa, e depois um império. Apesar disso, mesmo no auge do poderio espanhol, a geografia interna limitou sua criação de riqueza e sua unidade política.

Os Pireneus funcionam como barreira para um invasor, mas ao mesmo tempo têm sido um obstáculo ao fluxo de comércio. As estreitas planícies costeiras, perto da cadeia de montanhas, oferecem espaço limitado para o desenvolvimento da agricultura, embora a Espanha tenha se virado bem com aquilo de que dispõe e seja famosa pelas azeitonas, laranjas e vinhos. As planícies na Meseta produzem imensas quantidades de alimento, mas também ali as montanhas estorvaram seu transporte pelo país e para os portos.

Diferentemente da França e da Alemanha, a Espanha não tem grandes rios que corram, sem interrupção, por vastas planícies. Na maioria são rios curtos, com pequeno volume de água, e alguns secam nos meses de verão. Nos últimos anos, as secas têm sido tão severas que as safras murcharam e regiões inteiras foram submetidas a racionamento de água. Os espanhóis têm uma piada sinistra sobre esses tempos: "Agora as árvores é que procuram os cães", tão grande é o seu desespero para serem aguadas.

Dos cinco rios principais, quatro desaguam no Atlântico, e apenas o Ebro corre para o Mediterrâneo. Subindo-se um pouco terra adentro, a maioria deixa de ser navegável, o que os tornava inúteis para a movimentação de mercadorias, ou tropas, durante invasões. O rio Guadalquivir é o único rio navegável interior. Isso significa que Sevilha é o único porto fluvial do interior capaz de abrigar navios oceânicos, sendo por isso que, ocasionalmente, foi a maior cidade da Espanha. Foi por isso também que os mouros, que chegaram no século VIII, estabeleceram um califado e ali permaneceram oitocentos anos, podendo estender seu poder até Córdoba, bem ao norte. Apesar de limitados, os rios são vitais para a irrigação de regiões agrícolas, e em tempos modernos são fonte de energia hidrelétrica. Mas a Espanha, em geral, é um país seco, a ponto de estar sujeita a possível desertificação. As cadeias de montanhas no sul atravessam a península de

Espanha 289

leste a oeste e funcionam como gigantesca barreira contra o ar úmido do Atlântico. A Galícia e os montes Cantábricos colhem os benefícios, mas isso resulta em pouca precipitação pluviométrica nas planícies da Meseta, o que exerce pressão sobre os recursos. Na costa do Mediterrâneo, o bombeamento excessivo de água do subsolo em áreas de rochas porosas fez a água do mar invadir e salinizar a terra. Isso leva a negociações por vezes difíceis entre as regiões. Muitos países têm disputas com os vizinhos por distribuição de água; as da Espanha são internas.

As dificuldades de transportar produtos e pessoas, devido às montanhas e aos rios, estão entre os fatores que atrapalharam a criação de um Estado forte e centralizado e mantiveram identidades e línguas regionais. Madri tenta superar essas barreiras geográficas com ferrovias e rodovias. A primeira linha férrea foi construída em 1848, ligando os 29 quilômetros que separam as cidades portuárias de Barcelona e Mataró. Depois disso, as linhas passaram, na maioria, a sair de Madri, se abrindo num sistema de raios. A moderna malha rodoviária só se juntou adequadamente na segunda metade do século passado; o primeiro e curto trecho de autoestrada foi inaugurado em 1969, mais uma vez ligando Barcelona a Mataró. Mas, enquanto governos nacionais se esforçavam para criar "o espanhol", catalães, bascos, galegos e outros se empenhavam em continuar sendo o que são — e a geografia contribuiu para separá-los. O Despeñaperros, por exemplo, uma impressionante garganta de rio com paredões verticais, é a única rota natural importante através dos 485 quilômetros das montanhas de Sierra Morena, que separam a Andaluzia da Meseta.

Devido à sua posição no extremo sudoeste da Europa, desde a Antiguidade a Espanha foi habitada a partir tanto da Europa como do Norte da África, incluindo cartagineses e romanos. "Hispânia" foi parte do Império Romano durante seiscentos anos. Apesar de construírem apenas alguns assentamentos para civis romanos, a arquitetura, a religião e a língua do país receberam impressão duradoura dos romanos, lançando os alicerces de uma cultura típica da península Ibérica. O latim morreu, mas dele surgiram o castelhano, o catalão, o galego e o português.

E eis que chegam os visigodos! Em contraste com os romanos, os invasores germânicos do norte que tomaram o seu lugar deixaram pouco de si, apesar de fazerem parte da história espanhola durante séculos. Em 710 o rei visigodo Vitiza morreu e a Hispânia foi dividida entre pretendentes rivais. Isso costuma ser a receita do desastre, especialmente se um dos lados convida um exército estrangeiro para invadir. Uma casa dividida não aguenta em pé, e a casa dos visigodos estava tão deteriorada que o telhado caiu quase da noite para o dia. Os fatos são obscuros, mas parece que a família de Vitiza fez um apelo a exércitos muçulmanos no Norte da África para que a ajudassem a derrotar o rival, o rei Roderick. A resposta parece ter sido: "Que país legal... vamos ficar com ele".

Em maio de 711, Tariq ibn Ziyad desembarcou em Gibraltar com um exército de 7 mil homens, e em meados de julho já tinha derrotado as forças de Roderick e aproveitado a oportunidade para matá-lo. De lá Ziyad seguiu para o norte e ocupou a capital, Toledo. Um exército de 18 mil homens chegou como reforço e em dois anos os muçulmanos controlavam a maior parte da península que chamavam de "Al-Andalus".

Fizeram repetidas incursões ao norte dos Pireneus, mas então veio a Batalha de Tours, que para muitos historiadores preservou o cristianismo na Europa. Em 732, um exército imenso avançou a norte para o rio Loire e foi interceptado pelo líder franco Carlos Martel — e, contra todas as expectativas, os francos triunfaram. Martel achava que os muçulmanos tinham de ser mantidos na Ibéria, do contrário a Europa cristã viria abaixo. Mil anos depois, o grande historiador britânico Edward Gibbon concordou: "O Reno não é mais intransitável do que o Nilo ou o Eufrates, e a frota árabe poderia ter subido, sem um combate naval sequer, até a foz do Tâmisa".

Se Martel tivesse fracassado, não teria havido Carlos Magno (seu neto). Ele estipulou uma zona de segurança ao sul dos Pireneus em parte do que hoje é a Catalunha, e a região se tornou o flanco oriental do que viria a ser a Reconquista da Ibéria. Depois de Tours, os muçulmanos acabaram recuando, e de 756 a 1031 decidiram-se pelo estabelecimento da dinastia andaluza omíada, consistindo em cerca de dois terços da Ibéria.

Espanha

A capital, Córdoba, provavelmente não tinha rival no mundo em termos de civilização. Bibliotecas foram criadas, a literatura, a ciência e a arquitetura progrediram e eruditos muçulmanos levaram conhecimento e um novo despertar cultural para a Europa Ocidental. O árabe, em particular, deixou sua marca na Espanha: há mais palavras espanholas vindas do árabe do que de qualquer outra língua exceto o latim. O próprio nome de Gibraltar vem de Tariq ibn Ziyad: a rocha ficou conhecida como "Jabal Tariq", "montanha Tariq".

Em 1031, quando entrou em colapso, o califado se partiu em minirreinos. As autoridades cristãs viram nisso a oportunidade de libertar do domínio islâmico terras outrora cristãs, e em 1060 o papa Alexandre II ofereceu o perdão dos pecados a qualquer guerreiro que estivesse disposto a entrar na luta. Em 1085, Toledo, a chave da região central da Meseta, foi retomada — momento crucial não só pelo desfecho militar, mas também porque ficou determinado como a Espanha e a Europa se desenvolveriam.

Em 1212, forças cristãs atravessaram o desfiladeiro de Despeñaperros, e em 1250 quase toda a Ibéria estava de volta sob domínio cristão, exceto o reino de Granada, na costa meridional. Granada, percebendo para onde o vento soprava, decidira prestar tributo a Castela, e conseguiu resistir por mais 250 anos — tempo suficiente para construir muitos dos palácios do magnífico Alhambra.

É fácil pensar na Reconquista como um projeto unificado, mas por causa da geografia da Espanha os reinos cristãos do norte quase sempre atuavam unilateralmente. No nordeste, Aragão podia estar conduzindo uma ofensiva para ganhar determinado trecho de território, enquanto no noroeste a Galícia talvez estivesse passando por um período de reagrupamento e planejamento da próxima campanha. A reconquista avançou para o sul em linhas, e não como uma onda; assim, mesmo enquanto começava a ser construída, a Espanha moderna continuava em pedaços.

Avançando para 1469, vemos o começo do fim da presença muçulmana. Isabel I de Castela se casou com Fernando de Aragão, e as Coroas de Aragão e Castela foram unificadas. Em termos geográficos, isso significava que o nordeste e o oeste da Espanha estavam unidos. Era uma união política limitada, com poucos efeitos econômicos, e ainda havia regiões autônomas, mas foi parte essencial das dores do parto da Espanha moderna. Deu-se um grande salto nas duas décadas seguintes. Em 1482, o casal real, conhecido como os reis católicos, lançou contra Granada uma onda de ataques que se prolongou por uma década.

Em 1482, o emirado se rendeu, Granada foi incorporada a Castela e oitocentos anos de domínio muçulmano na Ibéria chegaram ao fim. Os muçulmanos tinham aberto uma trilha na terra e brilhado intensamente. Pelos padrões da época, sua brutalidade não era pior que a de ninguém; promoveram o conhecimento, e pela maior parte do tempo presidiram um período de relativa liberdade religiosa. Cristãos e judeus viviam com restrições, tinham que pagar a *jizya* dos não muçulmanos, usar distintivos identificando sua religião e sofrer muitas outras afrontas, mas não eram obrigados a escolher entre a conversão ou a morte, nem viviam em guetos.

Isabel e Fernando, por outro lado, usaram a Inquisição Espanhola da Igreja num esforço para unir a Espanha sob uma única religião. Com a Reconquista finalizada, muçulmanos e judeus tiveram a chance de optar entre converter-se, ir para o exílio ou morrer.

Os judeus estavam na península havia mais de mil anos, mas em março de 1492 receberam ordem para ir embora num prazo de quatro meses, e foram proibidos de levar ouro, dinheiro, cavalos ou armas. Os historiadores divergem sobre o número de pessoas expulsas, mas a estimativa moderna é de 40 mil. Depois disso, nunca mais a Espanha teve uma população de judeus muito significativa. A expulsão só foi oficialmente revogada em 1968.

Em 1502, as atenções se voltaram contra os muçulmanos. Houve muitas conversões, entre elas as de alguns que continuaram praticando o islã em segredo. Os convertidos ficaram conhecidos como "Pequenos Mouros", eram vítimas de suspeitas sobre um "inimigo interno" e em 1609 foram expulsos. Centenas de milhares saíram à força; o reino de Valência perdeu um terço dos habitantes, arruinando seu setor agrícola por uma geração inteira.

Infelizmente, pesquisas de opinião sugerem que a profundidade das raízes antissemíticas na Espanha significa que é difícil erradicar o antissemitismo da cultura. Ele se refletiu numa meia dúzia de palavras ainda

Espanha

usadas pelos espanhóis, quase sempre sem que eles percebam que são ofensivas; por exemplo, *judiada* significa má ação ou ato cruel, e na cidade de León uma bebida chamada *matar judíos* — "matar judeus" — ainda é consumida na Semana Santa. Só em 2014 a aldeia de Castrillo Matajudíos mudou de nome. Poucos anos atrás, eu estava de partida para um trabalho em Israel. A mulher do apartamento em cima do meu, calorosa, sorridente, robusta, de sessenta e tantos anos, natural do norte da Espanha, estava preocupada o bastante com o meu bem-estar para me puxar de lado e dizer: "Tim, tome cuidado com os judeus!".

É verdade que muitos países europeus estão reexaminando seus vocabulários à luz das suscetibilidades modernas, mas a Espanha parece ter mais termos ofensivos do que a maioria. Na província da Extremadura fica a aldeia de Valle de Matamoros, ou "vale de Matar Mouros", e Matamoros é também um sobrenome no país, ainda que relativamente raro. Durante séculos, da Inquisição até a era de Franco, uma das maneiras pelas quais a Espanha se definia como país unificado era dizendo-se inatamente católica, a rigor uma defensora da fé. Minorias como judeus e muçulmanos sempre foram úteis como exemplos do "outro".

Os monarcas espanhóis achavam que era seu dever religioso converter o maior número possível de pessoas, inclusive fora da Espanha. Nesse cenário havia um aventureiro italiano de quarenta anos, chamado Cristóvão Colombo, que os importunava havia anos pedindo que financiassem uma expedição em busca de uma rota marítima mais rápida para as Índias. Eles lhe forneceram dinheiro suficiente para chegar a Hispaniola (Haiti/ República Dominicana) e descobrir uma pequena quantidade de ouro que, numa carta para Isabel, Colombo chamou exageradamente de "vastas minas". A reação na corte foi: "Ouro! Você disse ouro? Vamos precisar de um navio maior". As riquezas descobertas subsequentemente na América Latina ajudariam a Espanha a tornar-se o país mais poderoso do mundo.

É claro que outros queriam participar. Em 1493, Portugal ameaçou ir à guerra para reivindicar terra em que Colombo havia tropeçado. Felizmente para os dois países, talvez mesmo para os povos da América Latina, o papa Alexandre VI sentiu que tinha "a autoridade de Deus Todo-Poderoso" para criar uma linha imaginária de norte a sul do Atlântico. Todas as novas terras descobertas a oeste seriam da Espanha, qualquer coisa a leste seria de Portugal, e quem dissesse o contrário seria expulso da Igreja. E assim a paz foi mantida, sem contar os séculos de guerras, saque, pilhagem, escravidão e doenças que o Tratado de Tordesilhas, como foi chamado, ajudou a estimular nas terras conquistadas.

Os judeus tinham ido embora, os muçulmanos estavam indo, e, da mesma forma, Isabel e Fernando. Em 1516 ambos estavam mortos, e a Espanha avançava para a sua Idade de Ouro — mais ou menos de 1500 a 1681. Foi uma era marcada por imensas somas de dinheiro chegando das minas de ouro e prata da América do Sul, que financiaram um padrão de vida cada vez mais alto, uma ampliação das Forças Armadas e o brilhantismo na arquitetura, na literatura e na pintura.

Mas as regiões da Espanha continuaram a se desenvolver com identidade, política e economia diferentes. Os problemas internos criados pela geografia espanhola, as rachaduras que atrapalham o desenvolvimento, foram disfarçados com um rio de ouro e prata vindo de 10 mil quilômetros de distância, fluindo primeiro para o Atlântico e em seguida para o reino.

Boa parte da riqueza era gasta em conflitos europeus. Isso significava menos dinheiro destinado às forças navais atlânticas necessárias para proteger as rotas de financiamento de todo o negócio. No final dos anos 1660, os espanhóis já estavam perdendo o controle das rotas marítimas. Navios mercantes espanhóis embarcavam no Caribe produtos chineses transportados por terra de portos da América Central no Pacífico. Ali se juntavam a navios carregados de prata e ouro, e, guardados por galeões militares, seguiam para Cuba, e de lá para a Espanha. Mas os piratas do Caribe aprenderam a atacá-los seletivamente. Logo correu a notícia de que o país mais poderoso da Europa estava ficando vulnerável. Os "cães do mar" da Inglaterra elisabetana, Walter Raleigh e Francis Drake, que não eram de perder uma oportunidade de saquear e matar, aderiram com entusiasmo, reduzindo ainda mais o fluxo de receitas da Espanha.

Em 1588, Filipe ii da Espanha concebeu um plano astuto, mas não entendeu direito para que lado o vento sopraria. A grande ideia era levar

Espanha 295

130 navios de guerra para o canal da Mancha e massacrar a frota inglesa, pondo fim ao apoio que ela dava aos holandeses em suas batalhas com a Espanha e de roubo do tesouro espanhol. Como bônus, a Espanha poderia invadir a Inglaterra, derrubar a rainha protestante e atravessar de volta para finalmente sufocar a rebelião holandesa. Eles tinham, de longe, os navios mais pesados e a maior potência de fogo. O que, a não ser tudo, poderia dar errado?

Ter no comando um almirante que navegara em alto-mar talvez tivesse ajudado. Nomeado quatro meses antes de a Armada partir, o duque de Medina Sidônia tinha dito ao rei: "Sei, pela pouca experiência que adquiri navegando, que não demoro a ficar enjoado". O esbanjamento de recursos tinha deixado a Marinha espanhola em mau estado. E, quando chegaram a Calais, Medina Sidônia teve que aguardar a chegada de equipamento essencial sem que houvesse um porto de águas profundas onde pudesse se abrigar. Os ingleses aproveitaram a oportunidade.

Na batalha que se seguiu, a Armada sofreu graves perdas, e sua formação foi dispersada. Ela seguiu em direção ao mar do Norte para se reagrupar. Era hora de desistir da missão e voltar para casa, mas os espanhóis têm um provérbio que diz: "La geografía manda" — a geografia controla tudo. A geografia estava contra eles.

Os espanhóis precisavam voltar para o sul, mas os ventos sopraram na direção errada e os ingleses ficaram entre eles e o caminho de volta. A Armada seguiu mais para o norte, porém ao contornar a ponta do norte da Escócia deparou com uma tempestade atlântica inusitadamente precoce. Muitos navios foram arrastados para as rochas da costa irlandesa num frio congelante. Quando o resto da frota chegou em casa, em outubro, apenas cerca de sessenta navios aportaram. Quinze mil homens haviam desaparecido, e com eles se foi também a reputação da Espanha de ter a maior e melhor Marinha do mundo. Um novo século despontava no horizonte, trazendo mudanças no equilíbrio de poder.

A Espanha simplesmente não estava pronta para desistir da convicção de ser a potência dominante e continuou, sem êxito, a travar guerra nos Países Baixos para preservar território. Durante muitos daqueles anos a Coroa espanhola não conseguia controlar nem mesmo a Espanha.

O levante basco dos anos 1630 foi deflagrado quando Madri, em busca de dinheiro para financiar as guerras, impôs uma taxa à indústria têxtil de Bilbao e confiscou seus imensos armazéns de sal. Não foi uma boa ideia. A revolta durou três anos e o Exército precisou intervir para esmagá-la. Os bascos jamais esqueceram.

Em 1640 foi a vez dos catalães. A Espanha lançou uma campanha militar contra a França partindo da Catalunha, com o objetivo, aparentemente, de envolver a Catalunha na guerra. Se os catalães estivessem lutando por seu país, logicamente apoiariam o Exército espanhol. De alguma forma, porém, os catalães, que não são conhecidos por seu apoio entusiástico a Madri, não seguiram essa linha de raciocínio.

Líderes catalães ficaram do lado dos franceses, cujas tropas atravessaram a fronteira, e juntos derrotaram as forças espanholas. No entanto, em 1648 a França se retirou, e em 1652, depois de subjugar Barcelona pela fome, Madri voltou a dominar.

Os catalães chamam o conflito de a "Guerra dos Segadores", em homenagem aos camponeses. O hino da Catalunha, adotado oficialmente em 1994, chama-se "Os segadores". A música remonta a 1640, as palavras a 1899, e ainda causam preocupação em Castela:

A Catalunha, triunfante,
será de novo rica e plena.
Vamos atrás dessa gente
tão presunçosa e tão soberba.

Bom golpe de foice!

[...]
Que trema o inimigo,
ao ver nosso estandarte.
Assim como fazemos cair espigas de ouro,
quando convém ceifamos correntes.

Espanha 297

A reputação, a economia e a população da Espanha estavam em declínio e o país, afligido pela instabilidade e pela violência. A população caiu de 8,5 milhões em 1600 para 6,6 milhões ao longo do século. As mortes entre os militares alcançaram a média de mais ou menos 10 mil por ano, a emigração para as colônias levou mais 5 mil, e tanto a pobreza extrema como as pragas recorrentes prejudicavam também o crescimento. No início do século XVIII, a Espanha ainda era uma grande potência, com territórios no mundo inteiro, mas mantendo com dificuldade o que tinha, travando numerosas guerras e perdendo muitas de suas terras europeias, como Nápoles, Sicília, Milão e Gibraltar, que os britânicos tomaram em 1704.

Os conflitos afligiram o século. A Espanha tanto combateu a França como se aliou a ela, antes de sua frota conjunta ser derrotada pelos britânicos em Trafalgar em 1805. Dois anos depois, 30 mil soldados franceses invadiram a península, deflagrando a Guerra de Independência. A palavra "guerrilha", derivada de "guerra", vem desse conflito: começou a ser usada para descrever grupos de combatentes da liberdade espanhóis que causavam terríveis baixas entre os franceses.

Os latino-americanos se perguntavam que legitimidade a pátria-mãe tinha agora para eles. Rebeliões começaram no norte e no sul, encabeçadas por Simón Bolívar e José de San Martín. Depois de assumirem o controle de suas regiões, eles convergiram no centro e se encontraram na costa central do Pacífico. Bolívar terminou de eliminar o que restava de resistência legalista no Alto Peru, que passou a ser chamado de Bolívia em sua homenagem. Com o México seguindo o mesmo caminho, a América Latina estava livre de controle espanhol em 1826.

Mas a Espanha não estava livre da violência. Ela prosseguiu interminavelmente ao longo do século XIX, na forma de urbanos contra rurais, liberais contra tradicionalistas, regiões contra regiões, espanhóis contra espanhóis. As guerras civis ajudaram os militares a se incrustar na máquina política do país. Católicos convictos foram jogados contra liberais que buscavam reduzir o poder da Igreja. Durante as rebeliões, as tentativas de golpe de Estado e a guerra, os dois lados cometeram atrocidades, causando ressentimentos que transbordariam para o século XX.

Na segunda metade do século xix, Madri tentou seguir o exemplo da Revolução Industrial que se desenrolava rapidamente na Grã-Bretanha, na Alemanha e na França, três rivais que atingiram um senso maior de união do que a Espanha. No entanto, o crescimento lento da rede ferroviária e rodoviária lutava para unificar a economia, e ela continuava atrás dos países mais ao norte. A população permanecia dividida, com muita gente ainda mais leal à região do que ao país. O que restava do antigo império acabou em 1898, com a perda de Porto Rico, Cuba e Filipinas. Embora tenha sido o Império Otomano o apelidado de o "doente da Europa", a saúde da Espanha também não ia muito bem. E, se o país já não era uma grande potência, havia menos razões ainda para as regiões se identificarem como espanholas.

Apesar de ter conseguido ficar fora da Primeira Guerra Mundial, a Espanha não estava imune ao choque entre as políticas de direita e de esquerda cada vez mais preponderantes na Europa, com o avanço do fascismo e do comunismo. A Espanha era o que naquela época se considerava uma democracia, mas com raízes frágeis. Um golpe militar levou o ditador Miguel Primo de Rivera ao poder em 1923, mas seu governo durou apenas seis anos. Em 1931, quando eleições foram realizadas, os republicanos venceram, e o novo governo declarou a Espanha uma república. Essa república começou a remover altos oficiais do Exército, a atacar os privilégios da Igreja, a nacionalizar propriedades e a conceder grandes aumentos salariais a trabalhadores da indústria. Em resumo, assegurou a oposição das quatro maiores forças do país: a Igreja, os militares, a pequena nobreza latifundiária e os industriais.

Em menos de um ano houve uma nova tentativa de golpe. Apesar do fracasso, o caos provocado levou a novas eleições em 1933, e então assumiu um governo de direita que imediatamente revogou as políticas do governo anterior, incluindo a que concedia maior liberdade à Catalunha. Em 1936, em meio a uma onda de greves, repressão brutal e uma economia em frangalhos, outra eleição foi realizada. Dessa vez a esquerda voltou ao poder na forma da Frente Popular unida, mas as facções divergentes agora tendiam para os extremos, e a Espanha começou a escorregar para o abismo da guerra civil.

Espanha

Em 12 de julho José Castillo, legalista republicano e chefe da Guarda de Assalto, organização paramilitar do governo da Frente Popular, foi assassinado. A vingança foi rápida, e igualmente brutal. Na mesma noite, policiais e pistoleiros de esquerda invadiram a casa de José Calvo Sotelo, um importante político de direita. Enquanto ele era levado por uma viatura policial, foi morto com um tiro na nuca.

Milhares de partidários de direita compareceram ao sepultamento de Sotelo, antes de marchar para o centro da cidade e se deparar com a Guarda de Assalto, que matou a tiros vários manifestantes. O assassinato de Sotelo foi visto pela direita como a afronta definitiva. Três dias depois do funeral teve início a revolta militar, quando o Exército da África, baseado em Melilla, se amotinou sob o comando de quatro generais, um deles Francisco Franco, desencadeando a Guerra Civil Espanhola.

Nos dois anos seguintes, o conflito se acirrou. Com Hitler e Mussolini abastecendo um exército treinado, era só uma questão de tempo até os nacionalistas subjugarem a resistência, apesar das tentativas soviéticas de armar os republicanos.

No inverno de 1938-9, as forças republicanas estavam exaustas, seu estoque de alimentos desfalcado por bloqueios e pelos 3 milhões de pessoas que fugiram da feroz repressão das forças de Franco em territórios conquistados. Em janeiro de 1919, 500 mil civis e soldados saíram de Barcelona, enfrentando temperaturas abaixo de zero, e rumaram para a fronteira francesa. Alguns, no que ficou conhecido como La Retirada, tiveram que percorrer a pé os 160 quilômetros com aviões alemães e italianos metralhando as colunas.

As forças franquistas entraram em Barcelona, e no fim de fevereiro a Grã-Bretanha e a França reconheceram Franco como chefe do governo. Em março, 200 mil soldados entraram em Madri sem encontrar qualquer resistência. Muitos cidadãos foram às ruas comemorar sua vitória; muitos outros passaram a noite acordados com medo da inevitável vingança de Franco.

Em abril, Franco aceitou uma rendição incondicional. Historiadores divergem sobre o número de mortos; as estimativas vão de 500 mil a 1 milhão, se a fome e a falta de assistência médica forem levadas em conta.

Dezenas de milhares de homens e mulheres foram executados por ambos os lados, e o período do pós-guerra viu milhares de republicanos serem assassinados à medida que a versão franquista do fascismo aumentava seu controle sobre todos os aspectos da vida. No começo da guerra, um dos generais de Franco, Emilio Mola, tinha dito: "É preciso espalhar o terror. Temos que dar a impressão de supremacia, eliminando sem escrúpulos ou hesitação todos aqueles que não pensam como nós".

Desenvolveu-se um culto da personalidade em torno do general, que passou a ser conhecido como "El Caudillo". As leis liberais dos republicanos foram revogadas. Em seu lugar, veio uma enxurrada de leis pelas quais as mulheres foram proibidas de lecionar em universidades, de atuar como juízas ou mesmo de servir como testemunhas em julgamentos. A Igreja não discordava do conceito de que a divina providência tinha mandado Franco para salvar o país, e a junta promoveu a ideia de que o país era uma única entidade monolítica. Isso significava que as identidades regionais, como a basca e a catalã, teriam que ser esmagadas. As línguas das duas províncias foram banidas da esfera pública, com respaldo de um lema governamental que dizia: *"¡Si eres español, habla español!"* ("Se você é espanhol, fale espanhol!"). O catalão e o basco recuaram para a esfera privada, sendo falados em casa, mas cada sílaba era uma forma de rejeição da autoridade madrilenha.

Franco governou até 1975. Sua intenção era criar uma Espanha homogênea, mas, como muitos outros antes dele, foi derrotado pela geografia, que há tanto tempo mantém vivas as línguas e as identidades regionais. Uma das fortalezas contra as quais ele investiu foi o Camp de Les Corts — o estádio do Barcelona FC. Franco era um conhecido torcedor do Real Madrid, não tanto por fanatismo, mas para criar um símbolo de sucesso espanhol. Dificilmente promoveria um clube de uma região que buscava a autonomia. O regime tinha mudado o nome do Barcelona FC para o castelhano e alterado o escudo do clube para que a bandeira catalã lembrasse a bandeira espanhola. Mas não conseguiu alterar o espírito dos torcedores. Milhares cantavam em catalão — afinal, a polícia não teria como prender todo mundo. A tradição sobreviveu à mudança para o Camp Nou no

Espanha 301

fim dos anos 1950. Em todo o País Basco, torcedores do Athletic Bilbao demonstravam sua opinião sobre Madri da mesma maneira. Muitos, nas duas cidades, ainda o fazem.

Também foi proibida a sardana, dança folclórica catalã que envolve pessoas de mãos dadas num círculo que se abre e se fecha à medida que elas entram ou saem. Naturalmente, os catalães a apresentavam sempre que podiam, como ato de contestação, o círculo simbolizando a unidade.

Outros eram mais diretos em sua oposição. Ao longo dos anos 1940, forças da Guarda Civil de Franco foram atormentadas pelo que chamavam de "bandidos", mas que na verdade eram guerrilheiros. Alguns operavam atravessando a fronteira da França, outros a partir de regiões montanhosas dentro da Espanha, às vezes aparecendo nas cidades. No entanto, o controle do regime nunca foi seriamente ameaçado. Os pormenores são escassos, mas estudos sugerem que milhares de guerrilheiros foram mortos, assim como centenas de soldados da Guarda Civil. Supõe-se que o último rebelde a morrer tenha sido José Castro Veiga, baleado na Galícia em 1965.

A mídia estatal silenciava sobre a maioria desses incidentes, e o público tinha pouca ideia da situação; as pessoas tentavam sobreviver numa economia castigada pela guerra e que recuara para níveis anteriores a 1900. Franco impôs um sistema econômico conhecido como autarquia — autossuficiência, controle estatal dos preços e comércio limitado com outros países. Os efeitos foram devastadores. Os anos 1940 ficaram conhecidos como *los años de hambre*: os anos de fome.

Apesar disso, o regime encontrava o dinheiro e a mão de obra (forçada) para fortalecer com milhares de casamatas a fronteira com a França, formando a Linha Pirineus. Os militares sabiam que no longo e violento passado muitos agressores tinham entrado na península passando pelos corredores baixos em cada lado da cordilheira para chegar ao País Basco e à Catalunha. Muitas casamatas ainda estão lá, abandonadas e cobertas de vegetação; são uma recordação física do isolamento parcialmente imposto pela própria Espanha nos anos de Franco. O regime achava que influências externas enfraqueciam a pureza e a força da Espanha; como disse um dos seus mais importantes generais: "A Espanha não é Europa, jamais foi".

Franco tinha amigos; o problema era que se chamavam Adolf e Benito. Com a Alemanha de Hitler e a Itália de Mussolini destruídas, a Espanha de Franco ficou só, cozinhando em seus próprios sucos fascistas. As potências ocidentais não queriam saber do homem que tinha despachado 50 mil soldados da División Azul para combater ao lado dos nazistas no front oriental. Depois da guerra, a Espanha era um Estado pária, fora da ONU, do Plano Marshall e da Otan.

Franco ganhava tempo. Sabia que os britânicos davam muito valor à estabilidade na península, por causa da posse de Gibraltar, e era improvável que apoiassem uma derrubada violenta do seu regime. Mais importante ainda, o pragmatismo político imposto às potências ocidentais pela Guerra Fria poderia ser usado em benefício da Espanha. A nova ameaça na Europa não era o fascismo, mas o comunismo soviético.

Os americanos em particular temiam que, no caso de uma invasão soviética da Europa Ocidental, algumas forças de Stálin se voltassem para sudoeste em direção à Espanha. Também pensavam na Espanha em termos de sua própria "profundidade estratégica" — um espaço onde construir defesas e para onde recuar caso não conseguissem deter o Exército Vermelho no Reno. Um estudo de 1947 de autoria do Comitê Conjunto de Planos de Guerra dos Estados Unidos sugeriu que dentro de três meses atacando a Europa Ocidental os soviéticos talvez chegassem aos Pireneus. Levariam vinte dias para atravessar as montanhas, antes de seguir pela costa atlântica para Lisboa e pela costa mediterrânea para Barcelona. Em quarenta dias estariam em Gibraltar, controlando o acesso ao Mediterrâneo e ao Atlântico. Foram iniciadas negociações preliminares pelos direitos de estabelecer bases militares. Elas se arrastaram durante anos, mas em 1951 o presidente Truman deixou claro que a política para com a Espanha estava mudando: "Não gosto de Franco, jamais vou gostar, mas não permitirei que meus sentimentos pessoais passem por cima das convicções de vocês, militares".

O Pacto de Madri foi assinado dois anos depois, assegurando aos Estados Unidos bases para o Exército, a Força Aérea e a Marinha, em troca de 2 bilhões de dólares em ajuda militar e econômica num período de vinte

Espanha 303

anos. Os franceses se opuseram, com receio de que os americanos abandonassem a defesa da França em caso de guerra. Nessa hipótese, o último refúgio da Europa democrática seria a Espanha fascista.

Truman não precisou se encontrar com Franco: essa duvidosa honra foi deixada para seu sucessor, Dwight D. Eisenhower, em 1959, na primeira visita à Espanha de um presidente americano no exercício do cargo. Menos de vinte anos antes Franco tinha sido filmado ajustando os passos com Hitler enquanto fazia a saudação fascista para uma guarda de honra nazista. Agora desfilava pelas ruas de Madri com um presidente americano enquanto uma banda espanhola tocava "The Yellow Rose of Texas". Foi um duro golpe para os setores da sociedade que sonhavam com uma Espanha democrática.

Apesar disso, a vida diária ficou um pouco mais fácil. O acordo obrigava a Espanha a relaxar restrições comerciais e permitir investimentos estrangeiros. O discreto abandono da autarquia contribuiu para a inflação, mas nos anos 1960 a Espanha viveu um boom econômico, e os espanhóis correram para comprar bens de consumo, como máquinas de lavar e aparelhos de TV, artigos que já eram norma na Europa Ocidental.

Nos anos 1960, o ditador lançou os olhos para uma era pós-Franco. Em 1969, com 76 anos, a saúde em declínio, assinou a lei de sucessão, nomeando o príncipe Juan Carlos para tomar o seu lugar como chefe de Estado e rei. Franco achava que Juan Carlos concordaria em manter as estruturas políticas, o regime achava que ele seria seu fantoche e o público achava que ele não queria nem podia mudar a vida dos espanhóis. Ele provou que todos estavam errados.

Francisco Franco morreu aos 82 anos, em novembro de 1975, depois de 36 anos de governo totalitário. A junta esperava governar como eminência parda influenciando o rei, mas não contava com o rei governando como estadista.

O presidente das Cortes (o Parlamento espanhol), Alejandro Rodriguez de Valcárcel, disse o seguinte: "A tarefa do príncipe era suceder a Franco apenas em suas funções cerimoniais". Mas em seu discurso o novo rei contradisse a filosofia do regime: "A Espanha tem que ser parte da Europa, e os espanhóis são europeus". Não foi dito com todas as letras, mas, para ser verdadeiramente parte da Europa política, tanto quanto geográfica, a Espanha teria que se tornar uma democracia.

Juan Carlos precisava fazer malabarismos, mas pôs-se a desmantelar a máquina política. Sabia que tinha que falar para todos os lados das muitas linhas divisórias da Espanha. Já tinha dito que seria "rei de todos os espanhóis", reconhecimento tácito de que o projeto centenário de criar um povo tinha fracassado; uma de suas próximas medidas foi visitar a Catalunha e a Galícia, fazendo discursos em que reconhecia sua individualidade. Em certo momento, na Galícia, de onde era Franco, chegou a falar um pouco em galego, a língua local, mais próxima do português que do espanhol, e terminou com um vibrante "Viva Galícia!". Abria-se uma nova era.

Partidos políticos foram reintroduzidos e restrições à mídia, relaxadas ainda mais. A velha guarda tentou impedir as reformas, e havia o constante temor de um novo golpe do Exército que viesse a provocar um banho de sangue. No entanto, o rei conseguiu trafegar pela estrada da democracia. Em 1976, houve um referendo. Com um comparecimento de 77,7% dos eleitores, 97,4% apoiaram as reformas propostas para que a Espanha se tornasse uma monarquia parlamentar, com todos os partidos políticos legalizados, inclusive os comunistas, muito temidos pelo que restava do franquismo.

No ano seguinte, a Espanha realizou suas primeiras eleições democráticas desde 1936. Das 350 cadeiras, o partido de centro-direita conquistou 165 e formou o governo. Os social-democratas chegaram em segundo lugar, com 118 cadeiras, e o Partido Comunista em terceiro, com vinte. Tão importante quanto os vencedores foram os perdedores. O partido AP, fundado por antigos legalistas de Franco, conquistou apenas dezesseis lugares. Um deles, Manuel Fraga, conseguiu unir a direita como uma força política, mas talvez seja mais lembrado por ter acidentalmente acertado um tiro no traseiro da filha de Franco durante uma excursão de caça. De qualquer maneira, o povo espanhol tinha esmagadora e categoricamente rejeitado o franquismo.

Este, no entanto, se recusava a morrer. Em 1981, duzentos soldados da Guarda Civil, chefiados pelo tenente-coronel Antonio Tejero, entraram no

Espanha

prédio do Parlamento numa tentativa de golpe de Estado. É fácil ver Tejero como um vilão de filme B, de pistola na mão, com seu magnífico bigodão e palhaçadas. Em certo momento, ele tentou jogar no chão o vice-primeiro-ministro general Manuel Gutiérrez Mellado, desistindo quando o general de 68 anos se recusou a deitar-se. Mas a coisa era de uma seriedade letal. Tejero, que era apenas um dos cabecilhas militares, fez disparos para o alto, assim como alguns dos guardas, usando metralhadoras. Ele apontou sua arma para o primeiro-ministro, Adolfo Suárez, que o encarou com calma e firmeza. Tudo isso foi transmitido ao vivo pela tv.

À uma da manhã, o rei Juan Carlos apareceu na televisão de uniforme militar para dizer: "A Coroa, o símbolo da permanência e da unidade do país, não pode tolerar, sob qualquer forma, ações ou atitudes de pessoas que tentem pela força interromper o processo democrático". E ponto-final. Enquanto detenções eram realizadas em outros lugares, Tejero, com ar abatido, saiu do Parlamento ao meio-dia para ser preso. Ele e outros cabecilhas foram condenados a trinta anos de prisão, décadas durante as quais a democracia espanhola deitou raízes.

A eleição do Partido Socialista em 1981 trouxe o primeiro governo no qual nenhum membro tinha servido ao regime de Franco. A Espanha ingressou na Otan em 1982, tornou-se membro da União Europeia em 1986 e adotou o euro em 1999. Sua nova Constituição, que dividiu o país em dezessete administrações regionais (hoje dezenove), reconhece as diferenças históricas e geográficas. Mas velhas tensões persistem. É o caso da Galícia, da Catalunha, do País Basco e, em grau menor, da Andaluzia.

Numa ditadura, a "solução" para regiões que buscam certo grau de autonomia ou independência costuma ser a repressão pura e simples, mas, numa democracia, com seu compromisso com a "vontade do povo", é muito mais complicado. Supunha-se que o ingresso na União Europeia seria a resposta para as questões do regionalismo, do relativo atraso e das tendências autoritárias da Espanha. Já em 1910, o filósofo José Ortega y Gasset escreveu: "A Espanha é o problema, e a Europa, a solução". Talvez fosse; muitos espanhóis estavam dispostos a ceder um pouco de soberania para receber em troca não só os benefícios econômicos da União

Europeia, mas também seus requisitos de boa governança. Dentro da UE, os espanhóis só ficam atrás dos romenos em desconfiança do seu próprio governo. No entanto, a existência da União Europeia e a adesão da Espanha também abriram a possibilidade de regiões se tornarem europeias, e não espanholas. É o que acontece também no Reino Unido, na Bélgica, na Itália e em outros países.

Nos últimos anos, a oposição mais violenta ao governo de Madri veio do País Basco. A região consiste em sete províncias históricas divididas entre a Espanha e a França desde 1512. O lado espanhol é mais ou menos do tamanho da Irlanda do Norte e abriga 2,2 milhões de habitantes. Começa na encosta oeste dos Pireneus e vai até a baía de Biscaia, depois continua por 176 quilômetros ao longo da orla, onde vive a maioria da população e onde se localizam indústrias pesadas. O interior é quase todo montanhoso, característica comum entre povos que guardam nítidas diferenças dos vizinhos próximos, e é marcado no sul pelo rio Ebro. A área geográfica abrange talvez dois estados, mas muitos bascos ainda a consideram uma nação chamada "Euskal Herria". Sua língua, o euscara, falado por cerca de um quarto da população, é anterior às línguas indo-europeias do resto da Europa e não tem relação com nenhuma delas. Por exemplo, a frase "Eu moro em Bilbao" se traduz para "Ni Bilbon bizi naiz" e é construída assim: "Eu Bilbao em para morar estou". Suas raízes continuam sendo um mistério, mas foram suficientemente fortes para repelir o latim, o árabe e o espanhol.

Esse senso de nacionalidade sempre motivou apelos por graus de autonomia ou mesmo secessão. Sua versão mais moderna surgiu na forma do ETA, fundado em 1959. São as iniciais de "Eukadi ta Askatasuna", pátria basca e liberdade. Nos anos de Franco, era proibido falar o euscara em público, sob pena de prisão. Certidões de nascimento e casamento que tivessem nomes bascos eram apagadas em cartórios civis e substituídas por documentos em espanhol. O regime tinha despido o território basco de qualquer status de autonomia; o ETA, no entanto, foi formado não para recuperar esse status, mas para criar um Estado basco por cima da fronteira hispano-francesa.

Espanha

Sua primeira vítima foi um policial, assassinado em 1968. O grupo mataria mais de 850 pessoas numa série de tiroteios e ataques a bomba contra políticos, juízes e civis comuns. O Estado respondeu perseguindo unidades do ETA, mas foi acusado de centenas de casos de brutalidade contra a população, que continuaram ocorrendo anos depois da queda da ditadura.

Em 1989, o ETA atacou a bomba um supermercado em Barcelona, matando 21 pessoas, entre homens, mulheres e crianças — o pior incidente em quatro décadas de assassinatos e mutilações. No entanto, a atrocidade que mais danos causou ao grupo foi o assassinato de um único homem, Miguel Ángel Blanco. Em 1997, o ETA sequestrou o vereador basco de 29 anos e exigiu que etarras presos em outros lugares do país fossem transferidos para prisões bascas dentro de 48 horas. O acontecimento chocou o país; todos sabiam que o governo jamais cederia, e 6 milhões de pessoas saíram às ruas para exigir a libertação de Blanco pelo ETA. Dois dias depois do sequestro, ele foi levado para uma floresta, obrigado a ajoelhar-se e morto com um tiro na nuca.

Isso foi demais até para partidários fervorosos da independência. O apoio público com que o ETA contava, fosse qual fosse, começou a desaparecer. Em 1978 a Constituição espanhola tinha restaurado a autonomia, e a região controla sua força policial, seus impostos e sua mídia, o suficiente para satisfazer a maioria da população. Depois de várias tréguas violadas, o ETA finalmente aceitou uma "cessação completa da violência" em 2011, e em 2018 anunciou a própria dissolução. Os bascos preservam seu senso de diferença, e as pesquisas de opinião recentes sugerem que eles aceitam existir como nação autônoma dentro do moderno Estado espanhol. A situação foi belamente expressa pelo presidente do Partido Nacionalista Basco, Andoni Ortuzar, numa entrevista a David Gardner, do *Financial Times*: "O basco comum precisa procurar o Estado espanhol em três ocasiões: para conseguir uma carteira de motorista, um passaporte e uma aposentadoria. O resto nós, as instituições bascas, é que lhe damos".

Muitos catalães queriam mais — independência total —, e sua luta para consegui-la levou à maior crise depois do ensaio de golpe de 1981. Desde o século XVII houve uma série de tentativas de separar-se de Madri, mas esta última pegou muita gente de surpresa, uma vez que os catalães também tinham conquistado uma grande dose de autonomia após a morte de Franco.

A Catalunha é a região mais rica do país, fato que tem desempenhado papel importante na agitação recente. É cerca de quatro vezes maior que o País Basco, aproximadamente do tamanho da Bélgica, e tem uma população de 7,5 milhões, cuja maioria fala o catalão. Ocupa uma forma triangular no canto nordeste da Espanha. A região é emoldurada pelo mar Mediterrâneo a leste e pelos Pireneus ao norte; a oeste o rio Ebro define a divisa com Aragão, e ao sul está Valência. Como no caso dos bascos, a maioria da população vive agora ao longo da costa.

A Catalunha ficou rica com a indústria têxtil, mas hoje tem uma economia diversificada que inclui indústrias pesadas e turismo. Neste século, partidários da independência não têm deixado o restante da Espanha esquecer que a Catalunha contribui mais para os cofres nacionais do que recebe em serviços. Mas o sistema de pagar e receber é complexo e as porcentagens podem ser discutidas com variados argumentos. De qualquer forma, está claro que, apesar de ter apenas 16% da população, a Catalunha é responsável por quase 20% do PIB da Espanha e por um quarto das exportações.

Assim, quando veio a crise de 2008, o movimento independentista conseguiu atiçar velhos ressentimentos sobre a "injustiça" de os impostos catalães serem usados por Madri. Em 2014, um referendo "informal" sobre a independência foi realizado, seguido, em 2017, por um aprovado pelo Parlamento da Catalunha, mas declarado ilegal pela Suprema Corte da Espanha. Ambos resultaram em maioria pela independência, mas com comparecimento baixíssimo. O período que antecedeu a eleição de 2017 revelou a profundidade da rancorosa divisão entre Barcelona e Madri. Pouco antes da votação, a polícia espanhola apreendeu milhões de cédulas num armazém, prendeu funcionários e tomou providências para garantir o controle da polícia catalã. No dia da eleição, tropas de choque da polícia impediram a cassetete que eleitores entrassem em seções eleitorais. Por causa da confusão, ficou difícil comprovar as alegações de que houve 42% de comparecimento e 90% votaram pelo "sim". O que ficou claro foi que a maioria dos catalães contrários à independência boicotou a votação.

Espanha 309

Apesar disso, o Parlamento catalão declarou independência, levando Madri a dissolver o gabinete catalão, suspender a autonomia e impor o governo direto, citando o artigo 155 da Constituição espanhola. Alguns líderes catalães foram presos, outros fugiram do país.

A Espanha não ia perder a Catalunha sem brigar. Há muitas razões para isso, incluindo orgulho nacional e economia, mas uma que costuma ser ignorada é a geográfica. Ao longo da história da Espanha, Forças Armadas do norte entraram no país usando os estreitos cinturões de terras planas de cada lado dos Pireneus — o País Basco no oeste e a Catalunha no leste. A maneira mais eficiente de defender a Espanha no norte é bloquear esses corredores, o que torna uma abjeção para Madri as ideias de uma Catalunha independente ou de um Estado basco. Se qualquer dos dois se tornasse hostil à Espanha, seria um pesadelo. Existem agora túneis rodoviários atravessando os Pireneus, mas de uma perspectiva militar eles podem ser bloqueados facilmente. Os corredores também conduzem a grandes rotas terrestres de suprimento do resto da Europa para a Espanha, e as duas regiões abrigam alguns dos maiores portos da Espanha, como Barcelona e Bilbao.

Muitos outros países estão demonstrando grande interesse por esse exemplo recente da longa luta da Espanha contra a insurreição. Se uma Catalunha independente viesse a ser excluída da União Europeia, a China e a Rússia tentariam fazer novos amigos e influenciar pessoas. A Rússia passou duas décadas buscando um ponto de apoio na Grécia; adoraria conseguir o mesmo no Mediterrâneo ocidental. No entanto, mais plausível seria o poder de compra de Beijing, entrando abruptamente nos portos de Barcelona e oferecendo investimentos e comércio como parte de sua iniciativa global Um Cinturão, Uma Rota. A China tem sido bloqueada na UE por causa do peso econômico da União e das regras contra acordos individuais de comércio, e por isso vem batendo à porta de países do continente que não pertencem à União Europeia e é séria protagonista nos Bálcãs, especialmente na Sérvia. Durante a crise da covid-19, políticos da Sérvia se queixaram abertamente da falta de ajuda da União Europeia, mas elogiaram os esforços de Beijing. Se a Catalunha fosse um país, e a Espanha vetasse sua adesão à UE, ela ficaria aberta à estratégia chinesa.

É em parte por isso que a União Europeia tem mostrado pouco entusiasmo pelo direito da Catalunha à autodeterminação. Quando a polícia espanhola expulsou eleitores pró-independência das zonas eleitorais e até das ruas, a impressão deixada foi terrível, mas o governo nacional argumentou que a Catalunha não tinha o direito de decidir unilateralmente a realização do referendo — e Bruxelas foi notavelmente contida em sua resposta. No dia seguinte ao referendo, parecia que a declaração divulgada pela União Europeia tinha sido redigida em Madri: "Pela Constituição espanhola, a votação de ontem na Catalunha não foi legal [...]. Este é um assunto interno da Espanha, que precisa ser resolvido em conformidade com sua ordem constitucional [...]. É hora de união e estabilidade, e não de divisão e fragmentação".

A União Europeia e líderes dos países-membros gostariam que o problema da Catalunha desaparecesse, e por isso ficaram estarrecidos em fevereiro de 2021 quando, nas eleições catalãs, partidos pró-independência conquistaram pela primeira vez uma maioria, ainda que pequena, no Parlamento regional. Uma Catalunha independente incentivaria os que fazem campanha pela independência da Córsega, da Escócia, de Flandres, da Sicília, da Baviera etc. Todo movimento separatista da Europa tiraria suas conclusões. Aqui existe um paradoxo. Os entusiastas do "projeto" da União Europeia desejam uma união cada vez mais estreita, com o estabelecimento final de uma entidade única, com uma só moeda e uma só política fiscal. Mas endossar governos regionais mais fortes envolve o risco de incentivar o separatismo, e portanto a ue corre o risco de dissolver Estados sem qualquer garantia de que uma região separatista terá acesso a ela.

Inversamente, em caso de independência, a União Europeia se sentiria tentada a conceder o ingresso da Catalunha para impedir a aproximação da China, ainda que isso pudesse incentivar outros nacionalistas regionais. Bruxelas também teria receio de que, se não aceitasse a Catalunha, uma alternativa para a União Europeia fosse a Associação Europeia de Livre Comércio (aelc), que tem acesso a mercados da ue. Isso nos leva ao Reino Unido.

A adesão da Catalunha à aelc, por si só, não seria muito preocupante para Bruxelas, mas a adesão a uma aelc dominada pelo Reino Unido seria. Se viesse a entrar na aelc, o Reino Unido criaria uma organização

Espanha

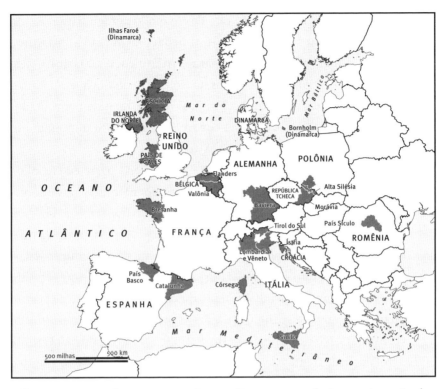

Há numerosos movimentos separatistas na Europa que poderiam ser incentivados por um movimento de independência bem-sucedido na Catalunha.

muito mais forte, compreendendo, além dele próprio, Noruega, Islândia, Lichtenstein, Suíça e Catalunha. Isso poderia tentar outros países da UE a deixarem a União para se juntar à AELC. Tudo isso, claro, está no condicional, e alguns países da AELC estão apreensivos com a adesão do Reino Unido, mas a UE tem que levar em conta essas hipóteses e agir de acordo — no primeiro caso, apoiando a integridade territorial da Espanha, e, se isso falhar, bloqueando a China ou impedindo o fortalecimento da AELC.

O Reino Unido está numa posição difícil na Catalunha. Precisa apoiar a autodeterminação, devido à posição britânica nas Ilhas Falklands e em Gibraltar, mas ao mesmo tempo não pode endossar a autodeterminação catalã porque se opõe à independência escocesa. Apoiou a Espanha depois do referendo, mas está entre a cruz e a caldeirinha.

A Espanha quer Gibraltar de volta desde que o perdeu para o Reino Unido no começo do século XVIII. É um pedaço de terra valiosíssimo, guardando a saída e a entrada do e para o Atlântico, e a Marinha Real tem sabido usá-lo ao longo dos séculos. O Reino Unido diz que aceitará o que os moradores de Gibraltar decidirem. Em 2002, quando perguntados se queriam compartilhar soberania com a Espanha, 99% responderam: "Não, obrigado".

Se Gibraltar estivesse sob controle de Madri seria parte essencial da moderna postura de defesa da Espanha. O país tem mais de 8050 quilômetros de litoral para defender, e quatro quintos de suas importações chegam pelo mar. Tem a maior frota pesqueira da União Europeia, parte da qual se aventura até o oceano Índico, e mais de sessenta ilhas, algumas delas, como já notamos, muito distantes da Espanha continental. Proteger tudo isso requer uma grande Marinha, e uma grande Marinha precisa de portos.

Felizmente para a Espanha, o país tem muitos, incluindo portos de águas profundas. No extremo noroeste da Galícia, os portos de La Coruña e El Ferrol ficam de frente para o Atlântico e guardam os acessos à França e ao canal da Mancha. A principal base para o Mediterrâneo está no sudeste, em Cartagena, que abriga não só submarinos, mas igualmente navios de superfície. É também a sede do Centro de Operações de Vigilância de Ação Marítima, e envia informações a um imenso bunker em Madri para providências. No sul, Cádiz cuida da zona marítima do estreito e protege o porto de águas profundas de Sevilha, oitenta quilômetros terra adentro. Os territórios espanhóis de Ceuta e Melilla na costa marroquina abrigam milhares de soldados e limitados recursos navais.

A região entre o Marrocos e Gibraltar é um ponto crucial para o contrabando de pessoas e drogas. Grandes quantidades de ambos entra na Europa pela Espanha depois de atravessar o estreito, que é a segunda rota de navegação comercial mais movimentada do mundo. Todo ano milhares de migrantes tentam escalar as cercas que separam o Marrocos da Espanha, sabendo que estão na fronteira da União Europeia com a África, mas, apesar da pequena distância, é muito menor o número dos que entram na Europa por essa rota do que partindo da Líbia para a Itália.

Espanha

Isso ocorre basicamente porque a Líbia é um Estado falido, e o Marrocos tem uma administração que funciona e coopera com a Espanha. Os dois países estão agudamente cientes da situação no Sahel, e temem que se os países da região desmoronarem o Marrocos será desestabilizado, com efeito cascata em Ceuta, Melilla e na Espanha continental. Por causa disso, a Espanha está envolvida no treinamento de forças do governo no Mali e em outros países.

A outra base importante está nas Ilhas Canárias, que também abriga instalações do Exército e da Força Aérea. As Canárias estão de frente para o golfo da Guiné, onde a Espanha tem interesses econômicos e que é crucial para suas rotas comerciais e para seu moderno sistema de comunicações por cabos submarinos.

Para conseguir defender as rotas comerciais e frotas mercante e pesqueira, a Marinha conta com cerca de 130 navios e 20 mil militares, e pode convocar 11 500 soldados na Infantería de Marina — os fuzileiros navais. Eles têm o respaldo do Exército e da Força Aérea, dos americanos e da Otan. Os Estados Unidos mantêm duas bases na Espanha, a Base Naval de Rota, perto de Gibraltar, e a Base Aérea Morón, localizada cerca de cinquenta quilômetros ao sul de Sevilha. A Espanha está envolvida na Operação Atlanta, a missão naval antipirataria da União Europeia ao largo da costa do Chifre da África. Quando o Reino Unido deixou a UE, o quartel-general da missão foi transferido para a parte da base naval de Rota usada pela Espanha.

Apesar de seus defeitos e problemas, a Espanha moderna é uma história de sucesso. Sobreviveu à crise financeira de 2008-9, recuperando se para ser hoje uma das maiores economias da Europa. Tem excelente infraestrutura e cidades vibrantes habitadas por pessoas com a mais alta expectativa de vida da Europa.

Enfrenta, como seus pares, as questões de mudança climática, movimento populacional, problemas econômicos e fragmentação política, mas está em condições razoáveis para lidar com eles. Não tem mais carvão, jamais teve muito petróleo ou gás, mas um sexto de suas necessidades energéticas é suprido por hidrelétricas, e luz solar é o que não falta. A Espanha é um dos líderes da Europa em energia renovável, especialmente solar e eólica.

Continuará enfrentando pressões externas, mas seus maiores desafios vêm de dentro e têm por base sua geografia. Tanto quanto se pode prever, o reino formado no século xvi ainda terá que equilibrar as tensões de ser um Estado composto de nações. Apesar de tudo, porém, o sentimento do general Franco — "A Espanha não é Europa, jamais foi" — nunca pareceu menos verdadeiro.

CAPÍTULO 10

Espaço

Uma vez na órbita da Terra, você está na metade
do caminho para qualquer lugar.

Robert A. Heimlein, autor de ficção científica
e engenheiro

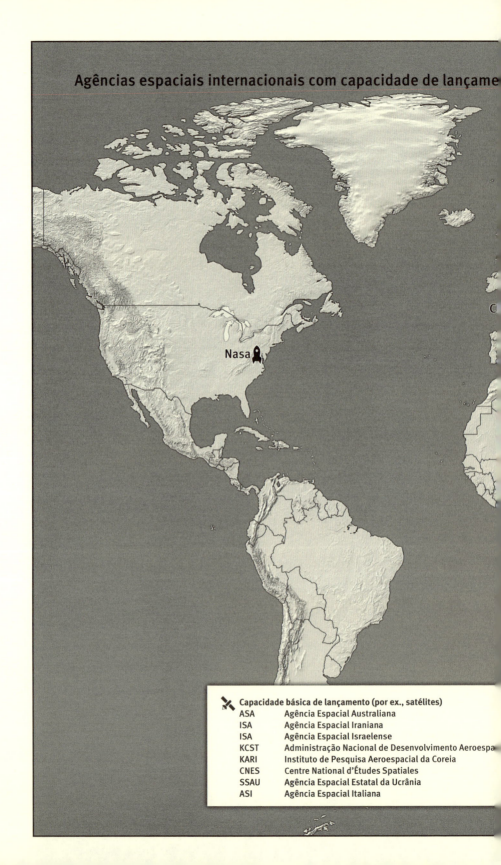

QUEM ESTABELECE UMA COLÔNIA soberana na Lua é colonialista? Os russos e os chineses acham que sim, e talvez tenham razão.

Desde que atravessamos a atmosfera da Terra e avançamos um milímetro em direção ao infinito, o espaço tem sido um campo de batalha político. No cerne dessa discussão está não apenas o território físico que países possam querer reivindicar — na Lua ou em Marte, por exemplo —, mas, como ao longo dos séculos aqui na Terra, os postos de abastecimento exigidos para ir até lá, e os gargalos ao longo do caminho. Se não conseguirmos chegar a um acordo sobre o arcabouço jurídico que governe a sua utilização e os territórios para onde levam, provavelmente acabaremos brigando por eles do mesmo jeito que fizemos na Terra na maior parte da história humana.

Infelizmente, é quase como se estivesse escrito nas estrelas que vamos brigar por eles. Parece que a "corrida espacial" está ganhando velocidade, trazendo com ela a tentação de agirmos sozinhos, ou pelo menos com nossos aliados, para termos certeza de que "nós" vamos levar vantagem sobre "eles". Em outubro de 2020, Estados Unidos, Japão, Emirados Árabes Unidos, Itália, Reino Unido, Canadá, Luxemburgo e Austrália foram os primeiros países ativos no espaço a assinar os Acordos Artemis, que regem a exploração da Lua e a extração dos seus recursos. Os signatários se obrigam a informar uns aos outros sobre suas atividades durante a operação para pousar na Lua a primeira mulher, e o décimo terceiro homem, até 2024. Pelos planos, esse será o próximo passo gigantesco para a humanidade antes da criação de bases lunares para mineração até 2028. Essas bases, por sua vez, podem vir a ser a plataforma de lançamento para "possibilitar a expansão humana pelo sistema solar".

No entanto, nem a Rússia nem a China assinaram os acordos. Ambas demonstraram pouco entusiasmo pela ideia, e mesmo que quisessem participar teriam sido excluídas. A Rússia pode ser parceira da Nasa na Estação Espacial Internacional, mas foi posta na geladeira depois que a recém-formada Força Espacial dos Estados Unidos acusou os russos de rastrearem satélites americanos de espionagem "de maneira inusitada e perturbadora", além de perigosa. A China não pode fazer parte do acordo porque o Congresso proibiu a Nasa de trabalhar com Beijing. Tanto a Rússia como a China têm seus próprios planos de bases lunares, contudo, e não estão dispostas a permitir que rivais estabeleçam um conjunto de "regras" que não as envolvam.

Ir em frente sem que todos assinem é, segundo o chefe da agência espacial russa, Dmitri Rogozin, uma "invasão" da Lua capaz de transformá-la em "outro Afeganistão ou Iraque". Isso é conversa de quem quer brigar.

Impedir que o espaço venha a ser um teatro de guerra requer uma mudança no jeito de pensar, de competição entre países para cooperação pacífica. As primeiras páginas da nossa história espacial já foram escritas, e nos trazem exemplos tanto de competição como de cooperação.

Sempre houve um aspecto militar na corrida espacial. Um de seus pioneiros, Wernher von Braun, era tão obcecado por voos espaciais que se deixou cooptar pela Alemanha nazista nos anos 1930. O Tratado de Versalhes, assinado depois da Primeira Guerra Mundial, proibia o rearmamento alemão, mas nada dizia sobre foguetes. Os nazistas financiaram as pesquisas de Von Braun, que resultaram nos foguetes V-2 lançados sobre Londres durante a Segunda Guerra Mundial. Em 1944, um V-2 se tornou o primeiro objeto a ser disparado para o espaço, atingindo uma altura de 176 quilômetros depois de uma decolagem vertical. Após a guerra, Von Braun e mais 120 cientistas foram levados para os Estados Unidos, juntamente com foguetes V-2 capturados, para começar a trabalhar no projeto espacial americano, e vinte anos mais tarde ele estava no Centro Espacial Kennedy vendo a *Apollo 11* partir para o primeiro pouso na Lua.

Os russos também estavam muito envolvidos, e por vezes lideravam a corrida. No começo do século xx, um cientista autodidata e reservado,

Espaço 321

Konstantin Tsiolkóvski, dedicou-se a teorias de voo espacial e foi o primeiro a descobrir que a velocidade de escape exigida para chegar ao espaço era de oito quilômetros por segundo, e poderia ser alcançada com o uso de combustível líquido e foguetes de múltiplos estágios. Também desenvolveu desenhos técnicos para estações espaciais, eclusas de ar e sistemas de oxigênio. Muitos de seus artigos foram publicados antes do voo do primeiro aeroplano, e por isso ele às vezes é chamado de pai das viagens espaciais. Numa carta de 1911, escreveu: "A Terra é o berço da humanidade, mas não se pode viver sempre no berço". Seu nome continua lembrado, entre outras coisas na cratera Tsiolkóvski, do outro lado da Lua.

Os soviéticos tomaram por base a obra de Konstantin. Até 1957, tinham lançado seu primeiro míssil balístico intercontinental (que sai da atmosfera) e colocado o satélite Sputnik no espaço. No mesmo ano, lançaram o Sputnik 2 — dessa vez com uma cadela! É justíssimo que Iúri Gagarin e Neil Armstrong tenham seus nomes ao lado dos de grandes exploradores como Marco Polo, Ibn Battuta e Colombo, mas a história deveria emanar boas vibrações para o primeiro animal a ser posto em órbita. Era uma tranquila cadelinha que foi batizada de Laika ("Latidora") depois que o público a ouviu latir no rádio no período preparatório para a missão. Ligada a sensores, e num minúsculo traje espacial, ela percorreu a órbita da Terra pelo menos uma vez, antes de sucumbir ao calor e ao estresse. Um livro infantil soviético muito popular na época contava a história da cadelinha com um final feliz. Na verdade, sua morte a bordo do Sputnik 2 ajudou a demonstrar que seres humanos poderiam viver no espaço.

Os americanos responderam poucos meses depois com o lançamento de um satélite, mas os russos voltaram à cena. Em 12 de abril de 1961, o cosmonauta Iúri Gagarin tornou-se o primeiro homem a livrar-se das intratáveis amarras da Terra e atingir as mais altas camadas do que o poeta e piloto de caça John Gillespie Magee descreveu como "a alta e inviolada santidade do espaço". Foi um momento fenomenal na história humana, sem dúvida comparável a Armstrong caminhando na Lua pela magnitude do que representava — mas, apesar disso, fora da Rússia Gagarin é quase uma nota de rodapé; é um triste sinal que o nome de seu conterrâneo Mikhail Kalachnikov seja muito mais conhecido no mundo.

Os Estados Unidos deram outra resposta. Apenas seis meses depois, o presidente Kennedy declarou que o país "se dedicaria a atingir o objetivo, antes do fim da década, de pousar um homem na Lua e trazê-lo de volta, em segurança, para a Terra".

Foi o que fizeram, faltando apenas cinco meses para o fim do prazo. Àquela altura, uma missão Apollo tripulada tinha voado ao redor da Lua e o astronauta William Anders tirara a deslumbrante fotografia do "Nascer da Terra" mostrando a superfície da Lua com a Terra ao fundo. Talvez seja a fotografia mais famosa já tirada, e acredita-se que tenha tido colossal influência sobre o movimento ambientalista. Do espaço a tripulação leu versículos do Gênesis — "No princípio, Deus criou o céu e a terra" —, capturando o espírito da época, o senso de admiração pela distância que a humanidade tinha percorrido, e pela distância muito maior que poderia percorrer.

Em 20 de julho de 1969, Neil Armstrong pôs os pés na Lua e pronunciou a frase de oito segundos que será conhecida enquanto houver seres humanos: "É um pequeno passo para o homem, um salto gigantesco para a humanidade". Depois disso, doze astronautas, todos eles americanos, andaram na Lua, mas o território percorrido até agora caberia numa cidadezinha, portanto alegar que a exploramos seria como alienígenas desembarcarem em Roswell, Novo México, e dizerem que exploraram a Terra.

No entanto, os Estados Unidos tinham feito a declaração de poder geopolítico definitiva da Guerra Fria. A bandeira americana foi hasteada na superfície da Lua, contra o pano de fundo da Terra e da infinitude cósmica. Depois disso, vencida a corrida, perderam todo interesse.

Esse negócio de viagem espacial era caro demais. Os americanos empacotaram seus módulos de aterrissagem lunar e foram embora, deixando para trás algumas bandeiras, pegadas, e 96 sacos de excrementos humanos. Reduziram suas aspirações, concentrando-se no que lhes parecia menos oneroso — estações espaciais onde fazer experimentos e o Ônibus Espacial, para ajudar a construí-las e posicionar satélites em órbita. O presidente

Espaço 323

Nixon cancelou as três últimas missões Apollo, e a Nasa se reorientou. "Skylab" não chegou a prender as atenções do mundo, mas fez o conhecimento humano avançar, realizando experimentos e provando que os seres humanos eram capazes de viver no espaço por longos períodos.

O que veio em seguida foi a simbólica acoplagem do módulo Soyuz, da União Soviética, numa nave Apollo em 1975 — reflexo da trégua entre os dois grandes rivais da Guerra Fria. As duas naves começaram a manobrar a quase mil quilômetros de distância uma da outra. Duas horas depois, Thomas P. Stafford ligou os motores da Apollo por apenas um segundo, para se alinhar com a Soyuz, e informou que dava para ver a nave russa como "um cisco neste momento". A duzentos quilômetros, a Soyuz ligou seu radar e a Apollo fixou a mira; faltando 35 quilômetros, houve mais duas rápidas explosões dos motores para ajustar a trajetória, antes que Stafford reduzisse a velocidade da Apollo e os dois se encontrassem. "Contato!", berrou Stafford, ao mesmo tempo que, na Soyuz, Aleksei Leonov respondia: "Contato!". As eclusas de ar foram abertas e Leonov e Stafford trocaram um aperto de mãos. Konstantin Tsiolkóvski tinha desenvolvido a teoria; seis décadas depois, as duas superpotências a transformaram em realidade.

O evento rendeu manchetes e ressaltou que o ideal de cooperação no espaço poderia ser alcançado. Vários países já tinham feito isso com os acordos que estabeleceram as organizações multinacionais de comunicação Inmarsat e Intelsat. Países também têm compartilhado informações sobre mudanças climáticas e ajudado uns aos outros a identificar pontos críticos de poluição — na verdade, foi a tecnologia de satélites que confirmou a descoberta do buraco de ozônio na Antártica. Essas são algumas das vantagens diárias de trabalharmos juntos no mais alto nível, e a missão Soyuz-Apollo foi uma demonstração pública de alta visibilidade do que poderia ser alcançado. Foi também o trampolim flutuante que possibilitou a Estação Espacial Internacional (iss).

A primeira peça da iss foi lançada pelos russos em novembro de 1998, e duas semanas depois o ônibus espacial americano *Endeavor* subiu transportando a segunda peça e conectando-a à primeira. Era um pouco como construir um brinquedo no espaço, só que utilizando a ciência dos foguetes. Dentro de dois anos a estação já era capaz de acomodar os primeiros ocupantes, e em 2011, quando a construção terminou, a ISS tinha mais ou menos o mesmo volume de uma casa de cinco quartos, com vistas fantásticas, mas limitado acesso ao transporte público.

A ISS é tão grande que pode ser vista a olho nu no céu noturno. Com 109 metros de comprimento e 75 metros de largura, é mais ou menos do tamanho de um campo de futebol americano, e dentro dela existem três laboratórios e alojamentos para até seis astronautas. É um pouco apertada, por isso tiremos o chapéu para a americana Peggy Whitson, que bateu o recorde de permanência no espaço: 665 dias. Ela é uma de mais de 240 pessoas de dezenove países que usufruíram dos limitados confortos da estação. Esses confortos incluem um saco de dormir preso à parede para evitar "sono flutuante" e um sistema de recuperação de água (WRS). Este último é um kit fascinante, que ajudará muito quando os seres humanos começarem a fazer viagens de longa duração para planetas, nas próximas décadas. O WRS recupera cerca de 93% da umidade na estação espacial, seja do hálito, do suor ou da urina dos astronautas. Ela é destilada e processada antes de ser misturada com água já usada e tratada, e volta ao sistema para ser bebida ou usada para lavar. Muitas e muitas vezes. Isso reduz imensamente a quantidade de água de que a estação necessita nas missões de reabastecimento, mas, embora a tecnologia ajude nas viagens de longa distância, o retorno de menos de 93% da reciclagem significa que é preciso trabalhar mais nisso.

O trabalho realizado na e para a Estação Espacial Internacional oferece dezenas de exemplos dos benefícios trazidos para a humanidade pela ciência dos foguetes. A tecnologia desenvolvida para o sistema de recuperação de água é usada para aperfeiçoar os sistemas de filtragem de água na Terra em regiões onde as pessoas não têm acesso a água limpa; o ambiente de microgravidade da estação espacial é o melhor lugar que existe para criar as complicadas estruturas de cristais de proteínas humanas usadas para desenvolver tratamentos médicos; e sua tecnologia de braço robótico tem sido adaptada para múltiplos usos na Terra, como em cirurgias. A ISS é um nenúfar flutuante, um dos muitos que serão construídos à medida

Espaço 325

que formos saltando para mais longe de casa. As lições ali aprendidas são parte da viagem.

As viagens espaciais deixaram de ser exclusividade dos países poderosos. Chegar lá em cima está ficando cada vez mais barato, e ao alcance das empresas privadas, de modo que podemos contar quase como certa a disputa pelos recursos da Lua. Elon Musk, cofundador do PayPal e o empresário que está por trás dos carros Tesla, é fanático pela ideia de mandarmos seres humanos para Marte enquanto ele ainda estiver vivo (possivelmente nesta década). Sua empresa SpaceX há anos transporta cargas para a ISS, e em 2020 levou até lá dois astronautas da Nasa. Musk descobriu como reduzir os custos introduzindo foguetes reutilizáveis. Como disse ele: "Seis milhões de dólares estão caindo do céu. Vamos tentar pegá-los?". Musk é um exemplo do quanto as empresas privadas estão na frente dos governos, mas também trabalha em parceria com a Nasa. Geralmente há uma ligação entre grupos comerciais e o Estado — logo vem à mente a Companhia das Índias Orientais, que ajustou seus interesses comerciais aos do Império Britânico a partir do século XVII, e por vezes atuava quase como um órgão de governo em alguns territórios controlados pelos britânicos.

Musk está na linha de frente das empresas espaciais privadas, mas Jeff Bezos, o homem da Amazon, tenta ultrapassá-lo com sua Blue Origin. A visão da empresa de Bezos é "um futuro em que milhões de pessoas vivam e trabalhem no espaço. A fim de preservar a Terra, a nossa casa, para os netos dos nossos netos, temos que ir ao espaço explorar seus recursos e sua energia ilimitados". A palavra-chave aqui é "ilimitados". Como veremos adiante, os minerais ainda não explorados que se espera encontrar na Lua e nos meteoritos, como titânio e metais preciosos, não só devem saciar o nosso apetite na Terra, mas também possibilitar a construção de todas as estações espaciais e bases lunares que quisermos. Em termos de Estado, uma nave chinesa não tripulada pousou no lado oculto da Lua em dezembro de 2020, fincou a bandeira chinesa na superfície e pôs-se a cavar à procura de rochas. No entanto, no que diz respeito a empreendimentos privados, os americanos estão na frente.

Indo mais longe ainda, já lançamos missões não tripuladas para Marte, Vênus e Júpiter; enviamos até mesmo uma nave para pousar numa das luas de Saturno (Titã), e outra para passar perto de Plutão. Já estamos viajando, mas, antes de voltarmos para o futuro, voltemos à Terra.

Os Acordos Artemis exemplificam as dificuldades jurídicas, políticas e militares que a exploração está criando. Moscou e Beijing estão particularmente preocupados com os artigos que permitem aos signatários estabelecer "zonas de segurança" na Lua para proteger a área onde esse ou aquele país estiver trabalhando. Pede-se que "respeitem" as zonas para "evitar interferência danosa". Isso cria a possibilidade de uma nave espacial russa pousar numa determinada zona, estabelecer-se ao lado de uma base japonesa ou americana e os recém-chegados começarem a perfurar. Com base em que lei os japoneses ou americanos poderiam se opor, e, não havendo essa lei, que jeito poderiam dar?

Há pouca chance de que recorressem ao documento mais conhecido como Tratado do Espaço Exterior, hoje terrivelmente desatualizado, no qual se baseia a maioria das regras que regem o uso do espaço. Ele diz o seguinte: "O espaço exterior não está sujeito à apropriação nacional por reivindicação de soberania, seja pelo uso, pela ocupação ou por qualquer outro meio". Nada se parece mais com apropriação nacional do que uma zona de segurança, e quanto mais zonas de segurança houver, e quanto maiores forem, mais lotada estará a Lua — especialmente com a disputa por seus recursos cada vez mais acirrada entre as empresas privadas.

O Tratado do Espaço Exterior diz que a Lua deverá ser usada apenas para fins pacíficos. Não define "pacíficos", e depois de colocar "fatos na Lua" será fácil para alguém afirmar que precisa de armas defensivas, não para agredir ninguém, mas para garantir a paz.

O tratado precisa ser reescrito para refletir a tecnologia de hoje, mas mantendo o espírito do texto, e sua promessa de que a exploração "será conduzida em benefício e no interesse de todos os países, e será jurisdição de toda a humanidade". Até agora, no entanto, não conseguimos sequer chegar a um acordo sobre onde termina a Terra e começa o espaço.

Espaço

Nossa atmosfera não desaparece assim de repente; ela vai se afinando por dezenas de quilômetros. A Nasa e outras organizações americanas definem o começo do espaço oitenta quilômetros acima do nível do mar, ao passo que a Fédération Aéronautique Internationale, sediada na Suíça, que ratifica registros astronáuticos, diz que ele começa a cem quilômetros. Há outras definições, mas nenhuma consegue estabelecer a distância exata. Alguns países resistem a uma definição jurídica internacional, por ser desnecessária; embora isso talvez fosse verdade cem anos atrás, já não é mais. Digamos que o país A defina essa distância como cem quilômetros de altura, e que o país B a defina como oitenta. Nesse caso, se instalar um satélite noventa quilômetros acima do país B, o país A corre o risco de ter seu satélite derrubado.

Felizmente, para resolver essas questões temos o Escritório das Nações Unidas para Assuntos do Espaço Exterior. Baseado em Viena, ele possui um Comitê para Uso Pacífico do Espaço Exterior e está subordinado ao Quarto Comitê da Assembleia Geral das Nações Unidas, que então adota uma "resolução anual sobre cooperação internacional para os usos pacíficos do espaço exterior". Como se vê, podemos dormir tranquilos.

Há um pequeno problema, no entanto. Vejamos por exemplo o Tratado da Lua, de 1979. Desenvolvido pelo comitê, ele se baseou no Tratado do Espaço Exterior e foi adotado pela Assembleia Geral da ONU. No entanto, só alguns países o ratificaram, enquanto Rússia, Estados Unidos e China não o assinaram nem o ratificaram. Um país que assina um tratado dá a entender que está disposto a apoiá-lo provisoriamente; a ratificação é o acordo pelo qual se obriga juridicamente a respeitá-lo. Como a maioria dos países ativos no espaço não fez uma coisa nem outra, o Tratado da Lua mal vale o papel em que não foi assinado.

Vendo pelo lado positivo, o Tratado da Lua, se fosse totalmente aprovado, fecharia uma brecha do Tratado do Espaço Exterior, que menciona apenas "apropriação nacional" de corpos celestes, e não diz uma palavra sobre indivíduos. O Tratado da Lua corrigiu esse lapso e especificou que a Lua e seus recursos naturais não podem ser propriedade nem de organizações nem de pessoas. No entanto, enquanto ele não for ratificado, vale o Tratado do Espaço Exterior, e um americano muito empreendedor chamado Dennis Hope aproveitou-se da brecha. Em 1980, ele fez uma reivindicação de posse à onu, interpretou a ausência de resposta como consentimento e começou a vender lotes na Lua a sessenta dólares o hectare. Em troca, o comprador recebia um extravagante certificado de propriedade. Hope afirma ter vendido mais de 247 milhões de hectares.

O Tratado do Espaço Exterior foi concebido numa época em que nossa capacidade de exploração desse espaço era limitada, e as pessoas pensavam nele como um vazio monótono, onde as políticas terrestres não tinham validade. É fato que a corrida espacial soviético-americana ocorreu no contexto da Guerra Fria, mas essa disputa era mais sobre prestígio do que qualquer outra coisa — qual modelo político se mostraria superior. Desde então um novo jeito de pensar surgiu, juntamente com os avanços da tecnologia, e com ele novas teorias "astropolíticas".

Há quem acredite que as grandes potências vão querer dominar o espaço para garantir o predomínio comercial e militar. Isso é a política de resultados, ou realpolitik, aplicada no espaço — astropolitik. Ela pressupõe que o espaço é não um vazio monótono e sim "um rico panorama de montanhas e vales gravitacionais, de oceanos e rios de recursos e energia", nas palavras do professor Everett Dolman, teórico da astropolitik.

O professor Dolman, da Escola de Comando e Estado-Maior da Força Aérea dos Estados Unidos, baseia-se nos escritos de Halford Mackinder e Alfred Mahan, grandes teóricos de geopolítica do século xx. Os dois ajudaram a consolidar o pensamento estratégico examinando realidades geográficas, territórios e o impacto que as novas tecnologias poderiam ter sobre eles. Estudantes de geopolítica estão familiarizados com o grande papel desempenhado na história pelos corredores de comércio, e por quem os controla. A astropolítica usa uma abordagem parecida e a aplica ao cosmo, levando em conta local, distância, suprimento de combustíveis e muita ciência.

Os astroestrategistas militares tendem a dividir em quatro partes a geografia em questão. Eles usam descrições diferentes, mas as classificações de Dolman permitem uma visão geral. Primeiro vem Terra — a Terra e seu espaço aéreo imediato, até o limite a partir do qual uma nave pode girar na órbita da Terra sem ser movida a energia. Acima disso fica o espaço terrestre — a região da órbita mais baixa possível até a órbita geossíncrona, que acompanha exatamente a rotação da Terra. Depois vem o espaço lunar — da órbita geossíncrona à órbita da Lua. A partir desse ponto, entra-se no espaço solar — tudo no sistema solar após a órbita da Lua.

Pelas próximas décadas, o mais importante para o futuro da exploração espacial é o espaço terrestre, particularmente a órbita terrestre baixa. É onde estão colocados nossos satélites de comunicação — e cada vez mais nossos satélites militares. O controle desse cinturão dará aos países imensa vantagem militar sobre a superfície da Terra. Dolman cunhou uma máxima que ecoa a famosa teoria geopolítica do Heartland [a terra central, a parte mais importante] sobre o controle do mundo, formulada em 1904 por Halford Mackinder e que começa assim: "Quem controla a Europa Oriental comanda o Heartland". A versão de Dolman é a seguinte:

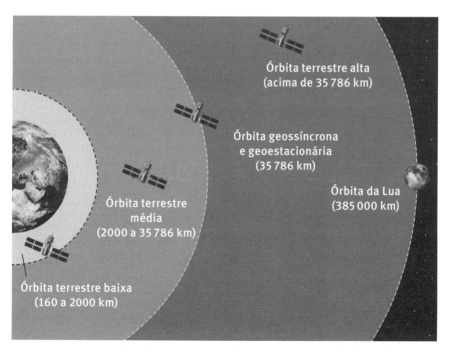

As categorias de órbita que cercam a Terra (sem proporção de escala).

"Quem controla a órbita terrestre baixa controla o espaço terrestre imediato. Quem controla o espaço terrestre imediato domina a Terra. Quem domina a Terra determina o destino da humanidade".

Nos séculos anteriores, o domínio da Terra dependia da distribuição de forças terrestres e marítimas em posições estratégicas, guardando zelosamente as rotas marítimas e as entradas e saídas de pontos de estrangulamento como os estreitos de Gibraltar e de Malaca. No século xx, o poderio aéreo foi adicionado a esses requisitos. No século xxi, posicionar recursos no espaço terrestre é uma necessidade, a não ser que o país esteja preparado para ficar atrás dos seus rivais (e aliados).

A órbita baixa é também a área onde naves espaciais destinadas a passar da Lua poderiam ser reabastecidas. Marte fica milhões de quilômetros mais adiante, porém, devido ao extraordinário esforço exigido para escapar dos grilhões da gravidade da Terra, é preciso mais energia para ir da superfície da Terra à Lua do que da órbita terrestre baixa a Marte. O Estado poderoso que consiga o controle desse corredor será o porteiro e poderá impedir rivais de ali reabastecerem, restringindo assim a capacidade deles de ir mais longe.

Também aqui a situação na Terra oferece analogias importantes. Hoje, se um país do mar Negro quiser conduzir um navio militar através do estreito de Bósforo para alcançar o Mediterrâneo e depois o Atlântico, precisa pedir permissão à Turquia. Em época de grande tensão, essa licença pode ser negada. O controle do espaço terrestre daria poder parecido, e, na ausência de qualquer tratado significativo, aplicar-se-ia a "lei da selva espacial".

Há considerações comerciais também; caso se desenvolva uma tecnologia de painéis solares imensos refletindo energia solar para a Terra a fim de gerar eletricidade, essa tecnologia provavelmente será instalada na órbita baixa. Como aí está também a área para reabastecimento em viagens longas, se quiser ir a um meteorito garimpar alguma coisa você talvez tenha que pagar uma porcentagem ao porteiro.

Quanto mais aprendermos sobre as regiões geográficas do espaço exterior, mais nossos mapas de navegação espacial terão que ser atualizados, e mais haverá margem para competição. Por exemplo, os cinturões de Van

Espaço

Allen são duas áreas a mais ou menos 58 mil quilômetros da Terra nas quais partículas de alta energia ficam presas no campo magnético terrestre. Têm uma concentração de radiação tão alta que a melhor coisa que as naves espaciais tripuladas podem fazer é evitá-las. Se uma nave passar muito tempo lá, seus componentes eletrônicos podem começar a falhar, assim como a própria tripulação. Há também determinados caminhos que as naves podem escolher a fim de usar a força gravitacional de um planeta para serem "catapultadas" numa rota de longa distância. E existem cinco pontos de "libração" perto da Terra. São lugares onde os efeitos gravitacionais da Terra e da Lua se anulam reciprocamente, permitindo que objetos ali estacionados mantenham uma posição sem a necessidade de usar combustível. Esses pontos podem vir a ser áreas de disputa. Dois deles em particular têm localizações que permitem uma "vista" abrangente do cinturão onde ficam os satélites. Outro, conhecido como L2, fica no lado oculto da Lua. A China já estacionou ali um satélite, para ver o que acontece no "lado escuro", que não por acaso é onde os chineses estão pensando em estabelecer uma base.

São dois tipos de realidade geográfica sobre os quais talvez nos acostumemos a ouvir, quando a astropolítica amadurecer e as grandes potências integrarem a guerra espacial a seus orçamentos militares. Está claro que, sem tratados vinculantes que limitem a militarização do espaço, a órbita terrestre baixa é um provável campo de batalha para armas militares apontadas primeiro para rivais dentro do cinturão, depois abaixo dele.

Rússia e China fizeram mudanças organizacionais em suas Forças Armadas, assim como os Estados Unidos, que em 2019 criaram uma Força Espacial. Teme-se que a atividade dessa força viole o Tratado do Espaço Exterior, mas o documento declara apenas que armas de destruição em massa, como mísseis nucleares, não devem ser "de forma alguma" colocadas "em órbita ou em corpos celestes ou [estacionadas] no espaço exterior". Nada no direito internacional impede que satélites armados a laser sejam estacionados. E todas as páginas da história sugerem que, se um país o fizer, outro o fará também, depois outro...

É por isso que o Departamento de Defesa dos Estados Unidos tem um mantra: "O espaço é zona de guerra". No século passado, a possibilidade

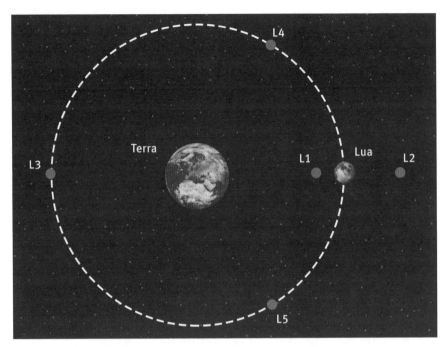

Os pontos de libração no sistema Terra-Lua (L1-L5) são posições-chave para a colocação de satélites, o que pode provocar disputas entre países.

de uma guerra nuclear ameaçou destruir nosso modo de vida; agora, a militarização do espaço parece destinada a representar um perigo parecido. A guerra no espaço poderia ser traumática.

Vem daí a ideia da Força Espacial. Ao estabelecê-la, o então presidente dos Estados Unidos Donald Trump disse:

> A superioridade americana no espaço é absolutamente vital [...]. Os pontos de libração no sistema Terra-Lua (L1-L5) são posições-chave para a colocação de satélites, o que poderá provocar a competição entre os países. A Força Espacial ajudará a conter agressões e a controlar a posição de superioridade definitiva.

Os chineses e os russos enxergam o espaço da mesma maneira, assim como vários outros países menos poderosos. No entanto, os "Três Gran-

Espaço

des" é que estão na vanguarda das viagens espaciais e de seus aspectos militares.

Os três reconhecem que o conceito militar de "espectro de dominação total" agora inclui o espaço, da órbita baixa até a Lua e, em última análise, além dela. Vimos uma tentativa inicial e limitada de conseguir essa vantagem na Iniciativa de Defesa Estratégica americana, nos anos 1980, um esforço para desenvolver um sistema de defesa antimíssil que protegesse os Estados Unidos de um ataque nuclear. Uma das opções investigadas foi uma série de armamentos baseados no espaço, que lhe valeu o nome de Guerra nas Estrelas e prenunciou a militarização do espaço.

Agora o desenvolvimento de mísseis hipersônicos, que podem voar a uma velocidade mais de vinte vezes maior que a do som, também está concentrando as atenções nessa área. Diferentemente dos mísseis balísticos intercontinentais, os mísseis hipersônicos não voam em arco e podem mudar de direção e de altitude. Portanto, ao serem lançados, o país a que potencialmente se destinam não conseguirá descobrir para onde estão indo, nem coordenar suas defesas antimíssil. Atingir um míssil com outro míssil já é difícil; os mísseis hipersônicos tornam essa tarefa muito mais difícil. Para enfrentar o desafio, governos estão examinando a possibilidade de posicionar sistemas laser antimíssil hipersônico no espaço, de onde eles fariam seus disparos para baixo. Se forem empregados, consequentemente máquinas capazes de atingir sistemas laser serão desenvolvidas, e depois sistemas defensivos contra elas. Basta acrescentarmos um "etc." para mergulharmos na corrida armamentista espacial.

A situação deve se complicar à medida que continuarmos transformando ficção científica em realidade. Um exemplo disso ocorreu em julho de 2020, quando o satélite militar russo Kosmos 2542 estava "seguindo" um satélite americano, o USA 245, chegando às vezes a 150 quilômetros de distância, o que é considerado perto. Então, soltou de dentro de si um outro satélite — o Kosmos 2543. Os militares americanos dão a isso o nome de "bonecas russas". Esse Kosmos "bebê" também seguiu a nave americana antes de se desviar rumo a um terceiro satélite russo. Depois, pareceu disparar projéteis de alta velocidade que atingem cerca de setecentos quilômetros por hora. O Kremlin diz que estava só inspecionando a condição dos seus satélites, mas o Ministério da Defesa britânico e o Departamento de Defesa dos Estados Unidos acham que foi uma espécie de teste de armas.

Naturalmente, os Estados Unidos também seguem satélites estrangeiros, e fazem pesquisas sobre suas próprias armas espaciais, mas ficaram furiosos com o que lhes pareceu uma violação do comportamento convencional — disparar para valer uma arma no espaço. Aqui volta a aparecer o problema jurídico: esses protocolos e entendimentos não estão codificados em leis ratificadas. Mesmo assim, todos os países devem levar a sério a ameaça aos satélites.

Há muito tempo satélites não servem apenas para transmitir imagens de TV e chamadas telefônicas; eles são cruciais tanto para a vida diária como para a guerra moderna. Derrubar um satélite ou "cegá-lo" pode derrubar seu sistema GPS e inutilizar o seu cartão bancário. E, quando você ligar a TV para saber o que se passa, talvez não apareça nada na tela. Depois de alguns dias, os sistemas de entrega dos supermercados, tanto para as lojas quanto para a sua casa, viram uma bagunça. Sem GPS, navios e aeronaves têm dificuldade de navegação, e, em caso extremo, a rede elétrica entra em colapso. E esqueça qualquer previsão meteorológica.

No nível militar, todos os países desenvolvidos recorrem aos satélites para obter informações de inteligência e para vigilância. Se uma série de satélites militares fosse atingida, o alto-comando concluiria com apreensão tratar-se do prenúncio de um ataque em terra. Sistemas de alarme de lançamento nuclear talvez pifassem, obrigando a tomar uma decisão sobre lançar primeiro ou esperar. Ainda que um conflito permanecesse convencional, o outro lado ficaria com a vantagem de mirar com precisão os alvos inimigos e movimentar suas forças sem ser "visto", ao mesmo tempo que a capacidade do adversário de enviar comunicações codificadas ficaria limitada.

Isso tudo é ameaça muito real. A Rússia, a China, os Estados Unidos, a Índia e Israel já desenvolveram sistemas para "abater satélites" — armas espaciais especializadas em destruir satélites. Técnicas estão sendo desenvolvidas para derrubá-los com lasers, para "ofuscá-los" e torná-los incapazes de se

Espaço

comunicar, para borrifá-los com produtos químicos e até para abalroá-los. E, sem leis sobre quem pode estar onde, até onde podem se aproximar, e que atividade é permitida, há o perigo de que um exercício, ou mesmo uma navegação defeituosa, seja confundido com um ataque iminente.

O governo americano trabalha com a Lockheed Martin para desenvolver uma "cerca espacial". Trata-se de um sistema de vigilância que usa radar em terra para rastrear satélites e lixo orbital. O Departamento de Defesa dos Estados Unidos pode rastrear mais de mil, na verdade; espera elevar esse número para 100 mil, e ser capaz de identificar a fonte exata de um laser disparado contra um satélite.

O conflito no espaço terrestre cria outro problema: uma imensa quantidade de detritos que seriam lançados em órbita, arrebentando-se de encontro à infraestrutura de satélites de todos os países e arrasando a economia global. Isso já é um risco, levando em conta que existem atualmente 3 mil satélites desativados e 34 mil fragmentos de lixo espacial de pelo menos dez centímetros de tamanho, e muitos outros menores, orbitando a Terra. Alguns países tentam enfrentar o problema. Se já esteve no Japão, deve ter notado a ausência de lixo. A sky Perfect Corporation, do Japão, e o governo japonês desenvolvem conjuntamente um satélite para remover detritos espaciais a laser, que empurrará esses cacos para a atmosfera terrestre, onde pegarão fogo. Os britânicos, terríveis produtores de lixo, estão pesquisando alguma coisa na mesma linha.

Talvez a guerra no espaço jamais se torne uma realidade, mas, assim como aqui na Terra, os planos são para "e se" acontecer, não para "o que não vai" acontecer.

Não precisa ser assim; embora nosso passado tenha com frequência consistido em acirrada competição em nível de Estado, também houve numerosos exemplos de cooperação. Além de conflitos, o século xx viu florescerem o internacionalismo e organismos mundiais de governança. Também viu, mesmo durante a Guerra Fria, sistemas desenvolvidos para evitar conflitos, como a instalação de uma linha telefônica direta entre Moscou e Washington para que dois líderes pudessem conversar diretamente se qualquer um deles suspeitasse que um lançamento tinha sido ordenado. Os líderes das duas superpotências percebiam claramente que uma guerra nuclear significa que todos perdem, e pode ser que venhamos a enxergar a guerra espacial nos mesmos termos. Há sempre o perigo de que um Estado se arrisque a lançar ataques limitados para conseguir vantagens, porém o mais provável é que os países se concentrem mais na dissuasão baseada no princípio da "destruição mútua assegurada". Essa doutrina é tão logicamente "maluca" como o foi durante a Guerra Fria, mas funcionou naquela época e pode funcionar no futuro. Assim como houve guerras cinéticas dentro da Guerra Fria, pode ser que vejamos formas limitadas de guerra no espaço, que terminem antes de uma ação capaz de pôr em perigo toda a nossa existência. Os canais diplomáticos necessários para estabelecer padrões de procedimento operacional podem desenvolver um clima de confiança e reduzir a tensão.

Talvez nossos líderes devessem vestir uniformes e fazer uma viagem. Como disse a astronauta Karen Nyberg, da Nasa: "Se eu conseguisse fazer todo terráqueo dar uma volta ao redor da Terra, acho que as coisas seriam um pouco diferentes". Ela se referia ao ambientalismo, mas é igualmente válido como apelo por uma diplomacia melhor.

Se todos os países se guiassem pelo espírito da política espacial dos Estados Unidos e seu "compromisso de aumentar o bem-estar da humanidade pela cooperação com outros a fim de manter a liberdade do espaço", poderíamos imaginar um futuro muito diferente daquele para o qual estamos caminhando. Nesse outro futuro, o Congresso deixa de se opor a que a Nasa trabalhe com a potência espacial que mais cresce, a China; o Japão e a Coreia do Sul também superam suas diferenças, forjam uma parceria regional e se juntam a americanos, chineses, indianos e outros para criar uma iniciativa global em que cada qual reúne recursos e contribui com suas competências específicas.

Em dez anos, a Estação Espacial Internacional se torna o International Musk Spacetel — um hotel de 1 bilhão de estrelas com vinte quartos onde os hóspedes podem ver todas as atrações especiais e saborear a melhor gastronomia em pó congelada. O custo de 10 milhões de dólares por semana inclui um passeio espacial gratuito e uma excursão ao World Space

Espaço

Lab, o laboratório internacional situado a uma conveniente distância de cinquenta quilômetros, onde, em 2028, foi descoberta a cura para o mal de Alzheimer. Videochamadas para bases lunares incipientes também são oferecidas, muito embora, com apenas doze pessoas trabalhando lá, isso talvez nem sempre seja possível, mesmo que sua ligação seja muito importante. Algumas coisas nunca mudam.

Em vinte anos, naves espaciais estão sendo reabastecidas na órbita terrestre baixa em suas longas jornadas por vastíssimos trechos de espaço. Outras pousam na Lua, onde impressoras 3D estão produzindo imensos painéis solares para ampliar ali as bases multinacionais de "Acesso" e também para equipar naves visitantes e permitir que se aventurem rumo a Marte. Alguns tripulantes ainda reclamam da viagem de seis meses, mas são advertidos de que afinal se trata de 90 milhões de quilômetros, e antigamente navios levavam dois meses só para ir do Reino Unido aos Estados Unidos. Quando decolam novamente, ainda resmungando, eles passam por estações espaciais da China e dos Emirados Árabes Unidos posicionadas no lado oculto da Lua. Outra nave é tripulada por robôs projetados para realizar experimentos enquanto seus veículos mergulham no espaço interestelar. Mais perto de casa, grandes meteoritos estão sendo garimpados, fornecendo imensas quantidades dos minerais que já não são de "terras raras". O preço do ouro despencou após a descoberta de que 12% do imenso meteorito Midas era composto do outrora precioso metal.

Em 2060, há uma significativa "formação de terra" em Marte, a cargo de uma equipe multinacional formada por cem pessoas. Ainda em 2054, cientistas finalmente haviam encontrado uma fórmula para aquecer e liberar os gases de efeito estufa do planeta e, misturando-os a cargas imensas dos clorofluorcarbonetos remanescentes na Terra, capturar calor do sol suficiente para iniciar uma reação em cadeia, transformando a atmosfera. De acordo com projeções, em 2075 já será possível andar na superfície do planeta sem traje espacial.

Até agora, tudo tão teoricamente ao nosso alcance. Quanto mais longe vamos, mais tudo fica parecido com ficção científica. Em 2080, graças a Deus, a ideia perene de soltar bombas nucleares atrás de naves espaciais para conse-

338   *O poder da geografia*

guir o tipo de propulsão exigido pelas viagens no espaço interestelar foi posta de lado. Em vez disso, minibombas de hidrogênio são detonadas, a uma distância segura, na frente da nave, seguidas por "ondas gravitacionais" que temporariamente distorcem o espaço e permitem uma pequena explosão dos propulsores das máquinas para acelerar imensamente a nave por centenas de milhares de quilômetros. Ainda não encontramos uma solução, porém: a tripulação que chegou a Plutão em apenas dois anos estava a 20 mil anos da estrela mais próxima (excluindo o Sol), a Proxima Centauri. Portanto, a história de "congelar" uma tripulação deu em nada, e o plano de deixar embriões aos cuidados de robôs e de IA era igualmente inútil e, de qualquer maneira, foi descartado pelo Conselho Planetário de Ética.

O universo é infinito, e assim também as possibilidades, o que torna a ficção científica tão divertida. Mas, tanto quanto se pode prever, nosso conhecimento atual tanto nos restringe quanto nos liberta. Ele nos liberta porque é ele que nos permite tentar alcançar as estrelas, algo que até muito recentemente em nossa história era impossível; mas nos restringe porque é incapaz de superar a imensidão do espaço e das limitações da lei científica.

Enquanto não viajarmos à velocidade da luz, ou quase isso (o que provavelmente jamais conseguiremos), sair do nosso sistema solar será uma luta, porque tudo que vemos é longe demais. A luz de Proxima Centauri leva 4,25 anos para nos atingir — o que a situa a cerca de 40 trilhões de quilômetros de distância. Quando vemos a constelação de Andrômeda no céu noturno, estamos vendo-a como era 2,5 milhões de anos atrás. Por causa dessas distâncias tão vastas, e porque parecemos estar a décadas de alcançar uma propulsão correspondente a sequer um décimo da velocidade da luz, os problemas das viagens no espaço interestelar podem ser deixados para os autores de ficção científica, para alguns teóricos pioneiros e para as gerações futuras.

Há várias outras teorias sobre como alcançar velocidades maiores, incluindo o lançamento no espaço de pequenas sondas, do tamanho de chips de computador, que desfraldariam velas a serem impulsionadas por lasers disparados da Terra. O projeto Starshot, de iniciativa privada, já está trabalhando nisso, com a intenção de enviar uma sonda para um planeta

Espaço

potencialmente semelhante à Terra perto de Proxima Centauri, com um tempo de viagem de vinte anos, e não de dezenas de milhares de anos, como exigido atualmente. Entre os muitos obstáculos a serem superados está o de que um laser com a potência necessária ainda está para ser inventado. E, quando o for, ou quando vários deles forem combinados, terá que ser capaz de projetar curtas descargas de cem gigawatts de potência, mais ou menos a produção de cem usinas nucleares.

Dizem os cientistas que a teoria é consistente; na verdade, é compatível com o que o astrônomo Johannes Kepler, do século xvii, escreveu para um colega também gênio, Galileu Galilei: "Com navios ou velas construídos para brisas celestiais, alguns se lançarão nessa grande imensidão".

Meu medo é que os lasers errem o chip de computador e acertem uma nave alienígena a 400 mil quilômetros de distância, cujos ocupantes talvez não sejam exatamente vegetarianos, e digam o seguinte: "Belo planeta... vamos tomá-lo". Considerando o tamanho do espaço exterior, isso é improvável, mas, justamente levando em conta o tamanho do espaço exterior e os bilhões de planetas que nele existem, é provável que haja vida inteligente fora da Terra. É o que nos diz a ciência. Alguns matemáticos até calculam que há mais planetas parecidos com a Terra do que grãos de areia em todas as praias do mundo.

A afirmação se baseia nas últimas informações coletadas pelos telescópios em satélites, como o Kepler, capazes de ver ainda com mais clareza. Por extrapolação, concluímos que as chances de a terceira rocha a partir do Sol ser o único planeta com vida inteligente são de trilhões para uma.

Se você se pergunta por que, com todas essas possibilidades, o ET ainda não telefonou, Eric Mack, do site de tecnologia cnet, formulou a melhor analogia que conheço. Tente imaginar que todos os grãos de areia das praias do mundo estão numa única praia, e que cada grão (planeta) está separado do vizinho mais próximo por trilhões de quilômetros. Isso é o universo. Portanto, como diz o astrofísico Neil deGrasse Tyson sobre nosso nível de exploração atual, "afirmar que não há vida no universo além da nossa é como coletar um pouco de água, olhar para o copo e dizer que não existem baleias no oceano".

Se existe alguém lá fora, já temos um presente para lhe dar — a Placa Pioneer (PP). A placa, de cerca de 15 × 23 centímetros, está presa à nave espacial *Pioneer 10*, lançada em 1972, e da qual a última notícia que se teve foi em janeiro de 2003, quando a fonte de energia finalmente se esgotou; mas a nave continua viajando para o infinito. Nela existe um mapa que diz, em resumo, o seguinte: "Estamos aqui!".

A PP foi projetada pelos grandes astrônomos Carl Sagan e Frank Drake. Eles partiram da premissa de que a vida inteligente fora da Terra pode ou não ter cordas vocais ou ouvidos, mas tem o que nós temos — as leis naturais que governam a ciência. Por isso, na placa estão inscritos dois átomos de hidrogênio, cada um num estado diferente de energia, porque, quando um muda de um estado para outro, radiação eletromagnética é liberada num comprimento de onda e num período de tempo mensuráveis. Um homem e uma mulher estão desenhados; o braço do homem está erguido, mostrando uma mão aberta no símbolo internacional de saudação, que também pode ser, sem que o saibamos, o símbolo de agressão galaticamente aceito. No centro há uma radial com cada linha apontando de volta para o nosso Sol, e debaixo dela uma representação dos planetas do sistema solar. As linhas, diferentes em comprimento, estão conectadas a pulsares. Pulsares giram em velocidades específicas, e calculando sua velocidade você pode descobrir quando o mapa foi feito e triangular para o Sol e consequentemente para a Terra.

O mapa só é válido por alguns milhões de anos, após os quais nosso Sol, que nada tem de notável, e nosso sistema solar, que também nada tem de absolutamente notável, terão girado algumas vezes em nossa Via Láctea, que nada tem de especial, com as constelações mudando de configuração. Por isso é melhor PP e ET se apressarem.

A exploração do espaço ainda está engatinhando, e precisamos decidir em que direção pretendemos conduzi-la. Seguiremos a concepção "westfaliana" do universo — um sistema de Estados exercendo poder soberano sobre territórios por todos reconhecidos, o qual, como mostra repetidamente a história, acaba sempre entrando em colapso? Ou reconheceremos nossa humanidade comum e os desafios das viagens espaciais, passando a

Espaço 341

agir como um só povo enquanto nos aventuramos para fora das fronteiras da nossa casa terrestre?

Até agora adotamos o modelo mais conhecido. Quase todas as grandes descobertas de terra e mar acabaram dando o mesmo resultado: competição, luta pelo poder e o vencedor ditando regras e estabelecendo limites. Pode-se até argumentar que, em se tratando do espaço, tanto quanto sabemos, não há nenhum dono que precise ser desalojado, e que aqueles que se aventuram, arriscam e investem deveriam ter o direito de colher os benefícios. No entanto, mesmo que se defenda esse ponto de vista, chegamos a um momento na história em que, apesar de todos os conflitos e injustiças no planeta Terra, existe uma aceitação generalizada da responsabilidade que temos uns para com os outros em nível global — as mudanças climáticas demonstraram isso. Ainda que as ilimitadas riquezas energéticas e matérias-primas do cosmo só possam ser garimpadas e trazidas para a Terra pelos Estados mais poderosos, é do interesse de todos que sejam compartilhadas. Elevar o padrão de vida no mundo inteiro e simultaneamente reduzir as emissões de carbono beneficia a todos. Nossos recursos aqui são finitos, e a disputa por eles provoca conflitos, mas acima de nós há um asteroide chamado 3554 Amun. Nele existem níquel, cobalto, ferro e outros metais num valor estimado de 20 trilhões de dólares, aproximadamente o PIB dos Estados Unidos. É um de muitíssimos, mais do que o suficiente para ser compartilhado.

Seria ingênuo achar que o país, ou a empresa, cuja nave aterrissar nessa riqueza simplesmente a distribuirá de graça. No entanto, deveríamos estar trabalhando para firmar acordos pelos quais países ativos no espaço se comprometam a cooperar em projetos, a compartilhar lucros e conhecimentos, e estabelecer metas obrigatórias para a transferência de uma porcentagem dos seus lucros para os demais. Um bom exemplo poderiam ser gigantescos refletores solares posicionados na órbita baixa, a fim de direcionar energia solar para fazendas solares quando elas estiverem no escuro e permitir que possam funcionar 24 horas por dia. Uma porcentagem da verba para construir os refletores poderia ser empenhada para que países em desenvolvimento recebam energia gratuita dessa fonte.

Há tantas ideias parecidas quantas são as cabeças capazes de imaginá-las. É possível fazer. Como disse o autor de ficção científica Arthur C. Clarke, toda ideia revolucionária passa por três fases caracterizadas pelas reações dos críticos: 1) "Não vai funcionar, é pura fantasia"; 2) "Pode até funcionar, mas não compensa"; 3) "Desde o início eu disse que era uma boa ideia".

É também do interesse de todos cooperar na descoberta e no rastreamento de asteroides ainda desconhecidos e de outros objetos que possam nos ameaçar, como o meteoro Tunguska, que destruiu centenas de quilômetros quadrados de florestas na Sibéria em 1908. Objetos muito maiores podem estar na mesma trajetória. Os dinossauros não viram que um asteroide vinha vindo — nós podemos ver, e tomar providências.

A cooperação no espaço não poria fim, necessariamente, às hostilidades entre os Estados da Terra. Astronautas americanos pegam carona para a Estação Espacial Internacional numa nave russa, mas isso não impediu que a tensão entre os dois países ressurgisse e aumentasse. No entanto, em décadas anteriores, quando a ameaça de guerra entre eles era muito maior, a cooperação tecnológica foi a porta que usaram para alcançar a distensão, que resultou no acoplamento Soyuz-Apollo em 1975.

Olhar do espaço para este "pálido ponto azul", como os cosmonautas e astronautas fizeram juntos então, é um jeito de dissolver o vírus de "nós e eles" que nos infecta desde o começo. O espaço nos oferece a possibilidade de abrir nossa cabeça para o caráter ilimitado do universo. Os seres humanos sempre ergueram a vista para olhar fundo dentro do céu noturno e sonhar. Agora realmente atingimos um alto patamar; é manifestamente nosso destino ir mais alto, e chegaremos lá mais depressa se estivermos juntos. O céu não é o limite.

Agradecimentos

Obrigado a todos que contribuíram com conhecimentos específicos, citações e apoio. Dra. Alison Hudson, Mina AlOraibi, dra. Anne-Marie Schleich, dr. Sajjan Gohel, David Waywell, Ioánnis Michaletos, John Saunders, Sarah Williams, Liam Morrissey, Jason Webster, Peter Bellerby. Sou grato também a várias embaixadas e organizações militares por informações internas, e a indivíduos que preferem permanecer no anonimato em razão de suas atividades políticas. E muito obrigado, como sempre, à maravilhosa equipe da Elliott and Thompson: Jennie Condell, Pippa Crane, Marianne Thorndahl e Lorne Forsyth.

Bibliografia

1. Austrália [pp. 17-49]

ATTARD, Bernard. "The Economic History of Australia from 1788: An Introduction". *EH.Net Encyclopedia*, mar. 2006. Disponível em: <eh.net/encyclopedia/the-economic-history-of-australia-from-1788-an-introduction>.

"Border Lengths — States and Territories". Geoscience Australia, governo australiano. Disponível em: <www.ga.gov.au/scientific-topics/national-location-information/dimensions/border-lengths>.

CHRISTIE, Nancy J. "'Pioneering for a Civilized World': Griffith Taylor and the Ecology of Geography". *Scientia Canadensis*, v. 17, n. 1-2, pp. 103-54, 1993. Disponível em: <www.erudit.org/fr/revues/scientia/1993-v17-n1-2-scientia3119/800366ar.pdf>.

"Confluence of the Two Seas". Discurso do primeiro-ministro Shinzo Abe no Parlamento da República da Índia, Ministério das Relações Exteriores do Japão, 22 ago. 2007. Disponível em: <www.mofa.go.jp/region/asia-paci/pmv0708/speech-2.html>.

CURTIN, John. "The Task Ahead". *Herald* (Melbourne), 27 dez. 1941. Disponível em: <john.curtin.edu.au/pmportal/text/00468.html>.

"Edward Hammond Hargraves". *Evening News*, 31 out. 1891. Disponível em: <trove.nla.gov.au/newspaper/article/111989656?searchTerm=Edward%20Hargraves&searchLimits=>.

ELKNER, Cate. "Immigration and Ethnicity: Overview". *Electronic Encyclopedia of Gold in Australia*. Disponível em: <www.egold.net.au/biogs/EG00006b.htm>.

"Geographic Distribution of the Population". Australian Bureau of Statistics, 24 maio 2012. Disponível em: <www.abs.gov.au/ausstats/abs@.nsf/Lookup/by%20Subject/1301.0~2012~Main%20Features~Geographic%20distribution%20of%20the%20population~49>.

HUGHES, Robert. *The Fatal Shore*. Londres: Collins Harvill, 1987.

MACFARLANE, Ingereth (Org.). *Aboriginal History*, v. 26, 2002. Disponível em: <press-files.anu.edu.au/downloads/press/p73361/pdf/book.pdf>.

RUDD, Kevin. "The Complacent Country". *KevinRudd.com*, 4 fev. 2019. Disponível em: <www.kevinrudd.com/archive/2019-02-04-the-complacent-country>.

SCHLEICH, Dr. Anne-Marie. "New Geopolitical Developments in the South Pacific: The Cases of Australia and New Zealand". *ISPSW Strategy Series: Focus on Defense and International Security*, n. 533, 2018. Disponível em: <css.ethz.ch/content/dam/ethz/special-interest/gess/cis/center-for-securities-studies/resources/docs/ISPSW-533%20Schleich.pdf>.

VILLE, Simon. "The Relocation of the International Market for Australian Wool". *Australian Economic History Review*, v. 45, n. 1, 2005, pp. 73-95.

WORGAN, George Bouchier. Carta escrita para o irmão Richard Worgan, 12-18 jun. 1788. Disponível em: <www.sl.nsw.gov.au/collection-items/collection-10-george-bouchier-worgan-letter-written-his-brother-richard-worgan-12-1>.

2. Irã [pp. 51-86]

ANSARI, Ali M. *Iran: A Very Short Introduction*. Oxford: Oxford University Press, 2014.
_____. *Iran, Islam and Democracy: The Politics of Managing Change*. Londres: Gingko Library; Chatham House, 2019.

LANGTON, James. "The Day the Oil Came: Sixty Years Ago, the Sea Gave Up Its Secrets and Changed Abu Dhabi Forever". *The National*, 28 mar. 2018. Disponível em: <abudhabioil.thenational.ae>.

"Mapping the Global Muslim Population". Pew Research Center, 7 out. 2009. Disponível em: <www.pewforum.org/2009/10/07/mapping-the-global-muslim-population>.

"Saddam Hussein and His Advisers Discussing Iraq's Decision to Go to War with Iran". History and Public Policy Program Digital Archive, Conflict Records Research Center, National Defense University, 16 set. 1980. Disponível em: <digitalarchive.wilsoncenter.org/document/110099>.

"Their Last Chance?". *The Economist: Special Report*, 15 jan. 2004. Disponível em: <www.economist.com/special-report/2004/01/15/their-last-chance>.

3. Arábia Saudita [pp. 87-121]

ACEMOGLU, Daron; ROBINSON, James A. *The Narrow Corridor: How Nations Struggle for Liberty*. Nova York: Penguin, 2020.

AL-RASHEED, Madawi. *A History of Saudi Arabia*. Cambridge: Cambridge University Press, 2010.

"Basic Law of Governance". Embaixada do Reino da Arábia Saudita, 1 mar. 1992. Disponível em: <www.saudiembassy.net/basic-law-governance>.

"Civilian Gasoline Supply Report". Office of War Information, 13 out. 1943. Disponível em: <plainshumanities.unl.edu/homefront/homefront.docs.0015>.

"Diriyah: The Original Home of the Saudi State". *Saudi Press Agency*, 20 nov. 2019. Disponível em: <www.spa.gov.sa/viewfullstory.php?lang=en&newsid=2001219>.

HUSAIN, Ed. *The House of Islam: A Global History*. Nova York: Bloomsbury, 2018.

"Ikhwan". *GlobalSecurity*. Disponível em: <www.globalsecurity.org/military/world/gulf/ikhwan.htm>.

"King Abdulaziz Al Saud: Founder of the Kingdom of Saudi Arabia". House of Saud, Saudi Royal Family News and Information. Disponível em: <houseofsaud.com/king-abdulaziz-al-saud>.

RIEDEL, Bruce. *Kings and Presidents: Saudi Arabia and the United States Since FDR*. Washington, DC: Brookings Institution Press, 2019.

"Saudi Arabia". US Department of State Archive. Disponível em: <2009-2017.state. gov/documents/organization/171744.pdf>.

"Saudi Arabia: Youth Unemployment Rate from 1999 to 2020". *Statista*, 2020. Disponível em: <www.statista.com/statistics/812955/youthunemployment-rate-in-saudi-arabia>.

4. Reino Unido [pp. 123-56]

COLLIER, Basil. *The Defence of the United Kingdom: History of the Second World War*. Londres: Her Majesty's Stationery Office, 1957.

CRANE, Nicholas. *The Making of the British Landscape: From the Ice Age to the Present*. Londres: Weidenfeld & Nicolson, 2017.

HARVEY, Michael. "Perspectives on the UK's Place in the World". Chatham House: Europe Programme Paper 2011/01, 2011. Disponível em: <www.chathamhouse. org/sites/default/files/public/Research/Europe/1211pp_harvey.pdf>.

LIPSCOMBE, Nick. "Napoleon's Obsession: The Invasion of England". *British Journal for Military History*, v. 1, n. 3, 2015.

MCKIRDY, Alan; CROFTS, Roger. *Scotland: The Creation of Its Natural Landscape: A Landscape Fashioned by Geology*. Perth: Scottish Natural Heritage, 1999.

PARKER, Joanne. *Britannia Obscura: Mapping Hidden Britain*. Londres: Vintage, 2015.

SIMMS, Brendan. *Three Victories and a Defeat: The Rise and Fall of the First British Empire, 1714-1783*. Londres: Allen Lane, 2007.

"The Defence Implications of Possible Scottish Independence". House of Commons Defence Committee, v. 1, Sixth Report of Session 2013-14, 2013. Disponível em: <publications.parliament.uk/pa/cm201314/cmselect/cmdfence/198/198.pdf>.

5. Grécia [pp. 157-84]

BRUNWASSER, Matthew. "The Greeks Who Worship the Ancient Gods". *BBC News*, 20 jun. 2013. Disponível em: <www.bbc.co.uk/news/magazine-22972610>.

"Greece — Agricultural Sector", International Trade Administration: United States of America, 4 jun. 2019. Disponível em: <www.export.gov/apex/article2?id=Greece-Agricultural-Sector>.

"Greece Population 2020". *World Population Review*. Disponível em: <https://worldpopulationreview.com/countries/greece-population>.

Bibliografia 347

"King of Hellenes Murdered". *The Times*, 19 mar. 1913.

"Lausanne Peace Treaty vi. Convention Concerning the Exchange of Greek and Turkish Populations Signed at Lausanne, January 30, 1923". República da Turquia, Ministério das Relações Exteriores, 30 jan. 1923. Disponível em: <www.mfa.gov. tr/lausanne-peace-treaty-vi_-convention-concerning-theexchange-of-greek-and-turkish-populations-signed-at-lausanne_.en.mfa>.

"Military Expenditure (% of GDP)". *The World Bank*. Disponível em: <data.worldbank. org/indicator/MS.MIL.XPND.GD.ZS>.

SIENKEWICZ, Thomas J. "The Hellenic Language is Immortal: The Grandeur of the Hellenic Language". Monmouth College. Disponível em: <department.monm. edu/classics/Courses/GREK101-102/HellenicLanguage.Shadowed.htm>.

WEINER, Eric. *The Geography of Genius: A Search for the World's Most Creative Places from Ancient Athens to Silicon Valley*. Nova York: Simon & Schuster, 2016.

6. Turquia [pp. 185-215]

ALKAN, Can et al. "Whole Genome Sequencing of Turkish Genomes Reveals Functional Private Alleles and Impact of Genetic Interactions with Europe, Asia and Africa". *BMC Genomics*, v. 15, n. 1, 2014. Disponível em: <www.ncbi.nlm.nih. gov/pmc/articles/PMC4236450>.

ARANGO, Tim. "A Century After Armenian Genocide, Turkey's Denial Only Deepens". *The New York Times*, 16 abr. 2015. Disponível em: <www.nytimes.com/2015/04/17/ world/europe/turkeys-century-of-denial-about-an-armenian-genocide.html>.

MANDIRACI, Berkay. "Assessing the Fatalities in Turkey's PKK Conflict". International Crisis Group, 22 out. 2019. Disponível em: <www.crisisgroup.org/europe-cen-tral-asia/western-europemediterranean/turkey/assessing-fatalities-turkeys-pkk-conflict>.

"Mavi Vatan" ["Pátria Azul"]. Escola de Guerra Naval Turca, 2019. Disponível em: <www.msu.edu.tr/mavivatandanacikdenizleredergisi/mavivatan_baski.pdf>.

MURINSON, Alexander. "The Strategic Depth Doctrine of Turkish Foreign Policy". *Middle Eastern Studies*, v. 42, n. 6, pp. 945-64, 2006.

"Targeting Life in Idlib". *Human Rights Watch*, 15 out. 2020. Disponível em: <www. hrw.org/report/2020/10/15/targeting-life-idlib/syrian-and-russian-strikes-civilian-infrastructure>.

PRESIDÊNCIA TURCA [@trpresidency]. "President Erdoğan: 'Hagia Sophia's doors will be, as is the case with all our mosques, wide open to all, whether they be foreign or local, Muslim or non-Muslim'", 10 jul. 2020. Disponível em: <twitter.com/tr-presidency/status/1281686820556869632/photo/1>.

WESTERMANN, William Linn. "Kurdish Independence and Russian Expansion". *Foreign Affairs*, v. 70, n. 3, 1991. Disponível em: <www.foreignaffairs.com/articles/ turkey/1991-06-01/kurdish-independence-and-russian-expansion>.

7. O Sahel [pp. 217-51]

"Areva and Niger: A Sustainable Partnership". *Areva*, fev. 2011. Disponível em: <inis.iaea.org/collection/NCLCollectionStore/_Public/50/062/50062650.pdf>.

BASSOU, Abdelhak. "State, Borders and Territory in the Sahel: The Case of the G5 Sahel". Policy Center for the New South, 6 out. 2017. Disponível em: <www.policycenter.ma/publications/state-borders-and-territory-sahel-case-g5-sahel>.

BERGER, Flore. "West Africa: Shifting Strategies in the Sahel". *The Africa Report*, 30 set. 2019. Disponível em: <www.theafricareport.com/17843/west-africa-shifting-strategies-in-the-sahel>.

"Beyond Aid: The UK's Strategic Engagement in Africa". Evidência escrita do Foreign and Commonwealth Office em nome do Governo de Sua Majestade, pesquisa do Comitê de Relações Exteriores da Câmara dos Comuns, 2019. Disponível em: <data.parliament.uk/writtenevidence/committeeevidence.svc/evidencedocument/foreign-affairs-committee/beyond-aid-the-uks-strategic-engagement-in-africa/written/105575.html>.

COMOLLI, Virginia. *Boko Haram: Nigeria's Islamist Insurgency*. Londres: Hurst, 2015.

COOPER, Rachel. "Natural Resources Management Strategies in the Sahel". K4D Helpdesk Report, Institute of Development Studies, 1 out. 2018. Disponível em: <assets.publishing.service.gov.uk/media/5c6acc2340f0b61a196aa83a/453_Sahel_Natural_Resources_Management.pdf>.

DEVERMONT, Judd. "Politics at the Heart of the Crisis in the Sahel". Center for Strategic & International Studies, 6 dez. 2019. Disponível em: <www.csis.org/analysis/politics-heart-crisis-sahel>.

FORTSON, Danny. "The Great Uranium Stampede: Everybody Wants Supplies as Nuclear Power Comes Roaring Back". *The Sunday Times*, 7 fev. 2010. Disponível em: <www.thetimes.co.uk/article/the-great-uranium-stampede-c7p3m6h9xxd>.

"General Act of the Berlin Conference on West Africa". 26 fev. 1885. Disponível em: <loveman.sdsu.edu/docs/1885GeneralActBerlinConference.pdf>.

"Getting a Grip on Central Sahel's Gold Rush". International Crisis Group, relatório n. 282/Africa, 13 nov. 2019. Disponível em: <www.crisisgroup.org/africa/sahel/burkina-faso/282-reprendre-en-main-la-ruee-vers-lor-au-sahel-central>.

GROVE, A. T. "Geographical Introduction to the Sahel". *The Geographical Journal*, v. 144, n. 3, pp. 407-15, 1978.

LE ROUX, Pauline. "Confronting Central Mali's Extremist Threat". *Africa Center for Strategic Studies*, 22 fev. 2019. Disponível em: <africacenter.org/spotlight/confronting-central-malis-extremist-threat>.

LEWIS, David; MCNEILL, Ryan. "How Jihadists Struck Gold in Africa's Sahel". *Reuters Investigates: A Special Report*, 22 nov. 2019. Disponível em: <www.reuters.com/investigates/special-report/gold-africa-islamists>.

NICHOLSON, Sharon E. "Climate of the Sahel and West Africa". *Oxford Research Encyclopedia*, 26 set. 2018. Disponível em: <oxfordre.com/view/10.1093/acrefore/9780190228620.001.0001/acrefore-9780190228620-e-510>.

Bibliografia 349

TAITHE, Bertrand. *The Killer Trail: A Colonial Scandal in the Heart of Africa*. Oxford: Oxford University Press, 2009.

WATSON, Abigail. "ORG Explains #12: The UK's Pivot to the Sahel". *Oxford Research Group*, 27 jan. 2020. Disponível em: <https://www.saferworld.org.uk/resources/publications/1336-org-explains-12-the-ukas-pivot-to-the-sahel>.

8. Etiópia [pp. 253-80]

"Ethiopia Imports by Country". *Trading Economics*. Disponível em: <tradingeconomics.com/ethiopia/imports-by-country>.

"Ethiopia: The Criminal Code of the Federal Democratic Republic of Ethiopia". *The Protection Project*, proclamação n. 414/2004, 2005. Disponível em: <http://www.protectionproject.org/wp-content/uploads/2010/09/Ethiopia_Criminal-Code-TIP_2004.pdf>.

"Geopolitical Dynamics in the Horn of Africa and Mechanisms for Collaboration between NATO and IGAD Countries". NATO Strategic Direction South Hub/Institute for Peace and Security Studies, Universidade de Adis Abeba, 2019. Disponível em: <thesouthernhub.org/publications/nsds-hub-publications/geopolitical-dynamics-in-the-horn-of-africa-and-mechanisms-for-collaboration-between-nato-and-igad-countries>.

GETACHEW, Samuel; YORK, Geoffrey. "Ethiopia's Latest Violence Exposes Ethnic Fault Lines, Threatening the Country's Democratic Dreams". *The Globe and Mail*, 20 jul. 2020. Disponível em: <www.theglobeandmail.com/world/article-ethiopias-latest-violence-exposes-ethnic-fault-lines-threatening-the>.

KESSELS, Eelco; DURNER, Tracey; SCHWARTZ, Matthew. "Violent Extremism and Instability in the Greater Horn of Africa: An Examination of Drivers and Responses". Global Center on Cooperative Security, 2016. Disponível em: <www.globalcenter.org/wp-content/uploads/2016/05/GCCS_VIOLENT-EXTREMISM_low_3.pdf>.

SELASSIE, Haile. *My Life and Ethiopia's Progress, 1892-1937: The Autobiography of Emperor Haile Selassie I*. Trad. [para o inglês] de Edward Ullendorff. Oxford: Oxford University Press, 1976.

VERHOEVEN, Harry. "Black Gold for Blue Gold? Sudan's Oil, Ethiopia's Water and Regional Integration". Chatham House: Briefing Paper, 2011. Disponível em: <www.chathamhouse.org/sites/default/files/19482_0611bp_verhoeven.pdf>.

9. Espanha [pp. 281-314]

ARÓSTEGUI, Julio; MARCO, Jorge. *El último frente. La resistencia armada antifranquista en España, 1939-1952*. Madri: Libros de la Catarata, 2008.

BOWN, Stephen R. *1494: How a Family Feud in Medieval Spain Divided the World in Half*. Nova York: Thomas Dunne Books, 2012.

GARDNER, David. "Why Basques and Catalans See Independence Differently". *Financial Times*, 12 jul. 2019. Disponível em: <www.ft.com/content/3ec93f84-a2a-1-11e9-974c-ad1c6ab5efd1>.

GARR, Arnold K. *Christopher Columbus: A Latter-day Saint Perspective*. Provo, Utah: Religious Studies Center, Brigham Young University, 1992.

GOROSTIZA, Santiago, "'There Are the Pyrenees!' Fortifying the Nation in Francoist Spain". *Environmental History*, v. 23, n. 4, pp. 797-823, 2018. Disponível em: <academic.oup.com/envhis/article/23/4/797/5091299>.

LATHAM, Andrew. "Medieval Geopolitics: The Iberian Crusades". *Medievalists.net*. Disponível em: <www.medievalists.net/2019/03/iberian-crusades>.

"Letters of Pope Alexander II Concerning Just Warfare Against the Forces of Muslim Iberia (1063-1064)", 2012. Disponível em: <www.web.pdx.edu/~ott/hst399/Alexanderletters/index.html>.

MARCO, Jorge. "Rethinking the Postwar Period in Spain: Violence and Irregular Civil War, 1939-52". *Journal of Contemporary History*, v. 55, n. 3, pp. 492-513, 2020. Disponível em: <purehost.bath.ac.uk/ws/portalfiles/portal/190057157/Rethinking_the_post_war_period.pdf>.

PIMENTA, João et al. "Spatially Explicit Analysis Reveals Complex Human Genetic Gradients in the Iberian Peninsula". *Nature*, 24 maio 2019. Disponível em: <www.nature.com/articles/s41598-019-44121-6>.

"The President's News Conference". Harry S. Truman: Library & Museum, National Archives, 23 ago. 1945. Disponível em: <www.trumanlibrary.gov/library/public-papers/107/presidents-news-conference>.

"Spain: Charles II", *Britannica*. Disponível em: <www.britannica.com/place/Spain/Charles-II>.

"Spain Population 2020". *World Population Review*. Disponível em: <worldpopulationreview.com/countries/spain-population>.

"Substantial Minorities in Some Countries Hold Negative Stereotypes About Jews". Pew Research Center. Disponível em: <www.pewforum.org/2018/05/29/nationalism-immigration-and-minorities/pf_05-29-18_religion-western-europe-01-20>.

WEBSTER, Jason. *Violencia: A New History of Spain: Past, Present and the Future of the West*. Londres: Constable, 2019.

10. Espaço [pp. 315-42]

"45 Years Ago: Historic Handshake in Space". Nasa, 17 jul. 2020. Disponível em: <www.nasa.gov/feature/45-years-ago-historic-handshake-in-space>.

"Challenges to Security in Space". Defense Intelligence Agency: United States of America, 2019. Disponível em: <apps.dtic.mil/sti/pdfs/AD1082341.pdf>.

Bibliografia

HAVERCROFT, Jonathan; RAYMOND, Duvall. "3-Critical Astropolitics: The Geopolitics of Space Control and the Transformation of State Sovereignty". In: BORMANN, Natalie; SHEEHAN, Michael (Orgs.). *Securing Outer Space: International Relations Theory and the Politics of Space*. Nova York: Routledge, 2009. pp. 42-58.

"International Space Station Facts and Figures". Nasa, 16 jul. 2020. Disponível em: <www.nasa.gov/feature/facts-and-figures>.

PAPPALARDO, Joe. "A 10-Year Odyssey: What Space Stations Will Look Like in 2030". *Popular Mechanics*, 10 jun. 2019. Disponível em: <www.popularmechanics.com/space/satellites/a27886809/future-of-iss-space-station>.

RADER, Andrew. *Beyond the Known: How Exploration Created the Modern World and Will Take Us to the Stars*. Nova York: Simon & Schuster, 2019.

SAGAN, Carl. *Pale Blue Dot: A Vision of the Human Future in Space*. Nova York: Ballantine, 2011.

SLANN, Phillip A. *The Security of the European Union's Critical Outer Space Infrastructures*. Universidade Keele, 2015. Tese (Doutorado). Disponível em: <core.ac.uk/download/pdf/43759498.pdf>.

"Space Fence: How to Keep Space Safe". Lockheed Martin. Disponível em: <www.lockheedmartin.com/en-us/products/space-fence.html>.

"The Artemis Accords: Principles for Cooperation in the Civil Exploration and Use of the Moon, Mars, Comets, and Asteroids for Peaceful Purposes". Disponível em: <assets.publishing.service.gov.uk/government/uploads/system/uploads/attachment_data/file/926741/Artemis_Accords_signed_13Oct2020__002_.pdf>.

Índice remissivo

3554 Amun, asteroide, 341

Abdoulahi, Alpha, 230
Abdullah, príncipe Miteb bin, 112-3
Abdullah, Turki ibn, 96
Abe, Shinzo, 49
aborígenes australianos, 23-4, 26-31
Acordos Artemis, 319-20, 326
Acrópole, Atenas, 164-5
Adriano, muralha de, 128
Afeganistão, 64, 78, 81, 84, 104-6, 169, 239, 248
África, 14, 44-5, 139-40, 149, 190, 238-9; ver também Etiópia, Sahel e países específicos
Afwerki, Isaias, 270
Agência Internacional de Energia Atômica, 77
Ahmadinejad, Mahmoud, 71, 73
Ahmed, Abiy, 269
Ahmed, Munir, 273
Al Jazeera, rede de TV, 108
Alabastes, contra-almirante Martin, 154
Albânia, 162-3, 173
Alborz, cordilheira de, 57, 59-60
Alemanha, 65, 100, 140-2, 149-50, 152, 155, 172, 182, 197-8, 234-6, 320
Alexandre, o Grande, 57, 62, 163, 166, 191
Alexandre II, papa, 291
Alexandre VI, papa, 293
al-Hariri, Saad, 110-1, 229, 231-2
Aliados, 40-1, 100, 142, 170-1
Aliança Cinco Olhos, rede de inteligência, 47, 148, 153-4
Al-Mulathamun, 232
Al-Oraibi, Mina, 118-9
Al-Otaybi, Juhayman, 102
Al-Qaeda no Magreb Islâmico (AQMI), 229-30, 232, 239, 249-50
Al-Qaeda, 14, 105-7, 221
Al-Rasheed, professor Madawi, 99
Al-Shabab, 259, 261
al-Wahab, Muhammad ibn Abd, 96
América Latina, 10, 293, 297
anangu, povo, 30

Anatólia, 189-92, 208-9, 213
Anders, William, 322
Ángel Blanco, Miguel, 307
anglo-saxões, 129, 133
Ansar Dine, 229
antissemitismo, 69, 75-6, 171, 202, 292-3
Apollo, missões espaciais, 320, 322-3
aquecimento global ver mudanças climáticas
Arábia Saudita, 9, 12, 14, 61, 64, 73-4, 78, 85, 202; Al-Qaeda, 105-7; assassinato de Jamal Khashoggi, 111-2; cerco da Grande Mesquita, 102-4; covid-19, 116; dinastia raxidi, 97-8; dinastia Saud inicial, 91, 94-9; emprego, 114-5, 117, 120; energia renovável, 117-8; escravidão, 101; extremismo religioso, 92, 102, 105-6, 120; Fahd da Arábia Saudita, 104; Faisal I da Arábia Saudita, 101-2; fronteiras terrestres, 93; geografia, 92-4; Guarda Nacional, 103, 105, 113; Guerra Civil do Iêmen, 109; Guerra Civil Líbia, 109; Ibn Saud, 95-100; investimento no Sahel, 235, 249; islã sunita, 94, 96, 107-8 (ver também wahabismo); islã xiita, 94, 96, 113, 115, 120; Jidá, 93-4, 115; Khalid, 102-4; Meca, 93-8, 100, 102, 116; Medina, 94-8, 100; Najd, 91, 94-8; Osama bin Laden, 92, 104-6, 121; população estrangeira/força de trabalho, 115; Primeiro Estado Saudita, 96; príncipe herdeiro Ibn Saud, 100-1; príncipe herdeiro Mohammed bin Salman, 107-14, 119-21; prisões da família Saud no Ritz Carlton, 112-4; projeto da cidade de Neom, 115; protestos antitelevisão, 102; Província Oriental, 94, 99, 113, 115, 120; Quarto Vazio, 92-3; relações com a China, 112, 118-9; relações com a França, 103; relações com a Síria, 108; relações com Israel, 119; relações com o Irã, 107-10, 119; relações com o Iraque no pós-guerra, 107-8; relações com o Líbano, 110-1; relações com o Qatar, 108, 274-5; relações com o Reino Unido, 97-9; relações com

Índice remissivo

os Estados Unidos, 14, 92, 100-1, 104-6, 110, 118, 121; renúncia de Saad al-Hariri, 110-1; Riad, 94-7, 115, 194; suprimentos de água, 116-7; suprimentos de petróleo e gás, 92-4, 99-101, 108-9, 112, 114-8, 120-1; tamanho da população, 92, 99, 115; terrorismo islamista, 104-7, 120-1; Visão 2030, 114-5; wahabismo, 91, 95-6, 102, 104-6, 113, 120-1

Arca da Aliança, 263

Areva, 243-4

Argélia, 226, 228-9, 235

Argus, jornal, Melbourne, 29

Aristóteles, 166

Arlit, Níger, 243-4

armas, acordos para venda de, 103, 107-8, 182, 214, 278

Armênia, 59, 201, 207

Armstrong, Neil, 321-2

Ashura, festival da, 64

Assad, Bashar al-, 12, 74, 77, 108, 203-4, 212

Associação dos Clérigos Combatentes, 71

Associação Europeia de Livre Comércio (AELC), 310-1

astropolítica, teoria, 328-31

ataques cibernéticos, 45-6, 83

Atatürk, general Mustafa Kemal, 171, 185, 195-7, 200, 212, 215

Atatürk, Represa, 208

Auschwitz, campo de concentração, 172

Austrália, 15; aborígines, 23-4, 26-31; assentamento britânico, 21-2; bacia hidrográfica do Murray-Darling, 25-6; baía de Botany, 27-8; bloqueio, repercussões, 38, 48; clima, 23; colônia penal, 21-2, 27-8; combustíveis fósseis, 35-7, 48; comércio, 22, 26, 28, 31, 35, 38, 41-2, 45-8; corrida do ouro, 31; crescimento de colônias, 32; defesa, 37-43; Diálogo de Segurança Quadrilateral, 48; distribuição da população, 23-4; escassez de água, 36; fauna, 23; Forças Armadas, 22, 35, 38-9, 43-8; geografia da, 21-4, 30-1; guerras de fronteira, 28-9; incêndios florestais, 35-6; independência, 32; influência no Pacífico Sul, 44; migrantes e refugiados, 32-5; mudanças climáticas, 35-6; Outback, 23-4, 30-1; política, 22, 31-5, 39, 44; população multicultural, 34; primeiro desembarque de que há registro, 26-7; rede de inteligência, 47, 148; relações com

a China, 41-9; relações com o Japão, 47-9; relações com o Reino Unido, 39; relações com os Estados Unidos, 39-42, 47-9; rios, 25-6, 31, 36; Segunda Guerra Mundial, 39-40; sistema de transportes, 31-2; tamanho da população, 24-5, 30-2, 36

"Austrália Branca", política da, 32-4

Ayers Rock/Uluru, 30

Azauade, 229, 235

Azerbaijão, 59, 207

azeris, iranianos, 58-9

Bagdá, 14, 74

bahaísmo, 69

Bahrein, 85, 93-4, 96, 99, 108

Bálcãs, 163, 168-72, 192-4, 201-2

Baleares, Ilhas, 287

Baluchistão, província do Irã, 58, 81

bambara, povo, 228, 236

Banco Africano de Desenvolvimento, 235

Banco Mundial, 235, 242

Bandler, Faith, 29

Banks, Sir Joseph, 27

Basij, milícia, 72, 82-3

Batalha da Grã-Bretanha (1940), 142

Batalha das Termópilas (480 a.C.), 165

Batalha de Galípoli (1915-16), 195

Batalha de Karbala (680), 64

Batalha de Manzikert (1071), 176

Batalha de Maratona (490 a.C.), 62

Batalha de Tours (732), 290

Batalha de Trafalgar (1805), 297

Batalha do Mar de Coral (1942), 40

BBC (British Broadcasting Corporation), 106, 151; Serviço Persa, 67

Belmokhtar, Mokhtar, 232

Bezos, Jeff, 325

Biden, Joe, 41, 85, 119, 182, 214

Bin Laden, Osama, 92, 104-6, 121

Bin Salman, Mohammed, 107-15, 119

Bizâncio, 167

Blue Origin, 325

Boadiceia, rainha, 132

Boko Haram, 233, 237

Bolívar, Simón, 297

Bósnia, 155, 199, 201

BP (British Petroleum), 65, 180

Brexit, 15, 27-8, 145-6, 155

Bulgária, 162, 169-70, 172, 190

Burkina Faso, 228, 231-3, 237-8, 240, 243-5, 247-8
Bush, George W., 56, 74, 76

Calvo Sotelo, José, 299
camelos, caravanas de, 224-5
Cameron, David, 149
campos de gás, 14, 179-80
Canadá, 47, 148
Canárias, Ilhas, 287, 313
Carlos I, rei, 135
Carlos Magno, imperador, 290
Carter, Jimmy, 77
carvão, indústria do, 35-7
Castillo, José, 299
Castro Veiga, José, 301
Catalunha, 15, 286-7, 289-90, 296, 298, 300-1, 304-5, 307-11
Centro Espacial Kennedy, 320
César, Júlio, 131
Chade, 232-3, 237-8, 241, 243, 246, 249
Chanoine, Julien, 226-7
charia, 104, 203, 230-1
Chifre da África, 233, 248, 258-60, 263-5, 274-5, 280, 313
China, 9, 12-3, 15; base naval no Djibuti, 247, 274; controle do Pacífico Ocidental/mar do Sul da China, 40-3, 48; exploração espacial, 319-20, 325, 331; Forças Armadas, 41-7, 247; iniciativa Um Cinturão, Uma Rota na África, 247; interesse potencial na Catalunha, 309-10; militarização do espaço, 331-3, 334-5; "negação de área", 43; presença no Sahel, 247; relações com a Arábia Saudita, 112, 118-9; relações com a Austrália, 41-9; relações com a Etiópia, 276, 278; relações com a Sérvia, 309; relações com o Irã, 80; relações com o Pacífico Sul, 43-6; relações com o Reino Unido, 147-9, 152-3; suprimento de terras raras, 246-7
Chipre, 162, 178-83, 206-7, 214
Churchill, Winston, 65
CIA (Agência Central de Inteligência), 47, 66
Ciro II, 62
Clarke, Arthur C., 342
Cláudio, imperador, 131
Colombo, Cristóvão, 293

combustíveis fósseis, 35-7, 60, 92, 114; *ver também* petróleo e gás, suprimentos de
Comitê para Uso Pacífico do Espaço Exterior, 327
Commonwealth, 151
Companhia das Índias Orientais, 325
Companhia Petrolífera Anglo-Persa (depois BP), 65
Comunidade Econômica Europeia (CEE), 144
comunismo, 9, 66-7, 83-4, 171-3, 298, 302, 304
Conferência de Paz de Paris, 170
confluência dos dois mares, A (Dara Shikoh), 49
Conselho de Cooperação do Golfo, 120
Conselho de Guardiães iraniano, 71, 73
Cook, capitão James, 26-7, 137
Cook, Ilhas, 45
Coreia do Norte, 41, 155
Coreia do Sul, 48
Corfu, 162, 166-7, 169, 178
Coulport, base naval, 153-4
covid-19, pandemia global, 44-6, 48, 80, 116, 152, 309
Crasso, general, 63
Creta, 162, 178
Crimeia, 207
crise financeira (2008), 145-6
cristianismo, 69, 96, 135, 191, 264-5, 272, 290-1; *ver também* Igreja Católica
Cromwell, Oliver, 135
Cuba, soldados, 268
Cumbers, Simon, 106
curdos, 58-9, 81, 191-2, 197-9, 204, 208-11
Curtin, John, 39
Cuzistão, província do Irã, 70, 81

Daily Mail, 152
Dalai Lama, 149
Danakil, Depressão de, 259
Dario I, 62
Daru, ilha de, 41
darug, povo, 28
Darwin, base naval, Austrália, 41
Davutoğlu, professor Ahmet, 201-2
De Gaulle, Charles, 144
década unipolar (1990s), 10
deGrasse Tyson, Neil, 339
Derg (Comitê de Coordenação das Forças Armadas, da Polícia e do Exército Territorial), 267-8

Índice remissivo

Diálogo de Segurança Quadrilateral (Quad), 48

Dinamarca, 145, 150, 234

direitos das mulheres, 69, 114-5, 300

Djibuti, 247, 259, 265, 273-4

Dolman, professor Everett, 328-30

Domo de Ferro, sistema de defesa antimíssil, 119

Drake, Francis, 294

Drake, Frank, 340

Duyfken, 26

Economist, The, 152

Egeu, mar, 161-2, 164, 166-8, 174, 177-9, 189, 205

Egito, 11, 14, 62, 102, 109-10, 120, 142, 162, 180-1, 202-3, 214, 264, 275-9

Eisenhower, Dwight D., 303

Elizabeth I, rainha, 135

Emirados Árabes Unidos (EAU), 61, 74, 93, 96, 109, 119, 202, 214, 235, 274-5, 278, 319, 337

Endeavour, HMS, 27, 137

energia hidrelétrica, 14, 36, 209, 261, 276-9

energia nuclear/tecnologias, 14, 76-8, 84-5, 153-5, 179, 231-2, 331-3

energia renovável, 117

eora, povo, 28

Erdoğan, Recep Tayyip, 109, 177, 200-7, 210-5, 275

Eritreia, 227, 259, 265-70, 274, 276

Escócia: aliança com a França, 136-7; assentamento das tribos scotti, 133; colônia no Panamá, 136; guerras com a Inglaterra, 134, 136; independência, 15, 128, 136-7, 152-6; Tratado de União (1707), 134; Segunda Guerra dos Bálcãs

escravidão, 101, 139-40, 225-6, 265, 277

espaço, 15; acoplagem Soyuz/Apollo (1975), 323, 342; Acordos Artemis, 319-20, 326; arcabouço governamental, 319-20, 326-8, 341-2; asteroide 3554 Amun, 341; cadela Laika, 321; colonização da Lua, 319; desenvolvimento da teoria dos foguetes, 320-1; Elon Musk/SpaceX, 325, 336-7; empresas comerciais, 325; espaço terrestre/órbita terrestre, 328-31; Estação Espacial Internacional (ISS), 320, 323-5, 336, 342; estação espacial Skylab, 323; exploração chinesa, 319-20, 325, 331; formas de vida

extraterrestre, 339-40; fronteiras da Terra, 326; imaginar o futuro, 336-42; Iúri Gagarin, 321; Jeff Bezos/Blue Origin, 325; lixo/detritos, 335; militarização do, 331-6; mineração lunar, 319, 325-6; missões do Ônibus Espacial, 322-3; Neil Armstrong, 321-2; Placa Pioneer (PP), 340; primeiro pouso lunar, 320-2; queda de meteoros, 342; satélites Sputnik, 321; sistema de recuperação de água, 324; teoria astropolítica/geografia do espaço, 328-31; Tratado da Lua (1979), 327-8; Tratado do Espaço Exterior (1967), 326-8, 331; velocidade das viagens, 338-9; viagem a Marte, 325-6, 330, 337; "zonas de segurança" na Lua, 326

espaço terrestre/órbita terrestre, 228-31

Espanha, 15, 136, 138, 227, 235, 250; apoio militar no Sahel, 313; Catalunha, 15, 286-7, 289-90, 296, 298, 300-1, 304-5, 307-11; colonialismo, 293-4, 297-8; Cristóvão Colombo, 293; defesa naval, 290, 312-3; energia hidrelétrica, 288; ETA (Euzkadi ta Askatasuna), 306-7; força militar e conflitos, 288, 291-2, 294-8; fortalezas medievais, 285; Francisco Franco, 299-304; geografia, 285, 286-9; guerra civil, 298-301; Guerra dos Segadores, 296; Inquisição, 292-3; invasões históricas, 290-1; invasores/assentamentos muçulmanos, 290-3; Isabel e Fernando de Espanha, 291-4; migrantes e refugiados, 312-3; mouros, 288; ocupação romana, 289-90; ouro latino-americano, 293-4; País Basco, 387, 301, 305-9; rebeliões latino-americanas, 297; Reconquista da Ibéria, 290-2; referendo catalão sobre independência, 308-10; rei Filipe II, 294-5; rei Juan Carlos, 303-5; relações com a França, 296-7; relações com os Estados Unidos, 302-3; suprimentos de água, 288-9; tamanho da população, 286, 297; tensão interna, 285-6, 289 (*ver também* País Basco; Catalunha); tentativa de golpe (1981), 304-5; tentativa de invasão da Inglaterra, 294-5; União Europeia e Otan, 305-6, 309-10, 312-3; visigodos, 290; vulnerabilidade marítima, 294

Estação Espacial Internacional (ISS), 320, 323-5, 336, 342

Estado Islâmico, 14, 77-8, 121, 204, 211, 221, 231

Estados Unidos da América, 9; acoplagem Soyuz/Apollo, 323; assassinato de Qasem Soleimani, 79-80; cerco da embaixada no Irã, 77; CIA (Agência Central de Inteligência), 47, 66; compromissos da Aliança do Sahel, 235-7, 248; Constituição, 134; crash da bolsa de valores (1929), 197; Diálogo de Segurança Quadrilateral, 48; embaixadas incendiadas, 103; Estação Espacial Internacional, 324; estação espacial Skylab, 323; Força Espacial, 320, 331-2; Forças Armadas, 40-1, 46-7, 78-9; golpe militar em Chipre (1974), 179; golpe militar iraniano (1953), 66; Guerra Civil da Grécia, 172; invasão do Iraque (2003), 73-4; militarização do espaço, 331-6; missões espaciais Apollo, 320, 322-3; no Pacífico Ocidental, 41; Pacto de Madri, 302-3; "perseguição" russa de satélites, 333-4; política espacial, 336; rede de inteligência, 47, 78, 148; relações com a Arábia Saudita, 14, 92, 100-1, 104-6, 110, 118, 121; relações com a Austrália, 39-42, 46-7; relações com a Etiópia, 266-8, 277; relações com a Grécia, 172, 182-4; relações com a Turquia, 205, 207-8; relações com o Irã, 56, 61, 65-7, 76-80, 84-5; relações com o Reino Unido, 140-3, 145-9; renúncia do primeiro-ministro libanês, 110; reservas estratégicas de Petróleo, 38; Segunda Guerra Mundial, 39; sistemas para "abater satélites", 334-5; suprimentos de terras raras, 246-7; venda da Louisiana, 138; viagens espaciais comerciais, 325

Estônia, 234

ETA (Euzkadi ta Askatasuna), 306-7

Etiópia, 13-4, 227; Abiy Ahmed, 269-71; acesso ao mar, 266, 273; assassinato de Hachalu Hundessa, 272; atletismo, 271; comércio, 258, 273-4; conflito com a Eritreia, 266-70; cristianismo, 264, 272-3; emergência do país, 263-5; epidemia de fome (anos de 1980), 241, 268; folclore e religião, 263; forças militares, 259, 263-9, 278; geografia, 258-9; golpe militar (1974), 267; Grande Represa do Renascimento Etíope, 261, 271, 276, 278-9; hidreletricidade, 261, 276-7, 279; idiomas, 261-2, 267; imperador Hailé Selassié I, 263, 265-7; imperador Teodoro II, 264; Império Aksum,

263; islã, 264, 267; major Mengistu e o Derg, 267-8; Makeda/rainha de Sabá, 263; Meles Zenawi, 268; política de "etiopianismo", 271-2; primeiros hominídeos, 257; relações com a Arábia Saudita e os Emirados Árabes Unidos, 275, 278; relações com a China, 276, 278; relações com a Itália, 264-6; relações com a União Soviética, 267-8; relações com o Egito, 264-5, 276-9; relações com os Estados Unidos, 266-8; sistema do Rift do Leste Africano, 258; suprimentos de água, 257-8, 261, 276-80; tamanho da população, 259; tensão interna, 261-3, 266-74

Eufrates, rio, 208

euro, introdução do, 145, 174

Europa, 12, 14-5, 78, 81, 137-40, 146-7, 168, 190; migrantes e refugiados, 162, 174-6, 221-2, 233-4, 237, 250; ver também União Europeia (UE); Reino Unido; países individuais por nome

Exército de Libertação Popular da China, 43, 46, 247

Exército Livre da Síria, 108

Exército Nacional Líbio, 109

Fahd da Arábia Saudita, 104

Faisal I da Arábia Saudita, 101-2

Faslane, base naval, 153-4

Fatah, 201

fatwa, 69, 101, 103, 104

Fédération Aéronautique Internationale, 327

Feith, David, 247

Fernando de Aragão, 291-2, 294

Fiji, 45

Filipe II da Espanha, rei, 294

Filipe II da Macedônia, 166

Filipinas, 40

Financial Times, 307

Finlândia, 150

formas de vida extraterrestre, 339-40

Fortson, Danny, 243

Fórum de Gás do Mediterrâneo Oriental, 181

Fraga, Manuel, 304

França, 110, 138; "Guerra dos Segadores", 296; guerras napoleônicas, 138-9; normandos e plantagenetas, 133-4; relações com a Arábia Saudita, 103; relações com a

Índice remissivo

Espanha, 296-7; relações com a Turquia, 181-2, 214; relações com o Reino Unido, 144, 149-50, 152; Sahel, 226-7, 230-7, 243-4, 248-51; Velha Aliança, 136-7
Franco, Francisco, 299-304
Frente de Libertação Macina (FLM), 239
Frente Popular, republicanos espanhóis, 298-9
fulas, 222, 238-40
Fundo Monetário Internacional (FMI), 174

G5 Sahel, 232, 236, 238, 249
G7, 151
G20, reuniões de cúpula do, 112
Gaddafi, Muammar, 12, 229-30
Gagarin, Iúri, 321
Galilei, Galileu, 339
Galileo, sistema de navegação por satélite, 151
Gardner, Frank, 106
garimpeiros/escavadores, 31
General Motors, 117
Genocídio Armênio, 182, 196-7, 204-5
Geórgia, 11, 190
Geração Roubada australiana, 29
Gibbon, Edward, 290
Gibraltar, 290-1, 302, 311-2
Giscard d'Estaing, Valéry, 103
GIUK, passo de, 153
Global Times, 46
Golfo, corrente do, 130
golfo, costa do, 56, 59, 79, 91, 93, 97
golfo, Estados do, 61, 108-9, 119, 249, 276
Gorbatchóv, Mikhail, 268
Governo de União Nacional, 109
Governo Regional do Curdistão, 211
Grã-Bretanha céltica, 131-2
Grande Mesquita, Meca, 102
Grande Muralha Verde, operação de plantio de árvores, 242
Grande Planície Europeia, 15, 127, 152, 193
Grande Represa do Renascimento Etíope, 261, 271, 276-9
Grécia, 14, 62, 161-2, 198; adesão à CEE e à EU, 173-6; Antiga, 161, 163-8; Atenas, 161, 164-7, 169; Bizâncio, 167; campos de gás do Mediterrâneo, 161, 179-81, 184, 205; cidade portuária de Esmirna, 170-1; comércio, 161, 163-4; cordilheira de Pindo, 163; crise

dos migrantes/refugiados, 174-6, 184; crise financeira (2008) e efeitos adversos, 174-6, 178; defesa, 164, 177-8, 181, 183-4; distribuição da população, 177-8; Esparta, 161, 165-6; geografia, 161-4; golpe militar (1967), 173; guerra civil, 172-3; Guerra de Independência da Turquia, 170-1; Guerras do Peloponeso, 165-6; Império Britânico, 168-9; Império Otomano, 167-9; Império Romano, 167; invasões históricas, 164-7; Jogos Olímpicos, 169, 174; Jorge I dos helenos, 168-70; mar Egeu, 161-2, 177-8; poderio marítimo, 161-2, 164; Primeira Guerra dos Bálcãs, 169-70; Primeira Guerra Mundial, 170-1; refugiados ortodoxos, 171; relações com a Macedônia do Norte, 178; relações com a Turquia, 161-2, 166, 172-3, 176-81, 189, 195-6, 205-7, 214; relações com Chipre, 162, 178-80, 206-7; relações com os Estados Unidos, 172, 179, 182-4; resistência grega, 172; Segunda Guerra dos Bálcãs, 170; Segunda Guerra Mundial, 171-2; Tessalônica, 170-2; unificação e independência, 167-9
Greenpeace, 244
Groupe d'Intervention de la Gendarmerie Nationale, 103
Guantánamo, baía de, 105
Guarda Revolucionária Islâmica, 68-9, 71, 73, 79-84
Guardian, The, 152
Guerra Árabe-Israelense (1967), 101
Guerra Civil Inglesa (1642-51), 135
Guerra Civil Líbia, 109, 181-2, 194, 229
Guerra da Coreia, 40
Guerra do Vietnã (1955-75), 40
Guerra Egípcio-Etíope (1874-6), 264, 277-8
Guerra Fria, 41-2, 47, 66, 142, 147, 179, 198-9, 249, 265-7, 302, 322-3, 328, 335
Guerra Irã-Iraque (1980-8), 60-1, 69-70
guerras de fronteira, Austrália, 28-9
Guerras do Peloponeso, 165-6
guerras napoleônicas, 138-9
Guilherme, o Conquistador, 133-4
Gürdeniz, contra-almirante Cem, 205-6
Guterres, António, 221

Habsburgo, Império dos, 194
hachemitas, 98, 100

Hailé Selassié, imperador, 263, 265-7
Hamas, 108, 201-2
Hashem Bathaei-Golpaygani, aiatolá, 80
Hejaz, 96-8, 100
Henrique VIII, rei, 64, 134-5
Heródoto, 279
Hezbollah, 74, 108, 110
Hipátia, 166
Hipócrates, 166
Hipódamo, 166
História da Guerra do Peloponeso (Tucídides), 161
Hitler, Adolf, 142, 299, 302-3
Holanda, 295
Holocausto, 172
Hong Kong, 47
Hope, Dennis, 328
houthis, forças, 61, 74, 78, 109-10
Huawei, 45, 118
Hundessa, Hachalu, 272
Hussein ibn Ali, 64
Hussein, Saddam, 11, 69-70, 104, 199

Ibéria, 290-2
Ibn Saud, Muhammad, 91, 95-101, 121
ibo, povo, 227
icenos, 132
Iêmen, 61, 74, 78, 84-5, 93-4; guerra civil, 64, 109, 274
Igreja anglicana, 64, 135
Igreja Católica, 69, 135, 292-3, 297
Igreja de Nossa Senhora Maria de Sião, 263
Ikhwan, exército dos, 98, 102
Império Aksum, 263
Império Bizantino, 63, 167-8, 171, 176, 189-91, 212
Império Britânico, 137-43, 167-9, 179, 227, 325; *ver também* Reino Unido
Império Macina, 238-40
Império Otomano, 57-8, 64-5, 96-7, 167-9, 177, 179, 189-96, 205, 264, 275
Império Persa *ver* Irã
Império Persa Aquemênida, 62
Império Romano, 63, 129, 167, 189, 289-90
Império Russo, 168-9
Índia, 12-3, 48, 139, 169, 334
Inmarsat, 323
Intelsat, 323
Irã, 11-2, 14, 55; aiatolá Khomeini, 67-70, 103; azeris, 58-9; canal do Shatt al-Arab,

56-7; cerco à embaixada americana, 77; comércio e sanções contra, 60, 77-81; Companhia Petrolífera Anglo-Persa, 65; Conselho de Guardiães, 71, 73; covid-19, 80; curdos, 58-9, 81; eleições de 2020, 73; Forças Armadas, 61, 69, 73-4, 79-80, 82-4; geografia, 55-8; golpe militar (1953), 66-7; governo/regime, 58-62, 65-8, 70-86; grupos étnicos, 58-9, 81; Guarda Revolucionária Islâmica, 68-9, 71, 73, 79-84; Guerra Civil do Iêmen, 74; história persa, 61-5, 165; influência em países árabes, 74-6, 84-5, 108-9; intelligentsia e as artes, 81; invasões históricas, 57; línguas, 58; Majlis, 65, 71, 73, 82; milícia Basij, 72, 82-3; milícias xiitas iraquianas, 107-8; montanhas, 55-8, 61-2, 70; programa nuclear, 76-8, 84-6, 108, 150, 155; protestos em 2019, 78-9; relações com a Arábia Saudita, 107-10, 119, 235; relações com Israel/antissemitismo, 75-6, 84; relações com os Estados Unidos e o Ocidente, 61, 65-7, 73-4, 76-80, 84-5; repercussões de invasão, 55-7; revolução (1979), 59, 64, 67-8; suprimentos de água, 59-60; suprimentos de petróleo e gás, 60-1, 65-6, 77, 81; tumultos nas eleições 2009, 71-3; xá Reza Pahlavi, 65-6
iranianos árabes, 59, 81
Iraque, 11, 40, 56, 59-61, 67, 69-70, 73-4, 77-9, 84, 93, 100, 104, 106-8, 198-9, 208-9, 211
Irlanda, 129, 133, 138; *ver também* Irlanda do Norte; República da Irlanda
Irlanda do Norte, 152, 155
Irmandade Muçulmana, 68, 108-9, 203, 275
Isabel I de Castela, rainha, 291-4
islã, primórdios, 63-4, 225-6
islã sunita, 11, 59, 63-4, 68, 73-6, 81, 191, 203-4; Arábia Saudita/wahabismo, 91, 94-6, 102-7, 113; fulas, 238-9; Irã, 59, 63-4, 68, 73-6, 81; Irmandade Muçulmana, 108-9, 203; salafistas, 239
islã xiita, 11, 14, 59, 63-4, 68-70, 74-7, 84, 107-8, 120; Arábia Saudita, 94, 96, 113, 115, 120; Irã, 59, 63-4, 68-70, 74-7, 84, 107-8, 110
Islândia, 150, 153, 311
Ismail, rei, 63-4
Israel, 62, 69, 74-6, 84, 101, 162, 180-1, 201-2, 278, 334
Israel-Gaza, conflito (2008), 202

Índice remissivo

Itália, 162, 172, 174, 181, 227, 235, 250, 265-6, 302, 312
Iugoslávia, 10, 173, 178; guerra civil, 34, 199

Jaime I da Inglaterra e Jaime VI da Escócia, rei, 135
Janszoon, Willem, 26
Japão, 148; Diálogo de Segurança Quadrilateral, 48; relações com a Austrália, 47-8; Segunda Guerra Mundial, 40, 43, 100, 198; sistema de defesa antimíssil, 47-8; SKY Perfect Corporation, 335
jihad/jihadistas, 68, 102, 104, 106, 228, 230-3, 239, 245, 249-51
João, rei, 134
Jogos Olímpicos, 169, 174, 271
Johanson, Donald, 257
Johnson, Boris, 235
Johnson, Paul, 106
Jônicas, Ilhas, 168
Jônico, mar, 162, 166, 178
Jordânia, 93, 97-8, 100-1, 181
Jorge I dos helenos, 168-70
jornadas rituais, Austrália, 23
Juan Carlos de Espanha, rei, 303-5
judeus, 58, 62, 69, 75-6, 172, 292-4

Kavir, deserto de, 55
Kebra Nagast [A glória dos reis], 263
Kennedy, John F., 322
Kepler, Johannes, 339
Khalid, da Arábia Saudita, 102-4
Khamenei, aiatolá Ali, 70, 76
Khan, Reza, 65
Khashoggi, Jamal, 111-2
Khatam al-Anbia, 82
Khatami, Mohammad, 71
Khomeini, aiatolá, 51, 67-70, 76, 103
Kiribati, 44
Kosmos 2542, satélite militar, 333
Kosovo, 10
Koufa, Amadou, 239-40
Kurdi, Alan, 174
Kuwait, 60-1, 74, 93, 97, 104

Lei Constitucional da Comunidade da Austrália (1900), 32
Lei de Restrição à Imigração, Austrália, 32-4
Leichhardt, Ludwig, 23

Leônidas, rei, 165
Leonov, Aleksei, 323
Lesbos, 162
Líbano, 11, 64, 74, 79, 84, 110-1, 162, 180
Líbia, 11-2, 62, 103, 109, 150, 162, 180-1, 190, 194, 203, 214, 312-3
Liga Árabe, 101
Liga das Nações, 156, 265
Linha do Quartel-General, 141
Lituânia, 204
Louis, Spyridon, 169
Lucky Country, The (Donald Horne), 35
Lute, deserto de, 55
Lyons, Sir Edmund, 169

MacArthur, general Douglas, 40
Macedônia, 162-4, 166, 178
Mackinder, Halford, 156, 328
Macron, Emmanuel, 150, 182, 233, 235-6
Magna Carta, 134
Mahan, Alfred, 328
Majlis (Parlamento iraniano), 65, 71, 73, 82
Makarios, arcebispo, 179
Malaca, estreito de, 38, 139
Malásia, 43, 46
Mali, 225-33, 235-40, 243, 245-50
Manus, 35
Maria da Escócia, rainha, 135
Mariam, major Mengistu Hailé, 267
Marinha Real, 137, 139, 142, 153-4, 312
Marrocos, 312-3
Marte, viagem a, 325-6, 330, 337
Martel, Charles, 290
materiais de terras raras, 246, 248
Medina Sidônia, duque de, 295
Mediterrâneo, mar, 162, 167, 179-80, 184, 205
medo, povo, 61-2
Mellado, general Manuel Gutiérrez, 305
Menilek, imperador, 263
Mesopotâmia, 62-3, 73-4, 208
Metaxás, general Ioánnis, 171-2
meteoros, queda potencial de, 342
México, 148
MI6, 66
Michaletos, Ioánnis, 177
migrantes, 14, 162, 174-6, 184, 221-2, 233-4, 237, 250, 259, 312; Austrália, 32-5; ver também refugiados
Ministério da Defesa, Reino Unido, 154

Missão Multidimensional Integrada das Nações Unidas para a Estabilização do Mali (Minusma), 235
mísseis hipersônicos, 333
Mississippi, bacia do rio, 26
Mola, Emilio, 300
Mongólia, 189; forças mongóis, 57, 63
Montanhas Azuis, 30
Montenegro, 169
Morrison, Scott, 37, 45-6
Morsi, Mohamed, 109, 275
Mossadegh, Mohammad, 66
Movimento Nacional pela Libertação do Azauade, 229
Movimento para a Unidade, 229
Mubarak, Hosni, 11-2, 203
mudanças climáticas, 35-6, 221, 228, 240-1, 279-80, 313, 323
mujahidin, 104
mundo multipolar, 9, 14, 151, 199, 212
Murray-Darling, bacia hidrográfica do, 25-6
murri, povo, 28
Musk, Elon, 325
Mussavi, Mir Hussein, 71
Mussolini, Benito, 265-6, 299, 302

Nações Unidas (onu), 44, 70, 77, 84, 100, 151, 179, 181, 202, 221, 235, 241-2, 247, 265-6, 269, 302, 327
Nasa (Administração Nacional de Aeronáutica e Espaço), 320, 323, 325, 327, 336
"Nascer da Terra", fotografia, 322
Nauru, 35
nazistas, 155-6, 197, 302-3, 320
Negro, mar, 162, 183-4, 192-4, 198, 205, 207
Nelson, Lord, 137
Neom, projeto da cidade de, 115-6
New York Times, 110
Níger, 228, 231-3, 236-46
Nigéria, 227, 233, 237-8, 240
Nilo Azul, 259, 261, 276
Nilo, rio, 276-7, 279
Nixon, Richard, 101, 322-3
normandos, 129, 133-4
Normas no caminho do islã (Sayyid Qutb), 68
Norte da África, 149
Noruega, 150
Nova Zelândia, 47-8, 148

nunga, povo, 28
Nyberg, Karen, 336

Obama, Barack, 12, 77, 85, 147
Omã, 93, 96
omíadas, dinastia andaluza, 290
Onze de Setembro, ataques terroristas do, 105-6
Operação Atlanta, 313
Operação Barkhane, 232
Operação Leão-Marinho, 141
Operação Serval, 232
Operação Tempestade Decisiva, 109
Operação Tempestade no Deserto, 199
Organização da Unidade Africana, 227, 266
Organização das Nações Unidas para a Alimentação e a Agricultura, 241
Oriente Médio, 10, 14, 48, 56, 92, 108, 118-9, 162, 190, 201-2, 248-9, 260, 264, 274
Ormuz, estreito de, 56-7, 60-1, 78
Ortega y Gasset, José, 305
Ortuzar, Andoni, 307
Osman Ghazi, 191
Otan (Organização do Tratado do Atlântico Norte), 10, 145, 149-50, 153-4, 162, 173, 177-8, 181-4, 198-9, 204-5, 207, 213-5, 302, 305, 313
Otão de Wittelsbach, 168
ouro: minas ilegais, 244-5; mineração na Austrália, 31; mineração no Sahel, 244-5

Pacífico Sul, 44-6
País Basco, 387, 301, 305-9
País de Gales, 130-5
países bálticos, 150
palawa, povo, 28
Panamá, 136
Panônia, planície da, 193
Papua-Nova Guiné, 37-8, 40-1, 43, 45
Paquistão, 81, 103, 112
partas, povo, 63
Partido da Justiça e do Desenvolvimento (akp), 200-2
Partido do Bem-Estar islamista, 200-1
Partido Nacionalista Basco, 307
Pátria Azul, conceito de, 205-6
Paxos, 162
Pearl Harbor, ataques a (1941), 39-40
Pérsico, golfo, 9, 60, 94, 118

Índice remissivo

petróleo e gás, suprimentos de, 14, 48, 60-1, 77, 81; Arábia Saudita, 92-4, 99-101, 108-9, 112, 114-8, 120-1; Grécia e Turquia, 161, 179-81, 184, 205; Irã, 60-1, 65-6, 77, 81

Phillip, governador Arthur, 28

Pindo, cordilheira de, 163

Pine Gap, base militar, Alice Springs, 47

pirataria, 280, 294

Pitágoras, 166

Píteas, 129

PKK (Partido dos Trabalhadores do Curdistão), 209-11

Placa Pioneer (PP), 340

Plano Marshall, 302

Plantageneta, 134

Platão, 166

Poço da Prosperidade, 99

Política Comum de Segurança e Defesa, 150

Polônia, 149-50

Portugal, 293-4

Powell, Colin, 56

Primeira Guerra do Golfo (1990-1), 40

Primeira Guerra dos Bálcãs, 169-70, 194

Primeira Guerra Mundial, 39, 65, 127, 140, 170, 195, 197, 298

Pristina, Kosovo, 10

Projeto Sudeste da Anatólia, 209

protestantismo, 135

Ptolomeu, 27

Putin, Vladimir, 10, 112, 184, 207, 214, 249

Qatar, 93, 96, 108, 214, 239, 274-5

Quad (Diálogo de Segurança Quadrilateral), 48

Quad Plus, 48

Quarto Vazio (Rub' al-Khali), Arábia Saudita, 92-3

Quênia, 259-60

Qutb, Sayyid, 68

RAF, 142, 154

Raleigh, Walter, 135, 294

raxidis, 97-8

Reagan, Ronald, 77

Real Força Aérea australiana, 44

rede 5G, 45, 118

Reforma inglesa, 135

refugiados: Austrália, 34-5; ortodoxos gregos, 171; palestinos, 110; vienamitas, 34; *ver também* migrantes

Reino Unido, 12; acordos comerciais, 147-9; adesão à AELC, 310-1; anglo-saxões, 129, 133; apoio militar no Sahel, 234-5, 250-1; Brexit, 15, 27-8, 145-6, 155; CEE e EU, 144-6, 148, 150-1, 155, 182; colonialismo, 127, 136, 139, 227; Companhia Petrolífera Anglo-Persa, 65; derrota da Invencível Armada, 295; dialetos, 129-30; distribuição da população, 131; divisão leste-oeste, 130, 132-3; Forças Armadas, 149, 153-5, 183, 235, 266 (*ver também* RAF; Marinha Real); geografia, 127-30; golpe militar iraniano (1953), 66; Grã-Bretanha céltica, 131-2; guerras napoleônicas, 138-9; Império Britânico, 137-43, 167-9, 227, 325; independência catalã, 310-1; independência escocesa, 15, 128, 136-7, 152-6; invasão normanda, 133-4; invasões históricas, 132-4; Irlanda, 129; Lei Constitucional da Comunidade da Austrália (1900), 32; língua inglesa, 151; Londres, 131-4, 266; Magna Carta, 134; MI6, 66; nomes de lugar, 130; ocupação romana, 131-2; País de Gales, 131-5; planos de invasão alemã, 140-2; rede de inteligência, 47, 148, 154; Reforma, 135; relações com a Alemanha, 140-1, 152; relações com a Arábia Saudita, 97-100; relações com a Austrália, 39-40; relações com a China, 147, 149; relações com a Escócia, 128; relações com a França, 149-50, 152; relações com a Polônia, 149; relações com o Irã, 57-8; relações com os Estados Unidos, 140-3, 145-9; revolução industrial, 130; rota de bicicleta entre as aldeias de Land's End e John O'Groats, 129; Segunda Guerra Mundial, 140-2; sistema educacional, 151; submarinos nucleares, 153-5; terreno e infraestrutura, 130-1; Tratado de União (1707), 128, 134, 136-7, 152; Tudor, 134; vikings, 129-30, 133

República da Irlanda, 155

Revoltas Árabes (2011), 108, 202-3

revolução húngara, 34

Revolução Industrial, 130, 298

Revolução Islâmica (1979), 59, 64, 68-9

Reza Pahlavi, xá Mohammad, 66-7

Rift do Leste Africano, sistema do, 258
Ritz Carlton, Riad, 112
Rivera, Primo de, 298
Rodes, 162, 178
Rogozin, Dmitri, 320
Romano IV Diógenes, 190
Romênia, 150, 170
Roosevelt, Franklin D., , 100, 266
rotas marítimas internacionais, 22, 40, 48
Rouhani, Hassan, 73, 77, 80, 85
Rudd, Kevin, 30, 34
Rushdie, Salman, 69
Rússia, 9-12; acoplagem Soyuz/Apollo, 323; Acordos Artemis, 319-20, 326; colonizando a Lua, 319-20; Estação Espacial Internacional (ISS), 324; interesse na Catalunha, 309; interferência nos Bálcãs, 168, 172, 183-4, 198; mar Negro, 162, 183-4, 198, 207; militarização do espaço, 331-6; perseguindo satélites americanos, 333-4; potencial do Sahel, 249; profundidade estratégica, 164; relações com a Etiópia, 267-8; relações com a Europa e o Reino Unido, 15, 149-50, 152-6, 169; relações com a Grécia, 162, 167, 169; relações com a Síria, 108, 204; relações com a Somália, 266-8; relações com a Turquia, 207-8; relações com o Irã, 57, 65, 80-1; suprimentos de gás natural, 180-1; ver também Guerra Fria; União Soviética

Saara, deserto do, 223-4, 241
Sadat, Anwar, 277
safávidas (1501-1722), 63-5
Sagan, Carl, 340
Sahel, o, 14, 149-50; Aliança, 235-6; Burkina Faso, 228, 231-3, 237-8, 240, 243-5, 247-8; caravanas de camelo, 224-5; Chade, 232-3, 237-8, 241, 243, 246, 249; comércio, 224-8; controle colonial francês, 226-7; crescimento populacional, 242; difusão do islã, 225-6; escravidão, 225-6; expedição Voulet-Chanoine (1898-9), 226-7; extremistas islamistas/terrorismo, 221-3, 228-40, 244-5, 248-51; fulas, 238-40; geografia, 222-3; Grande Muralha Verde, operação de plantio de árvores, 242; intervenção francesa contra islamistas, 231-7, 248-51; lago Chade, 241; Mali, 225-40, 243, 245-48,

250; migrantes e refugiados, 221, 233-4, 237; mudanças climáticas e secas, 221, 223, 240-2; Níger, 228, 231-3, 236-46; países do G5, 232, 236, 238, 249; presença chinesa no, 247; primeiras influências europeias, 226-7; primeiros impérios e reinos, 225-6; recursos naturais e mineração, 243-8; Timbuktu, 228, 230; tuaregues, 228-31, 235, 250; uso de drones, 237
Salisbury, Lord, 226
Salman da Arábia Saudita, 107, 119-21
Salomão, Ilhas, 44-5
Salomão, rei, 263
Samos, 174
San Martin, José de, 297
sanções, 60, 77-9, 81
Santa Sofia, 212-3
sassânidas, 63
Saud, príncipe herdeiro, 101
Saud, rei Abd Allah al-, 96
Saudi Aramco, 100-1, 114, 117
Savak (polícia secreta), 67
Schinas, Alexandros, 170
Segunda Guerra Mundial, 9, 39, 65-6, 100, 140-2, 144, 155, 171-2, 197, 265, 320
Sérvia, 10, 169-70, 199, 201, 309
Shatt al-Arab, canal do, 56, 59-60
Sidi Yahya, mesquita, 230
Síria, 11-2, 74, 77, 84-5, 97, 102, 120, 162, 183-4, 208-12, 214; guerra civil, 11, 64, 74-5, 79, 108, 149, 190, 194, 203-4, 249
Sisi, general Abdel Fattah al-, 109, 203-4, 277-8
"sistema de cabos do mar de Coral", 45
SKY Perfect Corporation, 335
Sociedade dos Seguidores da Revolução Islâmica, 71
Soleimani, Qasem, 79-80
Somália, 259-62, 266, 268-9, 275
Spartacus (1960), 63
Sputnik, satélites, 321
Stafford, Thomas P., 323
Standard Oil Company of California (Socal), 99
Starshot, projeto de velas espaciais, 338
Suárez, Adolfo, 305
Sudão, 227, 259, 278-9
Sudão do Sul, 227, 259, 279
Suécia, 145, 150, 235

Suez, canal de, 139, 142, 148, 169, 197
Sul da China, mar do, 37, 43-4, 48

Taiwan, 44, 46, 247
takfiri, ideologia, 239
Talibã, 106, 248
Tamerlão, 57
Tasmânia, 36
Taylor, Griffith, 24-5
tcheco, governo, 234
tecnologia/redes de satélites, 15, 47, 151,
    320-3, 329-35
Teerã, Irã, 59-61, 74-9
Tejero, tenente-coronel Antonio, 304-5
Templo de Jerusalém, 62
Teodoro II, imperador, 264
territórios palestinos, 119, 181
Tesla, 117
Tessalônica, 170-2
Thiele, Heike, 236
Thomas, Bertram, 93
Timbuktu, 230
Times, The, 243
Tômiris, 62
Tonga, 45
Torres, ilhotas do estreito de, 30
Tratado da Lua (1979), 327
Tratado de Lausanne (1923), 205-7
Tratado de Tordesilhas (1494), 294
Tratado de União (1707), 128, 134, 136-7, 152
Tratado de Versalhes (1919), 155, 320
Tratado do Espaço Exterior (1967), 326-8, 331
Troia, cerco de, 176
Truman, Harry S., 302-3
Trump, Donald, 12, 41, 78, 110, 332
Tsiolkóvski, Konstantin, 321, 323
tuaregues, 222, 228-31, 235, 250
Tucídides, 161
Tudor, 134
Tunguska, meteoro, 342
turcomenos, iranianos, 58-9
Turquia, 12, 14-5, 59, 65, 109, 111-2; Anatólia,
    189-92, 208-9, 213; Bizâncio/Constantino-
    pla/Istambul, 167-8, 171, 189, 191-2, 194-6;
    campos de gás mediterrâneos, 161, 179-81,
    205-6; crise de migrantes/refugiados,
    175-6, 204; defesa, 189, 191-4; e a Otan,
    181-4, 198, 204-5, 207, 213-5; fabricação
    de armas, 214; general Kemal Atatürk,

171, 195-7, 212, 215; Genocídio Armênio,
182, 196-7, 204-5; geografia, 189-90, 193;
golpes militares, 198; Guerra de Independência, 171, 195; Império Seljúcida, 190;
industrialização, 197; línguas, 195-6; mar
Egeu, 161-2, 207-8; Mavi Vatan, conceito
da Pátria Azul, 205-6; ocidentalização,
196-7; Osman Ghazi, 191; Recep Tayyip
Erdoğan, 200-8, 210-5, 275; relações com
a Etiópia, 275-6; relações com a França,
181-2, 214; relações com a Grécia, 161-2,
166, 172-3, 176-81, 189, 195-6, 205-7, 214;
relações com a Rússia, 207; relações
com a Síria, 203-4, 208-12; relações com a
Somália, 275; relações com Israel, 201-2;
relações com o Chipre, 162, 179-80, 214;
relações com o Egito, 202-4, 214, 275-6;
relações com os curdos, 192, 197-9, 204,
208-11; relações com os Emirados Árabes
Unidos 258; represas e suprimentos de
água, 208-9; Revoltas Árabes (2011), 202-3;
sanções, 207; Santa Sofia, 212-3; Segunda
Guerra dos Bálcãs, 170; Segunda Guerra
Mundial, 197; tentativa de golpe (2016),
204 5; Tratado de Lausanne (1923), 205-7;
ver também Império Otomano

Ucrânia, 11, 193
União Africana, 227, 235, 242, 266
União Europeia (UE), 10, 12, 14-5, 77, 145-6,
    148-51, 155, 162-4, 180, 182, 199-200, 204, 233,
    235-6, 242, 286-7, 305-6, 309-13
União Soviética, 34, 42, 66-7, 104, 142, 172-3,
    179, 321; ver também Rússia
urânio, produção de, 243, 246

V-2, foguetes, 320
Van Allen, cinturões de radiação de, 330-1
Vanuatu, 44-5
Velayat-e faqih, 69
Velha Aliança (Auld Alliance), 136-7
Vermelho, mar/costa do mar Vermelho,
    273-5
Vermelho, regiões costeiras do mar, 93, 96,
    115, 118
versos satânicos, Os (Salman Rushdie), 69
Victory, HMS, 137
Viena, 193-4
Vietnã, 34, 40, 43, 46, 48, 143
vikings, 129-30, 133

Visão 2030, 114-5
visigodos, 290
Vitiza, rei, 290
Vitória, rainha, 32, 168
Von Braun, Wernher, 320
voto, direitos de, 29, 67
Voulet, Paul, 226
Voulet-Chanoine, expedição (1898-9), 226-7

Wahab, clã, 95, 102
wahabismo, 96, 98, 104-6, 113, 120

Wall Street Journal, 247
Whitson, Peggy, 324
Wilson, Edward, 29
Xamar, emirado de, 91, 96-7

Zagros, cordilheira de, 56-7, 59, 61-2, 70
Zayed, príncipe Mohammed bin, 119
Zenawi, Meles, 268
Ziyad, Tariq ibn, 290-1
zona econômica exclusiva, 162, 180-2
zoroastrismo, 62-3

ESTA OBRA FOI COMPOSTA POR MARI TABOADA EM DANTE PRO E
IMPRESSA EM OFSETE PELA GRÁFICA SANTA MARTA SOBRE PAPEL PÓLEN SOFT
DA SUZANO S.A. PARA A EDITORA SCHWARCZ EM JUNHO DE 2022

A marca FSC® é a garantia de que a madeira utilizada na fabricação do papel deste livro provém de florestas que foram gerenciadas de maneira ambientalmente correta, socialmente justa e economicamente viável, além de outras fontes de origem controlada.